渡辺利夫精選著作集
第3巻

韓国経済研究

渡辺利夫

勁草書房

渡辺利夫精選著作集第3巻　韓国経済研究———まえがき

　私の韓国経済研究を代表するものとしては『現代韓国経済分析—開発経済学と現代アジア』（勁草書房，1982年）ならびに一般書として『韓国—ヴェンチャー・キャピタリズム』（講談社現代新書，1986年）がある．本巻の「まえがき」では，これらの著作で記された私に固有な議論を二つにまとめて書いておこう．

　私はアジア研究を韓国研究から始めた．1970年代の初めのことである．大学院に席をおいていた当時，なけなしの金をはたいて韓国を訪れた．いまでは国内旅行と変わらない気安さで訪問できる間柄だが，当時の韓国は遠かった．「日帝36年」の記憶が生々しく，韓国民の日本に対する怨嗟がなお強かったこの時期に韓国に出向くというのは，気の滅入ることであった．

　しかし，2週間ばかりの滞在を通じて私の胸を打ったのは，貧困の中にありながらも豊かさを求めて必死に働く人々の沸き立つ活気であった．ソウル南大門市場のあの唸りをあげるような活気に圧倒された．この国が何ものかにならないはずがない．日本が達成した経済的成果であれば，いずれこの国もそれを掌中にするに違いないと直感した．私は昭和14年（1939年）の生まれである．貧困からの脱却を求める執念をたぎらせていた闇市時代の感覚がまだ残っている．あの執念をもって日本が戦後復興を成し遂げたことを肌身で知っている．韓国を初めて訪れて得たあの直感が，私のその後の韓国論のスタイルを決定したように思う．

　虚心に眺めればその成功は疑いのないものであったはずの1970年代の韓国を前にして，日本の研究者の韓国論は韓国の現状をひたすら暗黒に塗りつぶして滅滅たるものであった．韓国はその後，1996年秋にOECD（経済協力開発機構）への加盟を認められて名実ともに先進国の地位を掌中にしたのだが，このことを予想させるようなまっとうな議論は当時，何一つ用意されていなかった．

この国のことを少しでも実証的に分析してみれば，到底そんな結論になるはずもない臆面もない議論のオンパレードであった．イデオロギーというものの面妖さに腹が立ってしようがなかった．当時の日本の論壇では北朝鮮が「地上の楽園」であるかのような，まったくの偽りであったことがすぐ後で判明する，ほとんどデマのごとき報道が大手を振っていたのである．不可思議なことではあるが，イデオロギーとはそういうものなのであろう．

　韓国の発展が誰の目にも明らかとなった時点でも，研究者たちは韓国の成功はこの国を取り巻く有利な国際環境の僥倖（ぎょうこう）によるものであり，そういう条件が失せれば韓国は崩落するといった議論が一般的でさえあった．韓国がそんなはずはない．朝鮮戦争を経てゼロから出発してここにまでいたった韓国は，実は開発途上国のモデルなのではないかとさえ当時の私は考えた．

　その頃の私は韓国のことを論じる研究者たちと，孤立無援の論争を繰り返していた．「対外従属」「軍部独裁」「財閥支配」の暗鬱な韓国論に対して，そうした用語法で語られる韓国の現実は，発展の過程で通り抜けねばならない過渡的現象である．これらを克服して韓国はほどなく一人前の経済になるであろう，と当時の私は意固地なばかりに反論を書き連ねた．

　なぜ韓国が私を惹き付けたのか．韓国は必ずや発展するという経済学者としての直感に導かれたのであるが，そればかりではない．退嬰（たいえい）に向かう当時の日本に対して何かアンチテーゼを突きつけてやりたいという思いが私にはあった．その思いの方が強かったようにも思う．第2次大戦後の日本の「坂の上の雲」は昭和40年前後であったと当時の私はみていた．その感は今も深い．この頃までの日本人は貧困からの脱却を求めて必死に働いた．働き詰めだった．勤労が卓越した価値であり，この価値が日本人の精神にある構えを作りだしていた．しかし，IMF 8条国移行，OECD加盟，東京オリンピック開催を経て自立国家としての国際的な認知を受けたその頃から，日本はあのひたぶるの勤労の時代を終え，あれやこれやと思い惑う国へと変身してしまった．国家意識を希薄化させ，勤労に重きをおかない若者が輩出し，そうした傾向をよしとする奇妙なるジャーナリズムの主張も加わって，日本人は方向感覚を失っていった．

　日本経済が巨大化するにともない，積極的に国際的なフロンティアを開拓しようという攻勢は弱まり，守勢を強めた．何という志操の低さか．隣の韓国を

みれば，耐えがたい飢えの時代から豊かな社会への道程をわき目も振らず駆け抜けているではないか．私は当時も今も「勤労」という言葉が好きである．「勤労の韓国」への私の思いはますます強いものとなっていった．

その頃の私は少々野心的に過ぎたのかもしれない．韓国の発展を整合的に説明するグランド・セオリーを探し求めていた．大学院の時代，欧米や日本の経済発展史に関心をもつ同学の士を集め，慶應義塾大学三田キャンパスの図書館の隣に建てられている，古びた「新」研究室の2階の一室を借り切って，少なくとも週に二度ほどは勉強会を開き，その分野の代表的な英文図書をひたすら読みつづけた．その中で最も強い印象を私に与えたものがアレクサンダー・ガーシェンクロンの「相対的後進性の理論」であった．この議論が韓国経済発展の在り処を説明するのに大いに有用なものだと直感したのであり，その時の「あっ」と感じたあの感覚は今でも忘れることができない．ガーシェンクロンの議論をここで思い切って4つにまとめてみたい．後発国の工業化がひとたび開始されるや，先発国のそれよりも急速なものとなる，その理由についてである．

(1)　先発国は，みずからが成長するための技術や資本は，みずからの努力によってこれを開発し蓄積していかなければならない．しかし，後発国は先発国からの技術導入と資本輸入によって，その開発と蓄積に要する歴史的時間を圧縮し，また開発と蓄積のためのコストの相当部分を節約し得るという「後発性利益」を享受できる．

(2)　後発国に導入される技術は，古い伝統をもつことなく，比較的新しい時代に発展した，しかも固定資本設備費の大きい，例えば鉄鋼業や造船業のような重化学工業部門である．いくつかの重化学工業部門の場合，その生産性は固定資本設備の平均年齢構成（ヴィンテージ）によって左右される度合いが強く，したがって後発国がいったんこの設備を導入することができれば，巨大な固定費用ゆえに設備廃棄を潔しとしない先発国に比較して，大きな優位性を一挙に獲得することができる．

まえがき　　iii

(3) この事実は，後発国の工業化の初期的時点において要求される企業の最低経営規模が相対的に大きいことを意味し，したがってまた後発国の場合には先発国に比較して独占的企業が早期に形成される傾向が強い．

(4) 一国が経済的に後進的であるという事実は，急速な工業化の実現に要する資源動員能力ならびに産業組織が自生的には発達していない，という事実を意味する．したがって後発国の場合，工業化を開始するためには資源を動員し，工業部門そのものの形成を誘導し組織化する主体が新たに上から形成されねばならない．明治期日本の重要な工業化の主体は政府であった．

(5) こうした後発国の工業化は，ある種の宗教的な国民的情熱によって支えられ，この情熱を体化した工業化イデオロギーによって推進されることが多い．

　韓国の工業化の態様は，ガーシェンクロンが示唆する後発国の現代世界における一つの典型的事例なのではないか．私がそう考える理由が，以下であった．

(1) 韓国の工業化は，鉄鋼，石油化学，造船を中心に，先進諸国から資本と技術を大規模に導入しながら進められ，これら産業部門が享受した後発性利益はまことに大きいものであった．

(2) 韓国における重化学工業化の速度はめざましく，実際，ホフマン比率の変化をみるとその速度は先進諸国の重化学工業化の歴史的経験に比較して3倍になんなんとするスピードをもった．

(3) この高度経済成長とりわけ重化学工業部門の成長を担ったのは，新興の財閥を中心とする巨大企業群である．韓国の大企業はしばしば財閥という名で呼ばれるごとく，家族・同族による経営支配の色彩を濃厚にとどめており，所有と経営の分離も先進国の大企業のようには進んでいない．また自己資本比率が低く，導入外資への依存度も高い．

(4)　財閥に強い保護と支持を与えたのが，経済自立化への激しい意欲をもった政府であった．韓国の経済成長と重化学工業化の過程で，資本ならびに熟練労働はつねに深刻な不足状態にあったが，これらの欠落要因の補塡において政府が果たした役割は決定的であった．膨大な貯蓄・投資ギャップを埋めるための外資を含む貯蓄動員において，また戦略的重化学工業部門への財政資金の投下において政府が払った集中的努力にはまことに大きなものがあった．

(5)　北朝鮮との軍事的対立は，韓国の政府ならびに国民の間に強国への志向性と，したがって重化学工業化への決意を固める求心力として作用した．1970年代に入って加速したアメリカの朝鮮半島における軍事的コミットメントの希薄化，在韓米軍の段階的縮小は，韓国軍民の間に経済，軍事の両面における自立化の緊急性を意識させ，これを支える重化学工業化への強い国民的支持を醸成した．「富国強兵」が明治期日本の工業化イデオロギーであったのと同様，「滅共統一」は現代韓国の工業化の重要な理念として機能したとみられる．

　韓国の工業成長は，資本主義世界史上急速な発展を遂げてきた日本のそれを明らかに上回る速度をもった．韓国における工業化の非連続的スパートは，ガーシェンクロン世界のいずれより激しく，先発国の経済発展史がここでは強く「圧縮」して現れており，私はこれに「圧縮された発展」と名づけた．

　韓国の経済成長は著しいが，所得分配などの社会的公正を実現することには失敗したかのような議論が，私が韓国研究を志していた頃に日本の韓国研究者や韓国人エコノミストの間で一般的だった．どうしてそんな経済学の理屈に合わない話が出てくるのか，不思議でならなかった．実際，所得分配の平等性を表す代表的な計測値，ジニ係数をはじきだしてみれば，韓国の急成長が分配の平等化をもたらしたことは歴然としていた．ことがそうなった因果的関係についての分析が，私の韓国経済論のもう一つの特色である．この点について次に述べておこう．

まえがき　　v

韓国の工業部門の雇用吸収力は強力であった．このことは韓国の輸出志向型工業化政策に由来する．1960年代の中頃に，韓国政府はそれまでの保護主義的工業化を支持してきた諸政策を一挙に覆す，金利政策や為替レート政策の大幅な自由化，すなわち「市場自由化政策」を果敢に採用した．保護政策の自由化は労働過剰・資本不足という韓国における生産要素の賦存状態に適合する生産方法の採用を促し，労働集約財の比較優位を強化した．

　韓国の工業化の雇用吸収力は強まり，その結果，農業人口の流出が開始され，1960年代の後半期以降，農家人口，農家戸数の減少傾向は顕著なものとなった．かくして生まれた農村労働市場の逼迫化に応じて，農民の平均労働時間の延長，不完全就業率の減少，女子労働力率の上昇がみられるとともに，農業労働力の実質賃金は急速な上昇を始めた．

　農業部門は，工業部門の労働需要に応じてその余剰労働力を継続的に引き出され，ついにはこれが失われて，その時点以降，農業賃金は上昇を開始した．他方，農業部門は工業部門の拡大によってみずからが利用する肥料，農業機械などの近代的農業投入財を豊富かつ安価に購入できるようになった．賃金は上昇する一方，農業投入財の価格は相対的に低下したのである．

　労働力を集約的に用いた低生産性農業から，農業投入財を集約的に利用する高生産性農業へと転換していく条件がここに与えられた．このように工業部門の拡大は，農業部門の余剰労働力の吸収ならびに農業部門への投入財供給を通じて，この部門の生産性上昇をもたらした．農工間，あるいは都市・農村間の所得格差の縮小はその帰結である．韓国の発展は，このメカニズムを短期間に，しかも齟齬なく展開させてきた開発途上国の典型であった．

渡辺利夫精選著作集第3巻　韓国経済研究

目次

まえがき

I　現代韓国経済分析
──開発経済学と現代アジア──

はしがき……………………………………………………………………… 3

序　章 ……………………………………………………………………… 8
　　──本書の課題──

第1章　経済発展と後発性利益 ……………………………………… 20
　序　20
　　1．インダストリアリズムの波及と新興工業国家　23
　　2．圧縮型産業発展パターン　27
　　3．後発性利益の諸相　35
　　4．ASEAN 諸国経済の成長加速　44
　　要　　約　54

第2章　輸出志向工業化の政策体系……………………………… 57
　序　57
　　1．輸出志向工業化と経済発展　59
　　2．輸出志向工業化の政策体系　63
　　3．工業化と貿易構造　75
　　要　　約　85

第3章　重化学工業化と工業構造の深化 ……………………… 88
　序　88
　　1．後方連関圧力と鉄鋼業の発展　91
　　2．石油化学産業の構造深化　99

viii　　目次

3. 重化学工業化の促進要因　106

要　約　112

第4章　工業雇用の拡大と二重経済 ……………………………… 115

序　115

1. 経済発展と雇用吸収　117

2. 就業構造の変化と都市化　120

3. 雇用と賃金　125

4. 相対要素価格・要素代替・生産性　131

5. 韓国経済の「転換点」　139

要　約　146

第5章　工業化政策の諸類型と所得分配 ……………………… 150

序　150

1. 工業化・資源配分・所得分配　152

2. フィリピンの所得分配構造　157

　　──土地細分化と絶対的貧困──

3. 韓国の所得分配構造　165

　　──輸出志向工業化の厚生的意味──

4. 政策的含意　172

要　約　174

第6章　日韓貿易関係の構造分析 ………………………………… 176

序　176

1. 日韓分業関係の基本構造　177

2. フルセット自給型構造と加工貿易型構造　182

3. 日韓経済の依存関係　185

4. 日韓水平分業の展開　192

要　約　199

あとがき——初出のこと—— ……………………………………………… 201

Ⅱ　韓国経済入門

まえがき…………………………………………………………………… 205

序　私のなかの韓国 ……………………………………………………… 209

第Ⅰ章　無からの出発 ………………………………………………… 216
　　1.　収奪——植民地支配の 36 年　216
　　2.　朝鮮戦争——破壊のローラー　219
　　3.　腐敗と混乱の李承晩時代　222
　　4.　軍部による近代化　225

第Ⅱ章　漢江の奇蹟 …………………………………………………… 231
　　1.　輸出——経済発展の生命線　231
　　2.　外資依存経済　237
　　3.　重化学工業化へのテイクオフ　244
　　4.　セマウル運動と農業近代化　250

第Ⅲ章　財閥——奇蹟の主役………………………………………… 257
　　1.　ヴェンチャー・キャピタリズム　257
　　2.　韓国型経営の核心　264
　　3.　いま財閥になにが求められているか　272

第Ⅳ章　苦悩する韓国経済 …………………………………………… 277
　　1.　1980 年経済危機　277
　　2.　インフレとのたたかい　282
　　3.　累積する対外債務　285

　ｘ　　目次

4. 技術立国への道　290

5. 「韓国株式会社」からの脱却　293

第Ⅴ章　日韓経済関係をどうみるか　297

1. フルセット自給型と加工貿易型　297

2. 資本財供給基地としての日本　302

3. 相互依存体制の生成　307

4. 日韓水平分業　309

第Ⅵ章　東・東南アジア経済圏のダイナミズム　314

1. 太平洋西縁からのメッセージ　314

2. 「南北問題」世界観の崩壊　316

3. コンフューシャニズムの倫理と資本主義の精神　318

4. 東・東南アジア経済圏の未来　321

第Ⅶ章　その後の韓国経済　327

1. 「三低」景気と内需主導型成長　327

2. 「北方外交」の勝利　334

3. 未来の日韓関係　338

旧版あとがき　342

解説　歴史の評価に耐ええた学者（重村智計）　344

【『渡辺利夫精選著作集』の編集に際して】

1　『著作集』に掲載する際に用いた著書の底本は，以下のとおりである．

　　Ⅰ　現代韓国経済分析─開発経済学と現代アジア─
　　　　勁草書房，1982 年
　　Ⅱ　韓国経済入門
　　　　ちくま学芸文庫，1996 年

1　底本において，明らかに誤記・誤植と思われる表現，あるいは不統一の用字・用語等については，編集の際に適宜改めたところがある．

1　本文あるいは注の中で自著に言及している部分は，底本のままとした．ただし，『著作集』に収録した論考には，当該箇所に〔『本著作集』第○巻所収〕という付記を挿入した．

1　底本に付されている付録・索引は，割愛した．

1　『韓国経済入門』は編集の都合上，縦組みを横組みに改めている．

I 現代韓国経済分析
──開発経済学と現代アジア──

はしがき

　本書は，開発経済学の関心からなされた現代韓国経済分析の試みであり，そこから開発途上国経済開発のための有効な政策的示唆を得ようという目的のために書かれた．少々大胆な仮説を展開したつもりであるが，大胆な分だけ粗削りになったかもしれない．

　現代韓国経済が開発経済学の関心をひきつける要因はさまざまであり，その詳細は序章で展開される．ここではさしあたり次の三点に言及しておこう．

　第一は，近年における韓国のめざましい経済成長実績それ自体である．厳しい飢えをしのばなければ端境期を生き延びることのできない「春窮」は，ついきのうの韓国農村の姿であった．しかし耐久消費財を中心とした高度大衆消費時代の波はいよいよその農村にもおし寄せつつあり，韓国はいまや「豊かな社会」の実現を目前に控えるまでに至った．耐えがたい飢えの時代から豊かな社会へ，この転換を韓国はわずか十数年間でなしとげようとしている．開発経済学が韓国を対象とするのは，まずはなによりもこの事実によってである．

　長い資本主義世界の発展史において，短期間に最も激しい経済近代化への動きをみせたのは，第二次大戦後のほかならぬわが日本である．しかし 1960 年代の中頃に加速化した現代韓国の経済発展過程は，資本形成，工業成長，重化学工業化，農業生産性等々の重要なマクロ経済指標の変化のいずれにおいても，日本の経験を上まわる速度をもった．現代韓国の経済発展過程は，先発国の歴史的経験を強度に「圧縮」しつつ実現されてきたと表現してもよい．こうした韓国の急速な経済発展のよってきたる所以を，われわれはどう理解すべきか．近代日本の経済発展の経験を分析することから，現代開発途上世界の経済開発に資する教訓的示唆を得ることができるのではないか，という問題意識はすでに久しい．しかし韓国の経済発展は，第二次大戦後の現代における南北問題史上の一ドラマであり，「同時代性」という観点からすれば，この国の経験から得られる示唆の方が一段と強いリアリティをもちうるのではないか．しかも韓国の経済発展をかく急速なものたらしめるのにあずかって力のあったのは，開発政策である．

はしがき　3

すなわち開発経済学が韓国に注目する**第二**の理由は，その開発政策の有効性にある．開発政策論はまことににぎにぎしいけれども，開発政策が一国の経済開発過程を有効に導いたという事例は，現実の開発途上世界ではまことに稀有なのである．韓国は1960年代の中頃に保護主義的工業化政策を排し，いわゆる「輸出志向工業化」政策に転じた．この政策転換のかなめに位置したのが，旧来の産業保護の徹底的な「自由化」戦略であり，今日の韓国の経済的実績はこの戦略の有効性を抜きにしては語れない．

　そもそも産業保護とは，被保護産業にとってみれば「既得権」にほかならない．一度与えられて恒常化した産業保護を排除することは，被保護産業にとっては既得権の侵害であると受けとられ，これに強い政治的抵抗が生まれるのはいたしかたない．とくに開発途上国の場合，政財「癒着」とか「一体化」とか呼ばれるものの度合いは，われわれの社会よりは一般にはるかに強い．このような社会において既得権が累積した場合，状況変化に対応して新たな政策展開を試みることははなはだ困難である．政策転換の緊急性が叫ばれても，政策選択の余地は厳しく限定されざるをえない．産業保護過程は，みずからの行政的能力を大きくこえる裁量権を抱えこむことによって行政的非効率や汚職を生み出すと同時に，保護によって生まれる既得権の累積は，結局のところみずからの「政策転換能力」をも奪ってしまうのである．

　そこで，保護主義のもとで網の目のように張りめぐらされた既得権益を切り崩して新たに有効な政策展開をなすためには，なによりもそれだけの力量を備えた「強い政府」が存在しなければならない，ということになる．もっともここでいう強い政府とは，人権抑圧をも辞さない強権主義的政府という意味ではもちろんない．そういう意味での強い政府ならば，今日の開発途上世界ではむしろ一般的ですらある．言葉の真の意味での強い政府とは，新たに政策転換すべき必要性が生まれた場合には，臆せず旧来の既得権益を排除していく強い意志をもち，新しい政策を果敢に展開しうる能力をもった政府という意味である．強い権力と有能な人材，さらに整備された官僚制度の裏づけをもつことが，その必須の要件となろう．韓国の政策施行過程においてわれわれが注目するのは，この国の政府がそうした要件をたしかに備えるに至ったという事実である．繰り返すことになるが，開発政策が経済開発過程を有効に導いたという事例を今

4　　I　現代韓国経済分析

日の開発途上諸国の中に見出すことは，実はかなりむずかしいことなのである．開発理論や開発政策論の有効性は，実に政策施行主体の能力に依存している．韓国の経済開発の経験は，このことを示した現代開発途上世界における好個の事例というべきであろう．

　第三に，韓国の経済発展は「新国際経済秩序」にではなく，実は「旧国際経済秩序」に正しく沿うことによって実現された．開発経済学の関心が寄せられて然るべきもう一つの理由はこの点にある．われわれは韓国の経済発展類型の中に，工業製品の大規模な輸出が工業化率の上昇を牽引し，それによって実現された高い工業化率が高度経済成長を主導するという輸出志向工業化の典型をみることができる．韓国における輸出志向工業化の経験は，自国の生産要素の賦存状況に見合う生産方法の採用を促し，低賃金ではあるが優秀な労働力に潜む活力を引き出すための国内政策努力に成功しさえすれば，輸出は少なからざる規模で拡大しうることを示した，これも現代開発途上世界における好個の事例であるということができる．比較優位は，国際貿易のありかを決定する依然最も基礎的な原理であることを忘れてはならない．

　輸出の拡大とともに，輸入はこれを上まわって拡大した．韓国の輸入の大宗は，素材，中間製品，資本財などの生産財であり，それらに体化された技術はこの国に豊富に移転されていった．韓国はまた公的資本，海外民間直接投資の導入にも，大きく門戸を開いた代表的な開発途上国である．要するに韓国は，先進世界との有機的経済関係を深め，先進国から「後発性利益」を豊富に享受しながら経済発展をはかっていくという方途を選択したのである．

　1974年の国連総会における新国際経済秩序宣言を前後する時点以降，開発途上国の主張は現行の国際経済システムの大幅な改変をめざした新しいラディカリズムに変質しつつある．新国際経済秩序という美しいラベルの背後にあるのは，生産者同盟，一次産品価格補償，インデクセーションといった反市場経済的諸手段にほかならない．ラディカリズムは，おそらくのところそのラディカリズムのゆえに成功の可能性は少ない．そしてまたその不成功がさらに大きなラディカリズムを誘発するという悪循環を特徴とする．新国際経済秩序は，そう遠くない将来にいずれ自己崩壊の時期を迎えるであろう．とするならば，旧来の資本主義的世界経済秩序に沿うことによって今日を築いた韓国を初めと

はしがき　5

する新興工業国家群との対照は，いよいよ鮮明なものとなっていくはずである．

　韓国のここ1，2年の経済的実績はあまり芳しいものではない．一昨年はマイナス成長という辛酸をなめた．この経済的苦境のさなか，馬山・釜山暴動といわれる政治的騒乱が発生し，次いで光州事件という韓国現代史に最も深く悲しい傷痕を残すことになろう不幸な体験を強いられた．経済的苦境と政治的不安定性が相乗して，もともとプラス・イメージで語られることの少なかったこの国は，まことに「おどろおどろしい」印象をぬぐいがたいものとした．しかし虚心に対象を眺めるならば，韓国は先進世界への「追跡」をつづけていくのに十分な，まだまだ豊かな成長潜在力を擁していることがわかる．韓国が追跡すべく残されている国際的技術ギャップは，実際のところいまだふんだんにあり，しかもこのギャップを埋める技術吸収能力は目下急速な高まりをみせている．急成長をつづけて労働市場は次第に逼迫化しつつあるとはいえ，全就業者に占める農業就業者数の比率はようやく40%を割ったところにすぎない．現状は，成長潜在力が涸渇したというには，ほど遠いのである．

　韓国経済に対する日本のアカデミズムや知的なジャーナリズムの評価がいかにも冷やかであるのは，やはり日本人の一般的な対韓感情の反映であろう．韓国蔑視といえば表現はおだやかではないけれども，要するに日本人にとって韓国はいまなお，非難すべき国ではあっても理解すべき国の範疇には入っていないようにみえる．本書は，開発経済学の一学徒による現代韓国経済論であり，韓国経済の専門家による韓国研究の成果ではない．しかし現代の韓国経済をできるだけ客観的に，しかも後の序章で指摘するような分析枠組みの中でこれを可能な限り統一的に理解しようという努力は惜しんではいない．本書が，この活力に溢れ，しかし礼節の隣国を理解するよすがとなれば，これに過ぎる幸せはない．

　本書の各章は，ここ4，5年の間にそれぞれ独立の論文として，各誌に発表したり，関係会護に提出したりしたものである．しかし一巻に纏めるに際し，全体の構成を考えて大幅な加筆修正を施した．ほとんど原型をとどめなくなった個所も少なくない．こうやって「まえがき」をしたためる段になってみると，主題に関するさまざまな場での先輩，同学との議論がなつかしく思い出される．

6　　I　現代韓国経済分析

本書で展開された考え方の多くは，名前をあげるのははぶかせていただくが，そうした人びととの議論によって触発されたものである．とくに韓国開発研究院の若いエコノミストとの交流は忘れられない．経済学は開発のための政策学でなければならないという，彼らの激しいばかりの現実主義的哲学は，この研究期間中わたくしを揺さぶりつづけた．冒頭にも記したごとく，韓国は開発経済学が対象とする貧困から，いま急速に解放されつつある．多くの秀でた先輩や同学に囲まれながら，学ぶべき時期に学ぶべき国を学びえた幸せを，いましみじみと感じている．

　この研究期間中，幾度か訪韓の機会にめぐまれた．そうした機会を提供してくれた外務省，日本貿易振興会，総合研究開発機構，三菱総合研究所，韓国開発研究院，フォード財団などの諸機関に感謝したい．出版をおひきうけ下さった勁草書房の井村寿二社長，中嶋嘉一郎氏に厚く御礼申し上げる．周到な目配りを忘れない宮本詳三氏の編集があって，本書は生まれた．80歳をすぎてなお壮健なる覺天先生とわが父に本書を捧げる．

　1982年　晩冬

渡　辺　利　夫

序　章
——本書の課題——

　現代韓国経済におけるなによりも大きな特徴は，その成長が一種「非連続的」なスパートをもって開始されたという事実であろう．成長開始に後れをとった後発国ほど，ひとたび開始された経済成長のスピードは先発国のそれよりも一段と速いものになるという，19世紀先進世界の経済史から得られた経験的命題は，今日の資本主義世界の中でも依然として生きている．事実，韓国の重要なマクロ・パフォーマンスはそのいずれにおいても，資本主義世界の最後進に位置して最大の発展速度をもった日本のそれよりも鋭い動きをみせた．すなわち韓国の経済発展は，先発国がその発展過程で要した歴史的時間を強く「圧縮」してあらわれているのである．

　朝鮮戦争直後の1953年において7.2%であった韓国の資本形成率は，最近年の1978年には30.7%とほぼ日本のそれと同水準に達した．この間における韓国資本形成の実質年平均増加率は16.1%であり，同期間における日本の増加率を大きく上まわった．第二次世界大戦後，日本の資本形成率が最大の速度をもって増加したのは，1956年から1962年までの大規模技術革新投資を主内容とする民間設備投資ブーム期においてであり，この間の年平均資本形成増加率は17.6%であった．しかしこれに比すべき韓国の投資スパートは第2次経済開発五カ年計画期（1967–71年）に発生し，その年平均増加率は27.6%とこれも日本のそれを凌駕した．高い資本形成率に牽引されて経済成長率とりわけ製造業の成長率は加速的な様相を呈し，1962年以降韓国経済は高度経済成長

8　　I　現代韓国経済分析

期に入った．

　後発国の工業化の速度が先発国のそれより一段と速いのは，後発国ほどその工業化が重化学工業部門に重点をおいて進められるからであるという，同じく重要な経験的命題がある．韓国はこの命題の今日的事例であり，ホフマン比率であらわされるその工業構造深化の速度はやはり日本のそれよりも速い．このことは特定産業部門をとり上げた場合には，その産業の輸入期から輸入代替期を経て輸出期へと向かう産業発展の段階移行の速度が激しいという事実となってもあらわれる．たとえば韓国の鉄鋼産業における段階移行の速度は，これも日本の歴史的経験を上まわった．

　後発国韓国の経済発展がこのような激しい速度をもちえたのは，この国が日本に代位して新たに資本主義世界の最後進となったことによって，豊富に存在する後発性利益を存分に享受しながら成長しえたからにほかならない．一般に後発国は，先発国が長い技術開発の歴史の中でつくり上げてきた工業技術を，発展の始発時点で「既存のもの」として利用できるという有利性をもち，また長期にわたるはずの国内資本蓄積期間を資本輸入を通じて大幅に短縮することができる，という利益にもめぐまれている．

　さらに今日の後発国にとっては，技術や資本を個別に導入できるというにとどまらず，この技術や資本を最も有効に組織化する企業経営の主体や能力それ自体をも少なからざる規模で導入しうるという有利性もまた大きい．先進国民間企業による直接投資がそれである．韓国が享受した後発性利益は，この国が「小国」であることによって一段と促された．小国は小国であるがゆえに，急速な発展を望む以上，技術，資本，外国民間企業を大規模に導入して「対外接触度」の大きいオープン・エコノミーとして形成されていかざるをえないからである．

　かかる後発性利益を「内部化」しつつ，先発国の実績を上まわる加速的成長を実現しえたという意味で，韓国はガーシェンクロン・モデルにおける「後発国」の，現代世界を舞台にした再現であるということができる．(a)韓国の高度経済成長を支えた重要な経営主体が新興の財閥を中心とした巨大企業集団であったこと，(b)また技術，資本，熟練労働などの「欠落要因」を満たし，さらに戦略的産業部門の設定とその育成に果たした韓国政府の「工業組織者」として

序　章　　9

の機能は傑出したものであったこと，(c)加えて韓国の工業化は南北対立という厳しい政治的・軍事的「外圧」のもとで．自国の存亡をかけて試みられた国民的課題であり，かかる意味で「滅共統一」が強力な工業化イデオロギーとして作用したこと，これら三つの事情もまた．韓国の工業化がガーシェンクロン命題に沿うて実現されたものであったことを示唆する．

18世紀後半にイギリスに発したインダストリアリズムの彼は，大陸ヨーロッパ諸国とアメリカ大陸に及び，次いで日本とロシアをまきこんだ．そしてこの波はついに開発途上世界のいくつかの国々の岸を洗い始めている．近年におけるいわゆる新興工業国家群（NICs）の発展要因についてさまざまな議論が展開されているが，NICsの急速な経済発展がこのインダストリアリズムの波動への先駆的反応であることに変わりはないのである．とすればNICsの発展は，遠くない将来に開発途上世界をまきこんでいくであろう巨大な工業化ムーヴメントの前兆というべきものであろう．事実，NICsよりも一段と後発のASEAN諸国の工業成長にも，ついに1970年代の後半期に至って一種の趨勢加速現象が観察されるのである．**本書第1章**は，韓国の経済発展を，インダストリアリズムの波及という発展史観によって捉え，その急激な発展過程の中に，この波が次第に開発途上世界に伝わっていくという予覚を得ようという意図のもとに書かれた．

現代韓国の経済発展は，製造業品の輸出が工業化率の上昇を牽引し，これがさらに高度経済成長を主導するという「輸出志向工業化」のもとで実現されてきた．韓国が上述した後発性利益を豊富に享受しえたのは，実にこの工業化類型のもとにおいてである．かくして輸出志向工業化政策とは後発性利益を有効に「内部化」するための政策体系であり，かかる観点を採用することによって，初めてわれわれは韓国におけるこの政策の真のレゾン・デートルを知ることができるのである．

1960年代は，先進諸国の経済が強い活力をもって同時的に拡大した時期であり，この間世界の工業製品貿易は顕著な増大をみせた．いずれの先進諸国の産業構造の変動も激しく，成長産業が次々と生まれる一方，衰退産業化していく部門もまた少なくなかった．しかし衰退産業から成長産業への資源移転はこ

の時期それほど困難ではなく，産業構造は高度経済成長過程でおのずと調整されていった．石油危機に至る十数年間のこうした環境は，新たに国際市場参入をはかろうとする後発国にとってまことに有利なものであった．しかし大半の開発途上国は，牢固たる「輸出ペシミズム」にわざわいされて，かかる有利な国際市場環境にめぐまれながらなお「内向型」の工業化政策を追求し，外的世界に活路を見出そうという挙に出る国はまことに少なかった．

　韓国自身，1960年代の中期まで工業化戦略の中心を輸入代替政策におき，輸入代替を促進するための政策，すなわち貿易保護と輸入代替産業の国内保護とは，むしろ他の開発途上国よりも強力なものであった．複雑な保護主義的政策体系の中で，企業家は生産性の向上を通じて生産費を削減し，これをもって企業競争に打ち勝とうという「企業家的行動」よりも，有利なレートの外国為替や低金利の銀行資本を手に入れたり，輸入ライセンスを確保するために，さまざまな手段を使って政治支配層に接近するという，「政商的行動」の方を重視しがちであった．公定為替レートや金利が，実勢に比較して2倍から3倍も有利なものであるならば，これを手中にしうるか否かが，企業家にとっては生産費の削減よりもはるかに重要な「仕事」となったのは当然である．

　ことは，保護主義的政策のもとで生産費の削減努力がなされなかったというにとどまらない．生産財の輸入に有利な為替レート，貿易為替制限，関税制度は，国内財を利用するよりも，海外からこれを輸入するという企業家の志向性をいっそう強めた．労働過剰・資本不足の状態にありながら，外国の資本集約的な中間財や資本財が導入され，資本集約的な生産方法が促進された．低金利政策は，こうした生産方法の採用を助長した．優秀ではあるが，低賃金の労働力を豊富に擁しながら，これを有効に利用する労働集約的な生産方法は，保護主義的政策の中では顧みられることは少なかったのである．

　したがって新しい政策は，既存の政策体系を全面的に廃止すると同時に，厳しい国際競争に耐えうる体質自体を新たにつくり出すことによって，輸出市場にたち向かう実力を養成していかなければならない，という困難な課題に応えることが必要であった．しかも保護主義的政策を廃止するためには，この政策のもとで網の目のようにはりめぐらされ，肥大化した既得権益を一挙に排除するだけの強力な意志を体現した政策のもとで，これを「権力的に」施行しなけ

序　章　11

ればならない．韓国は，こうした政策の全面的な転換を，しかも短期日になしえた典型的な開発途上国である．

すなわち韓国政府は輸入代替工業化の行きづまりを察知するや，この工業化を支持してきた一連の保護政策を一挙にくつがえす，「市場自由化政策」を果敢に試みたのである．このような保護政策の廃止は，労働過剰・資本不足という，この国における生産要素の賦存状態に適合する貿易パターンと生産方法の採用を促し，保護過程で進んだ資源配分の歪みは，急速に是正されていくことになる．かかる経緯のもとで，労働過剰経済である韓国の労働集約的工業製品に潜んでいた国際競争力は高まりをみせ，その上に一連の強力な輸出促進政策が用いられることによって，国際市場への進出が開始された．輸入代替政策のもとで狭小な国内市場に閉じこめられていた韓国企業家の活力は，一斉に海外市場に向けられ，とくに労働集約的工業製品においては，またたく間に国際市場での有力な輸出国としての地位を得るに至る．本書**第2章**は，こうした輸出志向工業化の経緯とこれを支えた政策体系との因果的関連を分析する．

韓国は，かくして輸出志向工業化政策のもとで後発性利益を豊富に享受しながら高度の経済成長実績を実現することができた．しかし輸出工業製品の中心は労働集約的な最終消費財であり，一方この最終財生産のための素材，中間製品，資本財等の生産財は，そのほとんどを先進国からの輸入に依存するという典型的な「加工貿易型構造」のもとにある．輸出志向工業化を通じての急成長は，かかる構造のもとで韓国を極度に「開かれた」経済とするとともに，その対外的依存関係をますます深化させてきた．したがって韓国の輸出志向工業化が加工貿易型構造を帰結するにとどまる限りにおいては，後発性利益は真に国民経済レベルにまで及んだことにはならない．加工貿易型構造のもとでは，繁栄する輸出部門が他の国内部門の成長を誘発する力をもちえず，むしろ「二重経済化」に陥る危険性が大きい．とすら主張されてきたのである．

とはいえ韓国は，比較優位をもった自然資源にめぐまれていないのはもちろんのこと，生産財生産の自生的発展の基盤は幼弱であり，関連産業の裾野をもたない未熟な段階からその工業化を出発せざるをえなかった．加えて韓国は，国内市場の狭小な「小国」である．こうした初期条件から出発し，にもかかわ

12　Ⅰ　現代韓国経済分析

らずなお急速な経済発展を望むのであれば，輸入した素材，中間製品を，同じく輸入した資本財を用いて組立・加工し，かくしてできた最終財を輸出に向けるという多分に加工貿易型の構造は，韓国のような小国の経済発展における不可避の一過程であると考えねばなるまい．かかる構造を「従属的」発展パターンとして，これに批判的論評を加えることは容易である．しかし小国は小国であるがゆえに，海外に大きく門戸を開いてその対外接触度を大きくしていかない以上，そもそも急速な発展を求めることはできないという「宿命」は，いずれにせよこれを消すことはできない．

問われるべきは，韓国の加工貿易型構造が経済発展の過渡的な一形態であり，これがつづく時期に生産財の国産化すなわち重化学工業化への道を開く可能性をどの程度もっているか，である．韓国の場合，その可能性は明らかに大きい．韓国の加工貿易型発展が重化学工業化を誘発する因果的メカニズムを，われわれは次のように想定する．

韓国は，最終消費財の輸入代替工業化から輸出志向工業化への転換を短期間に，しかも手際よくなしえた数少ない開発途上国として知られる．輸入代替期が時を移さず輸出拡大期につながるという産業発展段階移行の時間的「圧縮」ゆえに，総需要は急速に拡大してきた．すなわち初期には国内需要が，次の時期には輸出が国内生産の拡大を牽引したのである．この国内生産の拡大は，生産財生産への「後方連関圧力」をつくり出し，需要がある「国内最小生産規模」に達した時点で，生産財の国内生産が急速に開始されることになったと考えられる．すなわち韓国生産財の国産化は，最終消費財の拡大がもたらした「後方連関圧力」による需要牽引型のそれであった．とくにいくつかの最終財の需要において，輸出が決定的な役割を果たしたことを強調しなければならない．すなわちここでは最終財の輸出志向工業化のもとで，生産財国産化への道が開かれたことになる．いいかえれば，迂回生産過程のダウンストリームにおける輸出志向がアップストリームにおける輸入代替を促進するという因果的誘発関係を，われわれは韓国重化学工業化のプロセスの中に発見することができる．規模効果を発揮する場はここでは大きい．

かくして後発性利益を受けて胎動した韓国の工業化は，消費財工業部門と生産財工業部門との有機的関係を生み，工業構造のいっそうの深部へとそのイン

序　章　13

パクトを及ぼしていったのである．**第3章**の課題は，こうした工業構造の深化過程を分析的に確認することにおかれる．

　構造深化は，工業部門内部でみられただけではない．輸出志向工業化過程で，工業と農業の2部門間に強い有機的連携が生まれたことにも注目する必要がある．経済発展論上の観点からいえば，この問題の方がいっそう重要であるかもしれない．一般的な理解によれば，韓国の輸出志向工業化は典型的な加工貿易のもとで進捗し，したがって輸出部門の成長波及力の多くは先進諸国へ「漏出」し，これが有機的な連関関係を通じて国内の他部門に及ぶ度合いは小さいものとされてきた．輸出工業部門はその成長率が相当に高いものの，しかし国内の停滞的な伝統部門の成長を誘発する力をもちえず，むしろ輸出志向工業化過程は，二重経済を「構造化」する過程であるとすら論じられることもしばしばであった．

　しかしこの考え方は，少々「イデオロギー的」に過ぎないか．あれほどまでの規模で展開されてきた韓国輸出志向工業化のインパクトが輸出工業部門のみにとどまり，これをとりまく伝統部門には何の影響をも及ぼさない，といった類の過度に単純化された議論にはわれわれはどうしても与することはできない．われわれはそうした「一般論」とはおよそ逆に，韓国の輸出志向工業化過程が農工2部門間に有機的関係を形成していった因果的経緯を，次のように考える．

　韓国の輸出志向工業化過程においてまず注目されるのは，それが生んだ強い雇用吸収力である．韓国において総労働投入量の最大の部門は，繊維，雑貨，電気・電子の3部門であるが，労働力の産業連関表分析によれば，輸出によって直接，間接に誘発された労働量のそれぞれ3部門の総労働投入量に占める比率は，1975年においていずれも60％をゆうにこえている．製造業全体についてみても，この比率は40％を上まわる高水準にある．近代部門のこうした強力な雇用吸収波をうけて，都市の失業者，ならびに日雇労働者，臨時労働者，不払家事使用人，自営業者などの諸範疇に含まれる不完全就業者はいちはやく吸収されていく一方，農業の労働市場にも注目すべき変化が生まれた．

　すなわち都市工業部門の雇用吸収力に呼応して農業人口の流出が開始され，1960年代の後半期以降，農家人口，農家戸数の絶対的減少傾向が顕著なもの

14　Ⅰ　現代韓国経済分析

となる．かくして生まれた農村労働市場の逼迫化に呼応して，農民の平均労働時間の延長，それに由来する不完全就業率の減少，農家女子労働力率の上昇がみられるとともに，農業労働力の実質賃金が上昇を始める．他方で農業における資本蓄積は相当の速度で進められ，1960 年代初めに 4% 程度であった農業部門の資本蓄積率は，最近年には 12% に達した．急速な経済発展のもとで労働力が不足する一方，資本ストックは次第に豊富化するという一般的過程を，われわれは韓国農業の中に如実にうかがうことができる．加えて後背地開発の余地をもたない韓国の経済発展が，農村部の地価高騰を招くことになったのも当然である．

このような要素賦存状況の変化は，農業部門における相対要素価格の変化と，したがって要素代替を生み，これに応じて生産性が変化し，農業構造の高度化過程が発生する．資本レンタルプライスに対する賃金率の比率で示される農業の相対要素価格は，1960 年代の初期以降十数年にわたって逆転を含まず下降し，これに対応して農業の資本労働比率も明らかに増大傾向をたどる．かかる相対要素価格の変化に伴って生じた韓国農業の資本集約化（機械化），土地集約化（生産の多角化）の速度と，したがって労働生産性，土地生産性の増大速度には刮目^{かつもく}すべきものがある．かくして韓国の場合，「圧縮型」産業発展パターンは，製造業と同じく実は農業の発展過程においても観察されるのである．事実は，「二重経済化」とはどうやらまったく逆である．

ところで製造業では，賃金率はもちろんであるが，資本レンタルプライスの上昇率も大きく，したがって相対要素価格の変化は農業ほど大きくはない．このために資本労働比率も，安定的な推移をみせてきた．資本よりも労働をより集約的に利用しながら拡大してきたという第 2 章で指摘される韓国工業化の特徴的な性格は，この事実に由来すると同時に，実はこの事実を促した要因でもあった．すなわち韓国の工業化が雇用吸収力の大きい労働集約的な生産経路にしたがって拡大したために，農村の労働力を都市工業部門にひきつけて，農村における相対要素価格を変化させたのであるが，その変化に応じて試みられた要素代替と生産性の向上は，次の段階でより多くの労働力を都市工業部門に向けて放出しうる余裕を農村につくり出し，この事実が工業部門の労働集約的な生産経路を一段と強力に支持したのである．**第 4 章**は，農工間における発展の

序　章　15

かかる相促的作用の展開過程を分析し，同時に韓国経済の「二重経済」論に一石を投じることを狙っている．

　韓国の輸出志向工業化は，これがもたらした高い成長力のゆえに，開発経済学上の焦点の一つになってきたのは周知のところであるが，その高い成長力が同時に雇用成長と分配上の公正を実現する方途でもあったという事実が立証されうるならば，この工業化パターンが開発途上国の開発政策に対してもつ意味はいっそう大きい．工業化の戦略的役割を保護主義型の輸入代替政策に求めてきた大半の開発途上国の経済成長が，特定の産業部門，特定の地域のみを利することによって，経済成長の恩恵にあずかることのできない階層の比重を増大させたという一般的事実が次第に明らかなものとなりつつあるからである．

　すなわち多くの開発途上国は工業化における戦略的役割を近代部門の大規模経済単位に求め，これに多様な国家的保護を与えることによって，輸入代替工業化を実現しようとしてきた．保護による工業化は，一つには，近代部門をして自国の要素賦存状況に逆行する過度に資本集約的，労働節約的な生産方法を促すことになった．また二つには，同じことであるが，保護による工業化は資本集約的な産業部門の成長を促進して，産業構造全体におけるこの部門のウエイトを高め，逆に労働集約的な産業部門の成長を妨げて，産業構造全体におけるこの部門のウエイトを低めるという帰結をもたらしたのである．かくして，保護主義的工業化の雇用吸収力は小さい．

　他方，開発途上国の労働力は 1960 年代の初期以後に一種爆発的な増大期を迎える．とくに農村における増大率は大きい．いわゆる「押出型」の向都移動を通じて農村から都市へ移住した農村の過剰人口は，一部は失業者として，他の一部はサービス部門を中心とした「未組織部門」での不完全就業者として，都市周辺部での滞留を余儀なくされ，都市勤労者の賃金所得分配を不平等化させる．

　工業部門の雇用吸収力が小さいために，農村の過剰就業もまた容易には解消しない．生産性の増大速度が鈍く，かつ耕地の外延的拡大の余地が限られているという条件のうえに，激しい人口増加圧力を加えられて，人口土地比率を急速に上昇させていった開発途上国は多い．人口土地比率の上昇は，耕地保有規

模別農家階層における最零細農家の比重を高め，かくして農家家計間の所得分配の不平等化をもたらす．こうした分配不平等化が平均的所得水準の停滞の中で生じる場合には，最零細農民の多くが生活水準を絶対的に低下させ，彼らを絶糧農民化させることになる．零細農民の離農・離村が発生し，流民化した農民が押出型都市化の主役となるという経緯がここに生まれる．

また一方，保護による工業化は，資本や外貨といった稀少資源を農業のごとき非保護部門から引き出して工業部門に移転させ，かくして農業部門の停滞を厳しいものとする．さらに保護主義的工業化は，農産物価格に相対して国内工業品価格を高めることによって農家交易条件を悪化させ，かかる経緯を通じても都市農村間の所得格差を，後者にいっそう不利化させるのである．保護による工業化を積極的に展開してきた多くの開発途上国において，近代部門の繁栄と伝統部門の停滞との対照はまことに鮮やかであった．

しかしこうした一般的経緯とは対照的に，工業成長が強い雇用吸収力を発揮し，これが原因となって都市勤労者家計，農家家計さらには都市農家家計間にみられる多様な賃金・俸給・所得面での格差を縮小させていったという興味深い事例を，われわれは数少ない開発途上国の経験的事実の中に見出すことができる．実は，1960年代の初期以降の韓国は，その代表的な事例の一つである．

すなわち韓国の工業化は，強い雇用吸収力のもとで，まずは都市の失業者，不完全就業者に就業機会を与えて，都市勤労者の賃金所得分配を平等化させることになった．また都市工業部門の雇用吸収力に呼応して生まれた大規模な農工間労働移動は，農家家計数を減少させてその一家計当り所得水準の上昇に寄与した．同時に，この国内労働移動が農家交易条件を有利化させる過程でその傾向を助長し，都市農村間所得格差をも縮小方向に向かわしめたのである．さらに都市工業部門の雇用吸収力に敏速な反応をみせたのは最零細農家家計であり，この階層比重が大きく下がったために農村内部の所得分配もまた平等化したことが推測できる．輸出志向工業化の厚生的意味づけ，これが**第5章**の課題である．

工業化の過程で，工業構造や農工2部門関係に顕著な深化過程がかくして観察されるのであるが，外国貿易構造もまたこの間急速な深化のプロセスをたど

ったことがうかがわれる．すなわち韓国は，労働集約財の強力な国際競争力を背景に先進国市場でそのシェアを拡大する一方，輸入量をも大きく増大させて，先進国経済との間に有機的な分業関係を形成してきた．しかもこの分業関係は，産業間垂直貿易型から産業内水平貿易型へ，いいかえれば開発途上国型貿易構造から先進国型貿易構造へという重要な変化をそのうちに含んでいるのである．日韓貿易を一つの事例として，韓国貿易構造の深化過程に特有な観点から分析を加えてみようというのが，**第6章**の課題である．

さて，韓国による国際市場への進出は，アメリカやEC等の第三国市場における日本商品との競合をひきおこし，韓国によって「追撃」されてしまった日本商品も二，三にとどまらない．いくつかの労働集約的な軽工業品については，当の日本市場への進出も無視できない規模に及んでいる．しかし韓国による日本へのこうしたキャッチ・アップは，ことの半面であるにすぎない．実は，韓国と日本とはそうした競合的関係にある一方，いっそう強い補完的関係によって結びついていることにわれわれは思いをいたす必要がある．

すでに指摘したように，韓国の輸出を主導したのは労働集約的な工業製品であるが，これらはそのほとんどが迂回生産過程の最末端に位置する最終財であり，素材，中間製品，資本財は，その多くを先進諸国からの輸入に依存している．すなわち韓国は，生産財を先進国より輸入し，これを組立・加工した最終財を再び先進国に向けるという加工貿易型構造のもとにあり，したがって韓国の輸出は強く輸入誘発的である．日韓貿易には，日本の生産財輸出・最終財輸入，韓国の生産財輸入・最終財輸出という関係が典型的に作用しており，現在では基本的には，競合関係よりもむしろ補完関係のほうがいっそう強く機能しているとみるべきである．

しかし日韓貿易関係はかかる垂直的補完関係によって特徴づけられている，というにとどまらない．韓国は加工貿易型工業構造のもとで，主として日本から生産財を大量に輸入しているが，これを組立・加工した最終財は，日本にではなくアメリカ，ECに向かうという大きな流れがみられる．その結果，実は韓国の対アメリカ，対EC貿易収支は黒字であるが，対日貿易収支は大きく赤字なのである．かくして日韓貿易関係は垂直的補完というにとどまらず，さらに韓国の日本に対する一方的依存によって特徴づけられていることになる．こ

18　　I　現代韓国経済分析

うした一方的依存が生じるのは，韓国が日本の生産財に大きく依存せざるをえない一方，しかし日本の「フルセット自給型」工業構造に阻まれて，どうしても日本市場への大規模な参入をはかることができない，という事情に由来している．

　日韓貿易の基本構造は，このように設定されよう．しかし，現在の日韓貿易を特徴づける最大のものとして強調さるべきは，実はこうした基本構造それ自体が崩れ始め，日韓分業パターンが従来の垂直貿易型から新たに水平貿易型へと変化しつつあるという事実にほかならない．実際のところ，1970年代において進んだ極東アジアにおける国際分業関係の変化を一言でいうならば，これは日本と，韓国を中心としたアジア中進国との有機的経済統合過程の顕著な進展である，といってはばからない．この十数年において先進国と開発途上国との経済的相互依存関係がこれほどまでの速さで緊密化していった地域を，われわれは極東アジア地域以外に見出すことはむずかしい．

　国際貿易というとき，とかくわれわれは一国のある産業が生産する商品を，他国の別の産業が生産する商品と交換する，異種産業間分業のことを頭に浮かべがちである．しかし同一産業内で生産される商品が国際間で相互に取引されるいわゆる産業内国際分業は，今日ではごく一般的な経済現象であり，1960年代を彩った先進国間貿易のいちじるしい拡大はこれによって促されたといっても過言ではない．ECによる城内関税の撤廃やケネディ・ラウンドにおける関税一括引下げは，先進国相互間の産業内分業を促進した大きな要因であった．水平分業とは産業内分業の別名にほかならない．日韓水平分業は，実は先進国間のそれよりも速いスピードで進んでいることにわれわれは着目しなければならない．日本は韓国との水平分業を積極的に展開することによって，不合理なフルセット自給型の経済構造を是正していく重要なきっかけを得ることになろう．そして韓国は，日本との水平分業の進展によって，経済自立化の不可欠の条件である重化学工業化の市場的基礎を与えられ，より高度の産業構造と貿易構造を形成するための条件を手にすることができるのである．

序　章　19

第1章　経済発展と後発性利益

序

　石油危機に至る十数年は，世上いわれる世界経済の同時的拡大の時期であり，先進各国の需要の拡大率にはまことに顕著なものがあった．高度経済成長のもとで産業構造の変動は激しく，成長産業が次々と生まれると同時に，いちはやく衰退産業化していく部門もまた多かった．韓国を初めとするアジアの新興工業国家群の輸出志向工業化を始動させ，その本格的な展開を支持したのはこうした国際環境であった．先進諸国の強い輸入需要に支えられ，その衰退産業を激しく追い上げながら市場シェアを拡大することができたのである．

　韓国の商品輸出は，第1次経済開発五カ年計画の始まる1962年から1978年までに年率40.4%，製造業品輸出は同期間に年率実に51.4%の速度で進んだ．このような高い輸出増加率は，高い輸入増加率を可能にする．輸出，輸入の対国民総生産比は，1962年のそれぞれ5.0%，16.6%から，1970年の14.3%，24.0%を経て，1978年には34.1%，37.2%に達した．かくして韓国は，「対外接触度」の大きい典型的なオープン・エコノミーとして形成されることになった．ちなみに1978年における日本の輸出，輸入の対国民総生産比は，10.6%，9.5%である．

　韓国の輸入は，石油と若干の自然資源を別にすれば，その大半が先進諸国からの素材，中間製品，資本財であり，これら生産財に体化された技術はこの国に豊富に移転されていった．公的借款，民間借款はもちろんのこと，外国民間

20　Ⅰ　現代韓国経済分析

企業による直接投資をも，韓国は積極的に導入してきた．海外直接投資とは，技術や資本の個別的な移転ではなく，それら技術や資本を最も有効に組織化する能力と主体それ自体の国際間の移転である．直接投資を通じて受入国に移転されるのは，経営資源にほかならない．さらに技術を「なま」の形で直接的に輸入するいわゆる技術導入の件数と支払金額が，大きく増加したのはいうまでもない．

　これを一言でいえば，韓国は現代資本主義世界における「後発性利益」を存分に享受しながら急速な経済成長を開始し，これを継続することができたのである．そして実は韓国の今日を築いた輸出志向工業化政策は，こうした後発性利益を最も豊富かつ最適に「内部化」するための政策体系であり，かかるものとして評価することによって，われわれは初めてこの政策の真の意味をつかむことができる．

　さて，現代韓国経済の発展過程におけるなによりも大きな特徴は，短期間に実現された高度経済成長である．資本主義世界における最後発はながらく日本であり，第二次大戦後における日本の経済成長率は，いずれの先発資本主義諸国の歴史的経験に比較しても高い．しかし1960年代初頭に開始された韓国の経済成長は，実に日本のそれをも凌駕するものであった．現代韓国における工業成長率，資本形成増加率等のマクロ指標は，いったんこれが上方に向かい始めるや日本のそれよりも鋭い上昇カーブを描いている．また重化学工業化に向かう工業構造深化の速度，あるいは輸入から輸入代替を経て輸出へと向かう産業発展段階の移行速度のいずれも，日本の経験より速い．韓国の重化学工業化や産業発展段階移行は，他の先進諸国はもちろんのこと，日本の経済発展過程をも「圧縮」していることが観察される．

　後発国韓国の経済成長が先発国のそれを上まわる加速的な様相をみせたのは，ひるがえってこの国が享受しえた後発性利益ゆえである．韓国は日本に代位し新たに資本主義先進世界の最後発に位置したことによって，技術や資本さらには企業経営能力までをも豊かに導入することができ，それらの開発や蓄積に要する歴史的時間を強く圧縮しつつ，一挙に高度経済成長経路にのることができたのである．

　現代韓国の高度経済成長のよってきたる所以をこのように眺めるならば，韓

第1章　経済発展と後発性利益　　21

国はかつてガーシェンクロンが描写した19世紀ヨーロッパ世界における後発国の経済発展経路と本質的には同様の道をたどったことになるのではないか. 大陸ヨーロッパ諸国やアメリカの工業化は先発国イギリスのインダストリアリズムの波を受けて開始され, さらにロシアと日本の工業化は大陸ヨーロッパ諸国やアメリカの工業化のインパクトによって胎動した. しかも後発国の工業化は, 豊富な後発性利益を受けて進捗しえたがために, いったん開始されたその速度は後発国ほど速く, それだけ後発国による先進世界への「追跡」は急であった. 19世紀ヨーロッパ世界は, かかる「不均等発展」のもとで生まれた先進と後進との確執のダイナミズムによって描かれよう. 韓国の工業化は, 明らかに日本をもその重要な一部として含む先進世界のインダストリアリズムによってその開始を触発され, しかも開始された工業化の速度は, 日本のそれよりも速いのである. 韓国の経済発展は, ガーシェンクロン世界の現代における再現であり, むしろ「強化された」再現であると解釈されるかもしれない.

南北二分法世界の虚構にまどわされてはならない. 先進から後進に向かうインダストリアリズムの波及は, 今日, 依然として強力に作用しており, 開発途上世界の岸を激しくも打ちつづけている. 近年における新興工業国家群の経済発展は, 少数の開発途上国によるこの波動への先駆的反応であり, 開発途上世界をまきこんでいくであろう巨大な歴史的ムーヴメントの前兆である. かくして新興工業国家群の急速な工業化は, インダストリアリズムの波及という発展史観にたつことによって, 初めてこれを正当に評価することができるものと思われる.

本章は次のように展開される. まず, 後発国工業化に関するいわゆるガーシェンクロン命題をできるだけその骨格において捉え, これを定式化する. そして現代韓国の経済発展過程が, この命題に沿うものであることを予想する（第1節）. 次に, 現代韓国の経済成長過程は「非連続的」な飛躍を特徴としており, その成長スパートは資本主義世界の最後進に位置した日本のそれをも凌駕する激しいものであったことを, いくつかの特徴的なマクロ指標を用いて示唆する（第2節）. さらに, こうした加速的成長をもたらした後発性利益の具体的な内容を検討する（第3節）. 最後に, 韓国を含むアジアの新興工業国家群の経済発展が, それをとりまくより後発の東南アジアの国々にもたらすインパ

クトについての示唆を考えてみたいと思う（第4節）.

1. インダストリアリズムの波及と新興工業国家

　先行するイギリスに大陸ヨーロッパ諸国とアメリカが, これをさらに後発の
ロシアと日本が追跡していった19世紀世界における不均等発展の歴史的ダイ
ナミズムは, 久しく比較経済史学の格好の研究対象とされてきた. このダイナ
ミズムを,「歴史力学」とでも称すべき個有の史観によって説得的に解明した
のがガーシェンクロンであることは広く知られている[1]. 彼は, 工業化開始の
前夜における一国の工業構造が後進的であればあるほど, 工業化がいったん開
始された場合そのスピードはいっそう速く, したがって先発国への追跡も加速
するという傾向を, 19世紀初頭から第2次大戦直前までの1世紀余にわたる,
ヨーロッパ諸国の歴史的経験から得られた一般的命題として, 定式化した.

　「急速な工業化過程が開始される直前の後進国の典型的な状態は, 一国の経
済活動の現実的状態ならびに工業発展への現存する諸障害と, 発展に内在する
大きな可能性との間の緊張によって特徴づけられる.〔……〕19世紀ヨーロッ
パの経済史をふり返るならば, 前工業期の状態と工業化によって得られる期
特利益との間に生まれる緊張が, 現存する障害を克服し工業化を前進させる力
を解き放つに十分な強さをもつに至ったときに, 初めて工業発展は巨大な規模
をもってその動きを開始したということがわかる.」[2]

　一国の工業構造が後進的であればあるほど, 工業化を実現するための制度的,
組織的能力は薄いが, その一方先発国から技術や資本を導入して急速な工業化
をはかりうる可能性すなわち工業化の期待利益はいっそう大きい. 工業化への
阻止的要因と工業化の期待利益との間に生まれるこの緊張を解いて, 19世紀
ヨーロッパの後発国に急激な工業化をスパートさせたのは, 後発国に特有な工

---

1) Gerschencron, A., *Economic Backwardness in Historical Perspective*, The Belknap Press of
　Harvard University Press, Cambridge, Massachusetts, 1966. 本章で問題とされるいわゆるガー
　シェンクロン命題は, とくに Ch. 1. Economic Backwardness in Historical Perspective; Ch. 14.
　The Approach to European Industrialization: A Postscript の二つに最もはっきりとみることが
　できる.

2) Gerschencron, A., *Ibid*, pp. 8-9.

第1章　経済発展と後発性利益　　23

業化の組織方法であり，制度的枠組みであり，特殊な工業化イデオロギーであったとガーシェンクロンは考えるのである．ひとたび開始された後発国の工業化が，先発国のそれよりも急速である理由は，彼によれば概略次の五つである．

(1) 先発国は，みずからが成長するための技術や資本は，みずからの努力によってこれを開発し蓄積していかなければならない．しかし後発国は先発国からの技術導入と資本輸入によって，その開発と蓄積に要する歴史的時間を圧縮し，また開発と蓄積のためのコストの相当部分を節約しうるという後発性利益を享受することができる．すなわち後発国には，経済発展の初期的時点において，その時点での最新の技術を導入する可能性が開かれるがゆえに，また長期にわたる資本蓄積期間を短縮することができるがゆえに，その成長が非連続的なスパートとともに開始されることが多い．

(2) 後発国に現実に導入される技術は，古い伝統をもつことなく比較的新しい時代に発展した，しかも固定資本設備費の大きい，たとえば鉄鋼業や造船業のような重化学工業部門である．なぜならば，一般機械に代表される機械工業のごとき，先発国が長い技術開発と熟練の蓄積をもって発展してきた旧来の工業分野においては，後発国がこれにキャッチ・アップをはかることは容易ではない．一方，いくつかの重化学工業部門の場合，その生産性は固定資本設備の平均年齢構成によって左右される度合いがより強く，したがって後発国がいったんこの設備の導入をはかりさえすれば，巨大な固定費用ゆえに設備廃棄を潔しとしない先発国に比較して，大きな優位性を一挙に獲得することができる．発展の初期段階において重化学工業部門のウエイトが大きい以上，その成長が非連続的なスパートの様相をみせるのは当然である．

(3) そしてまたこの事実は，後発国工業化の初期的時点において要求される企業の最低経営規模が相対的に大きいことを意味しており，したがってまた後発国の場合には，先発国に比較して独占的企業が早期に形成される傾向が強い．発展の初期から大企業が経営主体となることによって，初めてその急速な経済成長が担われるのである．

(4) さて一国が経済的に後進的であるという事実は，急速な工業化の実現に要する資源動員能力ならびに産業組織が自生的には発達していない，という事実を意味する．したがって工業化を開始するためには，資源を動員し，工業部

門そのものの形成を誘導し組織する主体が，新たに「上から」形成されねばならないことになる．フランスにおける世界最初の投資銀行クレディ・モビリエ（Crédit Mobilier），また短期商業銀行と同時に長期工業金融をも重要な機能としてもったドイツ型銀行は，イギリスに相対して後発のフランス，ドイツにおける工業資源の供給者であると同時に，工業化の「組織者」でもあった．金融制度自体の未発達な，一段と後発のロシアでは，国家みずからが財政政策を武器に工業化の指導的役割を演じた．明治期日本の重要な工業化主体が政府であったことは，よく知られている．

(5) 加えてこうした後発国の工業化は，ある種の宗教的な国民的情熱によって支えられ，この国民的情熱を体化した工業化イデオロギーによって推進されることが多い．フランスにおけるサンシモン主義，ドイツのフリードリヒ・リストによる国民的統一の思想，そしてロシアにおけるマルクス主義すらもがこうした役割をもったとされる．

ガーシェンクロンは，かくして後発国工業化の加速要因を衝いてあますところがない[3]．ここでとりあげるのは新興工業国家群の代表国としての韓国であるが，この国の工業化の態様が，彼の示唆する後発国の現代世界における一つの典型的事例であると考えられるのは，次のような理由による．

(1) なによりも韓国における経済成長の開始は非連続的な様相を呈しており，いくつかの重要な経済的指標において先発国が発展に要した歴史的時間が，ここでははっきりと圧縮してあらわれている．とくに重化学工業化の速度はめざ

---

3) 後発国工業化の加速的態様については，さらに Kuznets, S., *Six Lectures on Economic Growth*, Free Press, New York, 1959; Baldwin, R. E. and G. M. Meier, *Economic Development; Theory, History, Policy*, John Wiley & Sons, Inc., New York, 1975. Ch. 12 を参照．なお後発性利益については，これを次のように敷衍しておくことは必要である．すなわち後発国は，まさに定義によって先発国との激しい国際競争のもとでその工業化を開始しなければならないという宿命にある．したがって後発国に開かれた後発性利益は，もし後発国がこれを内部化することができなければ，そもそもその工業化を開始すること自体が不可能となる．かかる意味で，後発性利益の内部化は後発国に一種の強制力をもって作用しているとみなければならない．先発国に発したインダストリアリズムの波及を，後発国は拒否することはできない．かくして 18 世紀後半にイギリスに発したインダストリアリズムの彼は，後発の大陸ヨーロッパ諸国とアメリカをまきこみ，そしてこれら新しい先進世界は，さらに後発のロシアと日本を工業世界に，激しくひきこんでいったということができる．ガーシェンクロン・モデルのかかる見方については，中川敬一郎「後進国の工業化過程における企業者活動」，『経済学論集』東京大学経済学会，第 28 巻第 3 号，1962 年 11 月をみられたい．この論文は，その後，中川敬一郎『比較経営史序説』東京大学出版会，1981 年，に収録された．

ましく，実際この速度は先進諸国の重化学工業化の歴史的経験に比較して３倍になんなんとするスピードをもった．韓国の重化学工業化は，機械工業の全般的なたち遅れの中にありながら，なお鉄鋼，石油化学，造船を中心に，先進諸国から技術と資本を大規模に導入しながら進められ，これら重化学工業部門が享受した後発性利益はまことに大きいものであった．

(2) しかも，この高度経済成長とりわけ重化学工業化を担ったのは，新興の財閥を中心とした巨大企業である．韓国における近代的経営をもってする大規模企業は，1960年代の後半期，とくに1967年に始まる第２次経済開発五カ年計画期という，韓国が最も高度の成長をみせた時期に群生している．「現代」，「韓進」，「鮮京」，「大宇」等の名前で知られる大企業は，すべてこの時代に生成したものである．これら現代韓国の代表的な大企業は，輸出によって急成長をつづける多くの戦略的企業を次々とみずからの傘下に収めることによって，巨大な「企業集団」として形成されてきた．この過程で，内部資本，技術開発力，経営資源，マンパワーのいずれの面でも急速な蓄積をつづけて，1960年代の後半以降，これら企業集団は一挙に重化学工業分野への進出を開始する．

韓国の経済成長を語るとき，これを担う多様な能力を具備した大企業が急速に出現してきたという，この事実を無視することはできない．しかしこれら民族企業は生まれて間もないものであるがゆえに，その体質はいまだ前近代的であり，経営基盤もそれほど強固ではない．韓国の企業集団はしばしば財閥という名で呼ばれるごとく，家族・同族による経営支配の色彩を濃厚にとどめており，所有と経営の分離も，先進国の大企業のようには進んでいない．また自己資本比率が低く，導入外資への依存度も高い．実は，こうした幼弱な企業経営基盤に強い保護と支持を与えたのが，経済自立化への激しい意欲をもった政府にほかならない．

(3) すなわち韓国の経済成長と重化学工業化の過程で，資本ならびに熟練労働はつねに深刻な不足状態にあったが，これら「欠落要因」の補塡において政府が果たした役割は決定的である．厖大な貯蓄－投資ギャップを埋めるための，外資導入を含む貯蓄動員において，また戦略的重化学工業部門への財政資金の投下において，政府が払った集中的努力には刮目すべきものがある．1961年に登場した軍事政権と，この政権が育成した官僚機構は，この国工業化の重要

な意思決定者であり，戦略的産業部門の設定とその育成はつねに政府優位のもとに進められてきた．1960年代の初期以降における韓国工業化の組織者はたしかに政府であり，その「強制的かつ包括的」性格は，ガーシェンクロン世界のいずれの後発国よりも大きいものであったと思われる．

(4) 韓国の高度経済成長と重化学工業化を支えた指導理念もしくはイデオロギーは，明瞭である．独立後のこの国をとりまく国際環境はつねに緊張に満ちたものであった．北朝鮮との軍事的対立は，政府ならびに国民に強国への志向性と，したがって重化学工業化への決意を固める「求心力」として機能した．1970年代に入って加速するアメリカの朝鮮半島における軍事的コミットメントの希薄化，在韓米軍の段階的縮小化は，韓国軍民の間に経済，軍事面における自立化の緊急性を意識させ，これを支える重化学工業化への強い国民的支持を醸成した．過大な軍事負担は，たしかに一面ではこの国の経済発展の足枷ではあった．しかし，韓国の急速な経済成長と重化学工業化の背後にある最大の要因の一つが，この過重を支える国民的情熱にあったというのは他面の争いがたい事実である．「富国強兵」が明治期日本の工業化イデオロギーであったのと同様，「滅共統一」は現代韓国工業化の重要な理念として機能したのである．

2. 圧縮型産業発展パターン

1978年現在における韓国の粗国内固定資本形成の対国民総支出比（資本形成率）は30.7%であるが，現代韓国の整合的な国民所得統計の起点である1953年のそれはわずか7.2%であった．1975年価格で計算したこの間の粗国内固定資本形成の実質年平均増加率は，16.1%である．この増加率が開発途上諸国における異例の高水準であるのはいうまでもないが，世界で最も高度の成長を遂げた第2次大戦後の日本と比較しても，韓国の増加率はなお高い．1978年現在の日本の資本形成率は31.2%であるが，上述のように韓国のそれも30.7%であり，すでに日本とほぼ同水準に達している．

大川推計によれば，日本は今世紀に入って3回の投資スパートを経験している[4]．第1回目の投資スパートは第一次世界大戦期にみられた．第2回目のそれは1930年代に入って開始され，その後半に加速した．1930年代後半期にお

図1-1 粗国内固定資本形成の国民総支出比（$\Delta K/Y$）の日韓比較
（市場価格，日本：1905-78年，韓国：1953-78年）

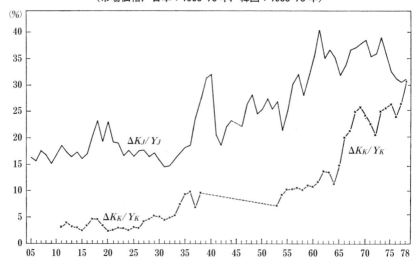

（資料） $\Delta K_J/Y_J$：1905-44年については，大川一司，H・ロソフスキー『日本の経済成長—20世紀における趨勢加速—』東洋経済新報社，1972年，付録B基礎統計表．1945-78年については，経済企画庁『国民経済計算年報』など．なお1965年以降は新SNAによる統計．$\Delta K_K/Y_K$：1911-38年については溝口推計．朝鮮全土．溝口敏行『台湾・朝鮮の経済成長』一橋大学経済研究叢書27，岩波書店．1953-78年については，Bank of Korea, *National Income in Korea*, various issues, Seoul, Korea.

ける5年間（1936-40年）の年平均資本形成増加率は18.7％と20世紀最大の値を記録した．第3回目のスパートは，1956年から1962年頃まで持続した大規模な技術革新投資を主内容とする戦後最大の民間設備投資ブーム期に発生した．このスパート期は，「神武景気」（1956-57年），「岩戸景気」（1959-61年）という戦後初の大きな好況局面を含み，過去3回の投資スパートの中でもそのインパクトにおいて最大のものであった．この6年間の年平均資本形成増加率は，17.6％に及んだ．一方，戦後における韓国の同じ投資スパートは，第2次経済開発五カ年計画期（1967-71年）に発生し，この間の年平均資本形成増加率は27.6％であった[5]．

---

4) 大川一司，H・ロソフスキー『日本の経済成長—20世紀における趨勢加速—』東洋経済新報社，1972年．
5) 日本を除く他の先進国の資本形成率には，この間さしたる変化はない．同じ1960年代の10年間

かかる資本形成過程のもとで，韓国の経済成長率は1960年代に入って急上昇を開始する．1953年から1961年までの経済成長率が1975年価格でみて年率4.5％であったのに対し，1962-66年（第1次計画期）ならびに1967-71年（第2次計画期）はそれぞれ7.8％，9.6％であり，また1972-78年の第3次計画期ならびに第4次計画期の一部は，その間に石油危機を含みつつ，なお9.8％を実現した．1962年以降のスパートは，たしかに経済成長の「趨勢加速」ともいうべき性質のものであろう．

ところで，さきの粗国内固定資本形成の拡大を担ったのは，製造業と社会間接資本の2部門であった．韓国において後者のウエイトが高いのは，一部には軍事目的のそれが大きいことの反映である．社会間接資本の整備が，近代部門とりわけ製造業成長の下支えとなったと考えるのは自然である．したがって資本形成率の加速は，製造業の成長加速となってあらわれるのである．1953-61年の製造業の年平均成長率は11.5％であったが，つづく1962-66年，1967-71年，1972-78年にはそれぞれ15.0％，21.8％，18.7％となった．

この高い成長率を反映して，製造業の対国民総生産比（工業化率）は，1953年の8.9％から1962年の14.3％，1972年の22.4％を経て，1978年には27.0％に達した．韓国の工業化率は，はやくも1970年頃に大略日本のそれと同水準となった．製造業就業者比率も，1978年において日本が24.1％，韓国が22.4％であり，両者にほとんど差はない．すなわちこの水準に達するまでの30年に近い期間の増加率は，韓国の方が明らかに高い．日本の1963年以降1978年までの製造業就業者年平均増加率は1.18％であったが，韓国のそれは11.2％であった．加藤・楠田推計[6]の起点である1951年以降の年平均増加率でみても，日本の2.5％に対して，韓国のそれは8.0％であった．

対照的に韓国の農業の成長率は停滞をつづけた．第二次大戦後の日本における農業の対国民総生産比の低下傾向はまことに激しいものとして知られている

にイギリスは14.9％から18.0％へ，西ドイツは22.6％から26.5％へと緩慢な増加をみせたが，アメリカは15.6％から14.9％へ，イタリアは20.6％から18.9％へと減少した．これら先進国の場合には，1970年以降の趨勢にも大きな変化はない．International Monetary Fund, *International Financial Statistics*, various issues, Washington, D. C.

6) 加藤，楠田『台湾，香港，韓国およびフィリピンの労働力推計 1951-65年』アジア経済研究所，1967年．

が，韓国のそれも日本の経験に劣らない．すなわち 1953 年に 46.7% であったその比率は 1978 年の 21.9% へと，25% に近い低下をみた．

こうしたマクロ指標の変化をひとわたり眺めてみても，韓国のそれは資本主義世界史上最も急速な成長を遂げてきた日本のそれを明らかに上まわる速度をもっていることがわかる．韓国における成長の非連続的なスパートは，ガーシェンクロン世界のいずれよりも激しく，先発国の経済発展史がここでは強く圧縮してあらわれている．こうした先発国の経済発展史の圧縮は，なによりも重化学工業化の過程においてより鋭くあらわれ，激しい重化学工業化がまた経済発展過程自体の圧縮をもたらす最大の要因となっている．ガーシェンクロン命題によれば，後発国における成長の非連続的なスパートは，後発国ほどその工業化が重化学工業部門に重点をおいて実現されるという事実に関連づけられた．この事実は，韓国においていかに観察されるか．

重化学工業化の指標として，軽工業部門付加価値に対する重化学工業部門付加価値の比率いわゆるホフマン比率を用い，特定国についてこれを測ったものが図 1-2 である．この図は，ホフマン自身の計測値に，さらに彼の手法にならって新しいデータを加えて作成された．すなわち軽工業部門としては食料，飲料，煙草，衣料，はきもの，家具，皮革製品の 6 部門，重化学工業部門には化学（化学，石炭・石油製品），金属（基礎金属，金属製品），機械（一般機械，電気機械，輸送機械）の 3 部門がとり上げられた．欧米諸国に比較して日本が，さらにこの日本に比較して韓国が，一段と速い重化学工業化への傾斜をみせていることがわかる．ホフマン比率が 5.0〜3.5 の範囲であらわされる工業化第 1段階から 3.5〜1.5 の第 2 段階への移行に，主要先進国は 20 年から 30 年を要したとされているが [7]，韓国ははるかに短い期間にこの移行をなし遂げている．ホフマン比率が 4.0 から 2.0 に下がったのは，韓国の場合には 1960 年から1966 年のわずか 6 年間においてである．また韓国は 1970 年頃から比率 1.5〜0.5 の工業化第 3 段階に入った．とすれば，第 2 段階から第 3 段階への移行を，韓国はやはり数年を要しただけで実現したことになる．主要先進国の歴史的経験に比較して，ここでも実に 3 倍から 4 倍の速度がみられる．重化学工業部門

---

7) Hoffman, W. G., *The Growth of Industrial Economies*, Translated from the German by W. O. Henderson and W. H. Chalner, Oceana Publications. Inc., New York, 1958.

図1-2 ホフマン比率の国際比較

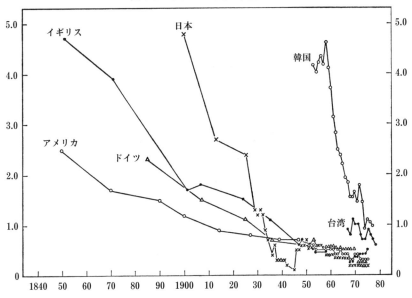

(注) ホフマン比率＝軽工業部門付加価値／重化学工業部門付加価値.
(資料) 1947年までのアメリカ，1948年までのイギリス，1951年までのドイツ，1925年までの日本ついては，Hoffman, W. G., *The Growth of Industrial Economies*, Oceana Publications Inc., New York, 1958, Statistical Appendix. それ以後については，United Nations, *The Growth of World Industry*, various issues, New York. 韓国については Bank of Korea, *National Income in Korea*, various issues, Seoul, Korea. 台湾については，Ministry of Economic Affairs, *Report on Industrial and Commercial Survey*, various issues, Taipei, Republic of China. 日本については，総理府統計局『日本統計年鑑』各年版.

の中心的産業である鉄鋼業について先発国と後発国の発展速度を比較した一研究[8]によると，1880年を前後する時点で粗鋼年産100万トンからスタートしたイギリス，西ドイツが1,500万トンを達成するのに要した歴史的時間は，それぞれ60年，54年であるという．フランスは60年以上を要した．最も急速な粗鋼生産の拡大をみせたアメリカと日本ですら，それぞれ24年，34年という期間が必要であった．これに対して韓国はわずか10年を少しこえる短期間に，この巨大規模に達することが予想されている．韓国は，先進諸国が鉄鋼産

---

8) 日本鉄鋼連盟『鉄鋼界』1980年8月号.

第1章 経済発展と後発性利益　31

業の発展過程で要した歴史的時間をたしかに大きく圧縮しているのである．ち
なみに 1970 年における先進各国のホフマン比率は，アメリカ 0.56，イギリス
0.55，西ドイツ 0.49，日本 0.47 である．韓国開発研究院は，この先進国水準
を韓国は「長期経済社会発展計画」の最終年である 1991 年に達成するであろ
うと見込んでいる [9]．

　重化学工業化とは，定義によって消費財部門に比較して生産財部門の比重が
増大していく過程でもある．この過程は別の観点よりすれば，一国の工業化パ
ターンが，生産財を輸入して最終財を国内市場向けに生産する段階（消費財の
輸入代替期），もしくは外国市場向けに生産する段階（消費財の輸出期）から，
生産財それ自体の国内生産を進めていく段階（生産財の輸入代替期）へ移行し
ていくという，工業構造の深化過程であるとも表現しうる．

　したがって，上にみたような重化学工業化のいちじるしい速度は，特定産業
部門をとり上げた場合には，その部門の輸入→輸入代替→輸出とつづく産業発
展の段階移行が速いという事実となってあらわれる．とくにこうした段階移行
が速いのは，いま指摘した鉄鋼産業やさらには石油化学産業のごとき「大容量
処理型」の大規模生産部門である [10]．実際のところ，韓国における重化学工
業化の中心的産業は鉄鋼と石油化学の二つであり，今後もなおしばらくこの二
つの素材産業を中心に展開していくであろう．鉄鋼，石油化学などの大規模産
業は，いわばビッグ・プロジェクト主義の最も有効な分野である．政府あるい
は巨大国営企業が政府資金や援助資金をもとに，先発国の最新技術とそれを体
化した資本設備を導入することができれば，その優位性は先発国から後発国に
一挙に移る可能性が大きい．ガーシェンクロン命題が示唆するように，これら
素材産業の固定設備費用は巨大であり，したがって設備の更新は容易ではなく，
最新設備を擁することによって生まれる後発国の有利性は一段と大きい．先発
国の市場シェアをいちはやく奪いうる重化学工業部門もまた，この分野である
といってよかろう．かくしてこのような重化学工業部門は，それが導入される

---

9)　Korea Development Institute, *Long-Term Prospect for Economic and Social Development
1977–91*, Seoul, Korea, 1978.

10)　このタームは，尾崎巌「日本の産業構造―理論と実証―」，『季刊現代経済』第 29 巻，1977 年
冬季号，によっている．

や，ただちに国内需要を満たすのみならず，同時に輸出余力をもつことができるのであり，輸入代替期と輸出期はここではほとんどオーバーラップしてあらわれる．

図1-3は，鉄鋼業の最終製品である圧延製品の輸入依存度（輸入代替度）と輸出依存度をみたものであり，これを日韓両国で比較し，産業発展の段階移行の速度をみるという目的のためにつくられた．山澤逸平氏の計測によれば，日本の鉄鋼製品の輸入代替が歴史上最も急速に進捗したのは，1920年代の初めから1930年代の中頃までである[11]．

この間における輸入依存度の低下速度は，図にみられるようにいちじるしく，この時期日本は鉄鋼製品の国産化をほぼ完成させたとみられる．整合的な統計の得られる1963年頃からの韓国の輸入依存度の低下速度も，ほぼ日本のこの最大の低下速度期に匹敵している．同時に注目すべきことは，韓国の場合この輸入依存度の減少過程が同時にかなり明瞭な輸出増大過程でもあったという点であり，この産業発展段階移行の圧縮は日本のそれと対照される．

韓国の鉄鋼業が，製鋼，製銑をも含む有機的構造をもった産業として一挙に形成され，かつ加速的な成長を始めたのは，1973年7月に粗鋼換算103.2万トンの規模でその第1期工事が完成した国営浦項総合製鉄所の操業開始以来のことである．韓国の粗鋼生産全体に占める浦項総合製鉄所のシェアは1973年に39.0％を記録し，以降1976年の58.0％を経て，1979年には72.9％に達している．この製鉄所の規模は1976年5月の第2期工事，1978年2月の第3期工事の完成によってそれぞれ237.0万トン，457.6万トンになり，さらに第4次経済開発五カ年計画の最終年である1981年2月には834.6万トン規模に達した．現在の生産規模は日産2,600トンの第1高炉，同3,880万トンの第2高炉からなり，100トンの転炉3基をもつ製鋼工場のほか，連続鋳造工場，熱延工場，冷延工場など一連の工場を周辺にもつ整備された一貫総合製鉄所として建設されている．第4期工事の完成によって，浦項総合製鉄所は世界でも最大級の一貫総合製鉄所の一つとなった．

この製鉄所は，政府の重化学工業化計画のもとで国家の財政的資金と外国資

---

11) Yamazawa, I., "Industry Growth and Foreign Trade: A Study of Japan's Steel Industry," *Hitotsubashi Journal of Economics*, Vol. 12, No. 2, February 1972.

図1-3 鉄鋼製品の輸入依存度〔Ⅰ〕,輸出依存度〔Ⅱ〕の日韓比較

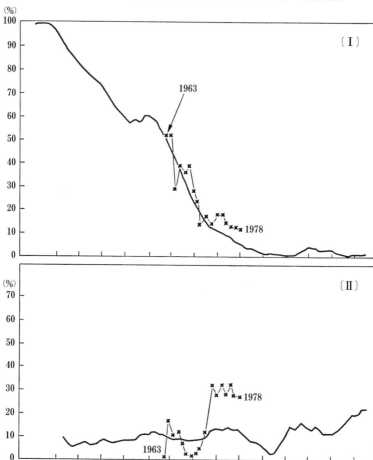

(注1) 鉄鋼製品は鉄鋼産業の最終製品すなわち鉄鋼圧延製品を含み,中間製品である鋼片,鋼塊,銑鉄を除く.
(注2) 輸入依存度=〔輸入／(国内生産+輸入)〕×100,輸出依存度=〔輸出／(国内需要+輸出)〕,なお,輸入依存度,輸出依存度はトン数によって導かれている.
(注3) 図中,実線が日本,×印が韓国,ただし日本のそれは7年移動平均値.
(資料) 日本については,Yamazawa, I., "Industry Growth and Foreign Trade: A Study of Japan's Steel Industry," *Hitotsubashi Journal of Economics*, Vol, 12, No. 2, February 1972. 韓国については,Watanabe, T., "Heavy and Chemical Industrialization and Economic Development in the Republic of Korea," *The Developing Economies*, XVI-4, December 1978, および韓国鉄鋼協会『鉄鋼統計年報』各年版,ソウル.

本を集中的にここに投下し，その技術は在来のものとはまったく関係なく，外国の最先端の鉄鋼技術を導入して形成された国営の巨大生産主体である．しかも注目すべきは，浦項総合製鉄所は，少なくとも当初は合理的な費用－便益計算のうえに計画されたプロジェクトというよりは，むしろ危険を賭して試みられた多分に国家的な「冒険事業」であった，という事実である．実際のところ，韓国の一貫製鉄所計画は，世界銀行によってその経済性を否定されたのみならず，これが第2次経済開発五カ年計画の中核的事業の一つとして計画された後，アメリカの機械メーカー，コパーズ社を中心とするアメリカ，イギリス，フランス，イタリア，西ドイツ5カ国の鉄鋼メーカー8社から構成された韓国製鉄借款団（KISA）と建設契約が締結され，年産60万トンの製鉄所建設が1967年に開始されたものの，そのフィージビリティになお疑問がもたれて結局2年後にはKISAの解散，建設中止のやむなきに至っている．当初，この計画が韓国の経済力からいかに乖離したリスクの大きいものであったか，少なくとも先進国からそうみられた事業であったかを端的に示すものであろう．ちなみに，この政府事業をより大規模のプロジェクトとして建設することを可能にしたのは，旧八幡製鉄，旧富士製鉄，日本鋼管3社の技術協力と，対日請求権資金の一部無償3,080万ドルと有償8,868万ドルである．

　われわれは，かかる冒険的事業を遂行しようという国家意志の中に，工業化の阻止的要因と工業化の期待利益との間の緊張を，政府の集中的努力によって解き放つという，ガーシェンクロン的後発国の典型的な姿をみてとることができるのである．

3．後発性利益の諸相

　韓国は，台湾，香港，シンガポールなど他のアジアの新興工業国家群と並ぶ「小国」であり，小国のつねとして海外に門戸を大きく開いた「オープン・エコノミー」として形成されてきた．この事情は，現代韓国における後発性利益を考えるうえでまことに重要である．小国は小国であるがゆえに，急速な発展を望む以上，貿易依存度を大きくするというにとどまらず，先発国からの技術，資本，外国民間企業を大規模に導入して，その「対外接触度」を大きくしてい

第1章　経済発展と後発性利益　　35

かざるをえない．先発国からのインダストリアリズムの波及は，対外接触度の大きいそれら小国に最も伝播しやすいからにほかならない[12]．

　小国であり，かつ成長率の高い国であれば，国民総生産に対する輸出，輸入の比率であらわされる貿易依存度は，例外なく高い．しかも韓国は比較優位をもった一次産品にはめぐまれておらず，また初期的工業化段階にあるがゆえに，素材，中間製品，資本財生産の自生的発展の基盤は幼弱である．輸入した素材，中間製品を，同じく輸入した資本財を用いて組立・加工した最終財を輸出に向けるという加工貿易型の構造は，韓国のような有力な自然資源の賦存しない小国にとっては，過渡的な発展パターンとしてこれを避けて通ることはできない．加工貿易型構造を「従属的」発展パターンとして危惧するだけで，ことはすまない．

　加工貿易型構造をとることによって，輸出依存度と並んで輸入依存度も大きい．このことは本章の冒頭で指摘した．表 1-1 は韓国における最近年の用途別純輸出（輸出−輸入）をみたものである．消費財の純輸出がプラス値を一方的に拡大しているが，中間製品，資本財のマイナス値も同じく一方的に拡大している．技術はなによりもまず資本に体化されるという考え方にたつならば，韓国の中間製品，資本財の輸入依存度がかくも大きいというこの特徴的な事実は，技術上の後発性利益が韓国にとっていかに大きなものであったかを如実に示している．

　外国技術の導入規模をはかるのに，外国技術の導入件数，導入技術への代価支払額をもってするというのは，厳格にすぎる．後発国が先発国から生産技術を導入するチャネルは，まずは生産財の輸入，次いで民間直接投資，技術援助などきわめて多様であり，技術だけを切り離してこれに代価を支払っての導入が全体に占めるウエイトは，それほど大きいものとは思われない．とはいえ一国の技術導入全体の姿が，外国導入技術の件数や代価支払額に一つの反映をみているというのは確かな事実であろう．これによると韓国の場合，当初紡織・

---

12) 後発国の工業化は，先発国の工業化の波及力を受けて開始されるものだという考え方は，Kerr, C., J. T. Dunlop, F. H. Harbison and C. M. Myers, *Industrialism and Industrial Men: The Problem of Labor and Management in Economic Growth*, Harvard University Press, Cambridge, Massachusetts, USA, 1980. 川田寿訳『インダストリアリズム―工業化における経営者と労働―』東洋経済新報社，1963 年，に最もよくあらわれている．

表 1-1　韓国の用途別純輸出の推移（1972-78 年）

（単位：1,000 ドル）

	1972	1973	1974	1975	1976	1977	1978
I 食料・飲料	△ 228,018	△ 306,873	△ 472,280	△ 280,534	△ 49,609	339,329	△ 177,513
II 工業原材料	△ 492,398	△ 830,198	△ 1,349,050	△ 1,288,131	△ 1,439,935	△ 1,501,547	△ 2,089,217
III 燃料・潤滑油	△ 196,355	△ 273,423	△ 946,303	△ 1,280,251	△ 1,597,645	△ 2,058,075	△ 2,404,129
IV 資本財（輸送機械を除く）・部品	△ 438,820	△ 565,018	△ 732,571	△ 871,214	△ 1,273,058	△ 1,441,752	△ 2,713,379
1 資本財（輸送機械を除く）	△ 419,066	△ 543,264	△ 706,740	△ 862,557	△ 538,209	△ 1,137,417	△ 2,146,712
2 部品	△ 19,754	△ 21,754	△ 25,831	△ 8,657	△ 428,592	304,335	566,672
V 輸送機器・同部品	△ 159,260	△ 224,142	△ 453,130	△ 332,233	△ 146,891	228,688	390,360
VI 消費財	616,664	1,160,767	1,557,685	1,838,659	3,073,968	3,793,113	4,924,182
VII 分類不可	273	23,635	4,171	20,286	68,389	333,537	240,576
資本財	△ 545,610	△ 727,097	△ 1,152,465	△ 1,165,385	△ 701,690	△ 1,262,903	△ 2,412,348
中間財	△ 1,054,919	△ 1,651,585	△ 3,005,114	△ 3,425,210	△ 3,931,559	△ 4,491,754	△ 5,770,009
消費財	699,342	1,339,795	1,761,930	2,376,891	3,506,336	4,657,036	5,691,961
合計	△ 897,914	△ 1,015,252	△ 2,391,478	△ 2,193,418	△ 1,058,523	764,081	△ 2,249,814

（資料）　National Bureau of Statistics, Economic Planning Board, *Korea Statistical Yearbook 1979*, Seoul, Korea.

織物が技術導入の中心であったものの，1960年代の後半期にはやくもこの部門の導入はほとんどみられなくなる．造船の外国技術導入は1974年頃がピークであり，化学繊維ならびに電気・電子機械も1970年代の央以降その導入額は相対的に減少している．これと対照的に，重化学工業部門たとえば精油・化学の技術導入は依然高水準を維持するとともに，とくに金属，機械の高い増加率が注目される[13]．技術導入分野が次第に高度化していることが明瞭にうかがわれるが，この事実は紡織・織物の導入技術はいうに及ばず，化学繊維，電気・電子機械の相当部分が，すでにいわゆる「技術移転」を完了しつつあることを示唆するものと受けとることができる．

　韓国における技術上の後発性利益を考えるうえで見落としえないもう一つの点は，この国の技術体系が，長い植民地支配のもとで日本のそれに酷似したものにつくりかえられ，「技術のコミュニケーション構造」[14]が，他の先進国と開発途上国との関係よりも一段と密度の濃いものとして形成されてきたという事情であろう．したがって1960年代，1970年代を通じて高度に進歩した日本の技術が，いずれの開発途上国よりも．まずはこの国に最も容易に導入されえたという点を明記しておくべきである．このことは，1962-78年の韓国技術導入件数1,125のうち684件が日本からの導入であったという事実に，明らかに反映をみている[15]．

　技術導入に次いで言及しなければならないのは，現代韓国の経済発展史において果たされた外国資本の決定的に大きな役割についてである．総国内固定資本形成比率の加速的増大の態様についてはすでに論じたが，その資本形成に果たした外国資本の寄与をみたものが図1-4である．第1次経済開発五カ年計画の始まる1962年頃までの外国資本のウエイトの圧倒的な高さが，まず目を惹く．この時期の外国資本の内容は，韓国の軍事戦略上の地位を反映して大規模に投入されたアメリカの援助であり，同期間の韓国資本形成の実に8割方がこれによって金融された．もっともこの比率は，その後1962-66年には47.7%，

---

13)　韓国全国経済人連合会『韓国経済年鑑』各年版，ソウル.

14)　斎藤優「日韓間の技術移転問題」，『国際企業実態調査報告書—韓国における技術移転の実態調査—』日本貿易振興会，1979年.

15)　韓国全国経済人連合会『韓国経済年鑑』各年版，ソウル.

38　　I　現代韓国経済分析

図1-4 外国資本の寄与 (1953-78年)

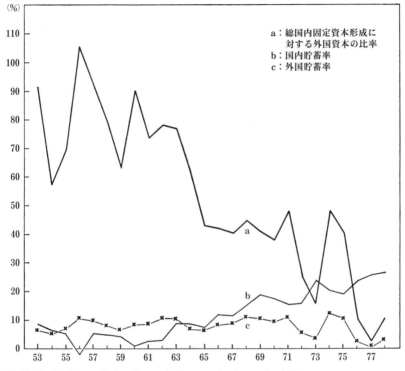

a：総国内固定資本形成に対する外国資本の比率
b：国内貯蓄率
c：外国貯蓄率

（資料） Bank of Korea, *National Income in Korea*, various issues, Seoul, Korea.

1967-71年には39.8％，1971-76年には20.8％へと減少している．それにしても，1950年代初め以来つづいた韓国における外国資本への依存は，過去の後発国の歴史的経験におそらくのところ例をみない高さにあった．逆に，国内貯蓄への依存はかなり小さい．1960年代後半（1967-71年），1970年代前半（1972-76年）の韓国国内貯蓄の対国民総支出比（国内貯蓄率）はそれぞれ14.8％，17.0％であったが，これは同一観察期間における日本の39.3％，38.8％，また同じ新興工業国家台湾の24.7％，31.1％とも対照される[16]．

ロストウの離陸条件の第1は，周知のごとく生産的投資率が5％未満の状態

---

[16] 邊衡尹，金潤煥編『韓国経済論』裕豊出版社，1977年，696ページ．林一信訳『韓国経済論』アジア経済研究所，1979年．

から 10% 以上の状態へ飛躍的に増大することにあった．かりにこの指標を粗国内固定資本形成の対国民総支出比によって眺めるならば，韓国はこれを，20〜30 年を要したとされる先進国の歴史的経験よりははるかに速く，朝鮮動乱後のわずか数年間で満たしてしまったようにみえる．この事実の背後に，図1-4 にみられる外国資本のきわめて大きな寄与があり，高度の資本形成率はこれがあって初めて実現されたという点に，再び注目したいのである．いいかえれば，国内貯蓄がいまだ低水準にありながら，なお「離陸」に向かいえたというところに，韓国の後発性利益が如実に示されている．

　ところで，粗国内固定資本形成に対する外国資本の寄与は，たしかに他国に比較して依然高水準にあるとはいえ，さきに指摘したごとくその比率ははっきりとした低下傾向にあり，加えてもう一つ重要なことは外国資本の重点が，贈与から公的借款へ，公的借款から民間借款へ，そしてさらに借款から民間直接投資へと激しく変化しているという点である [17]．外国資本構成のこうした変化は，明らかに韓国経済の自立化を反映したものであり，商業借款や民間直接投資の比重増大は，なによりも受入国の高度経済成長と，それに伴う外国資本の高い収益性をあらわしたものにほかならない．そのように考えるならば，韓国は外国資本へのなお高い依存状態にありながら，外資による初期的インパクトを次第に「内部化」しつつ，後発性利益を効率的に自家薬籠中のものたらしめた典型例としてこれをみることができる．

　技術，資本の両面において韓国が享受した後発性利益を論じた後で，われわれは次の点に進まねばならない．すなわち現在の開発途上国とりわけ韓国に代表される高成長の新興工業国家は，先発国で開発され蓄積された技術や資本を個別に導入しうるというだけでなく，これら技術や資本を最も有効に組織する企業経営の主体や能力それ自体をも少なからざる規模で工業部門に導入しうる有利性をもってきたという事実である．先進国民間企業の製造業海外直接投資がそれである．なるほど韓国の場合，受入外国資本全体に占める民間直接投資

---

17) 韓国の経済開発に対する外国資本（援助を含む）の役割に関する最近年の優れた論文に，Westphal, L. E., Y. W. Rhee and G. Pursell, "Foreign Influence on Korean Industrial Development," *Oxford Bulletin of Economics and Statistics*, Vol. 41, No. 4, November 1979; Krueger, A. O., *The Development Role of the Foreign Sector Aid*, Harvard University Press, Massachusetts, 1979 の二つがある．

の比重は，なおそれほど大きくはない．しかし全体に占める比重は小さいものの，韓国に向かう民間直接投資はそのほとんどが製造業の生産に直接つながりをもつものであり，しかも電気・電子機械，合成繊維・樹脂などの成長力の強い特定分野での寄与はまことに大きい．

改めて指摘するならば，外国民間企業は直接投資を通じて，技術，資本はもちろんのこと，企業者的職能をも含む，要するに企業経営能力の全体を，いわば「パッケージ」として受入国にもちこむ．外国民間企業による直接投資とは，小宮隆太郎教授によれば次のように定義される．

「直接投資は経営活動を行う企業そのものの国際間の移動であり，直接投資の現象を理解するにあたっては，企業とは，投資資金あるいはヴェンチャー・キャピタルの集積というよりは，むしろ〈経営資源のかたまり（集合体）〉であると考えるのが適切であろう．〈経営資源〉とは企業経営上のさまざまな能力を発揮する主体であり，外面的には経営者を中核とし，より実質的には経営管理上の知識と経験，パテントやノウハウをはじめマーケティングの方法などを含めて広く技術的・専門的知識，販売・原料購入・資金調達などの市場における地位，トレード・マークあるいは信用，情報収集・研究開発のための組織を指す．企業活動とはこれらの稀少な経営資源を，それぞれの限界生産性の最も高い用途に使用して，何らかの製品あるいはサービスを生産して販売し，経営資源のもっている能力を企業利潤に転化することにほかならない」[18]．

技術とか資本を個別にではなく，そうした要素を最も有効に組織する主体と能力それ自体をも大規模に導入しうるという点で，韓国など現代の新興工業国家が享受している後発性利益は，19世紀的後発国のそれよりもはるかに強力である．これはなによりも，現代の製造業の技術進歩がいちじるしく急速であり，したがってまたある一定の技術を体化した商品が生成し，成長し，成熟し，さらに衰退に向かうという製造業のライフサイクルが，旧来の世界に比較して加速化しているという事実に関係している．

高度技術商品は，まずは技術開発の長い歴史をもち，高い技術開発力を有する最先進国で生成する．そしてその商品は，当初は少数の国内企業によって一

---

18) 小宮隆太郎「直接投資と産業政策」，新飯田宏，小野旭編『日本の産業組織』岩波書店，1969年．

種独占的に生産・販売される．しかし新技術の「生成期」を過ぎると，次第に他の国内企業，つづいて比較的高い技術水準をもつ他の先進諸国の企業がこの商品生産に携わり始め，これとともに大量生産・販売方法が一般化する「成長期」を迎える．大量生産・販売を通じて，生産費と価格は大きく低下する．とはいえ，この段階では技術はまだ完全には「標準化」されず，商品もまた標準品ではないために，ここではむしろマーケティングのための経営能力が強く要請される．新商品が生成し，成長するこの段階では，その生産の優位性は技術開発国とそれにつづく先進国にとどまり，開発途上国は先進国からその商品を一方的に輸入するのみである．

　しかしこの時期も，それほど長くはつづかない．大量生産の過程で技術はほとんど完全に標準化し，商品も世界市場におけるごく一般的なものとなる．この「成熟期」に達すると，開発途上国も容易にその商品生産を試みることができるようになり，さらに技術の標準化が極度に進んでいくと，こんどはむしろ開発途上国の未熟練，半熟練労働者の低賃金が，その生産の優位性を決定づける最大の要因となってくる．完全に標準品となれば，マーケティングの能力もそれほど大きなものではない．この段階になると新商品はもはや新商品ではなくなり，技術集約商品は労働集約商品へと変化する．

　そして技術開発国の民間企業自体，生成期，成長期を経て成熟期に達するとともに，生産拠点を海外直接投資を通じてより後発の国々に移転させるという行動様式をとり始め，さらにこの行動様式自体が新商品のライフサイクルをさらに加速させる大きな要因となる．生産と販売の立地点が他国に移転するに及んで，技術開発国はこんどは輸入国に転じ，みずからはいっそう高度の，あるいはさらに別の技術集約商品を開発し，生産・販売するという方向をとることになる．ヴァーノン流のプロダクトサイクル論は，こうした技術のライフサイクルと貿易サイクルとの関連を解明した研究成果として知られる[19]．

　もっとも，現実には生産拠点が技術最先進国，後続国，開発途上国という順

---

19) この点についてはヴァーノン（R. Vernon）の著作を別にすれば，Wells, L. T., "International Trade: The Product Life Cycle Approach," in L. T. Wells, ed., *The Product Life Cycle and International Trade*, Harvard University Press, Massachusetts, 1972; Hirsch, S., "The United States Electronics Industry in International Trade," in L. T. Wells, ed., *op. cit.* を参照されたい．

序で連続的に進むとは限らない．技術最先進国に生成した新商品の生産拠点は，韓国のように，技術習得能力が急速な高まりをみせているところに対しては，EC，日本を通りこしてここに直接移転するという可能性もある．ヴァーノン自身，最近の研究において，プロダクトサイクルのこうした「圧縮」に関心を寄せている．そして次の2点，すなわち第1に，新商品はまずアメリカで開発・生産され，しかる後にその生産拠点がイギリスやカナダといった後続国に移転し，次いで開発途上国に向かうという伝統的パターンは，今日，次第にあてはまらなくなっていること，第2に，このパターンにかわって在外拠点での生産がより後発の開発途上国で最初に着手される傾向が従来に比べて強まっていること，を立証しようとしている[20]．このようなプロダクトサイクルの圧縮は，後発国わけても韓国のような技術的に高度の新興工業国家を一段と利して，その製造業の発展プロセスを圧縮することにも大きな役割を果たしている．

　もちろん韓国への外国民間資本の進出は，高度技術産業ばかりではない．これとは逆に，繊維，合板，あるいは自動車の組立部門のような，その生産に要する技術はそれほど高度ではなく，しかも生産方法が相当に労働集約的であるような産業への進出ももちろん激しい．技術水準が低く，かつ労働集約的なこれらの産業については，韓国はすでに自国内に十分な生産技術と能力を有している一方，日本を初めとする先進諸国では，高賃金化傾向のもとでもはや優位性を保ちえないものが多い．したがってこれは，先進国では長期的にみればいずれ衰退化せざるをえない産業であるが，まずは生産と輸出の拠点をアジアの新興工業国家に求めることによって，国内生産の不利性を補うという行動様式をとる．小島清教授は，前者の技術先端部門における外国民間企業の海外投資行動を「アメリカ」型と呼び，後者の衰退産業部門におけるそれを「日本型」と呼んだ[21]．

　表1-2は，産業部門別，投資国別に対韓直接投資をみたものであるが，1960年代と1970年代の初期までは，繊維・衣料などの「日本型」直接投資が中心であり，1970年代に入って以降合成繊維糸，合成樹脂を中心とする「その他

---

20)　Vernon, R., "The Product Cycle Hypothesis in a New International Environment," *Oxford Bulletin of Economics and Statistics*, Vol. 41, No. 4. November 1979.

21)　小島清『世界貿易と多国籍企業』創文社，1973年.

表 1-2　産業別・国別対韓直接投資（1962–78 年）

（単位：%）

	1962–66	1967–71	1972–76	1977–78	アメリカ	日　　本	合　計
食料・飲料・煙草	0.6	1.2	0.4	0.0	1.6	0.2	0.4
繊　維　・　衣　料	4.9	13.9	21.0	0.9	4.4	22.6	15.3
挽材・木材製品	0.3	0.1	0.2	0.0	0.1	0.2	0.1
非金属鉱物製品	0.0	9.0	1.7	0.2	1.0	2.2	2.1
製　　　　　　薬	1.6	0.8	0.7	0.1	0.1	0.2	0.6
肥　　　　　　料	60.0	10.9	3.8	0.0	14.5	0.2	4.8
そ　の　他　化　学	0.0	13.0	9.9	36.9	6.9	15.0	16.4
石　油　製　品	30.0	10.4	6.1	6.7	16.7	0.0	7.2
金属・基礎金属製品	0.0	5.5	5.9	4.3	1.0	6.9	5.4
非　電　気　機　械	1.9	3.2	6.3	6.3	2.3	8.7	5.9
電　気　機　械	0.0	11.6	15.3	12.4	17.8	16.1	14.0
輸　送　機　械	0.0	0.3	6.3	3.0	16.6	2.7	4.7
そ　の　他	0.4	3.0	2.3	1.9	0.9	3.3	2.3
製　造　業　計	99.7	83.1	79.9	72.9	83.8	78.2	79.0

（資料）　Economic Planning Board 資料. なお，Westphal, L. E., Y. W. Rhee and G. Pursell, "Foreign Influences on Korean Industrial Development," *Oxford Bulletin of Economics and Statistics*, Vol. 41, No. 4, November 1979 に掲載の諸資料を参照.

化学」，電気機械など「アメリカ型」の直接投資が増加しつつあることがわかる．韓国は，台湾，香港，シンガポールと並んで，こうした多様な動機をもつ直接投資の「集積地」であり，直接投資がもつ経営資源の移転を最も豊富に享受してきたのである．現代韓国の経済発展過程の圧縮は，この事実を抜きにしては語れない．

4.　ASEAN 諸国経済の成長加速

　ところで後発性利益は，韓国などアジア中進国に比べて一段と後発のたとえば ASEAN の国々によって「内部化」され，その工業化を促す要因たりうるであろうか．その可能性は大きい，というのがわれわれの答えである．若干の基礎的なマクロ数値を眺めながら，この問題を考えてみよう．

　1970 年代に入って以降現在に至るインドネシア，タイ，フィリピン，マレーシアなど ASEAN 諸国の経済成長率は，中進国のそれとさして変わらぬ高

表 1-3 ASEAN 諸国, アジア中進国のマクロ諸指標の変化

(単位:%)

	産業部門別年平均成長率 (1960-70年→1970-78年)			産業部門別構成比 (1960年→1978年)		支出部門別構成比 (1960年→1978年)	
	GNP	工 業	製造業	工 業	製造業	国 内 総投資	輸 出
インドネシア	3.7→7.8	5.0→11.2	3.3→12.4	14→33	8→ 9	8→20	13→21
タ イ	8.2→7.6	11.6→10.2	11.0→11.5	19→27	13→18	16→27	17→21
フィリピン	5.1→6.3	6.0→ 8.6	6.7→ 6.8	28→35	20→25	16→30	11→19
マレーシア	6.5→7.8	‥ → 9.6	‥ →12.3	18→32	9→17	14→25	54→51
シンガポール	8.8→8.5	12.5→ 8.5	13.0→ 9.2	18→35	12→26	11→36	163→164
韓 国	8.5→9.7	17.2→16.5	17.2→18.3	19→36	12→24	11→32	3→34
台 湾	9.2→8.0	16.4→12.9	17.3→13.2	29→48	22→38	20→26	11→59
香 港	10.0→8.2	‥ → 6.2	‥ → 5.6	34→31	25→25	19→26	79→78

(注) 工業部門には, 鉱業, 製造業, 建設業, 電気, 水道, ガスを含む.
(資料) World Bank, *World Development Report 1980*, Oxford University Press, 1980.

水準にある. 最低のフィリピンですら 6.3% であり, 他の 3 国はいずれも 8% 近い実績をみせた. しかもこの 1970 年代の経済成長率は, 1960 年代の 10 年間のそれに比較してかなり高い. 1960 年代の中頃に開始されたアジア中進国の経済成長率が, 1970 年代に入って幾分低下ぎみであるのと対照的である. 注目すべきは, ASEAN 諸国のこの高度経済成長は, 工業部門とりわけ製造業部門によって牽引されたものであるという事実である. 製造業成長率には一種の「趨勢加速」が観察され, 1960 年代に高成長をみせたアジア中進国の製造業成長率がいずれも 1970 年代に入って横ばい, もしくは低下傾向にあるのと, これも対照的である. 1970 年代のインドネシア, タイ, マレーシアにおける製造業の年平均成長率は 10% をこえた. この事実を反映して, ASEAN 諸国の産業構造における工業部門の高まりが観察され, 現在すでにアジア中進国と大差のないところにまできている.

　国民総生産の支出別構成でみると, ASEAN 諸国の高度成長を支えたのは, 国内総投資と輸出である. 前者の国民総支出比は, 1960 年から 1978 年の間にすべての ASEAN 諸国で 10 ポイント以上の増加をみせており, 1978 年で到達したその値は, インドネシアが若干低いものの, その他の ASEAN 諸国は中進国とこれもさして差のないところにまで達している. また, 輸出も次第にそ

第1章　経済発展と後発性利益　　45

の比重を高めている．アジア中進国が激しい輸出志向工業化政策を追求する過程で，製造業品の大きな成長率を達成したことはよく知られているが，ASEAN 諸国の場合も製造業品の輸出を大きく拡大していく兆しがみられる．ASEAN 諸国の輸出の中心はもちろん一次産品であるが，しかし 1960 年代の後半期から今日までの製造業品輸出の伸びはいちじるしい．輸出の中心は繊維ならびに繊維製品，電子機械ならびに同部品であり，これに木材関連製品，日用雑貨が加わる．輸出総額に占める製造業品の比率は，1979 年現在西マレーシアではすでに 30% をこえ，タイ，フィリピンがそれぞれ 22%，17% である．

　繊維製品を中心とした上記の商品はいずれも代表的な労働集約財であり，かつてのアジア中進国の輸出志向工業化を主導した商品がまさにこれであった．これら商品の輸出国は，いまやアジア中進国から ASEAN の国々へ次第に移りつつある．これは，アジアにおける比較優位構造の変化と，これに伴う国際分業再編の動きを示す事実であり，ASEAN 諸国はこの分業体制再編過程から大きな後発性利益を受けているのである．

　比較優位構造の変化ならびにこれに伴うアジアにおける国際分業体制再編過程から生まれた後発性利益は，近年における ASEAN 諸国工業化の趨勢加速を説明する最も重要な要因であろうと思われる．この点に関連して次の二つの問題を指摘しておこう．第 1 に，明瞭に観察されることは，アジア中進国の近年における実質賃金の急角度の上昇傾向である．これはアジア中進国が小国であることの他面の帰結である．すなわちアジア中進国の国内人口の絶対数は小さく，そのために工業化が強い雇用吸収力をもった場合，労働供給はいちはやく制限的たらざるをえない．労働供給の制限的傾向は，当然のことながら激しい賃金上昇を伴うはずであり，これはアジア中進国が有してきた労働集約財における国際貿易上の比較優位を奪った．

　アジア中進国の輸出志向工業化パターンは労働集約財を中心としたものであったがために，経済成長の雇用弾力性は他の国々より相当高く，都市の限界労働者ならびに農村の過剰労働力は急速に吸収されて，1970 年を前後する時点から労働市場の逼迫化がとりざたされるようになった．1978 年現在，アジア中進国はいずれも完全雇用水準にある．1976 年から 1978 年までの鉱工業部門労働者賃金の年平均増加率は，韓国 34.0%，台湾 15.3% である．かくして低

46　Ⅰ　現代韓国経済分析

賃金を武器とした労働集約財の比較優位はアジア中進国を離れ，いまだ豊富な労働力を擁して低賃金水準を維持している ASEAN 諸国に移転しつつある．

第2に，アジア中進国をとりまく国際経済環境は，1973 年の石油危機以降，それ以前とは大きく異なるものとなった．すなわち本章冒頭で示したごとく，1960 年代の世界経済の同時的拡大の事実は，アジア中進国の輸出志向工業化を支えた一大条件であったが，この条件は石油危機によって大きく崩れた．アジア中進国の主要な輸出市場は，アメリカ，EC，日本など先進工業国であり，アジア中進国は低賃金労働力を武器に，後者の衰退部門である労働集約財の市場を相当の速度で蚕食してきた．しかし先進国の経済成長率が高く，したがって産業構造の転換が比較的順調に推移していくことができた時期においては，アジア中進国からの輸入がもたらす軋轢は相対的に小さい．しかし石油ショック以降の先進各国の低成長とそれに由来する厳しい需要停滞の中で，アジア中進国からの輸入に対して周到な監視がなされるようになった．また次のようにもいいうる．

1970 年代の初期までは，アジア中進国は，世界の輸出に占める比率のきわめて小さい，いわば限界輸出国であった．したがって輸出増加率は高かったとはいえ，これが輸入国経済の攪乱要因となることは少なかった．しかし 1970 年代の後半ともなると，アジア中進国の工業製品輸出の合計額は日本のほぼ半ばに達した．しかもその輸出内容は，家庭用電気・電子製品，繊維関連製品，雑貨類など特定の労働集約財に特化した「集中豪雨的」な性格をもち，先進国の同産業に手痛い打撃を与え始めた．アジア中進国が工業製品の限界輸出国から有力な輸出国へと変身し，またその輸出構成がより集中的であったために，石油危機後の低成長時代に至って，広範な輸入規制を受けることになったのは，ある意味ではいたしかたない．

この事実もまた，依然製造業品輸出比率の小さい ASEAN 諸国を大きく利したとみられる．労働集約財における比較優位はかくしてアジア中進国を離れて，急速に ASEAN 諸国に移転しつつある．こうした比較優位の移転は，アジア諸国の場合，外国民間企業の次のような行動様式によって一段と強化された．今日，各国の比較優位の変化に機敏に反応して当該国の輸出部門への投資を試み，その輸出拡大のチャネルを大きく開いていく主体は，多くの場合外国

第1章 経済発展と後発性利益　47

民間企業である．しかしまた一方，一国の比較優位の消滅をいちはやく感知し，投資方向の転換をはかっていくのも外国民間企業にほかならない．アジア中進国に潜む労働集約財の比較優位に着目してその輸出部門への大規模な投資を試みてきたのは，日本を初めとする先進国の民間企業であり，これはアジア中進国の輸出志向工業化に大きな貢献をなしてきた．ところが，アジア中進国の近年における比較優位の変化を目のあたりにして，その輸出構造の高度化をはかり，労働集約財部門への投資についてはこれを次第に ASEAN 諸国に方向転換し始めている主体もまた，先進国の民間企業なのである．

　ASEAN 諸国の輸出工業製品の主力は，繊維関連製品と電気・電子製品であるが，輸出生産の主体は，とくに後者の場合，そのほとんどがこうした外国民間企業であるとみていいであろう．電気・電子産業の生産は，もっぱら先進国の多国籍型の大企業によって担われており，その経営は世界的視野のもとで行われている．したがって投資条件や生産環境の変化は，これら大企業の国際経営戦略のあり方に敏感に反映し，生産や販売の拠点の移動を彼らのイニシアティブによって行うことは，比較的容易であるという特徴をもつ．電気・電子産業に対する外国民間投資残高の増加率は，ここ数年 ASEAN 諸国の方が明らかに高い．アジア中進国の電気・電子機械の輸出が急速に増加している中で，ASEAN 諸国の輸出は，速度としてはアジア中進国の輸出をさらに上まわっている．ASEAN 諸国の電気，電子製品の対アメリカ輸出額は，すでに 1975 年には韓国の対アメリカ輸出額をこえ，その後も輸出額は一方的な増加傾向にある．

　表 1-4 は，アジア各国のテレビ，ラジオ，電子部品などの対アメリカ輸出をアメリカの輸入統計からみたものである．テレビなど高度技術商品の場合には，アメリカ輸入に占める日本のウエイトは高いが，しかしこれも急速に下がりつつあり，かわって韓国の比重増大が顕著である．ラジオについても同様であるが，この場合には電子製品に長い技術的伝統をもつ香港の地位が高く，これを韓国，シンガポール，マレーシアが急追している．注目すべきは，技術標準化のスピードが速いといわれている電子部品である．ここでは日本ならびに香港の地位後退が明らかであり，しばらくこの 2 国にかわって韓国，シンガポールの比重増大がつづいたが，これにも一種の減速現象があらわれ，目下いっそう

48　I　現代韓国経済分析

表 1-4　アメリカの電子製品・部品輸入に占めるアジア各国のシェア推移（1969-77年）

（単位：%）

(SITC)		シンガポール	マレーシア	日本	韓国	香港	フィリピン	タイ	インドネシア	以上計
TVセット (724.1)	1969	—	—	84.8	—	0.5	—	—	—	85.3
	1971	—	—	77.8	0.5	0.1	—	—	—	78.4
	1973	—	—	50.9	3.1	—	—	—	—	54.0
	1975	—	—	59.7	4.4	—	—	—	—	62.8
	1977	0.3	—	60.8	6.5	—	—	—	—	67.6
ラジオ (724.2)	1969	—	0.1	68.2	1.2	12.8	—	—	—	82.3
	1971	2.1	—	65.5	0.8	14.3	—	—	—	82.7
	1973	4.2	—	55.6	2.7	15.7	—	—	—	78.2
	1975	5.9	0.6	43.5	4.5	16.8	—	—	—	71.3
	1977	3.7	1.9	47.3	6.7	15.8	0.2	—	—	75.6
電子部品 (729.3)	1969	4.3	0.1	18.9	9.0	16.2	—	—	—	48.5
	1971	16.9	0.1	12.7	12.0	12.5	—	—	—	54.2
	1973	21.7	5.4	9.2	12.2	10.8	0.6	—	—	59.9
	1975	17.6	17.8	8.7	11.5	7.8	2.9	0.1	0.1	66.6
	1977	18.5	19.1	9.8	15.0	5.7	4.7	1.6	1.0	75.4
	1978	15.9	24.5	10.7	11.8	4.7	6.6	2.8	1.0	78.0

（資料）　United Natinos, *World Trade Annual*, various issues. New York, USA.
　　　　なお本表は，日本輸出入銀行，海外投資研究所，井本友文氏の計測による．

　後発のマレーシアの比重が相当の速度で増大している．そしてこのマレーシアをフィリピンが，それをさらにタイ，インドネシアが追うという激しい重層的なキャッチ・アップ傾向が生まれ始めている．こうした生産拠点の変化とその変化の加速現象は，より後発の国々の成長を利する最大の要因であると考えられるが，この動きは既述のプロダクトサイクルとまことに密接な関係がある．このサイクルを通じて，後発国は技術や資本を先発国から導入し，さらには技術や資本を組織する主体と能力，すなわち外国民間企業をも導入することができるのである．

　現代の開発途上国が外国民間企業の直接投資を通じて享受しうる後発性利益は，まことに大きい．そしてこの後発性利益は，目下アジアの開発途上国によって急速に内部化されつつある．外資系企業による技術移転は，さまざまな問題を孕みつつも．しかしなお現実にはかなりの速度で行われているとみなければならない，日本経済新聞社が，アジア各国に進出している日本の代表的機械

第1章　経済発展と後発性利益　　49

メーカー65社の代表的機械40品目を対象として試みた「アジア機械産業の技術水準評価」は，上述の点を考えるうえでまことに興味深い資料を提供している．そこではアジア各国の技術水準が，日本との比較で現在どの程度にまで達しているかをはかることに主な目的がおかれている．機械産業は，他産業に比較して生産の迂回度が大きく，したがって関連産業の裾野もまた他産業よりは相当広い．さらに他産業よりも，労働者の複雑にして多様な技能が要求される部門である．一国の技術水準を評価するのに最も適切な産業分野であろう．調査は進出企業に対するアンケートならびにインタヴューによって行われ，被調査企業の生産品目の技術水準が，(1)日本に追いつくのに10年以上かかる，(2)5〜10年で日本に追いつく，(3)5年以内に日本に追いつく，(4)すでに日本と肩を並べた，のいずれであるかを確認しようというものである．表1-5がその結果である．

　アジア中進国の技術水準が，それ以外の国々に比較してかなり高い水準にあることがうかがわれる．とくに韓国，台湾の高い技術水準が注目されるであろう．アジア中進国と日本との技術格差が相当縮小してきているとみられる品目は，家庭用電気・電子製品に多い．これらの技術はすでに標準化段階に達しているものが多く，実際ラジオや電池など技術標準化が完成段階に達して久しい品目については，マレーシア，タイ，インドネシア，フィリピンの技術水準も，日本のそれと大差ない．軽電気・電子製品のいくつかは，繊維製品と並んでプロダクトサイクルの成熟期を迎え，アジア諸国から日本への逆輸入すらめだち始めている．日系進出企業の「ブーメラン効果」というのがそれである．このように考えるならば，この調査は一面アジア中進国とASEAN諸国との技術格差を示すものであるが，しかしその格差は一般にいわれるほど大きくはなく，いずれそう遠くない将来にASEAN諸国がアジア中進国をキャッチ・アップしうる，むしろ「連続的な差」を示しているものと受けとれるのである．

　後発性利益を享受しうるには，その国にそれなりの「社会的能力」が備わっていなければならないのは当然であろう[22]．しかしアジア中進国とASEAN

---

22)　筆者はかつてこの社会的能力を，熟練労働，企業経営能力，強い政府と政策転換能力，に分類して分析を試みたことがある．渡辺利夫『アジア中進国の挑戦』日本経済新聞社，1979年，第1章．

表1-5　アジア各国の技術水準

品　目　名	タ　イ	インドネシア	フィリピン	マレーシア	シンガポール	香　港	台　湾	韓　国
原 子 力 機 器	1	1	1	1	1	1	1	2
洗 　濯 　機	1	1	1	1	2	3	4	4
冷 　蔵 　庫	2	1	2	2	3	3	3	4
照 　明 　器 　具	2	2	2	2	2	3	4	4
通 　信 　機 　器	1	1	1	1	1	1	2	2
ラ 　ジ 　オ	3	3	3	3	3	4	4	4
テ 　レ 　ビ	2	2	2	2	3	3	4	4
コ ン ピ ュ ー タ ー	1	1	1	1	1	1	1	1
電 気 計 測 器	1	1	1	1	1	2	2	2
抵抗・コンデンサー	1	1	1	1	2	2	3	3
半 　導 　体	1	1	1	1	2	3	3	3
電 　池	3	3	3	3		4	3	4
乗 　用 　車	1	1	1	1	1	1	1	3
バ ス ・ ト ラ ッ ク	1	1	2	1	1	1	2	3
自 動 車 部 品	2	1	2	1	1	1	2	3
オ ー ト バ イ	1	1	1	1			3	
自 　転 　車	1						3	3
鉄 　道 　車 　両	1	1	1	1	1	1	3	3
造 　船	1	1	1	1	3	1	3	3
航 　空 　機							1	1
カ 　メ 　ラ	2	2	2	2	2	3	3	2
ボ 　イ 　ラ 　ー	1	1	1	1	1	1	1	2
パ ワ ー シ ョ ベ ル	1	1	1	1	1	1	2	2
バ 　ル 　ブ	2	2	2	2	2	1	3	3
タ 　ン 　ク	1	1	2	2	2	3	3	3
ベ ア リ ン グ								1
ポ 　ン 　プ	2	2	2	2		2	2	2
廃 水 処 理 装 置	1	1	2	2	3	3	3	3
農 　業 　機 　械	2	2	2	2	2	1	3	3
施 　盤	1	1	1	1	1	1	2	2
繊 　維 　機 　械	1	1	1	1	1	1	2	2
家 庭 用 ミ シ ン	1	1	1	1	1	1	2	2
電 　卓					2	3	3	3
電 子 レ ジ ス タ ー	1	1	1	1	1	2	2	3
積 算 電 力 系							3	3
腕 　時 　計	1	1	1	1	2	3	2	2
ラ 　イ 　タ 　ー					2			
発 　電 　機	1	1	1	1	1	1	2	3
モ 　ー 　タ 　ー	1	1	1	1	2	4	3	3
変 　圧 　器	1	1	1	1	2	1	3	3

（注1）　数字は1：日本に追いつくには10年以上かかる．2：日本に5〜10年以内に追いつく．3：日本に5年以内に追いつく．4：すでに日本とほぼ肩を並べている．

（注2）　評価の対象企業は現地資本による企業のほか先進国との合弁企業を含む．技術評価がいくつかに分かれた商品は最も回答数の多かったものを記入した．

（資料）　日本経済新聞社編『あすのライバル―追い上げるアジアの機械工業』日本経済新聞社，1978年．

諸国との間に，この社会的能力に劃然たる差異があるかのごとき主張は，やはりゆきすぎであろう．後発国はまさに後発国であることによって，先発国が創出し蓄積した資本や技術を導入しながら発展していく有利な発展機会にめぐまれており，しかもこの有利性は外国民間資本の大規模導入の可能性が開かれたことによって，現代世界においては一段と大きいのである．繰り返すが，この点は今日のすべての開発途上国の経済発展を考えるうえでないがしろにはできない重要な要因である．この有利性は次のような形であらわれる．

技術集約商品が新たに生成した段階では，この商品は消費市場にまだうまくなじまず，技術的設計がしばしば変更されるという不安定性をもつが，さきに指摘したように大量生産方法を特徴とする成長期に至ると，この商品に「体化」された技術は次第にある一定方向に固まった，安定的で標準化された技術になってくる．原理的にいえば，ある商品をつくる最も有効な技術が一つしか存在しえないような時点に到達して，この技術は完全に標準化の段階に至ったということができる．技術がこの段階に達した時点では，後発国はこのすでに確立されて変更の余地のない，その意味でハードな生産技術をたんに「習得」すればよいのである．この既存のハードな生産技術を習得する能力は，実はそれほど困難な能力ではない．アジア中進国はいうに及ばず，開発途上国のこの面での能力をわれわれは過小評価すべきではない．

しかし，既存の標準化されたハードの生産技術を習得することはさしてむずかしくない反面，新たな技術を開発し，さらにこれを生産力化するというソフトの技術能力を身につけることはそう容易ではない．新技術を開発するためには，長期にわたる技術開発の歴史と，この間に蓄積された技術的知識ならびに技術者，科学者のストックいわゆるR&D要素の蓄積を要する．さらに開発された新技術を生産力化するためには，やはり長期にわたる企業活動の中で蓄積された，生産と販売に関するすぐれた経営管理能力が育成されねばならない．ASEAN諸国には，さらにはアジア中進国といえども，こうした能力はまだまだ薄い．やや粗っぽい表現でいえば，これまでのアジア諸国の代表的な工業部門は，外国民間企業による一種の「国際的下請」のもとで，外国民間企業の「仕様」にしたがった「受託生産」に携わってきたものだといってもよい．そしてこの仕様にしたがう能力において，彼らはきわだって高い能力を示したが，

逆にみずからが新たに技術開発能力を蓄積する志向性もその分だけ薄かったのである．ここに一つの大きな問題がある．

アジアにおける国際分業体制の再編過程が ASEAN 諸国の発展を利しているという事実を眺めるに際して，どうしても考えておかなければならない一点を最後に述べておこう．アジア中進国は，いずれも自然資源の賦存において乏しく，かつ国内人口の少ない小国である．輸出可能な一次産品に乏しいのはもちろんのこと，国内人口を養う食料の供給も十分とはいいがたい．かかる意味でアジア中進国は，多様にして豊富な資源基盤を有する「大国」のごとき自給的構造はもとよりもちえない．加えて国内人口が少ないために，国内市場向けの工業化にはおのずと限界があり，したがって急速な成長を望む以上，輸出市場をめざした工業化は不可避である．輸出志向工業化は，小国の最も代表的な工業化類型であるということができる．しかも関連産業の裾野をもたない未熟な工業化段階からの出発である．輸出志向工業化を推進しようというのであれば，素材，中間製品，資本財を先進国より輸入し，これを組立・加工した最終財を輸出に向けるという加工貿易型の工業構造をその体質とせざるをえないのも当然である．

ここでの比較優位の最大の決定因は，低賃金労働力の存在にほかならない．しかし小国であるためにこの条件が，さきに述べたように長期にわたって持続することは困難である．小国の初期的工業化パターンが労働集約財を中心とした輸出志向型であり，しかも急速な経済成長がただちに賃金の上昇を誘発するというこの事実は，そもそも小国の場合には，成長は急速でありえても，その成長の持続期間，上昇局面の時間的な長さは，大国に比較してかなり短いという予想を示唆している．小国は，篠原三代平教授の言葉を借りていえば，「経済変動の長期的な上昇局面における累積性」に欠けるのである 23)．小国は小国であるがゆえに，後発性利益内部化の速度においていちじるしい一方，後発性利益を吸収しつくして，これをより後発の国々にまわしていくスピードもまた速い．

ASEAN 諸国は，この国際分業体制再編のまさに「受益者」であり，1970

---

23) 篠原三代平「経済大国の興隆と衰退」，『エコノミスト』1979 年 8 月 14，21 日合併号．

第 1 章　経済発展と後発性利益　　53

年代の10年間にわたって続いた彼らの高度経済成長は，かかる後発性利益を考慮せずしては理解できない．

要　約

(1)　現代韓国の経済成長過程には，いくつかの注目すべき特徴がある．その一つは，韓国の経済成長が「非連続的」なスパートをもって開始されたという事実であり，実際のところ1960年代央に始まり今日に至るその成長過程で生じたいくつかの重要なマクロ指標の変化は，先発国のいずれよりも速い．

第二次大戦後の資本主義世界の中で短期間に最も急速な成長をとげた国はほかならぬわが日本であるが，現代韓国の成長実績はこの日本のそれをも明らかに上まわっている．とくに1960年代後半の第2次経済開発五カ年計画期における韓国の投資スパートは，1960年を前後して発生した技術革新投資を主内容とする日本の大規模民間設備投資ブーム期をも凌駕する激しさをもち，これに呼応して韓国の経済成長とりわけ製造業の成長は趨勢加速期に入ったとみられる．韓国のこの加速的経済成長は，先発国の歴史的経験を強く「圧縮」しつつ実現されたと表現することができる．

(2)　そうした圧縮は，なによりも重化学工業化の過程においてより鋭くあらわれ，急速な重化学工業化がまた経済成長過程自体の圧縮をもたらす最大の要因となった．ホフマン比率の時系列推移を国際比較してみると，欧米諸国に比較して日本が，さらにこの日本に比較して韓国が，一段と速い重化学工業化への傾斜をみせていることがわかる．ホフマン比率5.0〜3.5の工業化第1段階から3.5〜1.5の第2段階への移行に，主要先進国は20年から30年を要したとされているが，韓国は1960年から1966年までの7年というはるかに短い期間にこの移行をなしとげている．また韓国は1970年頃から，比率1.5〜0.5の工業化第3段階に入った．とすれば，第2段階から第3段階への移行を，韓国はやはり数年を要しただけで実現したことになる．すなわち主要先進国の歴史的経験に比較して，ここでも実に3倍から4倍の速度がみられたのである．このような重化学工業化のいちじるしい速度は，特定重化学工業部門をとり上げた場合には，その部門の輸入→輸入代替→輸出という産業発展段階移行が速い

54　Ⅰ　現代韓国経済分析

という事実となってあらわれる．事例として検討された韓国の鉄鋼産業における段階移行の速度は，これも日本の歴史的経験を上まわった．

(3) 後発国韓国の経済発展がこのような激しい速度をもちえたのは，この国が日本に代位して新たに資本主義世界の最後進となったことによって，豊富に存在する後発性利益を存分に享受しながら成長しえたからにほかならない．要するに韓国はガーシェンクロン・モデルにおける後発国の，現代世界を舞台にした再現である．(a)韓国の高度経済成長を支えた重要な経営主体が新興の財閥を中心とした巨大企業集団であったこと，(b)また技術，資本，熟練労働などの「欠落要因」を満たし，さらに戦略的産業部門の設定とその育成に果たした韓国政府の役割がきわめて大きいものであったこと，(c)加えて韓国の工業化は南北対立という厳しい政治的，軍事的「外圧」のもとで，国の存亡をかけて試みられた国民的課題であり，かかる意味で「滅共統一」は強力な工業化イデオロギーとして作用したこと，これら三つの事情もまた韓国工業化がガーシェンクロン命題に沿うて実現されたものであったことを示唆する．

(4) 韓国が享受した後発性利益は，この国が「小国」であることによって促がされた．小国は小国であるがゆえに，急速な発展を望む以上，技術，資本，外国民間企業を大規模に導入して，「対外接触度」の大きいオープン・エコノミーとして形成されていかざるをえない．加工貿易型構造は，小国韓国の経済発展過程における不可避の過渡的工業化パターンである．かかる構造のもとで，輸入中間製品・資本財に体化された先進技術は韓国に豊富に導入かつ移転され，しかも移転技術は短期間に高度化の方向に向かった．加えて資本形成に対する援助，公的借款，民間借款など外国資本の寄与において，韓国は開発途上世界でも最も高い比率をもつ国の一つとなった．また電気・電子，合成繊維などの戦略産業においては外国民間直接投資の比重が高く，ここでは技術や資本のみならずこれを最も有効に組織する主体と能力，いいかえれば経営資源のパッケージ導入が可能であった．戦略産業への外国民間直接投資はその多くがプロダクトサイクルに沿うて方向づけられており，しかも近年このサイクルに「圧縮」の傾向がみられる．このプロダクトサイクルの圧縮は，後発国わけても韓国のような技術的に高度の新興工業国家を利して，その製造業の発展プロセスをも圧縮することに大きな役割を果たしている．

(5) 韓国などアジア中進国に比較して一段と後発の ASEAN 諸国もまた今日，後発性利益を受けて，これらを「内部化」し，工業化を推進していく機会と能力にめぐまれている．ASEAN 諸国の経済成長率，とりわけ製造業部門のそれには 1970 年代に入って一種の趨勢加速現象が観察され，しかもこの高度成長を牽引したのは繊維製品，電子部品・製品の輸出部門であったことが注目される．この事実は，一つにはアジア中進国における実質賃金の大幅上昇と，二つにはすでに限界供給国を脱して有力な輸出国となったアジア中進国に対する輸入国側の保護主義的規制とによって，アジア中進国の労働集約財輸出における優位が崩れ，このことが過剰労働力を抱えて実質賃金水準もアジア中進国に比較して相当低く，かつ労働集約財輸出において世界市場のいまだ限界供給者である ASEAN 諸国の輸出を利している．この動きは，外国民間直接投資のアジア中進国から ASEAN 諸国への移転によっても促されている．これは，アジアにおける比較優位構造の変化と，それに伴う国際分業体制再編の動きを示す事実であり，ASEAN 諸国はこの分業体制再編過程から大きな後発性利益を受けているのである．近い将来，製造業成長の主導国はアジア中進国から ASEAN 諸国に移行していく可能性がある．

第2章　輸出志向工業化の政策体系

序

　韓国が，1960年代の後半から現在に至る十数年間に実現した製造業品の輸出拡大と，これを支えた輸出競争力強化の現状は，今日の開発途上世界においてはもちろんのこと，先進国の歴史的経験の中にも，その類を見出すことが困難なほど活力に満ちたものであった．韓国の商品輸出は，その間に石油ショックをはさんだ1962年から1978年までに年率約40％，製造業品輸出は実に年率51％の速度で進んだ．一次産品が大宗を占めた1960年代初頭の輸出商品構成は，1970年代の終りには製造業品が90％近くを占めるという急速な変化をみせている．さらに，1970年代に入って繊維製品，合板，家庭用電気・電子製品等の労働集約財と併行して，鉄鋼，石油化学，造船といった重化学工業分野においても輸出競争力の増大がめだち始めた．われわれは現代韓国の経済発展類型の中に，製造業品の輸出が工業化率の上昇を牽引し，これがさらに高度経済成長を主導するという，いわゆる「輸出志向工業化」の現代世界における代表例をみることができる．

　韓国の輸出競争力強化の要因は多様である．しかし，その直接的な要因は，1960年代初期に開始され，1960年代央に本格化した新政府によるラディカルな経済政策の転換と，これに伴う資源再配分にあるとみなければならない．韓国は，1960年代の中頃までは他の開発途上国と同様，その工業化戦略の中心を輸入代替政策におき，輸入代替を促進するための政策的手段，すなわち輸入

代替産業の貿易保護ならびに国内保護は，むしろ他の開発途上国よりも強力であった．しかし，韓国政府は1960年代中期にこうした保護政策を一挙にくつがえす「市場自由化政策」を果敢に試みた．保護政策の廃止と新たに採用された一連の政策手段は，韓国の要素賦存状況に適合する貿易パターンと生産方法の採用を促し，保護政策のもとで進んだ資源配分の歪みは急速に是正された．労働過剰経済韓国の労働集約財に潜む比較優位はいちはやく顕在化され，さらにそのうえに一連の強力な輸出インセンティブ政策が用いられることによって，韓国の労働集約財は国際市場への進出を開始したのである．保護政策のもとで狭小な国内市場に閉じこめられていた韓国企業家の旺盛な活力は，いっせいに海外市場に向けられ，先進諸国の衰退産業を追い上げながら，またたく間に国際市場における主要輸出国としての地位を得ることになった．

　韓国輸出商品の主力は，かくして労働集約財であり，そのほとんどは迂回生産過程の末端に位置する最終（消費）財であった．一方，輸出最終財生産のための素原材料，中間製品，資本財など生産財は，先進国からの輸入に依存する度合いが大きく，したがって輸出は強度に輸入誘発的であり，その貿易構造は典型的に「加工貿易型」であった．かかる加工貿易型発展パターンは，生産財生産の自生的発展の基盤が不十分であり，関連産業の裾野をもたない未熟な段階から出発し，なおかつ急速な輸出志向工業化を狙ったことの当然の帰結であった．

　しかし重要な基礎的生産財については，これをすべてではないまでも，ある程度は国内で生産できる体制を確立しえない以上，真に自立的な経済とはなりえない．一国経済が加工貿易に依存しつづける限り，成長の波及力は一国経済の産業連関を通じて他の国内部門に及ぶ度合いは小さく，その多くが海外に漏出してしまう可能性が大きい．したがって，繁栄する輸出部門が他の国内部門の成長を誘発する力をもちえず，「二重経済化」に陥る危険性もまた大きいのである．またこうした構造のもとでは，輸出の増大は生産財輸入を強く誘発し，貿易収支が好転することも期待できない．加えて一国経済が極度に海外に窓を開くために，海外の市場条件の変動に応じて経済全体が大きく揺れ動くという，対外的に脆弱な体質となりがちである．いずれにせよ韓国がこうした「従属型」経済構造を脱して，真に自立的国民経済を形成していくためには，生産財

58　I　現代韓国経済分析

の生産基盤をつくり上げていく努力，すなわち重化学工業化計画が推進されなければならない．

　本章では，まず韓国の輸出志向工業化の態様をマクロ指標によって概観する（第1節）．その後で輸出志向工業化政策の中核をなした市場自由化政策，輸出インセンティブ政策の内容をうかがい，現代韓国における輸出競争力強化の政策的要因を抽出する（第2節）．さらに輸出の重化学工業化の実態を分析し，合わせて将来の展望を試みたい（第3節）．

1. 輸出志向工業化と経済発展

　1960年代の中期に開始された韓国の高度経済成長を主導したのは，明らかに輸出部門である．国民総生産の需要部門別構成比の時系列推移をみると，最大の増加速度をもったのが輸出部門であることがわかる．1962年にわずか5.0%であったその構成比は，1970年には14.3%，最近年の1978年には34.1%に達して，個人消費支出に次ぐ需要部門となった．個人消費部門は，同期間その比重を顕著に低下させている．またこの間輸入比率も激しい増勢をみせ，1978年には37.2%に達した．かくして，韓国の貿易依存度は1978年に71.3%という，対外的に大きく「開かれた」経済となった[1]．韓国の輸入が輸出と同様いちじるしい増大をみせたのは，実はこの国の輸出が高度に輸入誘発的であるという特有の体質に由来するが，これは現代韓国の貿易構造を特徴づける興味深い事実である．この点については後に詳述する．いずれにせよ，韓国の高度経済成長は，輸出依存度のめだった上昇過程の中で実現されてきた．輸出の大宗は製造業品である．輸出総額に占める製造業品の比率は1962年にはわずか27.0%にすぎなかったが，これは1970年には83.6%，1978年には89.9%となった．韓国の工業化は，かくして製造業品輸出によって主導された輸出志向工業化の最も典型的な事例であるというにふさわしい[2]．

---

1)　ちなみに同年における日本の輸出依存度は11.4%，輸入依存度は10.1%である．

2)　韓国の輸出志向工業化に最もはやい時期に注目して，これを分析したのはバラッサである．Balassa, B., "Industrial Policy in Taiwan and Korea," *Weltwirtschaftliches Archiv*, Bd. 106, 1971, pp. 55–77; Balassa, B., "Growth Strategies in Semi-Industrial Countries," *Quarterly Journal of Economics*, Vol. LXXXIV, 1970. なお，同時に次の論文も参照されたい．Keesing, D. B., "Out-

ところで，この輸出志向工業化はいずれの産業部門によって主導されたのであろうか．各産業部門別の輸出依存度〔輸出／（国内需要＋輸出）〕をみるために，ここでは産業連関表を利用することにする．幸い韓国の場合には 1960 年以来 1975 年に至る 7 時点のそれが利用可能である．表 2-1 は，これによって製造業部門の輸出依存度を計測したものである．ほとんどすべての産業部門においてこの係数が上昇傾向にある．1975 年において輸出依存度がすでに 20％をこえた製造業部門は，17 織物，18 繊維製品，19 製革・革製品，20 製材・合板，21 木製品・木製家具，31 ゴム製品，36 金属製品，38 電気機械，40 精密機械，41 その他製造業の 10 部門を数える．このうち 20 製材・合板は 40％，18 繊維製品，31 ゴム製品，41 その他製造業は 50％ をこえる極度に高い輸出依存度をもった輸出特化産業である．この 10 部門は輸出額でも 21 木製品・木製家具を例外として，いずれも大きな比重を占め，1975 年においてこれら 10 部門の輸出額は製造業輸出総額の 67％ に及んだ．輸出額においてとりわけ大きな比重をもったのは，18 繊維製品，38 電気機械，17 織物，41 雑工業品の 4 部門であるが，18 繊維製品のみで輸出総額の 24.7％ を占め，4 部門の合計で過半となる．

　こうして 1960 年代の中期以降における経済成長を主導したのは製造業輸出部門であり，その大宗を占めたものは，最終消費財であった．さてこれら過去の韓国の輸出を主導した最終消費財は，相対的に労働集約的な商品であり，労働過剰経済韓国の要素賦存状況に適合したものであった．労働集約的製造業品輸出に導かれた韓国の工業化が最も激しい展開をみせた 1970 年前後の輸出商品の概要について，筆者はかつて次のような分析を試みたことがある[3]．すなわち，韓国の 1970 年における産業連関表の 56 産業分類のうち製造業に属する 32 部門を選び，さらに輸出額が 5,000 万ドルに満たない部門を除外した 16 部

---

ward-Looking Policies and Development," *The Economic Journal*, Vol. LXXVII, No. 306, June 1967, pp. 303–320, reprinted in S. Spiegelglas and C. J. Welsch, eds., *Economic Development: Challenge and Promise*, New Jersey, Prentice Hall, Inc., 1970, pp. 276–292. また韓国の輸出志向工業化の実態を包括的に扱った近年のすぐれた論文に，Westphal L. E., "The Republic of Korea's Experience with Export-Led Industrial Development," *World Development*, 1978, Vol. 6, No. 3 がある．

3) 渡辺利夫『開発経済学研究—輸出と国民経済形成—』東洋経済新報社，1978 年〔『本著作集』第 2 巻所収〕第 5 章．

60　　I　現代韓国経済分析

表 2-1 輸出依存度の推移 (1960-75 年)

I-0表コード・ナンバー	産業部門	1960	1963	1965	1968	1970	1973	1975
10	屠殺・酪農・果物加工					0.055	0.091	0.092
11	水産加工	0.023	0.033	0.067	0.067	0.558	0.662	0.572
12	精米・製粉					0.018	0	0
13	その他食料品					0.007	0.028	0.091
14	飲料品	0.017	0.004	0.013	0.007	0.007	0.025	0.027
15	煙草	0.001	—	—	0.051	0.001	0.002	0
16	繊維糸	0.022	0.050	0.070	0.086	0.169	0.255	0.158
17	織物	0.029	0.055	0.140	0.143	0.133	0.277	0.268
18	繊維製品	0.020	0.034	0.182	0.320	0.372	0.576	0.518
19	製革・革製品	0.016	0.002	0.044	0.075	0.023	0.220	0.375
20	製材・合板	0.008	0.125	0.348	0.422	0.440	0.678	0.430
21	木製品・木製家具	0.078	0.026	0.035	0.039	0.082	0.451	0.213
*22	パルプ・紙類	0.009	0.001	0.015	0.018	0.021	0.060	0.044
23	印刷・出版	0.007	0.006	0.010	0.004	0.014	0.133	0.061
*24	有機基礎化学品	0.050	0.023	0.024	0.015	0.043	0.043	0.041
*25	無機基礎化学品					0.009	0.050	0.032
*26	化学肥料	—	—	—	0.002	0.060	0.037	0
*27	医薬品・化粧品	0.018	0.005	0.002	0.002	0.012	0.017	0.018
*28	合成樹脂・合成ゴム・化学繊維					0.025	0.063	0.096
*29	石油製品	—	—	0.078	0.045	0.094	0.059	0.057
*30	石炭製品	—	—	—	—	—	0	0.001
31	ゴム製品	0.058	0.032	0.172	0.217	0.239	0.469	0.526
*32	非金属鉱物製品	0.020	0.013	0.054	0.039	0.044	0.118	0.127
*33	製鉄・製鋼	0.064	0.003	0.002	—	0.032	0.011	0.010
*34	鉄鋼一次製品	0.012	0.187	0.097	0.010	0.036	0.211	0.180
*35	非鉄金属塊・同一次製品	0.039	0.050	0.099	0.136	0.082	0.045	0.040
*36	金属製品	0.005	0.015	0.068	0.092	0.055	0.282	0.254
*37	一般機械	0.025	0.021	0.030	0.009	0.009	0.064	0.031
*38	電気機械	0.079	0.022	0.077	0.100	0.163	0.306	0.269
*39	輸送用機械	0.053	0.017	0.009	0.004	0.015	0.038	0.120
*40	精密機械・光学機械	0.050	0.091	0.234	0.276	0.079	0.208	0.291
41	その他製造業					0.536	0.583	0.540

(注) ＊印は生産財部門.

(資料) Bank of Korea, *Input-Output Tables*, various issues, Seoul, Korea.

門について，その輸出志向性と労働集約性との関連を検討した．その結果が表2-2である．注目すべき産業部門は衣類，挽材・合板・木材製品，雑工業品であり，この3部門の輸出額合計は1970年の韓国製造業部門輸出総額の60%を

表 2-2　製造業諸部門の諸資料（1970 年）

	輸出額 (1000ドル)	輸出係数 e	労働係数 n	資本係数 k	労働集約度係数 n/k	相対賃金 [1] w_i/w
1　衣　　　　類	232,530	0.3610	0.3518	0.3069	1.1463	0.6781
2　雑　製　品	119,499	0.3862	0.3597	0.2697	1.3337	0.8068
3　挽材・合板・家具	96,596	0.3779	0.3216	0.2923	1.1002	0.7482[2]
4　紡　績　糸	50,904	0.1808	0.1877	1.0095	0.1859	0.7692[3]
5　織　　　　物	46,772	0.1602	0.3158	0.4475	0.7057	0.7692[3]
6　電　気　機　械	44,637	0.2190	0.1924	0.3115	0.6177	1.0357
7　食　品　加　工	44,634	0.0477	0.2007	0.2163	0.9283	1.0916
8　ゴ　ム　製　品	18,016	0.2078	0.2839	0.2773	1.0238	0.7559
9　金　属　製　品	12,781	0.1341	0.3326	0.3697	0.8996	0.9181
10　鉄　鋼　製　品	9,901	0.0435	0.1627	0.2429	0.6698	1.3661
11　輸　送　機　械	9,645	0.0330	0.1545	0.2593	0.5958	1.4137
12　機　　　　械	7,923	0.0937	0.3369	0.4482	0.7517	0.9409
13　その他化学製品	7,578	0.0234	0.1365	0.6537	0.2088	1.2918
14　非　鉄　鉱　産　物	6,651	0.0273	0.2319	1.1642	0.1992	1.2238
15　化　学　肥　料	6,333	0.0606	0.0555	1.1502	0.0483	1.1598[4]
16　非　鉄　金　属	5,627	0.1215	0.1231	0.7407	0.1662	1.1326[5]
全　製　造　業	737,182	0.1275	0.2047	0.5139	0.3983	1.0000

（注）　1) 1971年, 2) 家具：建具部門のみ, 3) 繊維部門全体, 4) 化学, 石油部門全体, 5) 非鉄部門全体.
なお輸出係数とそれぞれ労働係数, 労働集約度係数, 相対賃金との回帰式は次のように推定された.

$$e = -0.04800 + 0.86615n \qquad (t = 3.23814)$$
$$R^2 = 0.4282$$
$$e = 0.01326 + 0.21412(n/k) \qquad (t = 3.47305)$$
$$R^2 = 0.4628$$
$$e = 0.57797 - 0.42045(w_i/w) \qquad (t = -5.02839)$$
$$R^2 = 0.6436$$

（資料）　Bank of Korea, *Korean Input-Output Tables for 1970*, Seoul, Korea, 1978. その他各種資料, なお各部門資本ストック推計については, Hong, W., *Factor Supply and Factor Intensity of Trade in Korea*, Korea Development Institute, Seoul, Korea, 1975.

こえる代表的輸出産業である．同時にこの部門の輸出係数は全 32 部門中最高位の三つを占め，その値はいずれも 0.36〜0.39 の幅にある．労働集約度係数もまた雑工業品 1.34，衣類 1.14，挽材・合板・木材製品 1.10 と全部門中最高位の三つを構成する．すなわち，少なくとも 1970 年のデータで検討される限りにおいては，輸出額において最高位三つの産業部門が同時に輸出係数，労働係数，労働集約度係数のいずれにおいても最高値をとるという明瞭な結果が得られた．こうして韓国における輸出産業の労働集約度は国内産業に比較してかなり高く維持され，その製品は強い比較優位と，これに後述の輸出インセンテ

ィプ政策を加えることによって，先進国市場において注目すべき市場参入をはかることができたのである．

輸出部門の労働集約性が高いという事実は，当然予想されるように韓国の輸出部門が「低賃金利用型」のそれであることをも示唆している．1970年における各製造業部門の賃金 (w_i) と製造業全部門の賃金 (w) との相対賃金 (w_i/w) をとると，衣類，雑製品，挽材・合板・家具という既述の最も重要な輸出労働集約財は，典型的な低賃金部門であることがわかる．しかしこれら低賃金部門の賃金は，第4章でみるように1960年代の後半期以降に加速的な上昇局面に入っている．この結果，韓国における輸出労働集約財部門の比較優位は，他の相対的に賃金の低い開発途上国に移転しつつあり，それゆえ韓国にとって，総生産費に占める労働費用が相対的に低い生産財部門の比重を高めること，すなわち輸出の重化学工業化は，目下不可避にして緊急の要請となっているのである．この新しい課題については，第3章であらためて分析する．

韓国経済成長の主導部門を形成したのは，かくしてこの国の要素賦存状況に最も適合する労働集約財の輸出部門であった．韓国は，賃金水準は低位にあるが優秀な労働力を背後にもつ労働集約財によって，衰退化しつつある先進国の労働集約財産業を激しく追い上げ，「限界輸出国」を脱して次第に製造業品の一大供給国としての地位を確保していったのである．

2. 輸出志向工業化の政策体系

韓国の輸出志向工業化は，1960年代央に開始された．ここに至るまでの韓国は，輸入代替工業化政策を採用し，この政策を推進するための，輸入重要度基準にもとづく輸入数量統制，差別関税方式，公定為替レートにおけるウォンの過大評価，低金利政策等の一連の保護主義的手段は，むしろ他の開発途上国よりも徹底したものであった．

これら保護主義的手段は，要素価格体系に大きな歪みをもたらし，韓国経済に潜む労働集約財の比較優位が国際市場において顕在化されることはなかった．輸入重要度基準にもとづく輸入統制，差別関税方式，ウォンの過大評価は，相対的に労働集約的な国内投入財よりも相対的に資本集約的な輸入投入財に低い

価格づけを与える慣行であり，したがってこれは輸入偏向を強化する機能をもつと同時に，輸入代替生産の方法をより資本集約度の高いものとする固有の傾向をつくり出した．低金利政策は一部産業に低い価格づけの銀行資本を供与するものであり，その生産方法を過度に資本集約化する上述の傾向を助長した[4]．生産方法の資本集約化は，労働過剰経済韓国にとって明らかに「反輸出偏向」的に作用する．韓国の輸出志向工業化政策とは，まずはこうした要素価格体系に歪みをもたらした保護主義的政策を自由化することによって，自国の要素賦存状況に適合する生産方法を促進し，かくして貿易上の比較優位を確保しようという試みであった．

2.1　為替レート「現実化」政策

かかる韓国の市場自由化政策は 1960 年に始まり．1964-65 年に劇的な展開をみた為替レートの「現実化」政策によって代表される．韓国の為替レート制は，1961 年までは複数レート制，1965 年以降は単一変動レート制が採用されて今日に至っている．この 30 年間の公定レートの切下げは，図 2-1-b にみられるようにまことにめまぐるしく，韓国経済を特徴づけた変動の激しさがうかがわれる．

韓国の為替レートの変遷史を観察するとき，1950 年代後半を通じて安定的に推移してきた公定レートが 1961 年にかなり大きく，すなわち対ドルで 65.0 ウォンから 127.5 ウォンに切下げられたことがまず注目される．1961 年に新しく登場した軍事政権が，そこに至る輸入代替期の深刻な経済的停滞とくに輸出不振に鑑み，その克服をめざしてまず試みた政策的対応がこれであった．この試みは，ウォン価値をほとんど実勢水準にまで一挙に半分に切下げた画期的なものであった．しかも同時に，それまで長期にわたってつづいてきた複数レート制はこの年に廃止され，外貨集中制に裏づけられた単一レート制が導入されることになった．しかし単一レート制と外貨集中制は法的には施行されたも

---

[4]　開発途上国の輸入代替工業化過程で生まれた資源配分の歪みについては，多くの論文がある．それらについては，渡辺利夫『開発経済学研究』東洋経済新報社，1978 年，第 3，4 章の脚注を参照されたい．さしあたり最も包括的な文献として以下のものを挙げておく．Little, I., T. Scitovsky and M. Scott, *Industry and Trade in Some Developing Countries, A Comparative Study*, Oxford University Press, London, 1970.

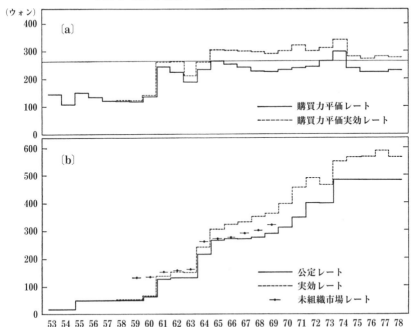

図2-1 対ドル為替レートの諸範疇（1953-78年）

（資料） Bank of Korea, *Monthly Economic Statistics*, various issues, Seoul, Korea; 未組織市場レートについては，Kim, Seung-hee, *Foreign Capital for Economic Development, A Korean Case Study*, Praeger Publishers, New York, 1970, Ch. 3. 輸出補助については，Frank, C. R. Jr., Kwang-suk Kim and L. E. Westphal, *South Korea, Foreign Trade Regimes and Economic Development*, A Special Conference Series on Foreign Trade Regimes and Economic Development, Vol. III, Columbia University Press, New York, 1975; Hasan, P., *Korea: Problems and Issues in a Rapidly Growing Economy*, Johns Hopkins University Press, Baltimore and London, 1975. 最近年の輸出補助については，Nam, Chong-hyum, "Trade and Industrial Policies, and the Structure of Protection in Korea," Paper Presented to the Eleventh Pacific Trade and Development Conference, September 1-4, 1980, Korea Development Institute, Seoul, Korea,

のの，実際には外貨は未組織市場で公定レートよりも高いレートで売却され，レートの二重性を払拭することはできなかった．キムの推計になる1961年，1962年の未組織市場レートは，136.0ウォン，151.5ウォンであり，公定レートよりもそれぞれ6.25%，14.2%低いものであった[5]．また単一レート制へ

---

5) Kim, Seung-hee, *Foreign Capital for Economic Development, A Korean Case Study*. Praeger Publishers, New York, 1970, Ch. 3.

第2章 輸出志向工業化の政策体系　65

の移行は宣言されたが，日本その他への輸出には 1961 年から 1965 年 5 月まで公定レートよりかなり高いレートが適用された．加えて 1962 年，1963 年には農産物の不作に伴って生じた物価上昇が，実質レートの公定レートからの乖離を激しくした．農産物の不作とこれに由来する穀物輸入の増大は外貨準備額の減少を結果し，1963 年には再度複数レート制への後退を余儀なくされた．

　本格的かつ実質的なウォンの大幅切下げは 1964 年 5 月に行われ，このとき公定レートは 130.0 ウォンから一挙に 257.0 ウォンへともう一度半分に近い切下げがなされ，つづく 1965 年 4 月に政府は単一為替レート制への移行を再び宣言した．1965 年の未組織市場レートは 272.0 ウォンであり，これは 1965 年末の公定レート 265.4 ウォンとほとんど乖離していない．1964-65 年のレート「現実化」政策は，その名前にふさわしく実勢を正確に反映したものであった[6]．1965 年以降も公定レートは小幅ながら絶え間のない変動を示しているものの，この変動は購買力平価を正しく評価して調整されたものとされている．まずこうした複雑な動きを若干なりとも整理して，為替レート政策の動きを読めてみよう．

　図 2-1-b において実線で示されたものが公定レート，点線が「実効レート」，また━印は実勢を反映すると思われる未組織市場レートの推定値である．韓国の場合，後に指摘するように，輸出補助金，輸出産業への国内税および関税の免除，さらには利子率補助等の形であらわされる政府の輸出促進政策は，1970 年を前後する時点できわめて活発化しており，したがって輸出レートをみる場合にはこれをも考慮に入れないと，実効上のレートをはかることはできない．すなわち，実効レートとは公定レートに，1 ドルに対して与えられるウォンで表わされた輸出補助額をプラスしたものである．また，この図の期間において韓国の物価上昇率は激しく，ウォンの対外価値は大きく減少している．もちろん，韓国の貿易相手国であるアメリカ，日本等の物価上昇率の動きも無視できない．要するに韓国と貿易相手国との購質力の相対関係が大きく変化しているがゆえに，為替レートを相対物価指数で修正することによっていわゆる「購買力平価レート」を算出することが必要である．1965 年における 1 ドル＝265.4

6）　こうした評価は，Brown, G. T., *Korean Pricing Policies and Economic Development in the 1960s*, Johns Hopkins University Press, Baltimore, 1973, Ch. 6 にはっきりとみられる．

66　　I　現代韓国経済分析

ウォンの公定レートは，自国と貿易相手国の購買力を十分に斟酌して得られた実勢に近いものであったと一般的に評価されている．すでに指摘したように，この年および翌年の公定レートは未組織市場レートから乖離していない．したがって，1965年における彼我の卸売物価指数を100として導かれる各年の相対卸売物価指数を，各年の公定レートに乗じていけば，韓国の購買力平価レートを得ることができる．購買力平価レートが基準年次の均衡レートに比較してウォンを過大に評価していれば，これは韓国にとって輸出抑制的に働き，過小評価は輸出促進的に作用する．

　韓国の主要輸出相手国の卸売物価指数を，韓国の彼らに対する各年の輸出額によってウエイトづけして算出し，これと韓国の卸売物価指数との相対指数を導いて得られた購買力平価レートを，図2-1-aに示した．ここにみられるごとく，1965年以前の購買力平価レートは，基準年次レートをかなり下まわって設定されており，これは輸出抑制的に作用したとみられる．1965年以前の輸入代替工業化政策のもとにあっては，輸出にはさしたる関心は示されず，むしろ素原材料，中間製品，資本財等の生産財の安価な輸入によって最終財の輸入代替生産を促進することに政策的重点がおかれたという事実が，為替レートの推移にかかる帰結をもたらした要因にほかならない．

　ところで購買力平価レート自体を眺める限りにおいては，1973年，1974年の両年を除いては，1965年以後の輸出志向工業化期においてもなおウォンを過大に評価していることが図に示されている．しかし，輸出補助を考慮したさきの実効レートを相対卸売物価指数で修正して得られる「購買力平価実効レート」に注目すると，同図にみられるように，1965年以後これは明らかに基準年次の均衡レートを上まわって推移している．購買力平価実効レートが1965年以前は輸出抑制的，以後は輸出促進的に作用するよう操作されてきたことは明瞭である[7]．ちなみに，1965年以降における購買力平価実効レートの均衡レートからの乖離率は，1965年以降大略14〜15％，年によっては30％近くにあって，レートの調整による輸出促進効果はかなり大きいものであった．

---

7) 購買力平価実効レートの計測については，図2-1の脚注の文献以外に，Koo, Bon-ho, "Foreign Exchange Policles: An Evaluation and Proposals," in Chuk-kyo Kim, ed., *Planning Model and Macroeconomic Policy Issues*, Korea Development Institute, Seoul, Korea, 1977 がある．

またウォンの対ドル・レートの低下傾向に加えて，円の対ドル・レートが1971年以降大幅な上昇傾向をつづけたことによって，韓国の対円レートは相乗的に輸出促進的になったこともつけ加えておこう．1965年における韓国ならびに日本の対ドル・レートをかりに均衡レートとして，彼我のその後の為替レートの推移をみると，ウォンは円に対して大幅な切下げ傾向をつづけており，1977年におけるウォンの円に対する対外価値は1977年には41%，1978年には36%となった．対日輸出1ドルに対して与えられている韓国の輸出補助額は，対韓輸出1ドルに対して与えられている日本のそれよりかなり大きいことが当然予想されるがゆえに，実効レートではかった場合には，ウォンの円に対する価値下落は上述の計測値よりいっそう大きいものとなろう．

2.2　輸出インセンティブ政策

　1964-65年以降の韓国の公定レートはすでに指摘してきたように，購買力平価を斟酌して大略「現実的」なものであった．しかし，1ドル当りウォンで示される輸出補助額を考慮して得られる実効レートでみると，ウォンは明らかに過小評価となり，これが韓国の輸出競争力強化の重要な要因となった．輸出補助は大略，直接補助，関税免除，国内税軽減・免除，利子率補助の四つからなる．もっとも実際の輸出補助はこの四つの形態よりいっそう複雑な項目を含み，これらすべてをウォン・タームにひき直して計測することは不可能である．したがって最重要なものが上の四つの項目であることは事実であるが，この数値も輸出補助全体の額に比較すればなお過小評価であることをことわっておきたい．1964年までは輸出産業に対して若干の直接補助金が与えられたが，1965年以降この方式による輸出補助は完全に停止されている．1965年以降は輸出産業に対する国内税，関税の軽減もしくは免除，さらには輸出産業への特恵的利子率の適用といったより間接的な補助形態に変わってきている[8]．

---

8)　韓国の輸出インセンティブ政策については，既出 Koo, Boo-ho 論文と並んで，Suh, Suk-tai, "Growth Contribution of Trade and the Incentive System," in Chuk-kyo Kim, ed., *Planning Model and Macroeconomic Policy Issues*, Korea Development Institute, Seoul, Korea, 1977 を参照．また上述四つの輸出補助とは別に「自由加工区」の設立は輸出補助の重要な一部を形成している．これについては，Choe, Boum-jong, "An Economic Study of the Masan Free Trade Zone," in Won-tack Hong and A. O. Krueger, eds., *Trade and Development in Korea*, Korea Develop-

68　Ⅰ　現代韓国経済分析

輸出産業に対する国内税ならびに関税の免除額は，1960年代の中頃以降大きく増大している．いうまでもなく，前者は外貨を獲得する企業の輸出所得ならびに輸出活動に対して，事業所得税，法人税を一定の範囲において軽減するものであり，後者は輸出財を生産する企業が輸入する投入財について，輸入後一定期間を経て製品が輸出されることを条件にその輸入関税を免除するというものである．利子率補助額も，1960年代の中頃より拡大をみせている．1965年における韓国の低金利政策から高金利政策への移行は，すぐ後でみるようにラディカルな「金利現実化政策」として知られるが，しかし輸出関連産業への貸出金利は逆に以前よりもいっそう低下した．1965年における韓国銀行ならびに一般商業銀行の輸出手形割引率は，前者が年率3.50%，後者が6.50%であり，同一時点での商業手形割引率がそれぞれで28.00%，24.00%あったのと比較すれば，いかに厚い優遇条件が輸出産業に付されたかが理解される．

　1972年以降の輸出補助金額は，絶対額ではもちろん増大傾向にあるものの，1ドル当りでみると減少に向かいつつある．これは適度の輸出インセンティブ付与が，貿易相手国に輸入制限措置を誘発する可能性を懸念した政府が，1972年に従来の積極的輸出促進政策に制限を加えたことの結果である．すなわち，この年以後，輸出産業の事業所得税，法人税の50%優遇条件はとりはずされ，また再輸出投入財輸入の自動的関税免除の特典も廃止されて，製品輸出後に関税を払い戻すという旧来の制度を復活させた[9]．しかしそれにもかかわらず，たとえば最近年3カ年，1976年，1977年，1978年の公定レートが484.0ウォンであるのに対して，1ドル当りの輸出補助額はそれぞれ84，106，84ウォンであり，この補助によって購買力平価実効レートが基準年次の均衡レートを上まわるという事実を帰結していることには変わりはない．

2.3　輸入自由化

　韓国における上述してきた1964-65年の両年を中心とする為替レート現実化政策は，当然のことながら，輸入代替工業化政策のもう一つの根幹を形成して

---

ment Institute, Seoul, Korea, 1975 を参照されたい．

9)　この点については，Korea Exchange Bank, *Foreign Exchange and Trade System in Korea*, Seoul, Korea, 1975 を参照．

きた輸入統制の自由化をも伴うものであった．1964–65年のウォンの実質的切下げと，すでに指摘した輸出インセンティブ政策は，輸出活動を国内市場向け生産活動に比較して一段と有利化した．結果として1964年以降，韓国の国際収支条件は公的援助の退潮の中にありながらも，以前に比べてはっきりと改善の傾向をみせ始める．この結果，旧来の厳格な輸入統制は急速に緩和へと向かった．韓国の輸入項目は，自動承認項目，準制限項目，制限項目，輸入許可項目，輸入禁止項目の五つに分けられる．このうち1964年の6月までゼロであった自動承認輸入項目数は，同じ年の7～12月には全輸入許可項目数の8.0%，1965年12月には62.7%へと圧倒的な高まりをみせる．逆に輸入制限項目の全輸入許可項目数に占める比率は，1964年の6月まで100%であったが，これは7～12月には82.5%に下がり，1965年12月にはわずか0.7%へと低下した．自動承認項目はすなわち輸入代替生産のための生産財であり，準制限項目ならびに制限項目が輸入代替品目であるところの最終消費財であったがために，こうした輸入統制の廃止は，輸入代替のための保護の重要な一部を排除することになった．

　輸入自由化は，1967年7月における「ポジティブ・リスト方式」から「ネガティブ・リスト方式」への輸入承認方式の改革によって完成度を高める．これを可能にしたのは，1966年における輸出の拡大とこれに伴う外貨準備の大幅な拡大であった．「ポジティブ・リスト方式」においては，開示される輸入許可品目以外は実際のところ「無制限」の幅において輸入禁止状態におかれていたのであるから，これは大きな重要性をもった改革であった．この結果，自動承認項目数は，1967年6月までの3,760から以後一挙に17,128に増大するのであるが，これはSITC商品数の半ばをこえるものであった．

　さらに，輸入自由化は関税率の全般的な引下げにまで及ぶことになり，1967年の関税改正はそれほど徹底したものではなかったが，それでも最終消費財において高かった輸入関税率の引下げはかなりの幅になった．非耐久消費財の関税率は1966年の74.2%から43.2%へと大きく，耐久消費財のそれもわずかながら減少をみせた．高い関税率は非効率性を温存させることによって輸入代替財の生産費としたがって勤労者の生計費の高騰を招き，結局のところこの事実が輸出生産費を増大させることになる，という正鵠を射た判断が最終財輸入

関税引下げの背後にあったといわれている[10].

2.4 金利「現実化」政策

1950年代韓国の低金利政策は，開発途上世界の中でも典型的なものであった．国務総理直轄の金融通貨委員会によって決定される金利規制は強力であり，預金金利，貸出金利とも市場実勢をはるかに下まわる「非現実的」な金利規制がつづいた．低金利政策は，預金金利が低いことによって金融市場に流入する貯蓄量を制限する一方，貸出金利が低いことによって銀行資金に対する超過需要をつくり出す．低金利銀行資金に対する超過需要は，この公的資金に接近しえない階層を膨大に生み出し，彼らを資金確保の非公式レート，いわゆる「私債」へと向かわしめた[11]．私債金利は実勢を反映した大略25%前後の水準にあり，ここに1950年代韓国は明瞭な金利の二重構造のもとにおかれることになった．実際のところ，この低金利政策の恩恵に浴することができたのは，近代部門の一部の輸入代替産業のみであった．しかし，こうした事実も1960年代央に試みられた一連の市場自由化政策によって急激な転換をみせる．市中金利に比べていちじるしく低水準の金利規制を排除し，これを前者に近づけていこうという政策は「金利現実化措置」と称され，1965年5月に実施された．この措置は，為替レート過大評価の修正と並んで，韓国における市場自由化政策のかなめに位置した[12]．

名目預金金利から，1965年の卸売物価指数を100とする卸売物価指数の年変化をマイナスした実質預金金利をみると，1964年のそれは3カ月ものマイナス14.4%，6カ月ものマイナス11.4%，1年ものマイナス8.4%であり，1965年のそれはそれぞれ8.9%，14.9%，17.3%となっている．1964年の実質金利はこのように実に大きくマイナスであり，1965年に引上げられた金利水準との対照はまことに鋭い．1964年以前の預金金利は市場均衡水準からかけ

---

10) Brown, G. T., *op. cit.*

11) この問題については，谷浦孝雄「韓国の工業化と私金融問題」，『アジア経済』アジア経済研究所，第15巻第3号，1974年3月．

12) この点については，Brown, G. T., *op. cit.*, Ch. 7 ならびに McKinnon, R. I., *Money and Capital in Economic Development*, Brookings Institution, Washington, D. C., 1973 の随所をみられたい．

離れた非現実的なものであった．高金利政策への移行が国内貯蓄とりわけ定期
ならびに貯蓄性預金の急速な上昇をもたらしたという事実，ならびにすぐ後で
みる貸出金利の上昇が銀行貸出額の減少を伴わなかったという事実自体，1964
年以前の金利がいかに意図的に低められた低水準にあったかを如実に示してい
る．すなわち前者は，住民の流動資産〔貨幣供給＝（現金＋要求払預金）＋定期
ならびに貯蓄性預金〕選択において，金利さえ上昇すれば定期預金にまわしう
る資産が十分に存在していたことを示し，また後者は資本収益率が銀行資金貸
出金利を上まわっていたことを示すものにほかならないからである．

　いうまでもなく貸出金利の動きは，預金金利のそれと基本的には変化はない．
商業手形割引率のみについて同じく実質金利をみると，1964年のそれは韓国
銀行マイナス11.9〜12.9%，商業銀行0.6%，1965年のそれはそれぞれ18.9%，
14.9% である．すなわちここでも1965年の高金利は，それ以前の低金利と顕
著な対照を示している．しかし，すでに指摘したように，韓国銀行ならびに預
金銀行（商業銀行，特殊銀行）の実質貸出額はこの高金利によってほとんど影
響を受けておらず，むしろ実際には貸出額は増勢にあった．預金金利の大幅引
上げによって貯蓄額は大きく増加する一方，投資はそれをはるかに上まわって，
実際のところ1965-70年の投資年平均増大率は実に32% の水準にあったので
ある．

　金利水準の大幅引上げにもかかわらず銀行貸付額と投資意欲がこのようにほ
とんど減退しなかった理由は，投資収益率がなお金利を凌駕していたことを示
すものにほかならない．ブラウンの推計によれば，1965年における非農業私
的部門の資本収益率は，投資と産出の間に時間的ズレがないものと仮定して
32.0%，1年間のズレを仮定して42.7% の水準にあった[13]．さきにみたごと
く，高金利水準に移行したとはいえ，1965年の実質貸出金利は韓国銀行なら
びに商業銀行の商業手形割引率でみてそれぞれ18.9%，14.9% にすぎなかっ
た．高金利政策の中で投資需要はなおかつその供給をこえ，悪名高い「私債」
もその比重を減少させはしたものの，投資需要のいく分かをなお賄っていたの
である．1965年の大幅な金利引上げにもかかわらず，実態はなお「低金利」

---

13)　Brown, G. T., *op. cit.*, Ch. 6.

72　I　現代韓国経済分析

水準であったということができるのであり，それにしては 1965 年以前の低金
利政策が市場均衡水準からいかに激しく乖離したものであったか一驚に値する．
しかし，相対的に高金利水準への移行は，一定水準以上の資本収益率をもたな
い非効率的生産単位を排除していく機能を果たし，またいちじるしい低金利政
策の中で進んだ過度に資本集約的な生産方法を次第に労働集約的な生産方法に
変化させていくのに貢献したことは確かである．

　金利現実化政策，為替レートの過大評価修正を中心とした韓国の市場自由化
政策が，その資源配分の歪みを是正するのにどの程度寄与したかについてはす
でにいくつかの実証研究がある．レイニスは，それまで増大をつづけてきた韓
国製造業の資本労働比率が 1960 年代央に至って安定的な低下傾向を開始した
ことを立証した[14]．また製造業部門の限界資本産出高比率は，1954–62 年 2.1，
1963–67 年 1.7，1968–72 年 1.4，1973–76 年 2.0 と推移しており，急速な経済
発展過程の中にありながら，1970 年代初めまでこの比率が低下傾向をみせた
ことは注目される[15]．1973 年以降製造業の限界資本産出高比率は上昇の兆し
をみせているが，これはこの時期に始まる重化学工業化過程のもとでの資本深
化の結果である．投資量が増大するにつれて投資収益率が逓減するというのは
よく知られた経験則であるうえに，韓国の場合にはこの期間中最近年になれば
なるほど，投下資本量の大きい鉄鋼，石油化学，社会間接資本部門の比重が累
積的に拡大してきたはずである．にもかかわらず，韓国における限界資本産出
高比率が他の開発途上国の 3.00～3.50 といった値よりも低い水準を推移して
きたというこの事実は，稀少要素の節約的利用を導いた韓国の国内経済政策の
結果であるといって過言ではない．

　1960 年代の 10 年間における年平均成長率と限界資本産出高比率との結合値
をみたヘーゲンの計測結果によると，韓国は台湾とならんで，その高度経済成

---

14)　Ranis, G., "Industrial Sector Labor Absorption," *Economic Development and Cultural Change*, April 1973. なお，Fei, J. C. H. and G. Ranis, "A Model of Growth and Employment in the Open Dualistic Economy: The Case of Korea and Taiwan," *The Journal of Development Studies*, January 1975, pp. 32–63, reprinted in F. Stewart, ed., *Employment, Income Distribution and Development*, Franks Cass Co. Ltd., London, 1975 参照.

15)　韓国の限界資本産出高比率の推計については，Hasan, P., *Korea: Problems and Issues in a Rapidly Growing Economy*, Johns Hopkins University Press, Baltimore and London, 1975, Ch. 4 を参照.

長を低位の限界資本産出高比率で達成した最も代表的な国であることが示されている[16]. 産業連関表分析によって製造業における国内生産，輸出，輸入の要素集約度を検討したウェストパルの推計によれば，1960年代の後半期に至って韓国輸出の労働集約度は一段と高まりをみせたことがうかがわれる[17].

　低い資本労働比率もしくは限界資本産出高比率であらわされる製造業部門は，労働過剰経済韓国の要素賦存状況に適合し，その生産物は大きく比較優位を高めていったと考えられる. 1960年代の後半期以降における韓国労働集約財の輸出競争力強化の真因は，ここにある.

---

16)　Hagen, E. E., *The Economics of Development*, Richard D. Irwin, Inc., Homewood, Illinois, 1975, Ch. 10.

17)　これによると，製造業における国内生産，輸出，輸入の労働資本比率でみた要素集約度は，直接的要素投入の場合，

	1960	1963	1966	1968
国内生産	2.97	2.89	2.67	2.64
輸　出	2.72	3.02	3.24	3.55
輸　入	2.09	1.93	1.98	2.33

であり，間接的要素投入を含めた全体の要素投入の場合

	1960	1963	1966	1968
国内生産	5.43	5.41	5.03	5.41
輸　出	3.74	3.71	4.09	4.29
輸　入	2.77	2.40	2.40	2.47

と推計されている. この数値は，国内生産が次第に労働集約性を高めるとともに，輸入に相対してとくに輸出の労働集約性がより急速に増大するという，労働過剰経済韓国の要素賦存状況に適合した生産方法と貿易パターンが次第に出現していったことを示している. これは，市場自由化政策の明らかな成果であるといわねばならない（Westphal, L. E., "The Republic of Korea's Experience with Export-Led Industrial Development," *World Development*, Vol. 6, No. 3, 1978）. 新たに1970年，1973年の産業連関表を加え，同一の手段によって国内生産，輸出，輸入の要素集約度を計測したホンの研究によれば，1968年以降，輸入製造業品はもちろんであるが，同時に製造業の国内生産と輸出の資本集約性は，直接的要素投入ならびに間接的要素投入のいずれよりみても，1968年以前の低下傾向とは逆にめだって上昇傾向にあることが示されている. このことは，1970年前後以降，重化学工業化がきわめて急速に進展し，この過程のもとで生じた資本深化と生産性向上の結果であるとみられる. この重化学工業化過程で，輸出商品構成において鉄鋼，合成繊維織物，石油化学製品等，相対的に資本集約的な生産物の輸出の比重が無視しえない速度で上昇してきたとみられる（Hong, Won-tack, *Factor Supply and Factor Intensity of Trade in Korea*, Korea Development Institute, Seoul, Korea, 1976）.

3. 工業化と貿易構造

　1960年代央に始まる製造業品輸出の大宗は，労働集約的な軽工業品であり，迂回生産過程の末端に位置する最終消費財であった．労働力は豊かに存在するが，比較優位をもった自然資源にはめぐまれないという要素賦存状態にあり，そのうえ生産財の生産基盤の自生的発展が未熟な状態にあるという状況にありながら，なお積極的に輸出を促進しようというのである．迂回生産過程のアップ・ストリームに位置する一連の生産財を海外より輸入し，これを組立・加工した最終財を輸出に向けるという，加工貿易型構造を帰結するのは当然である．輸出が加速的な伸びをみせたにもかかわらず，輸入はさらにこれを上まわって拡大し，貿易収支が一貫して赤字を計上してきたという事実は，韓国のそうした貿易構造の特質をなによりもよくあらわしている．

　この国の加工貿易型構造を眺めてみよう．1975年の産業連関表を用いて，42産業部門の輸入依存度〔輸入／（国内生産＋輸入）〕，輸出依存度〔輸出／（国内需要＋輸出）〕を算出し，両者の結合値をプロットしたものが図2-2である．縦軸が輸入依存度，横軸が輸出依存度である．前者の0.182，後者の0.176はそれぞれ製造業部門（10〜41）全体の平均的輸入依存度，輸出依存度を示している．＊印で示された17部門が生産財部門（重化学工業部門），・印で示された15部門が消費財部門である．

　製造業全体の平均値よりも高い輸入依存度と低い輸出依存度にある産業部門は，22パルプ・紙類，24有機基礎化学品，25無機基礎化学品，28合成樹脂・合成ゴム・化学繊維，33製鉄・製鋼，35非鉄金属塊・同一次製品，39輸送用機械であるが，これらはすべて生産財部門である．一方，製造業全体の平均値よりも低い輸入依存度と高い輸出依存度をもつ部門は，11水産加工，17織物，18繊維製品，19製革・革製品，20製材・合板，21木製品・木製家具，26化学肥料，31ゴム製品，36金属製品，41その他製造業の10部門を数えるが，このうち26化学肥料，36金属製品の二つを除き，他の8部門は消費財部門である．消費財部門の輸入依存度はかなり低いが，消費財生産のための素原材料はそのほとんどを輸入に依存しているという事実がその背後にある．図中・印

第2章　輸出志向工業化の政策体系　　75

図 2-2 各産業部門の輸出依存度 (e) と輸入依存度 (m) の結合値 (1975 年)

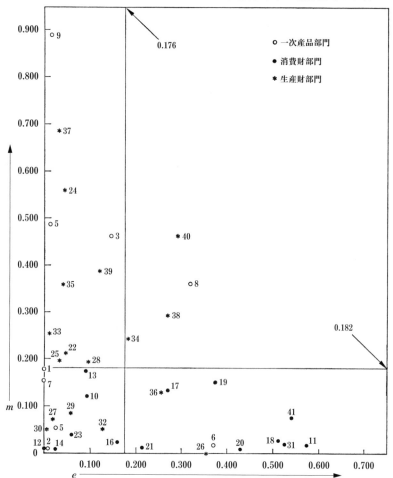

(注) 1. 穀物類 2. 野菜・果物 3. 工芸作物 4. 畜産・養蚕・農業サービス 5. 林産物 6. 水産物 7. 石炭 8. 金属鉱石 9. 非金属鉱石 10. 屠殺・酪農・果物加工 11. 水産加工 12. 精米・製粉 13. その他食料品 14. 飲料品 15. 煙草 16. 繊維糸 17. 織物 18. 繊維製品 19. 製革・革製品 20. 製材・合板 21. 木製品・木製家具 22. パルプ・紙類 23. 印刷・出版 24. 有機基礎化学品 25. 無機基礎化学品 26. 化学肥料 27. 医薬品・化粧品 28. 合成樹脂・合成ゴム・化学繊維 29. 石油製品 30. 石炭製品 31. ゴム製品 32. 非金属鉱物製品 33. 製鉄・製鋼 34. 鉄鋼一次製品 35. 非鉄金属塊・同一次製品 36. 金属製品 37. 一般機械 38. 電気機械 39. 輸送用機械 40. 精密機械・光学機器 41. その他製造業

(資料) Bank of Korea, *1975 Input-Output Tables*, Seoul, Korea, 1978.

は一次産品部門をあらわすが，9非金属鉱石，5林産物（木材），3工芸作物（原綿，羊毛その他の繊維原料，生ゴム），8金属鉱石（鉄鉱石）の輸入依存度がきわだって高いという事実がそのことを示している．輸出製造業のうち自国内で素原材料の供給が可能なものは，11水産加工，19製革・革製品の2部門を数えるにすぎない．

これら最終消費財生産のための機械等，資本財の輸入依存度はさらに高い．図に示されるごとく，37一般機械の輸入依存度は製造業諸部門中，群を抜いて高い値を示している．ちなみに1975年産業連関表392部門分類を用い，そのうち産業用機械を構成すると考えられる一般機械の13部門と，電気機械のうち産業用電気機械に属する4部門の計17部門の輸入依存度をみたものが表2-3である．輸入代替をほぼ完成させていると思われるのは259農業機械のみであり，これに275変圧機と267事務・サービス用機械を加えた3部門を除いて，いずれもきわめて高い輸入依存度を示している．図2-2に示されたごとく，16繊維製品，17織物，18繊維糸の輸入依存度が高い値を示す一方で，264繊維機械の輸入依存度は0.858という最大の値を示している．実際のところ264繊維機械は，37一般機械の輸入総額の中で最大のシェアを占める．最終消費財の高い輸出依存度は，かくして素原材料と一部の中間製品，さらに資本財の高い輸入依存度によって支えられているのである．

ところで図2-2にみられるように，40精密機械・光学機械，38電気機械，34鉄鋼一次製品等，いくつかの重要な重化学工業品の輸出依存度が1975年現在，全製造業の平均をこえてすでに相当高い値を示していることが注目される．しかしこの3部門は，同時にその輸入依存度も全製造業の平均を上まわっていることが知られる．38電気機械に注目してみると，この部門は輸出依存度，輸入依存度がともに高いというにとどまらず，絶対額でみても，輸出の場合には18繊維製品に次いで，輸入の場合には37一般機械に次いで2番目の地位にある．38電気機械は現代韓国における最も代表的な輸出部門であると同時に，最も代表的な輸入部門でもある．再び1975年産業連関表392部門分類によると，電気機械産業の内訳は25部門である．この25部門から既出表2-3の産業用電気機械に属する4部門を除く21部門の輸入依存度をみたものが表2-4である．271冷蔵庫，272扇風機を初めとする家庭用電気・電子機械等，最終消

第2章　輸出志向工業化の政策体系　77

表 2–3　産業用機械の輸入依存度（1975 年）

1975 年 I–0 表 コード・ ナンバー	産　業　分　類	輸入依存度
258	原　　動　　機	0.436
259	農　業　機　械	0.103
260	金 属 切 削 機 械	0.797
261	金 属 加 工 機 械	0.842
262	木　工　機　械	0.645
263	建 設・鉱 山 機 械	0.803
264	繊　維　機　械	0.858
265	食 料 品 加 工 機 械	0.485
266	その他特殊産業機械	0.639
267	事務・サービス用機械	0.324
268	裁　　縫　　機	0.409
269	その他一般機械・装置	0.725
270	機 械 一 般 部 品	0.525
274	発 電 機・電 動 機	0.419
275	変　　圧　　器	0.242
276	送 配 電 機 械	0.577
277	その他産業用電気機械	0.754

（資料）　Bank of Korea, *1975 Input-Output Tables*,
　　　　Seoul, Korea, 1978.

表 2–4　電気機械の輸入依存度（1975 年）

1975 年 I–0 表 コード・ ナンバー	産　業　分　類	輸入依存度
271	冷　蔵　庫	0.003
272	扇　風　機	0.001
273	その他家庭用電気機械	0.115
278	電　　　　線	0.083
279	電　　　　球	0.101
280	電　　　　池	0.047
281	そ の 他 電 気 機 械	0.650
282	オ ー デ ィ オ 製 品	0.135
283	Ｔ　　　　Ｖ	0.051
284	録　音　機	0.338
285	その他家庭用電子機械	0.146
286	電 話 機・交 換 機	0.162
287	そ の 他 通 信 機 器	0.546
288	電 子 計 算 機	0.226
289	その他電子応用機械	0.906
290	電　　子　　管	0.391
291	半 導 体 素 子	0.576
292	集　積　回　路	0.087
293	抵　　抗　　器	0.308
294	変　　成　　器	0.079
295	そ の 他 電 子 部 品	0.421

（資料）　Bank of Korea, *1975 Input-Output Tables*,
　　　　Seoul, Korea, 1978.

費財の輸入依存度が低い一方で，電子測定装置を中心とする 289「その他電子
応用機械」，電気機械部品を中心とする 281「その他電気機械」，291 半導体素
子，通信機械部品を中心とする 287「その他通信機械」，259「その他電子部
品」，290 電子管，293 抵抗器等，中間製品の輸入依存度がかなり高いことが判
明する．したがって，図 2–2 にあらわれる 38 電気機械部門の高い輸出依存度
は，産業用機械のごとき資本財はもちろんのこと，中間製品のいちじるしく高
い輸入依存度と結びついていることになる．繰り返していえば，電気機械部門
の輸出依存度が高いという事実は，輸入された機械設備を用いて，輸入された
中間製品を，主として輸出向けに組立・加工しているという事実を示している
といえよう．この性格は，40 精密機械・光学機械でも大略同じである．実際

78　I　現代韓国経済分析

のところ，韓国の電気機械輸出部門の中心にあるのは外資系企業であり，中間製品と資本財の供給を本国親企業に求め，その最終財を本国と一部第三国に輸出するという，外国民間資本による一種の「受託生産」もしくは「国際的下請」の色彩を濃厚にとどめているのである．

　韓国の最終財輸出，生産財輸入という構造は，とりわけ日本との貿易関係において顕著にあらわれており，実際のところ韓国の生産財輸入が最終財輸出を上まわって，韓国の対日貿易収支は，「追い上げ」論議が喧伝される一方で，実はその赤字幅を拡大さえしている．日本の対韓輸出において最大の比重を占めるのは原動機，金属加工機，繊維機械等の機械・機器類，鉄鋼，非鉄金属，金属製品等の金属・同製品であり，この2項目で対韓国輸出総額の過半となる．これに化学製品を加えた場合，日本の対韓国輸出が圧倒的に生産財志向型であることが理解される．実際のところ韓国の輸入において大きな比重を占める機械輸入の大半は日本から供給されており，たとえば最大の比重をもつ繊維機械，金属加工機械においては韓国の輸入額の実に70%が日本からの輸入とされている．しかもこの生産財輸出の比重は依然めだった上昇をつづけており，円高もこの傾向に影響を与えることはさしてなかった．

　かくしてこれまでの韓国の輸出の大宗を占めたものは最終財であり，この最終財生産のための生産財はこれを外国からの輸入に依存する度合いが相当に大きいという体質を形成してきた．しかしこの体質は1975年の一時点の構造分析から得られたものにすぎない．実際には，韓国の重化学工業化は，それをここ10年ほどの傾向的趨勢としてみるならば，相当の速度をもって進んでおり，上述した貿易構造は次第に大きく変化しつつある動態的な流れの中にあることが理解されるのである．次章で詳しく指摘されるが，韓国の重化学工業化は，次のようなメカニズムのもとでその胎動を触発されたものとわれわれは考える．すなわち最終財の輸出拡大によって誘発される生産財輸入が次第に増大し，後者が国内生産を可能ならしめる「有効最小生産規模」に達した時点で，その国内生産が開始される．すなわち最終財の輸出拡大は，生産財の国内生産を開始させるための市場を提供するのである．のみならず，生産財の需要規模がある特定の有効最小生産規模に達した時点以降，最終財の輸出によって得られた外貨は，輸入にではなく，生産財国内生産のために振り向けられ，その投資資源

によって重化学工業化が進捗することにもなる．かくして進展しつつある韓国の重化学工業化は，いまだ初期的段階にあるとはいえ，あるいはそれゆえにこそ，そのスピードは速い．素原材料，中間製品，資本財の輸入代替によって，上述した「従属的」な加工貿易型構造は，遠くない将来に克服されて，次第に「自立型」構造に転換していくものと思われる．

韓国の場合，最終消費財によって先導された輸出拡大がきわだって速い速度をもったがために，これに牽引される重化学工業化も，前章で指摘したように先進諸国の歴史的経験に例をみないほどの速度をみせた．重化学工業化の速いスピードは，特定の重化学工業部門の，輸入から輸入代替，さらに輸入代替から輸出へと向かう産業発展の段階移行が速いという事実となってあらわれた．いくつかの重要な重化学工業部門においては，輸入代替期と輸出拡大期とがほとんど同時に進行するという「圧縮型」産業発展のパターンをみせており，ここでは国内経済の重化学工業化がただちに輸出の重化学工業化となって顕在化するのである．

表2-5に示される1970年と1975年の2時点における各産業部門の輸入依存度の変化に注目してみよう．＊印で示された17の生産財部門のいくつかにおいて輸入依存度の低下傾向が観察されるであろう．そのうち25無機基礎化品，28合成樹脂・合成ゴム・化学繊維，33製鉄・鉄鋼，36金属製品では輸入依存度が急激に低下し，またその生産基盤が脆弱なものであると評価されてきた37一般機械，さらには38電気機械でも輸入依存度は多少ながら低下している．1975年産業連関表392部門における重化学工業部門の輸入依存度の動きをみると，すでに輸入依存度が20%以下に達して輸入代替を大略完成させているものに，83プラスチック製品，85化学繊維，108建設用金属製品，109道具類・付着用鉄物，110その他金属製品，117家庭用電気機械，119その他電気機械，120家庭用電子機械の8部門が挙げられる．

輸出依存度の上昇も少なからざる生産財部門において発生し始めていることが既出表2-1よりわかる．輸入代替の急速に進んでいる上述した6部門のうち，33製鉄・製鋼部門を除き，いずれも輸出依存度の上昇をみせており，それ以外にも22パルプ・紙類，27医薬品・化粧品，32非金属鉱物製品，34鉄鋼一次製品，39輸送用機械，40精密機械・光学機械で輸出依存度の上昇がみられ

表 2-5 製造業部門における輸入依存度の推移（1970，75 年）

1970 年 I —0 表 コード・ ナンバー	産　業　分　類	1970	1975
10	屠 殺・酪 農・果 物 加 工	0.053	0.120
11	水　　　産　　　加　　　工	0.006	0.015
12	精　米　・　製　　粉	0	0.008
13	そ　の　他　食　料　品	0.076	0.175
14	飲　　　　料　　　　品	0.006	0.008
15	煙　　　　　　　　　草	0.002	0
16	繊　　　維　　　糸	0.060	0.024
17	織　　　　　　　　　物	0.177	0.131
18	繊　　維　　製　　品	0.509	0.023
19	製　革　・　革　製　品	0.041	0.648
20	製　材　・　合　　板	0.006	0.005
21	木 製 品・木 製 家 具	0.057	0.009
＊22	パ　ル　プ　・　紙　類	0.211	0.213
23	印　刷　・　出　版	0.053	0.039
＊24	有　機　基　礎　化　学　品	0.129	0.556
＊25	無　機　基　礎　化　学　品	0.413	0.198
＊26	化　　学　　肥　　料	0.012	0.354
＊27	医　薬　品・化　粧　品	0.015	0.070
＊28	合成樹脂・合成ゴム・化学繊維	0.382	0.192
＊29	石　　油　　製　　品	0.018	0.088
＊30	石　　炭　　製　　品	0.030	0.052
31	ゴ　　ム　　製　　品	0.030	0.016
＊32	非　金　属　鉱　物　製　品	0.004	0.051
＊33	製　鉄　・　製　鋼	0.462	0.254
＊34	鉄 鋼 一 次 製 品	0.182	0.244
＊35	非鉄金属塊・同一次製品	0.328	0.358
＊36	金　　属　　製　　品	0.356	0.126
＊37	一　　般　　機　　械	0.740	0.685
＊38	電　　気　　機　　械	0.325	0.295
＊39	輸　送　用　機　械	0.035	0.389
＊40	精 密 機 械・光 学 機 械	0.046	0.439
41	そ　の　他　製　造　業	0.041	0.072

（注）　＊印は生産財（重化学工業）部門.

（資料）　Bank of Korea, *Input-Output Tobles*, various issues, Seoul, Korea.

第 2 章　輸出志向工業化の政策体系　81

る．すなわち 17 の重化学工業部門のうち，11 の部門で輸出依存度が上昇して
いることに注目しなければならない．1975 年の輸出依存度は，すでに 32 非金
属鉱物製品 12.7%，34 鉄鋼一次製品 18.0%，38 電気機械 26.9%，40 精密機械
29.1% に達しており，その速い輸出の重化学工業化は注目に値する．392 部門
分類でみると，すでに輸出依存度が 20% をこえて，有力な輸出産業となりつ
つある重化学工業部門は，107 金属家具・家庭用金属製品，123 電子部品，122
電子応用機械，129 時計，120 家庭用電子機械，83 合成樹脂製品，103 鋼管・
鍍金鋼材，109 道具類・付着用鉄物，124 船舶，93 陶磁器，108 建設用金属製
品，128 精密機械・光学機械，125 鉄道車輌の 13 部門を数える．

　ところで，重化学工業部門全体としての輸入依存度は 1970 年の 25.0% から
1975 年の 27.1% へと若干の増大傾向にある．しかし輸出依存度は同じ時期に
3.2% から 10.9% へと一段と急速な増加をみせた．従来の労働集約的軽工業品
と同じような激しさをもつことはないにしても，韓国の重化学工業化が輸出を
牽引力の一つとして進展していくであろうことを予想させる．図 2-3 は，製造
業全部門の総生産額に占める重化学工業部門生産額の比重（重化学工業化率）
と，製造業全部門の総輸出額ならびに総輸入額に占める重化学工業部門の比重
（輸出ならびに輸入の重化学工業化率）との結合値を，1966 年以降 1975 年ま
での 5 時点についてプロットしたものである．45 度線は一国の重化学工業化
率と輸出ならびに輸入の重化学工業化率が同じ速度で進む方向を示している．
当然のことながら，輸入の重化学工業化率は一国の重化学工業化率に比較して
圧倒的な高さにあるが，しかし前者の増加率は後者のそれよりも緩慢である．
一方輸出の重化学工業化率は，いまだ一国の重化学工業化率よりも低いが，そ
の増加率は 1968 年以降前者が後者を上まわっている．韓国の重化学工業化は，
その輸出構造により鋭く反映されるという性格をもっているとみられるのであ
る [18].

　韓国開発研究院によれば，1977 年から 1991 年までの商品輸出の年平均増加
率は，1975 年不変価格でみて年率 14.6% と予測されている [19]．世界貿易額に

---

18)　輸出の重化学工業化率と生産の重化学工業化率の「先後」関係については，篠原三代平『経済
　　成長の構造―転機日本経済の分析―』国元書房，1964 年，第 8 章参照.

19)　Korea Development Institute, *Long-Term Prospects for Economic and Social Development*

82　　I　現代韓国経済分析

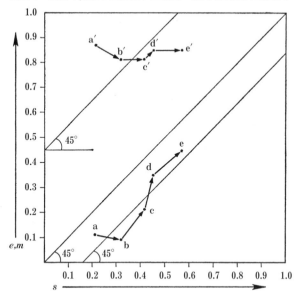

図2-3 経済の重化学工業化率と輸出・輸入の重化学工業化率

(注) s：経済の重化学工業化率，e, m：輸出，輸入の重化学工業化率
a, b, c, d, e：1966, 1968, 1970, 1973, 1975年の輸出の重化学工業化率
a′, b′, c′, d′, e′：1966, 1968, 1970, 1973, 1975年の輸入の重化学工業化率
(資料) Bank of Korea, *Input-Output Tables*, various issues, Seoul, Korea.

対する韓国の輸出弾性値は1960年において5.26，1970年代前半において5.78の高水準にあった．この高い輸出弾性値は，おそらくのところ過去の韓国が世界の工業製品貿易においてそのシェアの小さい限界輸出国として出発したこと，低い労働賃金を武器に労働集約財において先進国の衰退産業を激しく追い上げることができたこと，によって実現できたものである．韓国が限界輸出国としての地位を脱して有力な工業製品輸出国となるにしたがい，輸入国側にかなり激しい輸入規制を誘発し始めていること，さらに労働供給の制限的傾向が実質賃金の大幅な上昇傾向を招くとともに，これが労働集約財における比較優位を減少させていること，という韓国の輸出をめぐる近年の状況変化を考慮すれば，

韓国が既存の輸出構造を一定としたままでこれまでのような高い輸出弾性値を享受できるという保証はない．輸入国側において対韓輸入シェアがまだ小さく，また生産費に占める労働費用の比較的低い，重化学工業部門の比重を一段と増大させていくこと，すなわち輸出の重化学工業化は，この面からしても韓国にとっての不可避の要請である．

　同じ研究によれば，従来の輸出戦略部門であった繊維，衣類，はきもの，合板の輸出総額に占める比重が下がる一方，相対的に技術・資本集約的な鉄鋼，金属製品，電気機械，電子機械，輸送機械の比重が増大して，輸出の重化学工業化が顕著になっていくことが予想されている．とりわけ，一般機械，電気機械，電子製品，船舶を中心とする輸送用機械等，機械部門の輸出比重の高まりが予測されており，これは1976年の19.6％から第4次経済開発五カ年計画の最終年1981年には29.4％，1986年には38.9％と推移し，1991年には49.7％と輸出総額の半ばをこの部門が占めるとされている．

　ここでとくに注目されるのは，これまでその基盤が脆弱であると評価されてきた一般機械が，今後輸出において重要な役割を演じると予想されていることである．この予想の背後には，自生的発展基盤の脆弱さを国家的大プロジェクトの形成によって一挙に挽回し，さらに輸出市場に打ってでようという韓国政府の野心がある．この野心は，昌原機械工業基地の建設となって具体化しており，1981年の機械輸出総額49億ドルのうち14億1,500万ドルがこの機械工業団地に発するものと計画されている．実際のところ，機械工業部門は第3次計画期に製造業投資総額の19.3％を占めたが，第4次計画期に至ってこの比率は26.9％へと上昇して，この部門への資源集中は他のいずれの部門よりも激しい．これら重化学工業品においては，韓国はいまだ世界市場における限界供給者であり，しかも労働集約的軽工業品に比較して韓国が利用できる技術上の後発性利益は依然豊富であるとみられる．この点を考慮するならば，さらにまた上述の韓国開発研究院の推計になる1991年の商品輸出額543億ドルは，1977-91年における韓国の輸出弾性値がかりに過去の実績より大きく下落して2.09になってもなお実現可能な水準であることをも合わせ考えるならば，これは十分達成可能な値であるとみられる．

　ところでこの推計によれば，1991年における韓国の輸出の重化学工業化率

84　I　現代韓国経済分析

は 72.5% であるとされている．ちなみに，1975 年における日本の輸出の重化学工業化率は 87.6%，フランス，オランダ，スウェーデンはそれぞれ 68.7%，64.8%，81.8%，1967 年における西ドイツのそれは 82.0% である．韓国の輸出構成がこれら先進国水準に達する時期が 1991 年であるかどうかについては確たることはいえないにしても，しかし少なくともそれら先進国水準に達するまでは，豊富に存在する技術ギャップを追跡しながら，激しい輸出の重化学工業化を実現していくことだけは確かであろう．

要　　約

(1)　われわれは現代韓国の経済発展パターンの中に，工業製品の輸出が工業化率の上昇を牽引し，さらにこの高い工業化率が経済成長を主導するという，いわゆる輸出志向工業化の典型をみることができる．国民総生産の需要部門別構成比において，1960 年代の初頭以来最大の増加速度をもったのは輸出部門であり，1978 年の輸出依存度は 34% に達した．輸出の大宗は製造業品である．輸出総額に占める製造業品の比率はこれも 1960 年代の初頭より加速的な増大をみせて，1978 年にはほとんど 90% をこえた．輸出製造業品の中心は衣類や織物などの繊維関連製品，合板や家具などの木材関連製品さらには日用雑貨などの雑工業製品であった．これらは，輸出額と輸出係数において最大の部門であるのみならず，資本労働比率においても製造業品中最低の値を示す代表的な労働集約的部門でもある．すなわちこれら輸出製造業品は労働過剰経済韓国の要素賦存状況に最も適合し，優秀ではあるが低賃金の労働力を豊富に利用して得られた優位性によって，高賃金化傾向の中で衰退化しつつある先進国の労働集約財産業を，激しく追い上げることができたのである．

(2)　労働集約財の国際競争力をかく強力なものたらしめたのは，1960 年代の中期に試みられたラディカルな市場自由化政策ならびに輸出インセンティブ政策であった．この新しい政策がとられるまでの韓国は，他の開発途上国と同様輸入代替戦略をその工業化政策のかなめとしてきた．輸入代替工業化政策を特徴づける，輸入重要度基準にもとづく輸入数量統制，差別関税方式，公定為替レートにおけるウォンの過大評価，低金利政策など一連の保護主義的手段は，

第 2 章　輸出志向工業化の政策体系　　85

むしろ他の開発途上国よりも徹底したものであったとすらいいうる．しかしこうした保護主義的諸手段は，韓国の要素価格体系と資源配分に由々しい歪みをもたらし，韓国経済に潜む労働集約財の比較優位が顕在化することはなかった．市場自由化政策とは，これら保護主義的諸手段を一挙に自由化することを通じて，労働過剰・資本不足という韓国の要素賦存状況に見合う技術と生産方法の採用を促し，かくして労働集約財の比較優位を確保しようという試みであった．為替レートと金利の「現実化政策」，輸入統制の自由化と関税率引下げがその主内容をなす．こうした自由化政策のもとで，輸入代替生産の有利性は急速に失われていくと同時に，労働集約財の輸出は次第に増大を始める．これにさらに一連の強力な輸出インセンティブ政策が加わることによって，その国際競争力は一段と強化された．かかる政策の施行過程を通じて，狭小な国内市場に閉じこめられていた韓国企業家の活力は一斉に海外市場に向けられ，労働集約財においてはまたたく間に国際市場での有力な輸出国の一つとなっていったのである．

(3) 輸出志向工業化を主導したのは，かくして労働集約財であるが，これは迂回生産過程の末端に位置する最終消費財である．ところでこの最終財の生産に要する素原材料，中間製品，資本財など生産財の輸入依存度は高い．とりわけ一般機械に代表される資本財輸入依存度の高さは圧倒的である．かくして輸出志向工業化パターンは，別の見方よりすれば加工貿易型発展パターンにほかならない．生産財生産の自生的発展の基礎が幼弱であり，関連産業の裾野の狭い未熟な工業化段階にありながら，なお積極的に輸出促進をはかろうというのであれば，その発展パターンは加工貿易型たらざるをえない．直接投資を通じての外国企業による「国際的下請体制」は，こうした加工貿易型構造の形成を促した一要因であった．しかし加工貿易型の「従属型」構造から「自立的」構造への脱皮をはかろうという努力が，1970年代の央以降に活発化した重化学工業化の試みにほかならない．1970年代に入るとともに，いくつかの重要な生産財において輸入依存度の低下と，一方輸出依存度の上昇とが観察されるが，とくに後者の動きは注目される．輸出重化学工業化率の増大速度は，経済全体の重化学工業化率のそれよりも，1966年以来一貫して高い．近年における実質賃金の大幅な上昇傾向，ならびに労働集約的工業製品に対する輸入国側の保

護主義的規制の一般化は，韓国の輸出が伝統的な労働集約財にかえて重化学工業製品の比重を増大しなければならないという要請を，ますます焦眉の急たらしめている．

第3章　重化学工業化と工業構造の深化

序

　1960年代の後半に至るまで韓国の製造業は，素原材料，中間製品，さらには機械を輸入し，非耐久消費財，耐久消費財，土木建設用資材等を生産するという構造を基本としてきた．自然資源にめぐまれず，技術と資本の蓄積において不十分，かつ関連産業の未発達な韓国製造業の当然の帰結であった．

　製造業部門の業種別付加価値構成をみると，繊維，食料品，飲料品の三つの消費財部門が最上位を占める一方，機械，金属，化学等の生産財部門の比重がかなり低いという構造は，1960年代を通じて変わらなかった[1]．工業生産活動の中心が消費財部門にあり，これを支える生産財部門の国内発展基盤が幼弱であったという事実は，この国の輸出構造にもはっきりとあらわれた．すなわち輸出の大宗は繊維製品，合板，家庭用電気・電子製品等の最終消費財であり，この最終財生産のための投入財の輸入依存度はきわめて高い．1960年代韓国の貿易構造は，輸入に占める投入財の比重が高く，輸出に占める最終財の比重が高いという意味で，典型的な加工貿易型であった．

　輸出志向工業化に導かれた1960年代初頭以降の韓国の経済成長率が，他の開発途上国に例をみない高率のものであったことはよく知られている．しかし

---

1)　1960年代の韓国経済のこうした構造については，Institute of Developing Economies, *Development of Manufacturing in Korea in the 1960's, A Statistical Analysis*, I. D. E. Statistical Data Series, No, 17, Tokyo, 1972, Ch. 2 に詳しい．

88　　I　現代韓国経済分析

そうした加工貿易型構造のために，輸出の拡大は同時に輸入を強度に誘発し，その結果，輸出部門の成長力が国内部門に伝播する度合いが低いという体質がつくり上げられたと主張されてきた．しかも有力な輸出部門は，日本，アメリカの民間企業との合弁事業であり，輸出用投入財を本国親企業に依存し，製品の輸出先がまたその本国であったという事情のために，韓国の輸出工業化パターンはしばしば「国際的下請型」だと評され[2]，またそうした形で拡大する輸出部門は，国内市場向けの停滞的中小工業部門との間に明らかな「二重構造」をつくり出したとも評されてきた[3]．日本の論壇を賑わした韓国経済の「対外従属論」の核心にあったのも，上述した韓国経済の構造的特質であったとみられる．

　しかしこうした韓国製造業の構造は，1972-76 年の第 3 次経済開発五カ年計画期間において進んだ重化学工業化のもとではっきりと変化しつつあり，さらに 1977 年に始まる第 4 次経済開発五カ年計画で，その傾向はいっそう加速されている．すなわち 1970 年代に入って，素原材料，中間製品，機械設備の輸入代替は急速であり，すでに一部の重化学工業品は輸出を開始するに至っている．第 1 章で指摘したように，軽工業部門（あるいは消費財部門）付加価値に対する，機械，金属，化学の 3 業種であらわされた重化学工業部門（あるいは生産財部門）付加価値の比率，いわゆるホフマン比率の長期時系列推移を眺めると，この比率が 5.0〜3.5 の工業化第 1 段階から 3.5〜1.5 の第 2 段階へ移行するのに，主要先進国は 20 年から 30 年を要したとされているが，韓国がこの移行に要した期間は 1960 年から 1967 年までのわずか 8 年間であった．韓国は 1973 年にホフマン比率 1.5〜0.5 であらわされる工業化の第 3 段階に入ったとみられる．すなわち第 2 段階から第 3 段階への移行を韓国は 6 年を要しただけで実現し，主要先進国の歴史的経験を実に 3 分の 1 以上も「圧縮」したのである．このような重化学工業の進展は，伝統的な韓国経済像を，明らかにその根幹から崩す最大の事由たりうる．現代韓国の，かかる重化学工業化の態様を分析し，これを帰結している要因を探ることが本章の目的である．

---

2)　Watanabe, S., "International Subcontracting, Employment and Skill Promotion," *International Labour Review*, Vol. 105, May 1972.

3)　隅谷三喜男『韓国の経済』岩波書店，1976 年，第 1 章.

さて重化学工業化とは，消費財部門に比較して生産財部門の比重が増大して
いく過程である．この過程は，別の観点よりすれば，一国の工業化が生産財を
輸入して最終財を国内市場向けに生産（＝消費財の輸入代替期）もしくは外国
市場向けに生産（＝消費財の輸出期）する段階から，生産財それ自体の国内生
産を進めていく段階（＝生産財の輸入代替期）へ移行していくという，工業構
造の深化過程でもある．一国の生産構造が，ダウンストリームからアップスト
リームに向かう過程であるといってもよかろう．この深化過程を韓国は，次の
ような経緯のもとで急速にたどったとみられる．

　韓国は消費財の輸入代替工業化から輸出志向工業化への転換を，短期に，し
かも手際よくなしえた数少ない開発途上国の一つである．輸入代替期が時を移
さず輸出拡大期につながるという韓国に特有なこの産業発展段階の時間的圧縮
に，各産業の総需要が急速に拡大してきた理由がある．初期には国内需要が，
つづく時期には輸出が国内生産を牽引したために，国内生産は激しい拡大を持
続することができた．ところでこの国内生産の拡大は，次の段階で生産財生産
への後方連関圧力をつくり出し，需要がある国内最小生産規模に達した時点で
生産財の国内生産が誘発されることになったと考えられる．いいかえれば韓国
の生産財国産化は，最終消費財生産の拡大がもたらした後方連関圧力による需
要牽引型のそれであったという点がまず注目される．強調したいことは，すぐ
後でみる合成繊維の事例に典型的にあらわれているように，いくつかの最終消
費財の需要において輸出が決定的な役割を果たしたという事実である．すなわ
ちここでは，最終財の輸出志向工業化のもとで生産財国産化への道が開かれた
ことになる．

　いくつかの開発途上国が採用しようとした，最終財の輸入代替から生産財の
輸入代替へという工業構造の深化過程は，これを支える国内市場基盤をもたな
い「小国」の場合には，まことに大きなコストを背負いこむことになる．これ
と対照的に，最終財の輸出志向工業化から生産財の輸入代替へという順序をと
ったところに，現代韓国における重化学工業化成功の重要な一因があるとみな
すことができる．しかも当の輸出志向工業化の速度がきわめて速かったために，
この構造深化へのスピードも，他に類例のない速度をもったと考えられるので
ある．事例として鉄鋼と石油化学をとり上げ，現代韓国における重化学工業化

の特有な類型に考察を加えていくことにしよう.

1. 後方連関圧力と鉄鋼業の発展

　韓国鉄鋼業の発展を特徴づけるのは,明らかにこれが国内需要と輸出を合計した総需要の顕著な拡大によって牽引されたという事実である.韓国鉄鋼業の発展パターンは図3-1に示される.この図は,条鋼,板材,鋳物等,鉄鋼産業の最終生産物のトン数によって,国内需要,国内生産,輸入,輸出の時系列推移を追ったものである.国内需要が持続的な上昇をつづける一方,国内生産は国内需要に牽引されてこれを上まわる速度で伸び,1971-72年には後者が前者を凌駕するに至っている.国内需要＋輸出≡国内生産＋輸入,という恒等式で考えれば,国内生産が国内需要をこえたという事実は,すなわち輸出が輸入をこえたことと同義である.図中にこのことははっきりと示されている.すなわち1971年までは国内需要の伸長が韓国の鉄鋼生産を牽引し,1972年以降は国内需要の伸びを上まわる輸出が鉄鋼生産の増加を誘発した,とみることができよう[4].

　鉄鋼製品に対する国内需要の拡大は,輸送機械,一般機械ならびに電気機械等の機械産業,金属製品さらに建設業等,鉄鋼消費産業の活発化によってもたらされた.事実,金属製品,機械機器部門全体の生産指数の伸びは,1970年代に入って製造業全体の伸びを上まわったのはもちろんのこと,第一次鉄鋼製品のそれをも上まわって,これら鉄鋼消費産業の急速な拡大が,鉄鋼産業の伸長を牽引したことをうかがわせている.とりわけ金属製品・機械機器部門で最大のシェアを占める電気機械,輸送機械の二つの激しい増加率が注目される.

　ところで電気機械,船舶は,繊維とならぶ現代韓国における代表的輸出商品

---

4)　韓国鉄鋼業の発展パターンを,日本の鉄鋼業の長期的発展パターンと対照してみることは興味深い.韓国鉄鋼業の輸入,輸入代替,輸出の産業発展段階移行の速度が注目されよう.日本については,Yamazawa, I., "Industry Growth and Foreign Trade, A Study of Japan's Steel Industry," *Hitotsubashi Journal of Economics*, Vol. 12, No. 2, February 1972; Yamazawa, I., "Strategy of Industrial Development, Japanese Experience," in N. Suzuki, ed., *Asian Industrial Development*, Proceedings of the Symposium on Appraisals of Import Substitution and Prospects of Exportoriented Industrialization with Special Reference to Southeast Asia, held Octover 21-23 1974 at the Institute of Developing Economies, Tokyo, 1975 を参照されたい.

第3章　重化学工業化と工業構造の深化　　91

図 3-1 鉄鋼業の発展パターン (鋼材, 1962-78 年)

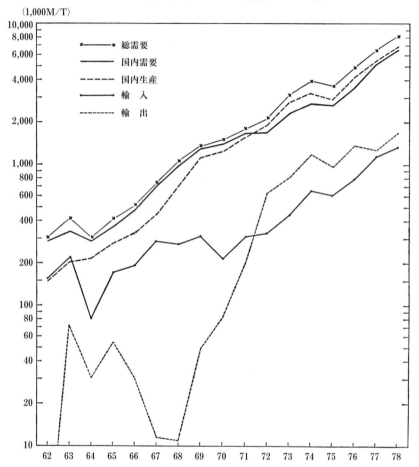

(資料) 韓国鉄鋼協会『鉄鋼統計年報』各年版, ソウル. Korean Development Bank, *Industry in Korea*, various issues, Seoul, Korea.

である．このうち韓国造船業の発展パターンについてみると，1972年以降の国内生産の増加と，1972年以降の輸出の顕著な増加とが注目される．国内生産は1974年と1975年の間に国内需要を凌駕し，以後一躍輸出産業へと向かっている．このようないちじるしい拡張は，第3次経済開発五カ年計画における中核的事業の一つである現代造船重工業の完成によって実現された．この造船

所のドック規模は世界最大を誇っている．1976年現在の韓国の造船能力は260万トンであるが，このうち現代造船は200万トンを占める．

船舶の輸入依存度〔輸入／（国内生産＋輸入）〕は1972年の82.4％から1976年の36.9％へと下降する一方，輸出依存度〔輸出／（国内需要＋輸出）〕は同じ期間に1.0％から58.4％へと上昇した．ちなみに最近年1978年の輸入依存度，輸出依存度はそれぞれ51.3％，41.2％である．ここでは輸入代替過程と輸出増大過程が短期間に同時的に進行している．国内生産による国内需要の充足過程がほとんど時を移さず輸出拡大過程を生み出し，拡大する総需要が一貫して国内生産を牽引するというすでに指摘したパターンの典型を，この造船業の発展過程の中にも再びみることができる．

たとえば中厚鋼板の需要先の大宗は造船業であり，実際1978年において中厚鋼板の80％近くは造船業に向けられている．中厚鋼板の国内需要は1970年代初頭まではほとんど無視しうる程度であり，実際1967年以前の国内生産量はゼロであった．しかし造船業がその急速な国内生産を開始する1972年以降，劇的な増加をみせた．中厚鋼板の輸入依存度は1966年以前は100％であったが，1969年の60.2％を経て，1972年25.1％，1976年26.9％，1978年33.1％に達している．造船業による需要牽引の明らかな結果である．

ところで鉄鋼産業とは，(1)巨大な高炉を使用し，鉄鉱石をコークスで還元・溶解して銑鉄を生産する製銑工程，(2)転炉，電気炉，平炉を用い，銑鉄もしくは屑鉄を原料として鋼塊と鋼片の中間生産物を生産する製鋼工程，(3)鋼片を赤熱して，ロールで圧延し各種の鋼材を生産する圧延工程，の三つを基本的な工程としている．ここで対象とされてきたのは，第三の圧延工程で生産される鋼材である．したがって最終財である鋼材生産の拡大は，次の段階で中間財である鋼塊および鋼片の国内生産を，さらには銑鉄の国内生産を誘発するという継起を帰結することが予想される．図3-2は，生産段階別に鉄鋼生産の拡大過程をみたものであるが，最終財から中間財さらに銑鉄へと鉄鋼生産構造が深化していく過程，とりわけ1970年代に入ってからのその急速な展開をみることができるであろう．鋼材生産能力を1とした場合のそれぞれ鋼片，銑鉄の生産能力をみると，1960年には0.39，0.13，1969年には0.53，0.14であったが，1976年には0.73，0.42となった．ダウンストリームからアップストリームへ

第3章　重化学工業化と工業構造の深化　　93

図3-2 生産段階別にみた鉄鋼生産の推移（1953-78年）

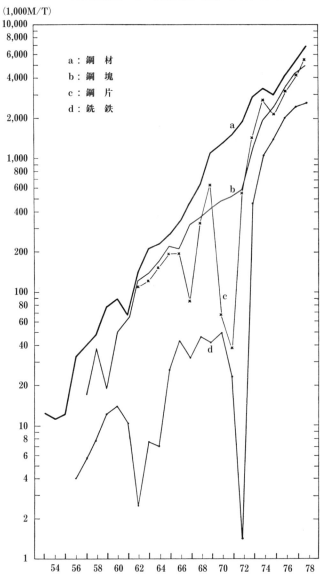

（資料） 韓国鉄鋼協会『鉄鋼統計年報』各年版, ソウル. Korean Development Bank, *Industry in Korea*, various issues, Seoul, Korea.

とその生産構造が相当の速度で深化していることがわかる.

　生産段階別に輸入依存度, 輸出依存度をはかることによって, こうした鉄鋼産業の構造深化のパターンを観察することは興味深い. 図3-3がこれを示す. 1962年以降の鋼材の輸入依存度は国内生産の拡大に伴ってほぼ持続的に低下し, 最近年では10〜15%にまで達した. 1976, 77年における鉄筋, 鋳鋼, 鋳鉄管, 鋳鉄の輸入依存度はゼロであり, また薄鋼板・帯鋼, 鋼管のそれも5%前後である. 他方, 輸出依存度は1960年代の後半より増加傾向を示し, はやくも1972年には30%をこえるに至っている. しかし中間生産物の場合には, 1960年代を通じてその輸入依存度は増加をつづけ, 1971年にピークに達する[5]. 以後一転してその比率を急激に低下させ, 1975年には20%を割るまでになった. 1970年代に入って輸出依存度も若干の高まりをみせ, 1971-74年には30%を前後する水準に達するが, その後ふるわない. すなわち中間生産物においては, 1971年まではさきに指摘したアンバランスな生産設備のために生じた生産隘路を輸入によって賄い, 輸入中間財を利用した最終財生産を試みていたことがわかる. 1971年以降は鋼片の国内生産急上昇の結果, 1976-77年で輸入代替を完成させている.

　また銑鉄の場合には各年の変動は大きいが, 1972年までは輸入依存度の増大過程にある. すなわち1972年までは, 鋼材の国内生産の拡大過程が, 中間生産物である鋼片の輸入を導くと同時に, 銑鉄の輸入をも大幅に増加させたという誘発関係がみられる. しかし1972年以降の輸入依存度の減少傾向はまことにめざましい. 銑鉄の輸出はいまだいうに足りない. 銑鉄と屑鉄を補完材とみるならば, 図3-3の点線のごとき輸入依存度の推移をとる. この場合には, 1960年代末まで輸入依存度は増大し, 1970年代に入って減少が開始されている.

---

5) 鉄鋼業における中間生産物とは, 鋼塊ならびにビレット, スラブ, ホットコイル等の鋼片である. 鋼塊は, 銑鉄もしくは屑鉄を転炉あるいは平炉で溶鋼し, それを鋼塊用鋳型に注ぐことによってできる中間生産物であるが, 韓国の場合小規模で効率のよくないものとはいえ, 平炉, キューポラがかなりの規模で存在しており, 鋼塊の輸入は全期間を通じてさしたる量には及んでいない. しかし鉄鋼を最終製品の圧延に適するような各種の鋼片にするための分塊圧延設備は深刻な不足状態にあり, そのためにもう一つの中間生産物である鋼片の輸入量は大きい. したがってここでいう中間生産物には鋼片を代表させてある.

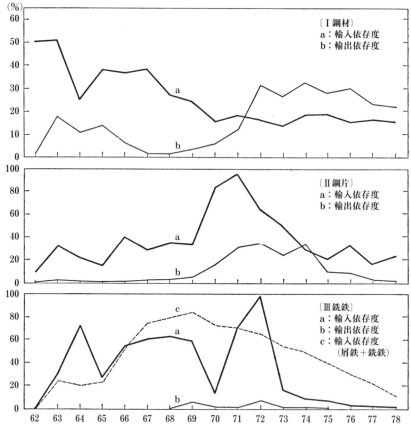

図3-3 生産段階別にみた鉄鋼産業の輸入依存度,輸出依存度（1962-78年）

（資料） 韓国鉄鋼協会『鉄鋼統計年報』各年版,ソウル. Korean Development Bank, *Industry in Korea*, various issues, Seoul, Korea.

　韓国鉄鋼業の供給力が急速な高まりをみせたのは，1970年4月に着工され，1973年6月に粗鋼換算年産100万トン規模でその第1期工事が完成した浦項総合製鉄所の操業開始後のことに属する．浦項製鉄所は1976年5月に260万トン規模の第2期工事が完成し，1978年12月に550万トン規模の第3期工事，引きつづき1981年に全体で850万トン規模の第4期工事が終了した．1973年の第1期工事の完成は，韓国最初の製銑，製鋼，圧延の一貫総合製鉄工場の誕

生である．さきに指摘した圧延，製鋼，製鉄の生産段階間のアンバランスが解消されていったのも，この浦項製鉄所の操業開始によってである．

　1973年の浦項製鉄所第1期工事完成以前は，小規模圧延メーカーが韓国鉄鋼業の中心であった．朝鮮戦争の終了時から第1次経済開発五カ年計画が開始されるまでの時期を，現代韓国における鉄鋼産業発展の第Ⅰ期（1953-61年），第1次経済開発五カ年計画の開始年から浦項総合製鉄所の第1期工事の完工年までを第Ⅱ期（1962-72年），それ以降を第Ⅲ期（1973年以後）と考えるならば，第Ⅰ期は，朝鮮戦争時および国連軍事施設の屑鉄を利用した，また第Ⅱ期は輸入屑鉄と輸入銑鉄を投入財とした，圧延製品生産の時代であったといってよい．第Ⅰ期の戦後復興期においては，とくに鉄筋を中心とした膨大な復興需要が発生し，これに見合う中小圧延メーカーが群生した．第Ⅱ期の初年である1962年に至っても，なお圧延製品生産量の実に51%をひとり鉄筋が占めた．生産多様化の度合いは低い．この1962年には既出図3-1にみられるごとく，鋼材生産は14万1,000トンに達したが，国内需要を満たすものではとうていなく，輸入は17万9,000トンに及んだ．第1次経済開発五カ年計画の最終年1966年に圧延製品の国内生産量は34万1,000トンになり，この5年間の平均増加率は24.6%と高率に達した．

　第2次経済開発五カ年計画期に国内生産量は169万9,000トン，この計画期の年平均増加率は37.8%であった．第2次計画最終年の1971年の輸入依存度はついに20%を割り，同時に輸出依存度が10%をこえて，圧延製品については第Ⅱ期の終りまでにほぼ自給達成期に入った．しかも土木建築用の鉄筋中心の第Ⅰ期から，第Ⅱ期に至って生産は次第に多様化の方向をとり始め，1970年には鉄筋の比重は40%を割り，かわって鋼板類が増大する．鋼板類の消費産業である造船，自動車，電気機械生産が拡大し，この需要牽引が鋼板類の生産を誘発する要因となった．しかし第Ⅱ期においてもなお，生産の主体が民間の小規模圧延メーカーであったことには変わりはない．1970年の韓国の圧延事業所数は55，そのうえ2万トン以上の生産能力を備えたものは10事業所にすぎなかった．1事業所当りの生産規模は，1962年，1966年，1971年でそれぞれわずか1万4,600トン，1万6,500トン，3万6,700トンであった．それにしてもこのような国際的なスタンダードをはるかに下まわる零細規模メーカー

第3章　重化学工業化と工業構造の深化　　97

の生産拡大努力によって，第Ⅱ期の終りまでにともかくも鋼材の輸入代替を完成したのみならず，相当量の輸出拡大をも実現することができたのであり，第Ⅲ期に至って一挙に拡大する韓国鉄鋼業の基盤がこの時期に形成されたと評価することは可能であろう．

このように第Ⅱ期の終りまでは圧延製品生産が中小規模メーカーによって担われてきたものの，生産拡大のテンポは相当速かった．しかし一方製鋼能力は，さきに指摘したごとくかなり貧弱であり，製銑能力の不足は一段と深刻であった．1970年において製銑は3事業所，製鋼設備をもった事業所数は15であり，しかも年間10万トン以上の生産能力をもつ事業所は，製鉄において1，製鋼において3であった．後方生産段階のこうした生産能力不足は，当然のことながら前方生産段階の投入財利用を不安定なものとし，稼動率を全般的に低めることになった．1970年前後の製鋼，圧延段階の稼動率は前者60%，後者65%前後であったという事実がこのことを示している．技術的にみても，後方生産段階は一般に非効率であり，たとえば製鋼の生産効率を，銑鉄＋屑鉄の投入量によってできる鋼塊の生産量の比率としてみると，1970年時点でのこの比率は，先進国のそれが90%をこえるのに対し，韓国鉄鋼業のそれはわずか52.5%であった[6]．

圧延製品の大規模な生産によって1950年代の中期以後に活発化した韓国鉄鋼業は，その投入財である鋼片，鋼塊，さらには銑鉄への需要圧力をつくり出したものの，1972年までは後方生産段階を誘発することはできなかった．この鋼材部門投入財の満たされざる需要圧力は，ついに政府をして1970年の浦項総合製鉄所の着工を決定せしめ，1973年の第1期工事完成以後，鉄鋼生産構造は一挙に深化のスピードを速めた．さきに記したごとく，1976年における鋼材生産能力を1とした銑鉄，製鋼生産能力は0.42，0.73となり，第Ⅱ期までのアンバランスな生産構造は改められ，同時に稼動率と技術的非効率性も大きく改善された．同じく1976年における製鋼，圧延部門の稼動率は87.2%，74.1%であり，また鋼塊生産量を銑鉄ならびに屑鉄の投入量によって除した

---

6) 韓国鉄鋼業の発展史については，Korean Development Bank, *Industry in Korea*, various issues, Seoul, Korea. ならびに韓国科学技術研究所『重工業発展の基盤──韓国の機械及び素材工業の現況と展望分析──』上巻（日本語）を参照されたい．

歩留り率で示される鋼塊生産の効率性も，さきに指摘した 1970 年の 52.5% から 1976 年の 89.1% へと改善をみて，先進国水準に達しつつある．

2. 石油化学産業の構造深化

1970 年代に入って以降，とりわけ 1973 年からの韓国における石油化学産業の拡大速度はめざましい．韓国銀行の試算によると石油化学基礎原料，中間原料を含む 23 品目の国内自給率は 1968 年にわずか 13.8% であったが，1973 年にはこれが一挙に 50% をこえた[7]．また韓国石油化学工業協会の推計によれば，40 項目の石油化学基礎原料，中間原料の国内自給率は，1971 年の 29% から 1972 年の 40% を経て，1973 年には 63% に達し，以後 1976 年の 61% まで安定的に上昇している[8]．

石油化学産業のかかる拡大を誘発したのは，鉄鋼産業の場合と同じく，最終財の生産拡大がもたらした中間原料，基礎原料に対する需要拡大である．最終財の輸入代替期がただちに輸出拡大期につながることによって，総需要拡大のスピードはきわめて速く，そのために中間原料，基礎原料への強力な後方連関効果が持続しえたという既述した事実に，同じく韓国石油化学産業の発展パターンの特質を見出すことができる．

石油化学産業は，石油を蒸溜もしくは分解してエチレン，プロピレン，ベンゼン，ブタジェン等の基礎原料をつくり出す第 1 のプロセスと，この基礎原料を重合，混合させて低密度ポリエチレン（LDPE），高密度ポリエチレン（HDPE），ポリプロピレン（PP），アクロニトル（AN），カプロラクタム等の二次原料を製造する第 2 のプロセス，さらにこれら二次原料を合成樹脂，合成繊維，合成ゴム等に加工していく第 3 のプロセスに分けられる．韓国においても石油化学産業のダウンストリームにおいて重要性をもったのは，合成繊維，合成樹脂，合成ゴム，とりわけ前二者であった．

合成繊維の国内生産，輸入，国内需要，輸出をトン数で時系列にとることによって，その発展パターンをみたものが図 3-4 である．1960 年代の 10 年間は

---

7) Korean Development Bank, *Industry in Korea*, Seoul, Korea, 1976, p. 166.

8) 全国経済人連合会『韓国経済年鑑 1979』ソウル，1980 年，第 5 章．

図 3-4 合成繊維産業の発展パターン（1960-78 年）

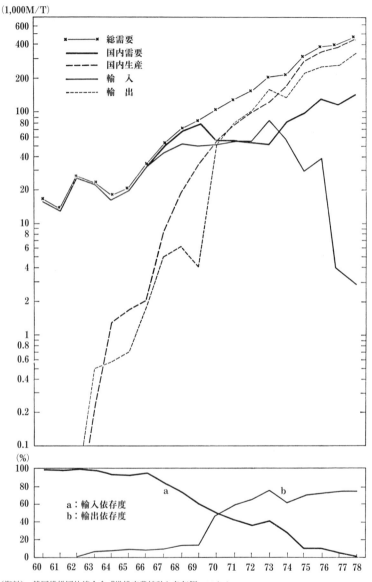

（資料） 韓国繊維団体連合会『繊維産業統計』各年版，ソウル．

主として国内需要が，1970 年代に入ってからはこれに輸出が加わることにより，総需要が激しい増加をみせて，国内生産の拡大を牽引している様が如実にうかがわれる．さらにまた 1960 年代の後半期以降に輸入代替が進行する一方，1970 年代に入って輸出依存度がきわだって大きくなっていることが知られる．すなわち 1966 年に 94% であった輸入依存度は 1975 年に 10% を割り，1978 年にはほとんどゼロとなった．その一方で輸出依存度ははやくも 1973 年に 75% に達している．図にみられるように．輸入量は 1973 年以後絶対量でみても減少傾向にある．輸入代替から輸出志向への転換が，ここでは 10 年に満たない短期間に実現しているのである．

韓国合成繊維産業は，1962 年にポリビニルアルコール（PVA）繊維，1963 年にナイロン繊維の生産によって初期的拡大を始めたが，顕著な拡大は 1966-67 年以降のことに属する．さらにポリエステル繊維が 1967 年に，アクリル繊維が 1968 年に生産を開始し，またナイロン繊維も 1968 年以降に生産能力のめだった拡大をみせる．1960 年代の後半期以降における韓国の合成繊維産業を主導したのはこの 3 大繊維であり，とくに 1974 年以後の前二者の拡大は激しい．輸出を主導したのもこの 3 大繊維である．

ところで，ここで合成繊維産業の最終財とされているものは合成繊維ならびに合成繊維糸であるが，さらにダウンストリームを考えれば，衣類によって代表される繊維二次製品が考慮されねばならない．繊維二次製品における合成繊維の比重は韓国においても急速に上昇しており，繊維消費量に占める合成繊維比率は 1977 年で 64% である．加えて繊維二次製品の生産は労働集約的であり，周知のように 1960 年代初頭以降の韓国の輸出拡大を担った労働集約財の代表例が，まさにこの繊維製品であった．かくして合成繊維二次製品の国内需要ならびに輸出需要の拡大が，合成繊維ならびに合成繊維糸の拡大を誘発した真の最終財部門であったという点に留意しておこう．

石油化学産業のダウンストリームを形成するもう一つの重要な産業は，合成樹脂産業である．1966 年頃までは合成樹脂の国内生産量はいまだ大きくなく，輸入代替はほとんど進捗していない．1967 年以降に国内生産の増加率が輸入のそれを上まわり，輸入依存度は 1966 年の 90.8% から 1977 年の 28.0% にまで低下した．

第 3 章　重化学工業化と工業構造の深化　　101

図 3-5 にあらわれているように，主要品目別に合成樹脂輸入依存度をみると，これらは大略 2～3 年で 100% から 0～20% にまで低下しており，輸入代替の速度はめざましい．輸出は 1968 年に開始され，1972 年までの 5 年間に年平均 41.4% の増加率を保ったが，石油ショックに伴う需要減退によってその後成長率はマイナスに転じている．

　1975 年までに韓国の合成樹脂産業は，石油化学産業に位置づけられるいわゆる 5 大汎用樹脂すべての生産を開始しており，国内供給基盤はほぼ形成されたといってよいであろう．韓国における合成樹脂の国内生産は 1966 年のポリ塩化ビニル（PVC）樹脂の生産によってスタートし，1969 年ポリスチレン（PS）樹脂，また 1972 年に低密度ポリエチレン（LDPE）樹脂とポリプロピレン（PP）樹脂，さらに 1975 年に至って高密度ポリエチレン（HDPE）樹脂の生産も開始された．

　ところで合成繊維にしても合成樹脂にしても，1972–73 年以前は中間原料を先進国より輸入し，これを最終財として国内市場と輸出に向けるというパターンが一般的であった．しかし，ここに至るまでに形成されてきた強力な後方連関効果によって，以後中間原料と基礎原料の国内生産の拡大が誘発され，それら投入財の輸入依存度も一挙に低下するという産業発展段階の移行がみられることになる．合成繊維ならびに合成樹脂の生産段階別に輸入依存度と輸出依存度をみることによって，その発展パターンを観察してみよう．ナイロン繊維，アクリル繊維，ポリエステル繊維の主要中間原料をそれぞれカプロラクタム，アクロニトリル・モノマー（AN），エチレングリコール（EG）とすると，その輸入依存度の推移は図 3-5 〔2–a〕のごとくである．合成繊維最終財の国内生産の拡大はナイロン繊維が 1964 年，アクリル繊維が 1967 年，ポリエステル繊維が 1968 年に開始されて，それ以後輸入依存度のめだった低下をみせる．

　しかし中間原料はアクロニトリル・モノマーの場合 1971 年まで，カプロラクタムの場合には 1973 年まで全量輸入であり，またエチレングリコールはデータの得られる最新年に至ってもなお 100% 輸入に依存している．しかしアクロニトリル・モノマーとカプロラクタムの国内生産開始後の輸入依存度の減少は急速である．カプロラクタムの輸入依存度は再び上昇傾向にあるが，これは輸出によって主導される最近年のナイロン繊維の需要増加に中間原材料の国内

102　　I　現代韓国経済分析

図 3-5 生産段階別にみた石油化学産業の輸入依存度の推移（1961-81 年）

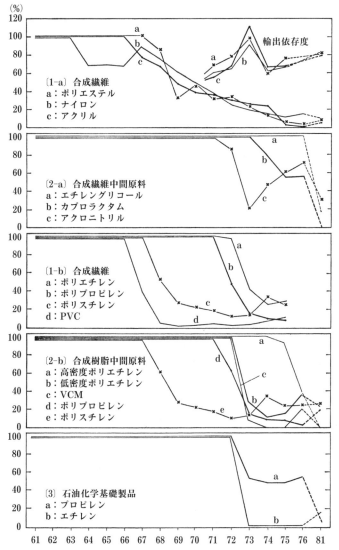

（資料） 韓国繊維団体連合会『繊維統計年報』各年版, ソウル：韓国合成樹脂協同組合
資料：韓国石油化学工業協会資料：大韓石油公社『貿易統計年報』各年版, ソウル.
なお 1981 年の計画値については, Government of the Republic of Korea, *The Forth Five-Year Economic Development Plan 1977-81*, Seoul, Korea, 1976.

供給が追いつけないことの結果である.

　後述する新しい石油化学コンプレックスの完成時点でその供給力は大きく拡大するはずであるが，ちなみに第4次経済開発五カ年計画の最終年である1981年におけるカプロラクタムの輸入依存度はほとんどゼロになり，輸入代替を完成することが目論まれている. アクロニトリル・モノマー，エチレングリコールの輸入依存度もそれぞれ30.4%，12.8%になることが計画されている. 図3-5の〔1-a〕と〔2-a〕とを比較することによって，韓国の合成繊維産業の場合，最終財の国内生産と輸出の拡大がもたらした後方連関効果が，中間原材料の国内生産を誘発するという因果関係を読みとることができる.

　最終財の国内生産が中間原材料の国内生産を誘発するという関係は，合成樹脂産業の場合にも等しくあてはまる. 合成樹脂産業の最終財はさきの5大汎用樹脂製品によって代表される. それぞれの輸入依存度の減少傾向は，図3-5の〔1-b〕に示される. 韓国の合成樹脂生産は1966年のポリ塩化ビニル樹脂の国内生産によって始まるが，これは翌1967年に急激に拡大し，1968年には輸入代替を完成させるという速度をもった. ポリスチレン樹脂は1968年，ポリプロピレン樹脂，ポリエチレン樹脂はそれぞれ1972年，1973年に大規模な国内生産をスタートしているが，いずれも生産開始後2年ほどで輸入代替期間を終了している.

　こうした輸入代替過程で発生した後方連関効果は，その中間原料の国内生産をこれもきわだった速度で誘発することになる. ポリ塩化ビニル樹脂の国産化は上述したごとく最も初期になされ，1968年に輸入代替を完成したものの，この中間原料である塩ビモノマー（VCM）は1971年まで全量輸入に依存していた. しかし1973年にその生産が開始されると同時に，輸入依存度は一挙に10%を割るという生産増大をみせた. ポリスチレン樹脂の場合には国内生産の開始とともにこの中間原料であるポリスチレンが，ポリエチレン樹脂とポリプロピレン樹脂の場合も，それぞれ同時にその中間原料である高密度ポリエチレン，低密度ポリエチレン，ポリプロピレンの国内生産が誘発されている.

　そしてこれら合成樹脂中間原料と，さきの合成繊維中間原料の生産拡大に伴う後方連関圧力は，1973年に至ってついに基礎原料たるエチレンとプロピレンの生産開始を促すことになる. エチレンは1973年に大規模生産を開始する.

プロピレンの場合，1972 年の 100% 輸入依存度は国内生産の開始によって 1973 年以降 50% 前後にまで低下した．

　かくして韓国の石油化学産業が，そのダウンストリームである合成繊維と合成樹脂からアップストリームである中間原料，基礎原料へと生産構造の急速な深化をみせたのは，1973 年以後のことに属する．この 1973 年以後の石油化学供給力増大は，第 2 次経済開発五カ年計画における中核的事業の一つとして政府の積極的支持のもとにその建設が進められてきた蔚山石油化学コンプレックスが，1972 年 10 月に完成したことによる．韓国の石油化学産業は，このコンプレックスの完成によって本格的な幕あけを迎えた．蔚山コンプレックスは，大韓石油公社のエチレン換算で 10 万トン規模のナフサ分解工場を中心に七つの系列工場を有し，低密度ポリエチレン 5 万トン，塩ビモノマー 6 万トン，ポリプロピレン 9 万トン，アクロニトリル 2 万 7,000 トン，合成ブタジェンゴム 2 万 5,000 トン，カプロラクタム 3 万 1,000 トンを主要な誘導品とする一大プロジェクトである．前掲図 3-5 の主要中間原料，基礎原料の 1973 年以後に発した輸入依存度の急角度の低下は，そのほとんどがこの蔚山コンプレックスの建設によるものである．

　しかしこれら投入財の生産は目下フル稼動にあるうえに，合成繊維の場合には輸出を中心に，合成樹脂の場合には内需を中心に，総需要は今後も一段と拡大することが予想されており，これが蔚山コンプレックスの生産能力を上まわることは明らかである．さきに指摘したナイロン繊維中間原料カプロラクタムの輸入依存度が，1973 年に前年の 86.4% から一挙に 20.2% に下がった後，再び 1975 年に 60% をこえる増大をみせたのは，こうした事実の反映にほかならない．また，たとえば韓国における 1975 年の 1 人当り合成樹脂消費量は，5 大汎用樹脂合計でみてまだ 7.3 キログラムにすぎず，先進国の水準に大きく及ばないだけでなく，台湾の半分にも満たない．1 人当り所得水準の大幅な上昇と，さらには重化学工業化の進展の中で，この消費量は短期間に大きく増大していくことが当然予想される．基礎原料においてはプロピレンの生産能力の不足は依然深刻である．

　かかる事実に鑑みて，一つには蔚山コンプレックスにおける生産能力の拡大と，二つには韓国第二の石油化学コンプレックス建設が目下進行中である．蔚

山コンプレックスにおいては 1978 年 3 月にナフサ分解能力が従来の 10 万トンから 15 万トンへ拡大され，また同年 4 月に 6 万トン規模のスチレンモノマー工場が完成し，さらに 10 万トン規模の TPA 工場が新設中である．麗川石油化学コンプレックスは，エチレン換算 35 万トンのナフサ分解工場を中心に 10 の系列工場をもつものとして計画され，その多くが 1979 年に完工している．低密度ポリエチレン 10 万トン，高密度ポリエチレン 7 万トン，塩ビモノマー 15 万トン，ポリプロピレン 8 万トン，エチレングリコール 8 万トン等がその主要な誘導品である．石油化学産業の供給力はいっそう増大し，韓国石油化学産業における生産構造の高度化は，1980 年前後にひとまず完成をみることになった．

　ダウンストリームの活況が短期間に中間原料，基礎原料の国産化を誘発して，生産構造の深化をもたらすこの過程の速度は，鉄鋼業のそれと同様，やはり注目さるべきものであろう[9]．

3. 重化学工業化の促進要因

　かくして韓国経済の重化学工業化すなわちダウンストリームからアップストリームに向かう産業構造の深化は，最終財生産に発する後方連関効果の帰結であると理解される．ところで，最終財の生産拡大が生んだ後方連関効果に反応して重化学工業化を推進していった主体，ならびに重化学工業化を支えた資源的基盤等が問われなければ，韓国の重化学工業化をかくのごとく進展させてきた要因を十分に説明したことにはならない．そうした要因のいくつかを考察してみよう．

　第一に，重化学工業化を支える資本力と経営能力を備えた民族資本が，1960 年代初頭以降の高度経済成長の過程で急速に台頭してきたという事実が注目される．韓国の大規模民族資本は，独立以前に生まれたごくわずかのものを除き，

---

9)　韓国石油化学産業の現況を知るための資料は豊富であるが，そのうち Korean Development Bank, *Industry in Korea*, various issues, Seoul, Korea, Petrochemicals の項，「東アジアの石油化学工業」，『興銀調査』192 巻，6 号，1977 年がよい．韓国語のものとしては，全国経済人連合会『韓国経済年鑑』各年版の「化学工業」の項が便利である．

多くは朝鮮戦争後の復興期に，アメリカの援助物資の加工を中心とした．製粉，精糖，紡織のいわゆる「三白産業」の活況によって急成長を開始した．「三星」，「楽喜」，「双竜」等，今日の韓国の代表的な民族企業はこの時代に発するものである．しかし民族企業の一段と大きな成長は，さらに遅れて1960年代の後半期，とくに1967年に始まる第2次経済開発五カ年計画期という，韓国が最もめざましい成長をみせた時期に群生している．「現代」，「韓進」，「鮮京」「韓国火薬」，「大農」，「東亜建設」「韓一合繊」，「OB」「大宇実業」等の名前で知られる民族企業は，この時代に生成したものである．ちなみにさきの3企業とこの9企業を合わせたものは，総資産額において上位12の現代韓国における最も代表的な民族企業である．これら代表的な民族企業は，輸出によって急成長をつづける多くの戦略的企業を次々とみずからの傘下に収めることによって，巨大な「企業集団」として形成されてきた．この過程で内部資本，技術開発力，経営資源，マンパワーのいずれの面でも急速な蓄積をつづけて，1960年代の後半以降これら企業集団は一挙に重化学工業分野への進出を開始した．建設業に始まり，1970年代に入って産業機械，自動車，造船等の分野で急進する「現代グループ」にその典型を見出すことができる．韓国の経済成長と輸出を語るとき，これを担う多様な能力を具備した大型の民族資本がいちはやく出現してきたという，この事実を無視することはできない．

第二に，韓国の重化学工業化は厳しい南北朝鮮対立の中で自立経済を支える国家的事業として唱えられた．上述した企業集団の手になる重化学工業化は政府による強力な支持のもとに進められたという事実が考慮されねばならない．この点を最も象徴的に示しているのは，重点産業育成法の制定と重化学工業基地の設定である．政府による戦略的開発部門として育成対象となり，重点産業育成法の適用を受けた業種は，税制上，金融上の手厚い援助のもとで生産拡大の基盤をつくり上げることができ，これまでほとんど例外なく顕著な発展をみせてきた．政府は第2次経済開発五カ年計画において，(1)外貨獲得率が高く，輸出産業として開発育成が比較的容易である産業部門，(2)他の産業との連関効果および雇用効果が高い産業部門，(3)将来の自立経済達成の基盤となる基礎産業部門，の育成強化をその方針とし，これにもとづいて1966年に石油化学育成法，1967年に機械工業振興法，造船工業振興法，1969年に電子工業振興法，

第3章　重化学工業化と工業構造の深化　　107

1970 年に鉄鋼工業振興法を制定施行している.

　そのうち，たとえば鉄鋼工業振興法は，次のような注目すべき内容をもつ.
すなわちこの法律によって政府援助の対象となるのは，粗鋼基準 10 万トン以
上を生産することができる製銑，製鋼，圧延の一貫生産設備をもつ鉄鋼業者で，
その資本金の 50% 以上を政府または政府が指定する者が出資した企業に限ら
れるという点である.　すなわち，規模の経済効果が得られるある最低のスケー
ルをもったプロジェクトのみが育成の対象とされ，そこに資源を集中するとい
う意図は明瞭である.　しかもその資本金の 50% 以上を政府もしくは政府の指
定する者が出資した企業に限定することによって，育成対象業種は国家的プロ
ジェクトとしての色彩をいっそう強める.　かくして政府の援助対象とされた企
業に対しては，長期低利による導入外資を優先的に利用できる便宜のほか，原
料購入，機械資材の供給などに関する必要な行政および資金援助，鉄道運送料，
港湾使用料，用水料・電気・ガス料金の割引等の優遇条件が与えられる.　さら
には「政府は，商工部長官が指定する価格で鉄鋼業者へ鉄鉱石を生産供給する
者に対しては優遇する」という条件が加わることによって，原料の低価格購入
のメリットまでが保証される.　他の工業振興法については述べないが，それら
もほぼ同じ精神に貫かれている.

　韓国の重化学工業化を特徴づけるもう一つの政策は，重点産業ごとに重化学
工業基地を造成して地域的集団化をはかり，規模の経済，集積の利益を得よう
という試みである.　浦項製鉄基地，昌原機械工業基地，蔚山石油化学工業基地，
温山非鉄金属工業基地，浦項鉄鋼関連工業基地，玉浦造船工業基地等がそれで
ある.　これら工業基地はすべて政府によって造成され，道路，港湾，水道，電
力等の下部構造を整備したうえで企業誘致がはかられる.　基地内に立地する企
業は，税制，金融上の特別措置を享受できるとともに，機械設備等資本財の輸
入には関税，物品税の免除の特典も与えられる.　現代韓国の重化学工業化の一
つの大きな推進要因は，国家的事業として育成の対象とされた重化学工業部門
に対する手厚い保護政策であるとみなされる.

　第三の要因は，重化学工業化を支える投資資源が 1960 年代の央以降かなり
の速度で豊富化してきたことである.　いうまでもなく，重化学工業化は資本集
約化傾向を強め，相対的に大きい投資規模を要する.　第 1 次，第 2 次経済開発

五カ年計画期にそれぞれ1.7，1.4であった製造業部門の限界資本産出高比率は，第3次計画期に2.0となり，第4次計画期には2.0をこえることが予想されている．ちなみに韓国経済全体の限界資本産出高比率は，三つの計画期間に1.9，2.6，2.9と推移し，第4次計画期には3.5程度になると推定されている[10].

しかし韓国の場合1970年代に入ってから，投資資源が国内で次第に豊富に形成されつつあり，このことが投資規模の大きい重化学工業投資の資源基盤を広範に形成し始めたと評価することができよう．1960年代の初めに5％以下であった国内貯蓄率は，1976年に21.4％に達する速度で拡大してきた．しかもこの国内貯蓄の増大にあずかって力のあったのは民間貯蓄，わけても家計貯蓄であったことは注目されてよい．経済発展過程の中で1人当り所得水準が大きく上昇し，これが個人貯蓄性向を高めたのである．外国貯蓄率のこの間の変動は大きいものの，明らかに減少傾向にある．第3次計画期における外国貯蓄率は25.9％であったが，第2次計画期におけるその比率が43.1％であったことからすると，これは大きな減少である．第4次計画では，総投資額の92.4％を国内貯蓄が占めることが計画されている．かかる国内貯蓄の急上昇が，重化学工業部門の大規模投資を支える本格的な屋台骨をつくり出したと考えられるのである．

韓国の重化学工業化を推進してきた第四の要因は，この国が重化学工業化のプロセスの中で後発性利益を十分に享受しえたという点である．この点についてはすでに第1章で論じた．鉄鋼についても，石油化学についても，韓国にとっての初期の選択は，いかなる技術を開発しその投資資源を自国内でいかに捻出するかではなく，いかなる技術と資本をいかなる外国から導入すべきか，であった．実際のところ，韓国のような急成長をとげつつある後発国のプロジェクトは十分な信用能力を有するものと認められ，より有利な投資機会を求める先進国資本が競ってここに集中するという傾向をもった[11].

---

10) Hasan, P., *Korea: Problems and Issues in a Rapidly Growing Economy*, Johns Hopkins University Press, Baltimore and London, 1975. Ch. 5.

11) OECD, *The Impact of the Newly Industrializing Countries on Production and Trade in Manufactures*, OECD, Paris, 1979, Ch. 2. 大和田憲郎訳『OECDレポート新興工業国の挑戦』東洋経済新報社，1980年.

もちろんすでに指摘したごとく，重化学工業化を支える国内資源基盤は形成されつつあるとはいえ，韓国が資本不足国であることにはいまだ変わりなく，国内資金の金利は国際的水準よりは相当高い．かくして，少なくとも大規模投資を要する初期的投資段階において低利資本を豊富に利用できたことは，この国にとってきわめて有利な条件であった．さらにまた重化学工業部門の場合，もちろんすべてがそうであるというのはいいすぎであるが，技術の多くがすでに先進世界においては「標準化」されたものであり，その導入の困難性やコストは，比較的小さかったと評価されるのである．

　プロダクトサイクル論が示唆するように，技術的に高度な，したがって製品「差別化」の度合いの大きい先端産業の技術であれば，その導入と移転は容易ではない．しかし技術の多分に標準化された重化学工業部門の場合には技術移転はより容易で導入コストも相対的に安く，したがって後発国を有利化する可能性が大きい．しかも重化学工業部門の場合には，すでに言及したようにその生産性は固定資本設備の平均年齢構成によって左右される度合いがより強く，したがって後発国がいったんこの設備を導入しさえすれば，巨大な固定費用ゆえに設備廃棄を潔しとしない先発国に比較して，大きな優位性を一挙に獲得することができるのである．

　事実，1976年にその第2期工事が完工した浦項総合製鉄においては，総所要資金8億5,000万ドルのうち5億2,000万ドルの外国政府借款を利用することができ，さらに日本を初めとしてオーストラリア，ドイツ，フランス，アメリカの技術協力が可能であった．実際のところ，この資本協力ならびに技術協力を無視して，今日の韓国のこの総合一貫製鉄所の存在を語ることはできない．尉山石油化学コンプレックス，ならびに麗川石油化学コンプレックスのそれぞれの中核に位置して石油精製とナフサ分解を担う，大韓石油会社と湖南石油化学は，前者がガルフ・オイルとの，後者が日本の三井グループとの合弁会社であり，資本と技術の両面において先発国の絶大な助力のもとにある．重化学工業化の過程で韓国が享受した後発性利益はいずれにせよ大きい．

　最後に，繰り返しになるが，韓国の重化学工業化経路の特徴を他の開発途上諸国のそれと比較し，前者の成功の真因をその特有な開発経路に求めて本節をしめくくろうと思う．重化学工業化，すなわち生産財の輸入代替が開発途上国

の開発過程にいかなる偏向とコストをもつかについては，わたくしは少なくとも他の開発エコノミストより厳しい見方をもっているつもりである[12]．次のようにいいうるであろう．すなわち，中間製品，資本財へと輸入代替が深化していくとともに，相対的に高度の技術に裏づけられた資本集約的生産方法を用いざるをえなくなり，熟練労働と資本の所要量は急速に増大する．そのためにこうした生産方法は，開発途上国の要素賦存状況にますます適合しえなくなる．さらに資本集約的生産方法に依拠すれば，生産費は当然ながら規模の経済と特化の利益によって左右される度合いを強め，したがってこの面からも開発途上国の市場条件に合致しなくなる可能性が大きい．要素賦存条件，市場条件のいずれから眺めても，輸入代替構造の深化は国際的生産費差を拡大する方向にある[13]．

　重化学工業化の過程において，規模効果を発揮できるか否かは決定的である．最終財の輸入制限によって生まれたレディ・マーケットをめざす輸入代替は，その規模が多分に固定的な国内市場の制約によって，早晩停滞を迎えざるをえず，したがって新たな代替機会を生産財生産に求めるというのが，これまでの開発途上国重化学工業化の一般的な方途であったとみられる．拡大する需要に牽引される重化学工業化ではないがゆえに，規模効果を発揮しうる場はここではまことに小さい．これと対照的に韓国の重化学工業化においてわれわれが注目しなければならないのは，再三指摘してきた次の点である．すなわち韓国の場合，最終財の輸入代替段階が次の輸出志向段階にただちに移行しえたことによって，最終財の総需要と国内生産が一貫して拡大し，この拡大する最終財の後方連関圧力によって生産財生産が誘発されるという因果関係がみられたという事実である．ダウンストリームにおける輸出志向工業化がアップストリームにおける輸入代替を促進するという因果的誘発関係を，われわれは韓国の重化学工業化のプロセスの中に発見することができるのである．規模効果を発揮する場はここではたしかに大きい．

---

12)　渡辺利夫『開発経済学研究—輸出と国民経済形成—』東洋経済新報社，1978年，第3，4章.

13)　この点を論じた最もすぐれた論文は Myint, H., "Infant Industry Arguments for Assistance to Industries in the Setting of Dynamic Trade Theory," in his *Economic Theory and the Underdeveloped Countries*, Oxford University Press, London, 1977, Ch. 6. 渡辺利夫，高梨和紘，小島真，高橋宏訳『低開発国の経済理論』東洋経済新報社，1974年，第6章である.

政府の重化学工業化政策が大きな力をもったことは否定できない．しかしこのように考えるならば，政府の政策も，韓国経済自体がそこに向かうべくして向かいつつあった重化学工業化の方向を支持し助長したものであり，それゆえにこそこの政策が真に有効なものたりえたと評価されねばならない．

要　　約

　(1)　いくつかの開発途上国が採用した，最終財の輸入代替から生産財の輸入代替へという順序をもった工業構造の深化過程は，この過程を支える国内市場基盤をもたない「小国」の場合には，まことに大きいコストをその内に含まざるをえない．これとは対照的に，最終財の輸出志向工業化から生産財の輸入代替へという順序をとったところに，現代韓国における重化学工業化成功の重要な一因がある．

　(2)　韓国は，輸入代替工業化から輸出志向工業化への転換を短期間に効率的に実現した開発途上国として知られる．すなわちここでは初期には国内需要が，つづく時期には輸出が急速に伸び，そのために製造業の総需要は衰えをみせることなく一貫して国内生産を牽引した．製造業の中心は，もちろん最終消費財である．しかし最終消費財生産の拡大は，この最終財生産への投入財である素原材料，中間製品，資本財などの生産財生産への後方連関需要圧力をつくり出し，これが国内最小生産規模に達した時点で生産財の国内生産が開始される．いいかえれば韓国の生産財国産化は，最終消費財生産の拡大がもたらした後方連関効果による需要牽引型のそれである．いくつかの最終消費財の需要において輸出が決定的な役割を果たしたという事実が，再びここでも強調される．すなわち韓国の場合には，最終消費財の輸出志向工業化のもとで生産財国産化への道が開かれたのである．

　(3)　韓国鉄鋼業は，鉄鋼消費産業のいちじるしい伸びによって牽引された．鉄鋼消費産業の中心は，造船と電気機械の二つであるが，このいずれも，現代韓国における代表的輸出部門である．船舶の輸入依存度は1972年の82％から1976年の37％へと下降する一方，輸出依存度は同期間に1％から58％へと上昇している．国内生産による国内需要の充足過程が時を移さず輸出拡大過程

112　　Ⅰ　現代韓国経済分析

を生み出し，拡大する総需要が一貫して国内生産を牽引するという「圧縮型」産業発展パターンの典型を，この造船業の発展過程の中にみることができる．鉄鋼業の急成長を促したのは，鉄鋼消費産業のこうした圧縮型発展パターンにほかならない．

(4)　ここでいう鉄鋼とは，鉄鋼産業の最終生産物である鋼材である．したがって最終財である鋼材生産の拡大は，次の段階で中間財である鋼塊および鋼片の国内生産を，さらには銑鉄の国内生産を誘発するという継起をもたらすはずである．韓国鉄鋼業の場合，1972年までは鋼材の国内生産の拡大過程が中間生産物である鋼片の輸入を導くと同時に，銑鉄の輸入をも大幅に増加させるという誘発関係がみられた．しかし1972年以降，鋼片，銑鉄の輸入依存度の低下は激しく，両者とも1977年頃にはすでに輸入代替を完了している．鋼材の場合には，輸入依存度が減少したというにとどまらない．輸出依存度も1970年頃より増加をみせ始め，1977年にはこれが40％近くに及んだ．

(5)　石油化学産業の拡大を誘発したのも，鉄鋼産業の場合と同じく，最終財の生産拡大がもたらした中間原料，基礎原料に対する需要拡大である．最終財の輸入代替期がただちに輸出拡大期につながることによって，総需要拡大のスピードは速く，そのために中間原料，基礎原料への強力な後方連関効果が持続しえたという事実に，同じく韓国石油化学産業の発展パターンの特質を見出すことができる．石油化学産業の最終生産物において重要性をもったのは，合成繊維と合成樹脂とりわけ前者である．合成繊維の場合，1966年に94％であった輸入依存度は1975年に10％を割り，その一方輸出依存度は1973年に75％に達した．輸入代替から輸出志向への転換が，10年に満たない間に実現するという産業発展の段階移行におけるこの時間的圧縮が，合成繊維産業の発展パターンの中にも再び如実にみられる．

(6)　合成繊維にしても合成樹脂にしても，1972–73年以前は中間原料を先進国より輸入し，これを最終財として国内市場と輸出に向けるというパターンが一般的であった．しかしここに至るまでに形成された後方連関効果によって，以後中間原料と基礎原料の国内生産の拡大が誘発され，それら投入財の輸入依存度も一挙に低下していくことになる．アクリル繊維中間原料のアクロニトリルモノマー，ナイロン繊維中間原料カプロラクタムは，前者が1971年まで，

第3章　重化学工業化と工業構造の深化　　113

後者が1973年まで全量輸入であったが，生産開始後の輸入代替速度はめざましい．これら合成繊維中間原料に合成樹脂中間原料を加えた石油化学中間原料の生産拡大に伴う後方連関圧力は，1975年に至ってついに基礎原料たるエチレンとプロピレンの生産開始を促すことになった．

(7) かくして韓国経済の重化学工業化，すなわち最終財生産から生産財生産へと向かう産業構造の深化は，最終財生産に発する後方連関効果の帰結である．しかしこの効果を顕在化せしめた諸要因として次の四つの事実を指摘しておかなくてはならない．(1)重化学工業化を支える資本力と経営能力を備えた民族資本が，1960年代の初頭以降の高度経済成長の過程で台頭してきたこと，(2)韓国の重化学工業化が，南北の政治的・軍事的対立の中で自立経済を支える国家的事業として唱えられ，企業集団の手になる重化学工業化が政府による強力な支持と保護のもとに進められたこと，(3)重化学工業化を支える国内投資資源が1960年代の央以降急速に形成されてきたこと，(4)重化学工業化計画の遂行過程でとりわけ大きな後発性利益を享受できたこと．

第4章　工業雇用の拡大と二重経済

序

　現代の開発途上国の多くが，工業化に最大の政策的優先順位をおき，製造業のシェア拡大に大きな努力を傾けてきたことはよく知られている．しかし，この努力にもかかわらず，開発途上国の雇用構造は一般にそれほどの変化をみせていない．工業部門の雇用寄与率は依然として低く，失業率や不完全就業率のめだった低下もみられない．その原因は，たしかに工業成長率の全般的な低さに求められる．しかし比較的高い工業成長率を実現した国においてすら，工業部門の雇用寄与率はそれほど高くはないことが多い．

　この事実は，多くの開発途上国が工業化における戦略的役割を近代部門に求め，これに多様な国家的保護を与えることによって，輸入代替工業化を実現しようとしてきたことと大きな関係がある．保護による工業化が，近代部門をして自国の要素賦存状況に逆行する過度に資本集約的，労働節約的な生産方法を促し，資源配分に由々しい歪みをもたらしたことはすでにみた．保護主義的工業化の雇用吸収力は小さいのである．

　他方，現代の開発途上国は雇用吸収力を大きくこえる労働力爆発に直面しており，その経済成長は実は大量の失業者・不完全就業者群の創出過程でもあった．工業部門の雇用吸収力が小さいために，農村の過剰就業もまた容易には解消しない．激しい人口増加圧力を加えられ，農村の人口土地比率を上昇させていった開発途上国の方がむしろ一般的でさえある．

韓国の工業化は，すでに第2章で論じられたごとく，要素価格体系に大きな歪みをもたらす保護主義的諸政策を排して実現された．この工業化におけるめざましい特徴は，それが発揮した強力な雇用吸収力である．本章は，なによりも韓国における工業化のこの雇用吸収力に注目する．そしてこれが都市工業部門の労働市場と賃金構造にどのような変化をもたらしたか．また工業部門の雇用吸収力に応じて生じた農工間労働移動が農村の労働市場と賃金構造にいかなる変化を及ぼし，さらにこの変化が農業の生産性にもたらした帰結はどんなものか．農工両部門それぞれの労働市場構造の変化に伴って，2部門間に有機的な連携関係がいかにして生じたか．工業部門の強い雇用吸収力，これに由来する労働市場と賃金構造の変化の過程で，韓国の工業化はルイス・タイプの「転換点」をはたして通過したか．こうした一連の問題に接近してみたい．

　本章では，まず工業部門の強い雇用吸収力のよってきたるゆえんを，この国特有の輸出志向工業化パターンに求める（第1節）．次にこの強い雇用吸収力のもとで生まれた労働・人口移動と労働市場構造の変化の態様を観察する．工業部門の雇用吸収に応じて農工間労働移動が生じ，これは産業別就業構造の変化を帰結する．また農工間労働移動は，地理的空間の観点からこれをみれば，労働力・人口が郡部から都市部へ向かう都市化過程となってあらわれる（第2節）．労働力・人口のこうした工業部門ならびに都市への集中に伴って生まれた雇用と賃金の変化はどのようなものであったか（第3節）．工業部門への労働移動に伴って農業部門の労働市場は次第に逼迫化し，したがって実質賃金もある時点以降それまでの停滞的局面を経て上昇を開始する．その一方で農業部門での資本蓄積のスピードは速く，この事実を反映して相対要素価格（資本レンタルプライス／賃金率）に顕著な変化が生まれる．韓国農業は相対要素価格の変化に応じて資本による労働と土地の代替を急速に進め，かかる要素代替は生産性の増大をもたらす．このような農業部門の行動様式は，農業部門からのいっそうの労働放出を促し，かくして韓国製造業の労働使用的性格を支持し，さらに製造業の労働使用的な性格がまた農業部門の上述の行動様式を強化する．こうした経緯の分析を行う（第4節）．最後に，上の分析の論理的帰結として，韓国経済が1970年代のある時点で「転換点」を通過したのではないかという予想を示唆する．非熟練労働力の豊富な供給の裏づけをもつ転換点以前の労働

市場を特徴づけるのは階層的な「二重構造」であり，近代部門での就業機会に
めぐまれた一部の労働者以外の大半の労働者は，伝統部門での低就業・低賃金
を余儀なくされる．しかし，転換点を過ぎるとともにこの階層的労働市場は次
第に消滅し，それまでの厳しい規模別賃金格差，都市農村間所得格差もまた縮
小過程を歩み始めるはずである．こうした一連の経緯は，韓国経済の場合いか
に推移したか（第5節）．

1. 経済発展と雇用吸収

韓国における製造業雇用指数の伸びは，開発途上国中群を抜いて高い．1970
年から1977年までの韓国製造業の年平均雇用増加率は12.0％であった．韓国
に次いで高い増加率をもつアジア諸国は，シンガポール，マレーシアであり，
同期間の年平均雇用増加率はそれぞれ8.3％，7.4％である．また韓国の全産
業の雇用増加率は同期間に4.1％であり，製造業が韓国における雇用拡大の牽
引部門であったことをうかがわせる[1]．さらに1970年から1977年までの韓国
製造業の雇用弾性値（GL_m/GY_m）は0.610であった．ちなみにフィリピン
（1970–75年），タイ（1960〜70年）の弾性値は，それぞれマイナス0.042，0.410
である．また建設その他を含めた広義の工業部門における韓国の雇用弾性値
（GL_i/GY_i）は，同期間において0.736であり，フィリピン，タイのマイナス
0.054，0.488と対照される．

韓国製造業部門のこのように高い雇用吸収力は，その輸出志向工業化パター
ンに関係がある．1970年の製造業輸出総額の60％をこえる比率をもった三つ
の産業部門（衣類，挽材・合板・木材製品，雑工業品）が，同時に輸出係数，
労働係数，労働集約度係数のいずれにおいても最高位をとる，というわれわれ
の計測結果については，すでに第2章で指摘した．実際，1960年代の後半か
ら1970年代の前半にかけての韓国における労働集約財輸出の伸長ぶりはめざ
ましい．製造業種のなかで雇用指数において最大の伸びをみせた四つの部門は，
衣類，雑工業，電気機械，挽材・合板・木材製品など韓国の典型的な輸出部門

---

1) UNESCAP, *Economic and Social Survey of Asia and the Pacific 1978*, Bangkok, 1979.

であり，輸出志向型労働集約財の高い雇用吸収力が製造業全体の雇用吸収を牽引した主要部門であったことを予想させる．1975年産業連関表を利用し，その164部門のなかで製造業に属する103部門について直接間接の総労働投入量，ならびに輸出が誘発する直接間接の労働量を計測し，前者に占める後者の比率をみると，韓国製造業において総労働投入量の大きい部門のほとんどが，その大きな部分を輸出によって誘発されていることが，如実に読みとれる．総労働投入量の最大の部門は，繊維産業に属する衣服・衣服装身品，編織物，絹織物の3部門であるが，その労働投入量に占める輸出誘発労働量の比率はそれぞれ48.3％，61.2％，66.8％と高い．労働投入量がこの三つに次いで大きい部門は，その他製造業と電子部品である．この2部門の輸出誘発労働量の比率はそれぞれ61.9％，85.5％であり，韓国製造業の雇用吸収に輸出がいかに大きな役割を果たしたかが理解される[2]．

　より集計的な統計によって，1960年代の初めから1970年代までの韓国の製造業品輸出が，その量的規模においてどの程度の雇用吸収をみせたかを概観しておこう．幸いこの点については，信頼するに足る二，三の実証研究がある．それらのうちコールとウェストパルの共同研究は，分析の素材を韓国産業連関表に求め，各製造業部門の輸出額と労働係数とから輸出による直接的雇用吸収数を，産業間投入係数の逆行列表を用いて間接的雇用吸収数を計測している[3]．表4-1の1960年，1963年，1966年，1970年のものは彼らの計測値であるが，1975年の値はコール＝ウェストパルの計測方法によりながら，われわれが試みたものである．この計測によれば，製造業品輸出が直接的に吸収した雇用数と，製造業品輸出が当該経済の産業連関関係を通じて他の補助・関連産業において間接的に発生させた雇用数との合計数は，この十数年間にきわだった増加をみせた．1960年にわずか2万6,000人であったその数は，1963年4万3,000人，1966年15万8,000人，1970年30万8,000人を経て，1975年には89万

---

[2]　同様な観点からの分析に，韓国銀行「韓国労働力の産業連関分析」，『調査月報』（韓国語）1978年4月がある．

[3]　Cole, D. C. and L. E. Westphal, "The Contribution of Exports to Employment in Korea," in Won-tack Hong and A. O. Krueger, eds., *Trade and Development in Korea*, Proceedings of a Conference held by the Korea Development Institute, Korea Development Institute, Seoul, Korea, 1975,

表 4-1　製造業品輸出の雇用吸収（1960-75 年）

（単位：1,000 人）

	1960	1963	1966	1970	1975
製造業品輸出誘発雇用数（L_{me}）	26	43	158	308	898
製 造 業 労 働 者 数（L_m）	523	610	833	1,284	2,205
全 産 業 労 働 者 数（L）	5,962	7,662	8,423	9,745	11,830
L_{me}/L_m　　（％）	4.97	7.05	18.97	23.99	40.73
$\Delta L_{me}/\Delta L_m$　（％）	—	19.54	51.56	33.26	64.06
$\Delta L_{me}/\Delta L$　（％）	—	1.00	15.11	11.35	28.30

（注）　製造業品輸出誘発雇用数（L_{me}）には，直接誘発雇用数（nX，ただし n は労働係数の行ベクトル，X は輸出の列ベクトル）と間接誘発雇用数（$n[I-A+M]^{-1}X-nX$，ただし $[I-A+M]^{-1}$ は産業間投入係数の逆行列）の双方を含む．1960, 63, 66, 70 年の計測値は，Cole, D. C. and L. E. Westphal, "The Contribution of Exports to Employment in Korea," in Won-tack Hong and A. O. Krueger, eds., *Trade and Development in Korea*, Korea Development Institute, Seoul, Korea, 1975 によっているが，1975 年の計測は，Bank of Korea, *1975 Input-Output Tables*, Seoul, Korea をもとに，アジア経済研究所の「アジア諸国の工業開発と雇用問題」委員会によってなされた．

9,000 人に達している．製造業品輸出によって吸収されたこの雇用数の製造業雇用総数に占める比率（L_{me}/L_m）は，それぞれ 5.0%，6.7%，19.0%，25.9%，40.7% と推移している．また輸出製造業部門によって新たに吸収された雇用数が，観察期間中に拡大した製造業労働者数のうちどの程度の比率をもっているか（$\Delta L_{me}/\Delta L_m$）をみると，それぞれ 19.5%，51.6%，33.3%，64.1% となり，とくに 1970 年代に入って増加した製造業雇用者の 60% 以上が，この間における輸出産業の拡大によって吸収されたという事実は注目に値する．同一期間における全産業雇用数増加分との関係（$\Delta L_{me}/\Delta L$）でみると，その比率は 28.3% であった[4]．

4）　製造業品輸出の雇用誘発に関する渡辺進氏の研究も注目に値する．この研究は分析の素材を，韓国の代表的輸出品 45 項目について「韓国生産性本部生産性研究所」の行った標本調査に求め，これを利用した実証性の高い研究が試みられている．渡辺氏は，輸出の効果を，(1)輸出財の生産に発する直接雇用効果，(2)輸出生産者が投入財を他生産者から購入した場合に発する連関効果，(3)輸出財生産に従事する労働者の消費支出の増大に伴って生じる乗数雇用効果，(4)輸出増大が輸入増大をもたらすことによって発生する生産・雇用効果の四つに分類し，それぞれに妥当な推計を試みることによって，1969 年の韓国製造業雇用総数 122 万 6,000 人の 29%，35 万 5,000 人が輸出生産によるものであり，また輸出生産の労働集約度が 1960 年以来変化していないものと仮定して，1963 年から 1969 年までの雇用増加分 59 万 2,000 人の約半分 29 万人が製造業品の輸出によって吸収されたという計測結果を導いている．コール＝ウェストパル推計によれば 1963 年から 1970 年までの，製造業部門の輸出によって吸収された労働者数の全製造業労働者数に占める比率は 51.5% であるから，1969-70 年に至る 6〜7 年間の製造業輸出部門の雇用吸収力についての，両者の計測結果に

高い雇用吸収力は，産業構造上の観点からいえば，農業部門から製造業部門
への，地理的空間の観点からすれば，郡部から都市部への，大規模な労働・人
口移動を誘発することになる．

2. 就業構造の変化と都市化

製造業の強い労働吸収力のもとで1960年代の初め以降韓国の産業別就業構
造は，激しい変化をみせた．全産業部門就業者増加率と各産業部門就業者増加
率との差をもって産業間労働移動の指標とみなすというやや大雑把な仮定にた
って，1963-67年，1968-72年，1973-78年のそれを計測すると，農業はそれ
ぞれ，マイナス3.51，マイナス0.89，マイナス5.30であるが．他方製造業は
10.46，1.79，7.30である．すなわち農業において減少した労働者が，とくに
製造業に向かっていることが予想できる．同一の指標を用いて，インド，イン
ドネシア，マレーシア，パキスタン，フィリピン，韓国，スリランカ，タイの
アジア8ヶ国における1960年代の産業間労働力移動指数を計測したECAFE
の研究によれば，農業のマイナス値と製造業のプラス値がいずれも最大であっ
たのは韓国にほかならない[5]．韓国における農家人口と農家戸数の対前年増加
率は，図4-1のように1967年以降マイナスとなっている．第二次大戦後の日
本の農家人口のピークは1949年であるが，以後10年間における年平均人口増
加率はマイナス2.26%であった．しかし韓国の1967年から1978年までの増
加率は，年平均マイナス2.98%を記録した．

かかる産業間労働移動は，立地上の観点からいえば郡部から都市部への労働
移動となってあらわれる．現代韓国における工業部門の中心的立地点は，ソウ
ル特別市，およびこのソウルの後背地である仁川・水原を含む京畿道，釜山直

は大略の一致がみられたことになる．（Watanabe, S., "Exports and Employment: The Case of
the Republic of Korea," *International Labour Review*, Vol. 106, No. 6, December 1972.）

なお，既述の輸出インセンティブ政策と雇用との関連を考察した以下の論文は優れている．
Kim, Jae-wong, "Export-Supporting Monetary and Fiscal Policies and Their Implication on
Employment in Korea," *Asian Economy*（Research Institute of Asian Economies), No. 14,
Seoul, Korea, September 1975.

5) UNECAFE, *Economic Survey of Asia and the Far East 1973*, Bangkok, 1974, Ch. 2.

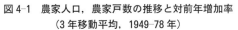

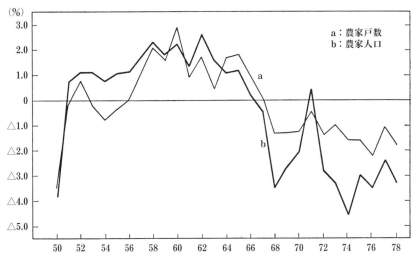

（資料） Ministry of Agriculture and Fisheries, *Yearbook of Agriculture and Fisheries Statistics*, various issues, Seoul, Korea.

轄市の三つである．地域別製造業労働者数の時系列推移は，『鉱工業調査報告書』から観察することができるが，この3地域への労働力集中傾向には歴然たるものがある．こうした労働力の移動は，現代韓国の人口の地域間移動動態にどのような帰結をもたらしたのであろうか．この検討にさきだって次の点を指摘しておく必要がある．1978年における地域間人口移動の動機を要因別にみた経済企画院の調査によれば，「家族の事由によるもの」が55.7％，「職業上の事由によるもの」28.9％，「教育上の事由によるもの」4.6％，「結婚その他」10.8％となっている．「家族の事由によるもの」とは，世帯主の移動に伴う家族成員移動を主とするものであるから，結局のところ新たに職を求めるか，よりよい職を求めての世帯単位の人口移動が，現代韓国における地域間人口移動の中心をなすと考えてよいであろう．かくして労働移動を人口移動に移しかえて議論することには，応分の理由がある．

5年前居住地ベースでみた1966年，1971年，1974年，1978年の4時点での人口の各地域間純転入数と純転入率をみたものが，表4-2である．ここからわ

表 4-2 人口の地域間純転入数，純転入率
(5 年前居住地ベース，1966, 71, 74, 78 年)

(単位：人，%)

	1966		1971		1974		1978	
ソウル市	553,301	38.36	252,689	18.97	224,062	14.10	278,528	10.94
釜　山　市	56,512	3.92	61,430	4.61	113,437	7.14	112,359	4.41
京　畿　道	△ 36,468	△ 2.53	121,277	9.10	91,078	5.73	168,318	6.61
江　原　道	8,642	5.99	△ 34,994	△ 2.63	△ 49,480	△ 3.13	△ 50,777	△ 1.77
忠清北道	△ 53,516	△ 3.71	△ 44,728	△ 3.65	△ 41,954	△ 2.64	△ 84,671	△ 3.30
忠清南道	△127,111	△ 8.81	△ 50,305	△ 3.78	△ 51,336	△ 3.23	△ 37,483	△ 1.46
全羅北道	△ 64,716	△ 4.49	△ 74,495	△ 5.59	△ 71,645	△ 4.51	△ 94,771	△ 3.70
全羅南道	△ 92,425	△ 6.41	△ 85,649	△ 6.43	△ 84,523	△ 5.32	△ 90,449	△ 3.54
慶尚北道	△131,553	△ 9.12	△ 57,379	△ 4.31	△ 55,872	△ 3.52	△ 62,378	△ 2.44
慶尚南道	△132,431	△ 9.18	△ 83,934	△ 6.30	△ 67,873	△ 4.27	△ 45,105	△ 1.77
済　州　道	19,765	1.37	△ 3,912	△ 0.29	△ 5,594	△ 0.35	△ 9,636	△ 0.35

(注)　純転入率とは地域間転入総数（＝地域間転出総数）によって各地域への純転入数（転入数－転出数）を除した値．海外よりの純転入数は除外してある．

(資料)　National Bureau of Statistics, Economic Planning Board, *Korea Statistical Yearbook*, various issues, Seoul, Korea.

れわれは，諸地域間の人口移動動態推移の概要を眺めることができる．まず確認されるのは，ソウル市への激しい人口集中である．最も大規模な集中がみられたのは 1960 年代の後半である．1966 年におけるソウル市への純転入数は 55 万人をこえ，これを全国純転入総数（＝全国転出総数）で除して得られる純転入率は実に 38.4% の高さにあった．しかし純転入率は 1960 年代の後半において大きかったが，1970 年代に入ってからはこれに減速化の傾向がみられる．すなわち 1970 年以降現在に至るまでの大きな特徴は，むしろソウル市への純転入率が低下する一方で，釜山市ならびに京畿道のそれが相対的に大きくなり．人口集中の核が多様化をみせ始めたという事実である．

　1971 年以降の京畿道，1974 年以降の釜山市における純転入率の増大は顕著である．とくに前者は 1966 年の純転入率においてはマイナスであった．この変化はめざましい．ソウル市がその相対的比重を低める一方で，ソウル市をその中に含む京畿道の比重が拡大しているという事実は，ソウル―京畿道が一つのまとまりをもった首都圏として近年形成されつつあることを示すものであろう．こうしてソウル市の比重が低下し，釜山市，京畿道のそれが増大するという傾向はみられるものの，しかしそれ以外のすべての地域がこの地域への人口

表 4-3　地域別都市化率の時系列推移（1955-75 年）

（単位：%）

	1955	1960	1966	1970	1975
ソウル市	100.00	100.00	100.00	100.00	100.00
釜 山 市	—	—	100.00	100.00	100.00
京 畿 道	17.04	17.91	23.50	27.06	40.82
江 原 道	13.05	13.33	18.16	20.46	22.41
忠清北道	6.82	11.74	13.17	15.61	19.57
忠清南道	7.79	9.06	13.32	17.21	20.47
全羅北道	12.84	14.38	15.93	18.95	23.73
全羅南道	15.40	16.91	18.46	22.07	26.07
慶尚北道	19.40	22.43	25.02	30.51	35.33
慶尚南道	12.39	13.61	17.61	21.59	30.77
済 州 道	20.83	24.14	25.95	29.10	32.81
合　計	24.53	28.00	33.59	44.29	48.39

（注1）　地域別都市化率は各地域総人口に占める市部人口（人口5万人以上の都市の人口）の比率.
（注2）　ソウル特別市と釜山直轄市は市部自体が独立した行政地域となっており，定義上都市化率は100％である.
（注3）　釜山市が釜山直轄市として独立した行政単位となったのは1963年であり，これ以前の人口は慶尚南道に含まれる.
（資料）　National Bureau of Statistics, Economic Planning Board, *Population and Housing Census Report*, various issues, Seoul, Korea.

の純転出地域であるという構造それ自体は，1960 年代以降ほとんど変化していない．慶尚南道，慶尚北道も工業中心地の一つであるが，3 地域の強力な人口吸収波に洗われて，地域全体としては少なからざる純転出地域となっている[6].

　上述の人口移動動態は地域間のものであり，地域内のそれは除外してある．しかし当然ながら地域内人口移動もきわめて大きく，その主たる内容は，郡部（人口5万人未満の行政区域）から都市部（人口5万人以上の都市）に向かう人口の着実な増大傾向である．自然増加率は市部より郡部の方が高いという格差構造を考慮すれば，この都市化率の拡大は向都人口移動を反映したものと理解される．地域別にみた都市化率の時系列推移は表 4-3 に示される．地域によってその時期と程度に若干の差違はあるものの，1966 年以降すべての地域で

---

[6]　韓国人口移動に関する最も包括的ですぐれた論文は，Kim Tae-yong and Hyo-gu Yi, *Characteristics of Migration in Korea, 1965-70*, Korea Development Institute, Working Paper No. 76-01, May 1976（Korean Language）であろう．

第4章　工業雇用の拡大と二重経済　　123

顕箸な都市化の進行がみられる．もっともソウル市と釜山市は都市自体が独立した行政区域となっており，定義上都市化率は恒常的に 100% である．この二つを別にすれば，最近年における京畿道，慶尚南道，慶尚北道においてかなり速い都市化率の進行が観察される [7]．慶尚南道，慶尚北道は道内に重要な工業都市を含み，したがって都市化率は高いが，にもかかわらずすでにみたようにこの地域は人口の少なからざる純転出道でもあった．この事実の帰結するところは明らかに，郡部人口の大幅な比重減少である．事実この 2 道の郡部人口は，1966 年以降絶対数において大きく減少をみせている．江原道，忠清北道，忠清南道，全羅北道，全羅南道においても事情は同じであり，京畿道では 1970–75 年にその傾向があらわれている．

　各地域内部においては郡部から都市部に向かい，一国全体としては各地域からソウル市，釜山市，京畿道といった特定地域に向かう人口移動は以上のように概観された．しかしこの概観だけでは，かかる人口移動が工業化に伴う雇用吸収力に応じて生じたものであるとは，ただちに結論できない．都市化は工業化とは独立に進行しうるというのが，むしろ開発途上国都市化の一般的な態様だからである．この問題に接近するための概念に，人口の引出＝押出論がある．もっとも，人口移動には経済的要因の他に多様な社会的，心理的要因が一般に作用しており，都市化の拡大要因を「押出型」と「引出型」に截然と分けることには無理がある．都市における明瞭な労働力不足と農村における絶対的過剰人口という対照は，いずれの社会においても概念上の設定以上の意味をもつことは少ない．

　しかし，少なくとも 1960 年代の中期以降の韓国農村の事情を概観するに，上述した大規模な人口の向都移動を，高い人口圧力のもとで生計を維持できなくなった零細農民が都市に「押出」されたことの帰結であるとする見解には与しがたい．なるほど人口向都移動の中心をなしたのは零細農家階層ではある．だが 1960 年代の韓国農業において零細農家の家計所得，家計消費支出が中規模，大規模農家のそれに比較してその相対的地位を低下させたという事実はみられない．実際のところ，可処分所得から消費支出その他若干の支出を差し引

---

7)　韓国都市化の一般的概要については，Mills, E. S. and Kyung-nak Song, *Urbanization and Urban Problems*, Harvard University Press, Cambridge, 1979 を参照．

いた農家家計余剰においては，耕地規模において最も零細な 0.5 ヘクタール以下農家，0.5～1.0 ヘクタール農家は，その地位の改善をすらみせているのである [8]．一方，1960 年代初頭より 1966-67 年に至る時期は，都市工業部門の急速な拡大期であり，これも第 5 章でみるように，この時期には都市農村間の家計所得，家計消費支出が都市を大きく有利化する形で拡大している．とすれば，この時期における農家人口，農家戸数の減少は，零細農家階層が都市でのより高い所得に意図的に反応して積極的に離農していったという，多分に引出型の都市化の反映であるとみる方が事実に近い．

　現代韓国の都市化における引出要因の強さを推測させる最も重要な要素は，大規模な都市化にもかかわらず進行した．都市内部での雇用条件の改善と実質賃金水準の上昇傾向であろう．労働市場構造と賃金水準の変化を次に概観して，この問題に接近しよう．

3. 雇用と賃金

　1960 年代の初期に始まる韓国都市（非農家）の雇用条件の改善傾向は明瞭である．経済企画院による五つの労働者階層分類のうち，近代部門の労働者として常雇労働者，より限界的な労働者として日雇労働者，臨時労働者，不払家事使用人，自営業者をとると，全労働者数に占める前者の比重増大，後者の比重減少というのがこの十数年間の大きな趨勢であることが観察される．雇用条件の改善は，失業率，ならびに週当り労働時間 8 時間未満労働者の比率で示される不完全就業率の減少傾向からもこれをみることができる．前者は 1965 年の 13.5% から 1978 年の 4.7% へ，後者は同期間に 2.5% から 0.4% へと減少した．

　雇用人口の急速な増大にもかかわらず生じた非農業部門雇用条件のかかる改善は，実質賃金の特徴的な上昇傾向のうちにも反映されている．図 4-2 は製造業労働者 1 日当り実質賃金の変化である．1960 年代中頃までの停滞的な局面を経て，それ以降はっきりとした上昇局面に入っていることがわかる．こうし

---

8) 渡辺利夫『開発経済学研究―輸出と国民経済形成―』東洋経済新報社，1978 年〔『本著作集』第 2 巻所収〕，第 5 章．

第 4 章　工業雇用の拡大と二重経済　　125

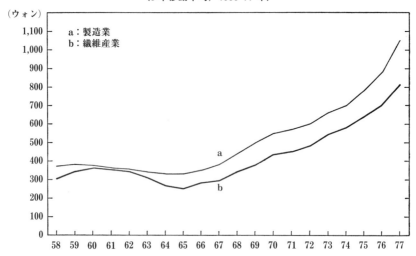

図4-2 製造業，繊維業の1日当り実質賃金
(3年移動平均，1958-77年)

（注）1日当り実質賃金は月額賃金を月労働日数で除し，1970年を100とする全都市消費者物価指数でデフレートした．

（資料）Administration of Labour Affairs, *Yearbook of Labour Statistics*, various issues, Seoul, Korea.

た傾向は低生産性・低賃金部門でも一様にみられる．経済企画院による1977年の『鉱工業調査報告書』によれば，1人当り付加価値と月額名目賃金の二つでみて最下位にある三つの製造業部門は，その他製造業，繊維・衣類，家具・建具であるが，この3部門のいずれの実質賃金も，全製造業実質賃金の上昇趨勢に若干の時期の遅れをもちつつ，しかしそれと同様の上昇傾向にある．このうち図では，製造業付加価値額において決定的な比重をもつ繊維産業の傾向をみた．かくして，現代韓国の工業化過程は，それが発揮した強力な雇用吸収力のもとで，製造業部門が主として立地する都市において，自営業者あるいは臨時労働者など限界労働者の比率を減少させる一方で，常雇労働者比率を高め，また失業・不完全就業率をも急速に低下させていった．しかも，都市のかかる層用条件の改善傾向は，製造業実質賃金の全体的な拡大過程の中で生じたのである．

さて，製造業部門の強力な雇用吸収波を受けて，さきにみたように農家人口と農家戸数は1960年代の後半期に至って絶対的な減少を開始した．そしてこ

の減少に伴って，農村における労働市場構造にも明らかな変化が生じ始めるのである．農家人口と農家戸数の減少に対し農業においてまず試みられた反応の一つは，後で指摘する農業機械化，近代的農業投入財の増加による生産性の増大であるが，これと並んで注目されるのは農民による平均労働時間の増加努力である．農業の労働時間の増加傾向は他部門に比して大きく，1965年の41.0時間は1976年のピークには48.5時間に及んだ．これとともに不完全就業率は当然減少する．1965年の農業の不完全就業率は10.6%であったが，1978年にはこれは1.9%となった．

　農業の場合，播種や収穫などの繁忙期とその間の農閑期における就業の不規則性がいちじるしく，したがって労働力の季節的な遊休状態から生まれる不完全就業が一般的である．図4-3は3月，6月，9月，12月の四半期別に，この統計が利用できる1965年以降の不完全就業率をみたものである．四半期別の不完全就業率の変動の大きさがその年度の不完全就業率の高さと結びついている一方，その変動幅と年間の不完全就業率が1965年以降，若干の逆転を含みつつ，しかしはっきりと減少傾向にあることが読みとれる．農業における不完全就業率ならびにその季節的不規則性がこのような減少傾向をたどったのは，農業生産の多角化，機械化，近代的投入の増加などの成果にほかならない．しかし農業生産の多角化，機械化，近代的投入の増加それ自体が，製造業部門の雇用吸収力の増大に伴う農業人口流出と，その結果として生じた相対要素価格の変化によって促されたものであることを強調しておく必要がある．

　農業労働力の流出は，かくして農業における週平均労働時間の増加，不完全就業率ならびに就業の季節的不規則性の減少をもたらした．しかしさらに，製造業部門の成長ならびにそれに由来する農業部門からの労働力の流出は，製造業と農業の両部門に，従来は労働市場に参加することの少なかった女子労働力，とりわけ農村の女子労働力を新たに労働力として吸引していくという過程を発生させた．とくに韓国の場合，その工業化が農村を後背地としてもつ地方都市に立地する工業団地ベースで計画的に推進され，在村女子の通勤労働者をその中心的従業者としたという事情も，これに寄与したものと思われる．農家女子の労働力率（経済活動人口の総人口に対する比率）は，1965年の41.0%から1978年の54.0%までかなりの増加傾向にある．とくに1960年代の後半から

第4章　工業雇用の拡大と二重経済　　127

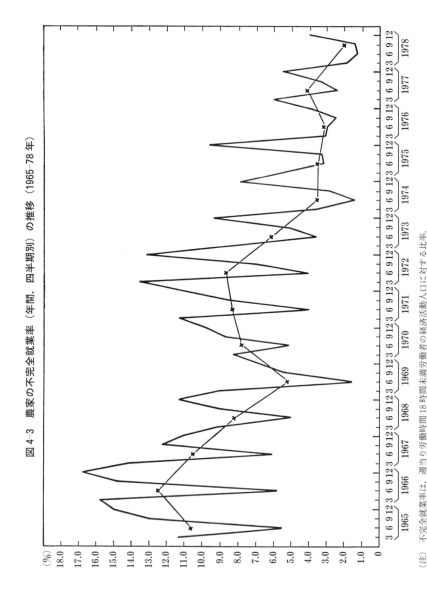

図 4-3 農家の不完全就業率 (年間, 四半期別) の推移 (1965-78年)

(注) 不完全就業率は, 週当り労働時間 18 時間未満労働者の経済活動人口に対する比率.
(資料) National Bureau of Statistics, Economic Planning Board, *Annual Report on the Economically Active Population Survey*, various issues, Seoul, Korea.

128　I　現代韓国経済分析

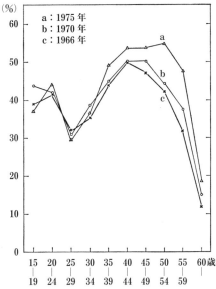

図 4-4 女子の労働力率 (1966, 70, 75 年)

(注) 労働力率は,各年齢層人口に対する経済活動人口の比率.

(資料) National Bureau of Statistics, Economic Planning Board, *Annual Report on the Economically Active Population Survey*, various Issues, Seoul, Korea: Economic Planning Board, *Population and Housing Census of Korea*, various issues, Seoul, Korea.

1970 年代の前半にかけての増加率が大きい．非農家女子の労働力率も 1970 年代の後半に至って若干の増加傾向を認めることができる．図 4-4 は，女子全体の年齢別労働力率である．出産・育児期にあたる 20 歳代後半から 30 歳代前半を別にすると，30 歳代後半期以降の女子労働力率の増大傾向はいちじるしい．1966 年から 1975 年の 10 年間に 50 歳代前半および後半の女子の労働力率は，それぞれ 12.4%，15.7% と実に 2 桁の増加をみせた．就業機会の増加に伴って，従来労働力とみなされてこなかった中高年女子層が新たに労働市場に吸引されていった過程を示しているものと思われるが[9]，かかる女子労働力率の変化は，1955 年以降の日本の労働市場で観察された変化と軌を一にしている[10]．

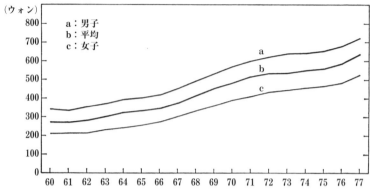

(注) 日額賃金を，現金については1970年を100とする農家購入総合物価指数で，また現物給付については農家販売総合物価指数でデフレートした．
(資料) Bank of Korea, *Korea Statistical Yearbook*, various Issues, Seoul, Korea.

さてこうした市場構造の変化は，図4-5にみるような農業の1日当り実質賃金の増加傾向となってあらわれる．製造業の実質賃金のスパートの時期よりも若干遅れ，またその上昇のスピードも製造業よりは鈍いものの，しかし農業労働者のうちでもより限界的な地位にいる女子労働者の実質賃金を含めて，1960年代の後半期に至ってはっきりとした上昇局面に入ったことが観察される．

労働集約財輸出を主導的部門とした韓国製造業の成長が，まずは都市の雇用条件を改善し，同時にその賃金水準を引上げ，この高い賃金水準をめざして農家労働力が都市に吸引され，かかる過程で農家の労働時間の延長，女子の労働力率の上昇さらには農業労働者の実質賃金の上昇といった一連の大きな変化が招来された．1960年代半ば以降の製造業成長がもたらした労働市場の変化が顕著なものであったことは，明白である．

---

9) この点についての関心は，Woo, Ki-do, "Labor Force and Employment" *Performance and Perspectives of The Korean Economy*, Final Report of the Project of Asian Economy in Perspective, Part II-2, Institute of Developing Economies, March 1976, Tokyo.
10) 中村隆英『日本経済―その成長と構造』東京大学出版会，1978年，第2章．

4. 相対要素価格・要素代替・生産性

製造業部門の雇用吸収力に応じて農業労働力は，1960年代の後半以降に絶対的な減少を開始した．これに伴って農家の労働時間は延長され，労働力率の上昇傾向も観察された．そしてかかる就業構造の変化の帰結として農業部門労働者の実質賃金もやはり，1960年代の後半期に明瞭な上昇局面に入ることになった．同時に農業部門の資本形成はめだった速度をもって増大し，この部門の国民総生産に対する国内総固定資本形成の比率は，1960年3.8%，1970年7.4%を経て，1978年には11.3%に達した．急速な経済発展のもとで労働力が不足する一方，資本ストックは次第に豊富化するという一般的過程を，われわれは韓国農業の発展過程の中にはっきりとみることができる．

さて生産要素の価格は，このような生産要素の賦存量の動きにしたがって変化し，この相対要素価格の変化に応じて要素間の代替が発生するという因果的経緯が進む．要するに資本が労働やさらには土地に相対して安価になり，したがってまた資本を労働や土地に相対してより集約的に利用する生産方法が選択されていくことになろう．そしてかかる変化過程において，生産性は急速に増大するのである．韓国の農業発展パターンの中に，このような過程がいかに観察されるか．まずはコブ・ダグラス型生産関数を用いて，1963年以降の韓国の製造業と農業の賃金（w_m, w_a）ならびに資本レンタルプライス（r_m, r_a）を計測し，両部門の相対賃金率（w_m/w_a），相対要素価格（r_a/w_a, r_m/w_m）をみてみよう．図4-6がこれを示す．農業賃金率の増加傾向ははっきりしているが，製造業の賃金率は1963年以後一貫してさらにこれを上まわっている．労働力は，この相対賃金率（w_m/w_a）の増大に反応して農業から製造業へ持続的に移動してきたとみられる．一方，農業部門における資本蓄積とともに資本レンタルプライスが恒常的に低下して，1973年を前後する時点から農業部門相対要素価格（r_a/w_a）は1を下まわった．しかもこの値は1963年の3.165から1977年の0.850まで，逆転を含まず一方的になだらかな低下傾向をみせたのである．農業における相対要素価格のこうした顕著な変化は，労働に相対して資本の投入を有利化し，したがって生産方法の資本集約化傾向を促すことにな

図 4-6 相対要素価格, 相対賃金率の推移 (3 年移動平均, 1963-77 年)

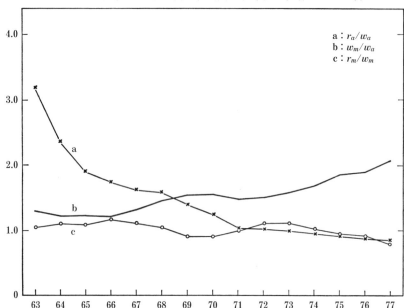

(注) 農業と製造業の生産関数 $Y=A^{rt}K^{\alpha}L^{\beta}$ (Y: 付加価値, K: 資本ストック, L: 労働, γ: 技術進歩率, α: 資本ストックの生産弾力性, β: 労働の生産弾力性) により, 資本と労働の限界生産力, すなわち資本レンタルプライスと賃金率を計算した.

(資料) 労働人口は National Bureau of Statistics, Economic Planning Board, *Annual Report on the Economically Active Population*, various issues, Seoul, Korea. 農業付加価値, 農業の分配率計算に使用した農業所得と農業投入費用については, Ministry of Agriculture and Fisheries, *Yearbook of Agriculture and Fisheries Statistics*, various issues, Seoul, Korea. また, 1974 年までの資本ストックは, Hong Won-tack, *Factor Supply and Factor Intensity of Trade in Korea*, Korea Development Institute, 1976, Seoul, Korea, pp. 201-17 の計測値を利用し, 1975 年以降は同一方法によってわれわれが計測した. 製造業の労働分配率は, 全国経済人連合会『韓国経済年鑑』各年版, ソウル. 製造業付加価値デフレータの卸売物価指数は, Bank of Korea, *Korea Statistical Yearbook*, various issues, Seoul, Korea.

るはずであるが，そのマクロ的概要は図 4-7 の資本労働比率 (K/L) の変化としてこれを捉えることができる．農業部門資本労働比率 (K_a/L_a) は，この場合も 1963 年以降逆転を伴わずに一貫して上昇傾向にあることが観察される．

農業部門の相対要素価格の変化と要素代替，さらにはそれに伴う生産性の増加という一連の因果的事実を，実態に則して眺めてみよう．まず賃金の推移は図 4-8 にみられる．この図の b は，現物支給を含む成人男子 1 日当り名目賃

図4-7 資本労働比率の推移(1970年=100, 1963-77年)

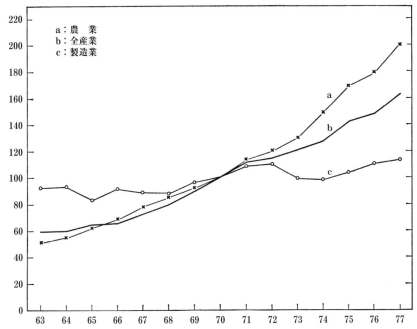

(資料) 経済活動人口は National Bureau of Statistics, Economic Planning Board, *Annual Report on the Economically Active Population*, various issues, Seoul, Korea. 資本ストックは Hong, Won-tack, *Factor Supply and Factor Intensity of Trade in Korea*, Korea Development Institute, Seoul, Korea, 1976 を利用した. ただし, 1975-77年については, 同著と同一の方法によってわれわれが推計した. なお資本減耗率は, 全国経済人連合会『韓国経済年鑑』各年版を利用.

金を精米100リットル価格で除した相対賃金である. この相対賃金は予想されるほど大きな上昇傾向を示していない. 図4-5でみたように, デフレータとして現金には農家購入総合物価指数を, 現物には農家販売総合物価指数を利用した場合, 農業労働者の実質賃金は1960年代の後半期にスパートを開始している. 図4-8の上昇スピードが図4-5のそれよりも低いのは, 1960年以来の高米価政策ゆえに政府買上げ米価の上昇率が農家購入総合物価指数より大きいものとなった, という事情に関係する. 1967年から1976年までの間の前者の年平均増加率は23.0%であり, 後者は17.0%であった. しかし, 韓国の農業部門における人口増加率は1970年代に入ってはっきりと減少し, また工業部門

第4章 工業雇用の拡大と二重経済 133

図4-8 農業における相対要素価格（米100ℓ価格当り）指数の変化
(1969-71年＝100, 1967-77年)

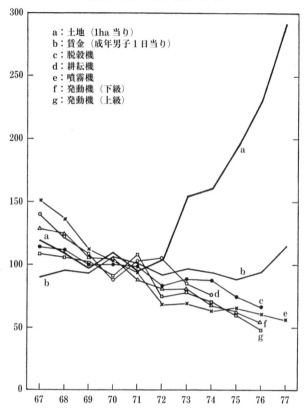

（資料）a, b：Ministy of Agriculture and Fisheries, *Yearbook of Agriculture and Fisheries Statistics*, various issues, Seoul, Korea, Bank of Korea. *Korea Statistical Yearbook*, various issues, Seoul, Korea.
　　　c, d, e, f, g：農協中央会『農協調査月報』各版，ソウル．

の雇用吸収が依然として強力につづいており，これに応じて米価をデフレータとしてみた相対賃金もまた大きく増加していくことが見込まれる．1977年における相対賃金の急上昇はその前兆であろうと思われる．

　土地相対価格の推移を同図でみると，これは顕著な上昇傾向にあることがわかる．韓国のように後背地開発の余地が限られており，その一方で産業発展や人口増加による土地需要が大きい国であれば，土地価格が急上昇を示すのは当

然であろう．土地相対価格の上昇にしたがい，肥料，農薬などの近代的農業投入財の増投によって土地節約がはかられたのみならず，農業多角化によって土地の効率的利用をはかるという方向も顕著であった．稲作への高収量品種（「統一米」と呼ばれる）導入もまた試みられた．資本の価格を主要農業機械の精米100リットルとの相対価格でみると，これはほぼ一貫して下落してきていることが同じ図から観察される．また厳密な意味では資本財ではないが，近代的技入財である化学肥料ならびに農薬の米100リットルとの相対価格も，同様に低下している．農家のこの間における所得増加が資本財需要を高め，資本財の投入増加が所得増加を生じさせ，さらにこのことが資本財の需要を増加させたと考えるならば，資本財の相対価格下落は資本財需要増から生まれた大量生産効果に起因するのではないか，という予想が可能である．農家1戸当りの余剰と負債の変化をみると，余剰は多くなる一方で，負債が少なくなってきており．農家の資本財購買力の高まりをみることができる[11]．

このように，資本財相対価格の下落に対して，土地相対価格は大幅に上昇，労働相対価格は一定もしくは若干の上昇傾向を示しているのである．かかる事実は，労働と土地の使用を減らし，資本財をより集約的に使用する傾向を促進する．すなわち韓国の農業部門は，生産要素の相対価格変化に応じて生産構造を高度化し，農業部門の付加価値を高めるという方向に動きつつある．一般に開発途上国では韓国のように，資本が労働と土地に代替し付加価値を高める過程が容易には進まない．農業人口は減少するよりも増加しているのが一般的であり，大量の資本投下は資本の遊休状態を導くだけに終わるというような事例はいたるところでみられる．この点韓国の農業発展については，資本の代替にとどまらず，その資本の内容にも注目しておく必要がある．韓国における農業機械の普及は，たとえば耕耘機の場合であれば小型から大型へ，また脱穀機，殺虫剤拡散機の場合であれば手動式から動力式へと次第にその重点を移し，資本財の導入が自国の賦存要素の変化とうまく対応しながら進んできたことをうかがわせている．つまり性急に農業生産力の増大を求めて労働を資本と代替するのではなく，一国の産業構造が農業から工業へと重点を移すに伴って農業部

---

11)　渡辺利夫，梶原弘和「韓国農業の新展開―農業生産力の上昇と所得増大―」，『アジア経済』第21巻第3号，1980年3月．

門で不足することになった生産要素を補うために，資本財の導入が漸次的にな
されたと考えることができるのである[12].

　かくして，韓国農業開発過程における大きな特徴は，その生産性向上が農工
間の比較的強い連携によって実現したという点に求めることができよう．工業
部門の発展によってひきおこされた高度経済成長は，土地価格騰貴を招くとと
もに，農業部門に存在していた過剰人口を工業部門にひきつけ，その賃金を上
昇させることになった．その一方で，工業化の進展にしたがって資本財相対価
格はめだった低下をみせる．こうした工業化に伴う相対要素価格の変動が農業
への資本投入を促進させ，この資本投入がさらに生産増加を招いて所得増加を
帰結する．そしてこの所得増加はこんどは資本財購入を促進する．つまり農工
間の連携が相乗的に働くことになったのである．いまだ全就業者の 40% 近く
を占める韓国の農業就業者は将来にわたってもなお激しく減少していくはずで
あり，かかる減少を補うための資本投入は一段と加速化して，工業部門への依
存はさらに深まりをみせるものと思われる．

　要素代替の結果顕著な拡大をみせた農業生産と生産性に着目し，この点につ
いての簡単な日韓比較を試みておこう．一例として韓国水稲の生産数量をこの
統計の起点である 1956 年を基準とした指数に変え，さらにこれを 1880 年を基
準とした日本の生産数量指数と比較してみると，図 4-9 を得る．ここにみられ
るように，日本は生産量を 2 倍にするのにほぼ 70 年を要しているが，これに
対し韓国が 2 倍の生産量を達成するのに要した期間はわずか 20 年ほどである．
やはり 1970 年代の中期以後の上昇スピードが速い．また，日本と韓国の水稲
の土地生産性（トン／ヘクタール）の長期時系列推移を眺めてみると，日本の
土地生産性は 1881-90 年代の 2 トンから 1940 年代に 3 トン，1965-70 年代に 4
トンへと変化しているのに対し，韓国の場合には 3 トンは 1960 年代中頃，4
トンは 1970 年代中頃にあらわれている．日本の土地生産性が 3 トンから 4 ト
ンへ移行するのに 25 年から 30 年を要したのに対し，韓国は十数年でその水準
に達している．韓国の場合，農業部門の発展もまた工業部門のそれと同じく，
先発国の歴史的経験を「圧縮」してあらわれているのである．

---

12)　渡辺利夫，梶原弘和，上掲．

図 4-9 日本ならびに韓国の水稲生産量（トン）指数

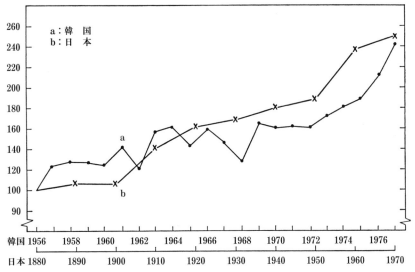

（資料） 韓国の水稲生産量は Ministry of Agriculture and Fisheries, *Yearbook of Agriculture and Fisheries Statistics*, various issues, Seoul, Korea. 日本の水稲生産量は，大川一司，篠原三代平，梅原又次編『長期経済統計』第 9 巻，東洋経済新報社，1966 年．農林省統計調査部『農林省統計表』各年版．

　食糧穀物の労働生産性と土地生産性について，最近年の整合的な数値を示しておこう．食糧穀物生産量を農業人口で除した労働生産性をみると，予想どおり顕著な改善が観察される．1969-71 年を 100 としたその指数は 1977 年には 135 に達している．労働生産性を単位時間当りの生産量，すなわち生産量を労働時間数（農家 1 戸当り平均労働時間数×農家戸数）で除した数値の指数でみると，これは 1977 年には 419 に達するという激しい増加傾向をみせた．これら労働生産性の数値を一瞥して，やはり 1970 年代の中期以降の上昇が大きいことが注目される．土地生産性も，生産量が増加する一方，耕地面積が減少してきたことから次第に改善されてきている．アジア諸国の農業開発状態を吟味する最も適切な指標がこの土地生産性である．労働生産性の場合には労働者数や労働時間が正確には示しえないのが一般的であるのに対し，耕地面積はほぼ近似値を得ることができるからであり，またアジアの米作は土地集約的であるために，土地生産性が所得に大きく反映するからでもある．韓国の土地生産性は，食糧穀物の場合には，1969-71 年の年平均 1 ヘクタール当り 2.59 トンか

ら1977年の3.48トンに，また水稲だけでみると1969–71年の年平均3.32トンから1977年の4.88トンへ増加している．この数値を1977年の日本のヘクタール当り水稲の土地生産性4.87トンと比較するならば，韓国の土地生産性が短期間に大きく改善されてきたことがわかるであろう．

次いで製造業の分析に移ろう．製造業の賃金率は，さきにも述べたように一貫して農業より高く，しかもその度合いはだんだん大きくなっている．農業から製造業への労働移動が加速したのは当然である．しかし製造業の場合には資本レンタルプライスにも同時にめだった増加傾向がみられ，したがって図4–6にみられるように，相対要素価格の低下傾向は農業におけるほど明瞭ではない．これを反映して既出図4–7における製造業の資本労働比率の上昇も，農業のような鋭さをもたないのである．韓国の製造業が資本より労働を集約的に利用しながら拡大してきたというしばしば指摘される特徴的な工業化の性格は，まさにこの事実に由来し，またこの事実をもたらした要因でもあった．同じ観察期間に，農業と製造業の資本ストックは約4倍に増加しているのに対し，経済活動人口は農業の場合には1.1倍，製造業の場合には実に4.6倍の増加である．また1963年から1978年までの成長の雇用弾力性は，農業が0.128であるのに対し，製造業は0.594の高水準にあった．

製造業部門の上述してきたような高い労働集約性は，長期にわたる輸入代替を特徴づけてきた為替レートの過大評価や低金利政策を，1960年代の半ばに一挙に廃止したことによって促されたものである．為替レートの過大評価は相対的に労働集約的な国内投入財よりも相対的に資本集約的な輸入投入財に低い価格づけを与える慣行であり，したがってこれは輸入偏向を強化するものであると同時に，輸入代替生産の方法をいっそう資本集約度の高いものとする傾向をもった．低金利政策は一部産業に低い価格づけの資本を供与するものであり，その生産方法を過度に資本集約的なものとする上述の傾向を助長した．したがって，そうした保護政策の自由化は，自国の要素賦存状況に逆行する輸入代替生産の資源配分を正し，労働集約財の比較優位を顕著化せしめるのに大きく寄与したと考えられるのである．実際，韓国の限界資本産出高比率は最近年に至るまで1.5〜2.8という比較的低い水準を推移してきた．投資量が増大するにつれて投資収益が逓減するというのはよく知られた経験則であるうえに，観察

期間中ことに最近年になればなるほど，投下資本量の大きい鉄鋼，化学，社会間接資本部門の比重が累積的に拡大してきたはずであるが，にもかかわらずその限界資本産出高比率が他の開発途上国の値よりも低い水準を推移しているという事実は，稀少要素の節約的な利用を導いた韓国の国内経済政策の成果であるといっても過言ではない[13]．とりわけ注目されるのは，製造業における限界資本産出高比率の趨勢的な低下傾向であるが，1960年代の中期以降にこの傾向が加速されている．時期的には「市場自由化政策」の採用時に符号しており，この事実を自由化政策が実現した資源再配分の結果とみることは妥当であろう．

5. 韓国経済の「転換点」

このように激しい雇用吸収と構造変動のもとで，韓国経済は1970年代のある時点で，ルイス・タイプの「転換点」を通過したのではないかという予想が可能となる．ルイス命題によれば，非資本主義部門（もしくは伝統部門）に「制度的賃金」率よりも低い限界生産力のもとにある大量の偽装失業者群が存在する限り，資本主義部門（もしくは近代部門）はこの制度的賃金率をある程度上まわる賃金率を示すことができれば，固定した賃金率のもとで拡大をつづけることができる．すなわちこの局面における資本主義部門の実質賃金水準は一定である．しかし資本主義部門の労働力需要が，非資本主義部門の偽装失業人口を吸収しつくす転換点をこえ，さらに制度的賃金よりも高い限界生産力をもつ労働者にまで及ぶ場合には，資本主義部門はその高い限界生産力に相応する高い賃金率を示さなければ，非資本主輪部門から労働力を引き出すことはできない[14]．転換点以降の実質賃金は，非資本主義部門の限界生産力を反映し

---

13) バラッサは，平均的な開発途上国の限界資本産出高比率を3.00〜3.50と考えている．Balassa, B., "Industrial Policy in Taiwan and Korea," *Weltwirtshaftliches Archiv*, Bd. 196, 1971, p. 65. また Fei, J. C. H. and D. S. Pauuw, "Foreign Assistance and Self-help: A Reappraisal of Development Assistance," *The Review of Economics and Statistics*, Vol. 47, No. 3, August 1965 では 3.20 が，Chenery, H. B. and A. M. Strout, "Foreign Assistance and Economic Development," *The American Economic Review*, Vol. 56, No. 4, September 1966 では 3.27 が用いられている．

14) Lewis, W. A., "Economic Development with Unlimited Supplies of Labour," *Manchester*

て次第にはっきりとした上昇局面に入っていくことになるのである.

　すでにみたように，韓国の製造業部門，農業部門の実質賃金は，いずれも1960年代の後半期に，明瞭なスパート的上昇を開始した．しかも注目すべきは，1974，75年という石油危機に伴う厳しい景気後退期にもなお実質賃金上昇速度は鈍らず，賃金上昇傾向を「構造化」させているという事実であろう．転換点命題が対象とする非熟練労働力の実質賃金趨勢をうかがわせるデータを得ることは，韓国の場合困難である[15]．そこでさきのように，製造業部門中その1人当り付加価値と賃金の二つがともに最低の部門のうちの一つ，繊維産業部門が選ばれた．この部門の賃金水準も，明らかに停滞局面から上昇局面へ移行している．製造業の賃金上昇率を同部門の労働の付加価値生産性増加率と比較してみると，1970年代の初めまでは労働生産性の増加率が賃金のそれよりも高く，以降両者の増加率は逆転している．1963–72年の付加価値生産性の年平均増加率は8.4%，賃金の年平均増加率は7.7%であり，1973–77年においてはそれぞれ7.0%，12.1%となっている．過剰人口の解消に伴う労働供給の制限的傾向が，労働市場の逼迫化をもたらして，賃金上昇のスパートを生じさせたことを示唆するものであろう．

　韓国の農薬労働力の多くは不払家事使用人である．しかし農業労働者の賃金は，不払家事使用人の「賃金」を黙示的に反映しているとみてもよいであろう．さきに指摘したように，非資本主義部門の賃金は転換点以前は制度的賃金に等しく，転換点をこえて初めて限界生産力によって決定される．したがって非資本主義部門の賃金は転換点以前では限界生産力を上まわり，以後両者はほぼ同一の軌跡を描いて連動するはずである．図4-10は，1963年以降の農業の限界

School of Economics and Social Studies, Vol. 22, May 1954, reprinted in A. N. Agarwala and S. P. Singh, eds., *The Economics of Underdevelopment*, Oxford University Press, London, 1958. なお韓国経済の転換点については，以下のものを参照されたい．Center for Economic and Technical Research, Federation of Korean Industries, *The Turning Point of Korean Economy and its Policy Implications*, Research Series 32, May 1979. (Korean Language) ; Sedio, R. A., "Korean Historical Experience and the Labor-Surplus Model," *The Journal of Developing Areas*, 10, January 1976; Fei, J. C. H. and G. Ranis, "A Model of Growth and Employment in the Open Dualistic Economy: The Cases of Korea and Taiwan," *The Journal of Development Studies*, Vol. 11, No. 2, January 1975.

15)　韓国の詳細な賃金調査結果は，特定年については韓国銀行『賃金基本調査報告』1967年，ならびに韓国産業開発研究所『賃金実態調査報告』1971年などから得られる．

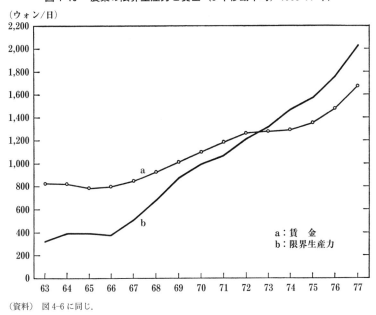

図 4-10　農業の限界生産力と賃金（3 年移動平均，1963-77 年）

a：賃　金
b：限界生産力

（資料）　図 4-6 に同じ．

生産力と賃金の動きを 3 年移動平均によって記したものであるが，上述の事実はその大略をこの図中に見出すことができよう．すなわち韓国経済は 1970 年を少しこえた時点で農業の過剰就業を解消し，それ以降は賃金が限界生産力によって規制され，したがってまた賃金の持続的上昇が構造化されるという新しい局面に入ったと考えることができる．ただし，次の点を留保しておきたい．1970 年代の初め農業労働力の主要吸収先である工業部門の成長率が低下し，そのために農業部門で労働力の滞留がみられ，1 人当りの平均賃金の上昇速度は軟化した．もちろんその軟化は一時的な現象にとどまり，賃金はすぐその後で再び急上昇を開始している．しかしそのために農業の賃金上昇と限界生産力の上昇の間に若干のタイムラグが生じて，両者は一致していない．

農業における限界生産力の増大に貢献したのは，一つにはすでに指摘したごとき各種農業機械の普及，肥料，農薬など近代的農業投入財の増投である．また二つには，農家人口，農家戸数の絶対的減少があるが，この第二の要因が第一の要因を促す機能をもったことは，すでに指摘した．1970 年代に入って以

後の農業賃金上昇の背後に，農業の限界生産力の増大があったことは明らかである．

この点にさらに次の事情を加えておく必要がある．周知のように，ルイスならびにフェイ＝レイニス流の2部門モデルでは，非資本主義部門からの労働供給が無制限的局面から制限的局面に入るとともに，市場において交換される農産物が相対的に不足し，これが非資本主義部門の交易条件の有利化をもたらすと考えられた．すなわち農業労働力の限界生産力がゼロである最初の発展局面においては，非資本主義部門から資本主義部門に向かう偽装失業人口は，制度的賃金に等しい1人当り平均農業余剰によってこれを養うことができる．しかし農業労働力の限界生産力がプラスに転じる次の発展局面になると，この1人当り農業余剰は制度的賃金を下まわることになる．したがってこの発展局面以降においては，市場に出される農産物が相対的に不足し，相対価格は非資本主義部門を有利化するとされるのである [16]．1969–71年を100とした農家の販売総合物価指数と購入総合物価指数の動きをみると，1968年から1970年までの期間は販売物価指数の上昇率の方が高く，1971年以降は両者はほぼ同率の上昇をみせている．したがって商品交易条件も1972年頃までは上昇し，それ以降は農家家計に有利なままほぼ一定で推移している．先述したように，農業生産に大きな増大があったにもかかわらず，なお1971年以降農家交易条件の有利化傾向が定着していることに注目しておきたいと思う．

さて韓国経済が転換点を通過したことによって，少なくとも次のような二つ無視しえざる経済的事実が帰結したように思われる．一つは，規模別賃金格差の縮小であり，二つは，都市農村間所得格差の解消である．非熟練労働力を中心とした過剰労働力の解消は，この非熟練労働をより集約的に用いている相対的に小規模の企業の賃金を大企業のそれに比較して大きく上昇させて，いわゆる規模別賃金格差を縮小に向かわしめるという重要な事実を生んだことが予想される．製造業の1事業所当り従業員規模別賃金格差を整合的に追う場合，経済企画院の『鉱工業調査報告書』が利用可能である．このデータによって連続

---

16) Fei, J. C. H. and G. Ranis, "A Theory of Economic Development," *American Economic Review*, Vol. 51, No. 4, September 1961; *Development of the Labor Surplus Economy; Theory and Policy*, Richard D. Irwin Inc., Homewood, Illinois, 1964.

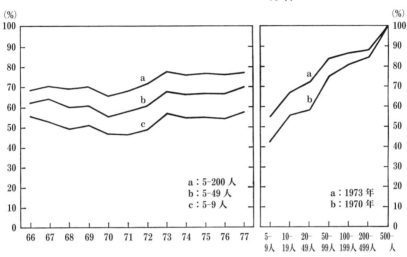

図 4-11

a 製造業規模別賃金格差 I （200 人以上規模企業＝100，1966-77 年）

b 製造業規模別賃金格差 II （500 人以上規模企業＝100，1970，73 年）

（資料） National Bureau of Statistics, Economic Planning Board, *Report on Mining and Manufacturing Survey*, various issues, Seoul, Korea.

して各年の数値を拾うことのできる 1966 年から最近年までのそれを，1 事業所当り従業員数 200 人以上規模企業の賃金を 100 とした場合の 5～49 人規模，5～200 人規模企業の賃金水準によって追ったものが，図 4-11-a である．各規模企業によって若干変則的な動きがみられるが，全体としては 1970 年頃が格差の最も大きな「谷」となっており，それまでが格差拡大，それ以降が格差縮小期にあることがわかる．とくに 1970 年から 1973 年までの 4 年間の変化がとくに大きい．図 4-11-b は，この 2 時点の変化を規模別に示したものであるが，各規模階層ともその賃金格差がはっきりと縮小していることがわかる．周知のように 1974，75 年は石油ショック後の低成長の時期であり，労働市場の逼迫化傾向は，この年前後にかなりゆるんだことが予想される．したがって激しい石油ショックという外的インパクトがかりになかったと想定すれば，韓国の労働市場の逼迫化としたがって規模別賃金格差は，1974，75 年と縮小をつづけていったことが当然期待されたのである．

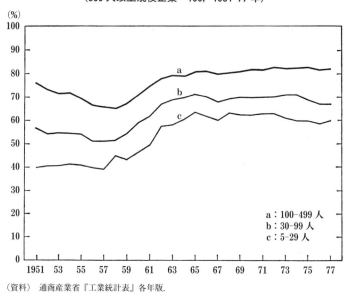

図4-12 日本の製造業規模別賃金格差
(500人以上規模企業＝100, 1951-77年)

a：100-499人
b：30-99人
c：5-29人

（資料） 通商産業省『工業統計表』各年版.

　第二次大戦後の日本の中小企業発展史において，規模別賃金格差の同様に急速な縮小が観察されたのは，昭和30年代の高度経済成長期であった．日本の規模別賃金格差は，図4-12にみられるように昭和33年まで拡大をつづけ，昭和31-32年のいわゆる神武景気においてもこの傾向に変わりはなかった．昭和34年になって急速な格差縮小に向かったが，この経験は規模別賃金格差が大正年間に形成されて以来初めてのものであったとされる[17]．この時期まで，しばしば日本の資本主義における宿命的な構造的体質であるかのごとく論じられてきたいちじるしい規模別賃金格差を，かかるほどまでに短期間にドラステ

---

17) 南亮進『日本経済の転換点―労働の過剰から不足へ―』創文社, 1970年. 小野旭氏の推計になる標準化賃金によって1,000人以上企業賃金 (A) と10～99人企業賃金 (B) との格差 ($B/A×100$) をみても，64.7（昭和29年4月），67.0（昭年33年4月），72.9（昭和36年4月），84.3（昭和39年4月），83.9（昭和42年4月），81.0（昭和45年6月）と推移しており，昭和33年以降数年間の格差縮小がきわだったものであることが知られる．しかしそれ以降最近年まで格差構造は一定のまま推移しているように見受けられる．（小野旭「二重構造のゆくえ」，宮沢健一，新野幸次郎，斎藤謹造編『現代日本経済論』有斐閣，1970年，第11章.）

ィックに縮小させたものは，昭和30年代における労働過剰経済から労働不足経済への移行という歴史的事実にほかならない．

　一般に熟練労働は非熟練労働に比較してその供給規模ははるかに小さく，供給はつねに制限的である．したがって労働力過剰から労働力不足への移行を問題にする場合，その対象とされるべきは非熟練労働力にほかならない．この非熟練労働力の不足に直面して，なお労働力を確保する方途は実質賃金の上昇以外にはない．とくにそれまでの賃金水準が相対的に低位にあった中小企業はその賃金水準をより大幅に増加させない以上，労働力の確保はむずかしくなる．さもなくば既存の労働力の大企業への流出すらもおこりかねない．かかる非熟練労働力市場の変化が，企業規模別賃金格差の縮小をもたらすことになるのである．この点の経緯は，日本と韓国の経験において隔りはない[18]．

　さて，都市の労働吸収が農村に及ばず，農村が尨大な過剰人口を擁している段階においては，農村の1人当り，もしくは1戸当りの所得水準は都市に比較して一般にかなり低い．しかし都市において雇用機会が豊富化し，その雇用吸収力に応じて人口がそこに流入していくとともに，農民の副業収入の機会もふえ，また農産物の工業生産物に対する相対価格（農家交易条件）も有利化し，さらには農業所得を分け合う人びとや農家戸数自体が減少していくために，農家所得は次第に大きく上昇していくことが期待される．都市家計所得は1967年までの間めざましい上昇率をみせ，農家家計のそれを上まわることになったが，その後増勢を減速させつつ現在に至っている．一方の農家家計所得は1967-70年頃まで低迷をつづけるが，この時期以後に顕著な拡大を開始し，したがってこの時点を一つの境界線として都市農村間所得格差は次第に減少していくことになる．1967年を前後する時点までは相対所得が農家家計に不利化し，それ以降一転して有利化の方向に向かって今日に至る推移は，図4-13より明瞭である．名目所得でみる限り，1974年に農家家計所得は都市家計所得をこえるという画期が生まれた．開発途上世界における稀有な開発経験の一つであろう．

---

18)　韓国の賃金格差構造ならびにそれと日本との比較については，小池和男「韓国の賃金構造—その推移と日本との比較—」，『日本労働協会雑誌』1979年8月号を参照されたい．なお日本労働協会編『韓国の労働事情—工業化と熟練形成—』日本労働協会，1980年，第2部第2章もみられよ．

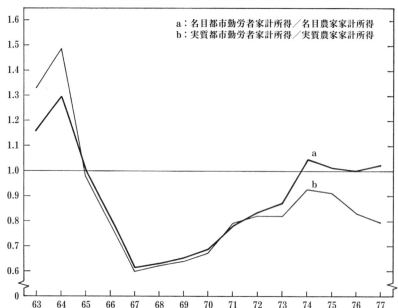

図4-13 都市勤労者家計・農家家計相対所得（1963-77年）

(注) 実質都市勤労者家計所得は1970年を100とする都市消費者物価指数でデフレート．
実質農家家計所得は1970年を100とする農家購入総合物価指数でデフレート．

(資料) Bureau of Statistics, Economic Planning Board, *Annual Report on the Family Income and Expenditure Survey,* various issues, Seoul, Korea; Ministry of Agriculture and Forestry, *Report on the Results of Farm Household Economy Survey and Production Cost Survey of Agricultural Products,* various issues, Seoul, Korea,

要　約

(1) 韓国製造業の雇用拡大率は，開発途上諸国中最も高い．この高い雇用拡大率は，一つにはもちろん韓国の工業化率の上昇スピードが他国に比して速かったことの反映であるが，もう一つにはその工業成長の雇用弾力性が大きかったことにも由来している．韓国工業成長の高い雇用弾力性は，この国に特有な輸出志向工業化政策によって促された．低金利政策や為替レートの過大評価など一連の保護主義的諸政策を排した「市場自由化政策」が，労働過剰，資本不足というこの国の要素賦存状況に見合う労働集約財生産を奨励し，さらに「輸

出インセンティブ政策」がかかる労働集約財の国際競争力をいっそう強化することになった．労働力の産業連関分析によれば，1975 年の製造業品輸出によって直接，間接に創出された雇用数は，同年の製造業労働者数の 40.7% に及んだ．

(2)　韓国工業化の特徴は，かくしてその強力な雇用吸収力にある．製造業部門の雇用吸収力は，他部門とりわけ農業部門から製造業へ向かう農工間労働・人口移動を生み，産業別就業構造に大きな変化をもたらした．この結果，農家人口，農家戸数は 1967 年をピークとし，それ以降絶対的な減少をみることになる．農工間の労働・人口移動は，地理的空間の観点からいえば郡部から都市へ向かう人口都市化過程でもある．ソウル，釜山ならびに京畿道とりわけソウルへの人口集中は激しく，1960 年代後半の 5 年間の韓国人口増加数の 76.8%をひとりソウルが吸収している．また，地域内都市化の速度もいちじるしく，1960 年代の後期以降いずれの地域でも郡部人口は絶対的に減少した．

(3)　製造業ならびに都市へのかかる人口集中にもかかわらず，雇用条件の改善，賃金の上昇は顕著であり，その労働・人口移動は明らかに「プル型」であった．韓国の経済活動人口調査は 1963 年より利用可能となるが，これによると都市（非農家）の場合，近代部門労働者である常雇労働者の比率は上昇し，逆に自営業者，日雇労働者など限界労働者の比率は減少するという結果が得られる．完全失業率，不完全就業率の低下傾向はもちろん明瞭である．

(4)　労働市場構造のこのような変化を反映して，製造業労働者の実質賃金は，1960 年代の半ば以降それまでの停滞的局面からきわだった上昇局面に転じている．製造業部門のうち生産性と賃金の絶対水準の最も低い繊維・衣類，雑工業品，家具・建具等の部門においても，製造業全体の実質賃金の上昇期に遅れをとりつつ，しかしはっきりした上昇局面への移行が認められた．

(5)　したがって製造業部門による激しい労働・人口の吸収波を受けた農業部門でも，労働市場構造に大きな変化が生じた．一つは平均労働時間の延長であり，二つは就業の季節的不規則性から生まれる不完全就業の漸次的消滅であり，三つは農家女子労働力率の顕著な増大である．こうした雇用条件の変化に対応して，農業の 1 日当り実質賃金もまたスパート的上昇を開始している．この傾向は農業女子労働力においても同様にみられる．

第 4 章　工業雇用の拡大と二重経済　　147

(6) 労働市場構造が変化し，それに伴って賃金の顕著な増大がみられる一方，資本形成もまた農工両部門において 1960 年代に入って拡大を始めた．かかる要素賦存状況の変化は当然相対要素価格の変化と，したがって要素代替を生み，これに応じて生産性が変化し，産業構造の高度化過程が発生する．この点でのはっきりとした変化は，とくに農業でみられる．コブ・ダグラス型の生産関数を想定して得られた農業の相対要素価格（資本レンタルプライス／賃金率）は，1960 年代の初めから十数年にわたって逆転を含まず下降し，これに対応して農業の資本労働比率も明らかな拡大をみせた．相対要素価格の変化は，米 100 リットル当りの労働，資本，土地価格の変化によっても確認することができる．かかる変化に応じて生まれた韓国農業の資本集約化（機械化），土地集約化（生産の多角化）の速度と，したがって労働生産性，土地生産性の増大速度には刮目すべきものがある．「圧縮型」産業発展パターンは，製造業と同じく農業においてもみられるのである．

(7) 製造業では，賃金率はもちろんであるが，資本レンタルプライスの上昇率も大きく，したがって相対要素価格の変化は農業ほど大きくはない．このために資本労働比率も，農業のそれに比較して安定的に推移している．その工業化が資本よりも労働をより集約的に利用しながら拡大してきたという，しばしば指摘される韓国の特徴的な工業化の性格は，この事実に由来する．

(8) 上述してきたごとき労働市場構造と産業構造の変動は，韓国経済が 1970 年を前後する時点でルイス・タイプの「転換点」を通過したのではないかという予想を可能にする．製造業の平均賃金はもちろんのこと，低生産性，低賃金を代表する繊維産業の平均賃金も，1960 年代の後半期にそれまでの停滞的局面を経てスパートを開始した．加えて，石油危機という未曾有の景気後退期にもこの上昇速度はさして衰えをみせず，この傾向は構造化したものとみられる．また 1970 年代の初めに製造業の賃金上昇率は，付加価値生産性の増加率をこえた．農業労働者の 1 日当り賃金は男女とも，製造業のそれに若干の遅れをとりつつやはりスパートを開始して，上昇速度はその後も軟化していない．伝統部門の賃金水準は転換点以前は制度的賃金に等しく，転換点をこえて初めて限界生産力によって決定される．したがって伝統部門の賃金は転換点以前では限界生産力を上まわり，以後はこの関係は逆転し，両者はほぼ同一の軌

跡を描いて連動するはずである．韓国農業においても，この傾向は観察された．
さらにまた，転換点の到来を示唆する農家交易条件の改善も明瞭である．

(9)　非熟練労働力の豊富な供給によって特徴づけられる転換点以前の労働市
場は，大規模経済単位に就業して高賃金を取得する一部の労働者と，その他の
低賃金労働者との，いわば階層的な「二重構造」をその体質としている．しか
し転換点の到来とともにこの二重構造は次第に消滅し，規模別賃金格差と都市
農村間所得格差もまた消滅していくことが予想される．前者は 1970 年を「谷」
とし以後 1973 年まで，後者は 1970 年を「谷」とし以後現在まで，急速な格差
解消過程を歩んだ．後者を名目家計所得でみる限り，農家家計所得が 1974 年
に都市勤労者家計所得をこえるという画期的事実が生まれている．

第5章　工業化政策の諸類型と所得分配

序

　停滞的経済における所得分配は比較的平等であるが，経済発展の開始ととも
にこれは不平等化に向かい，さらに高度の経済発展水準に至って再び平等化す
るという，いわゆる「U字型」の所得分配趨勢については，すでに有力な実
証研究の成果がある．こうした趨勢を先進諸国の歴史的経験として一般化した
のがクズネッツである[1]ことは広く知られているが，開発途上諸国の所得分
配データに独自の統計的操作を施した横断面的分析によってこの趨勢を立証し
たのは，エーデルマン，モリスの貢献であろう[2]．所得分配の長期的趨勢を眺
める視角としてクズネッツ命題を用いることはたしかに有効であろうし，そう
した長期的趨勢に有意な因果的説明を加えていくことは，経済発展理論の精緻

---

[1]　Kuznets, S., "Economic Growth and Income Inequality," *The American Economic Review*, Vol. XLV, No. 1, March 1955, reprinted in his *Economic Growth and Structure, Selected Essays*, London, Heineman Education Books Ltd., 1965; "Quantitative Aspects of the Economic Growth of Nations: VIII, Distribution of Income by Size," *Economic Development and Cultural Change*, Vol. XI, No. 2, Part II, January 1963, reprinted in his *Economic Growth and Structure, Selected Essays*; *Economic Growth, Rate, Structure and Spread*, New Haven and London, Yale University Press, 1966, Ch. 4. 塩野谷祐一訳『近代経済成長の分析』上巻，東洋経済新報社，第4章.

[2]　Adelman, I. and C. T. Morris, *Economic Growth and Social Equity in Developing Countries*, California, Stanford University Press, 1973, 村松安子訳『経済成長と社会的公正』東洋経済新報社，1978年；*An Anatomy of Patterns of Income Distribution in Developing Countries*, California, Stanford University Press, 1971.

150　I　現代韓国経済分析

化に大きく寄与するはずである.

　しかしクズネッツ命題は，あくまで経済発展と所得分配との関連を近代経済成長における長期的趨勢として示したものであり，エーデルマン，モリスの結論も，広範囲の観察対象から得られたある一般的傾向である．したがって，個別の国々の所得分配構造が特定の観察期間の中でどう変化したかを眺める場合には，こうした「一般的命題」の有用性にはおのずと限界がある．加えて，われわれの関心である現代の開発途上国の発展過程を先進諸国の歴史的発展過程と比較した場合，そこにみられる次のような相違には改めて注意を向ける必要がある.

　すなわち現代の多くの開発途上国の経済発展を特徴づけるのは，自国の発展は，「計画化」さるべきであるという確信もしくはイデオロギーであり，その発展水準の大きな違いにもかかわらず，資源配分に果たす中央政府の機能が決定的に大きいという事実には，隔りはない．政府の強力な資源配分機能を後楯とした現代開発途上国の発展過程が，市場機構に多分に依拠する資源配分を旨としてきた先進国の歴史的経験と同様のパターンをとることは少ない．一国の所得分配構造が資源配分構造の一表現である以上，発展の初期段階から強力な資源配分政策を用いてきた開発途上国の所得分配傾向が，先進国における所得分配の歴史的趨勢とは異なった傾向をもつことは大いにありうる[3]．現代の開発途上国の所得分配のあり方に大きな影響力をもっているのは中央政府の資源配分政策であり，したがって開発途上国の所得分配をそうした政策的経緯と関わらしめて観察する視角は，大きな重要性をもちうると思われる.

　韓国は，1960年代の中頃にそれまでの保護主義的工業化政策から輸出志向工業化政策へと転換した．この政策転換のもたらした特有な資源配分パターンこそが，韓国のその後につづくめざましい経済的実績の原因にほかならない．ところでこの資源配分は韓国の所得分配パターンに，はたしてどのような影響をもたらしたか．この問題を，おそらくのところ韓国とは最も対照的な工業化政策を追求してきた東南アジアの一国，フィリピンの開発経路との比較の中か

---

3)　こうした関心は，Ranis, G., "Development Theory at Three Quarter Century," in N. Nash, ed., *Essays on Economic Development and Cultural Change: in Honor of Bert F. Hoselitz*, Chicago, Chicago University Press, 1977, pp. 264–66 にみられる.

ら考察してみよう，というのが本章の課題である．まず初めに，開発途上国の多様な工業化類型と資源配分ならびに所得分配との関連を考える枠組みを示し（第1節），次いでこの枠組みにしたがって保護主義的工業化と所得分配不平等化との因果的関係を，フィリピンを事例として考察する（第2節）．その後で，これとは対照的な事例としての現代韓国の所得分配傾向をその輸出志向工業化政策との関連で捉え（第3節），最後にこの二つの事例を対照することから，若干の政策的示唆を得ようと思う（第4節）．

1. 工業化・資源配分・所得分配

多くの開発途上国が工業化における戦略的役割を近代部門の一部の大規模経済単位に求め，これに多様な国家的保護を与えることによって，いわゆる輸入代替工業化をはかってきたことはよく知られている．かかる保護主義的工業化を政策的に推進する場合にまず必要とされたのは，保護主義的な輸入障壁を築いて外国の競合者から隔離された国内市場を創出することであった．この保護主義的な輸入障壁は，当初は輸入承認制ならびに為替管理制度を広範に用いることによって，次いで高度の保護関税を築くことによって形成された．

輸入市場規模の最も大きいのはまずは最終消費財市場であり，そのために初期的輸入代替機会は最終消費財によって与えられる．したがってそこでの輸入統制は，輸入代替される最終財において最も厳しく，その最終財生産に要する素原材料，中間製品，資本財においてより緩やかになるという明瞭な「輸入重要度基準」をもつことになった．すなわち最終消費財のほぼ完全な輸入統制は，この財の輸入代替生産に厚い保護の壁を形成する一方，最終財生産のための投入財は，重要度基準のもとで優先的にこれを輸入することができた．加えて保護主義的工業化政策をとる開発途上国の公定為替レートは，均衡市場レートに比較して自国通貨を過大に評価したものであった．いいかえれば投入財輸入者は，過小に評価された外貨を，しかも優先的に利用しうるという二重の便宜を受けたのである．最終財輸入が禁止的な状態におかれる一方，しかしこの最終財生産のための投入財は過小評価された外貨を用いて輸入しうるのであるから，当の最終消費財の国内生産は，国内投入財ではなく，先進国から安価で輸入さ

152　I　現代韓国経済分析

れる投入財を用い，それに体化された先進国の資本集約的技術によって試みられるようになるのは自然である．したがってこの輸入代替は，輸入投入財集約的であると同時に，資本集約的な偏向を余儀なくされたのである．

　輸入代替の資本集約化傾向は，要素価格のうえに用いられた一連の保護主義的政策，すなわち低金利政策と最低賃金制度によっても促進された．工業化の隘路は企業家による弱い資本需要にあると考える一方で，高い国内貯蓄水準の源泉は結局のところ企業家の利潤に見出されねばならないという考え方が影響して，低金利政策は多くの開発途上国においてその産業育成政策のかなめとされてきた．市中銀行や開発銀行の資金は均衡市場金利よりも低い水準で貸出され，市中銀行や開発銀行のそうした低金利貸出を中央銀行が全面的に支持するという方策がとられた．この低金利資本に対しては大きな超過需要が発生したのは当然であるが，他方この低い貸出金利に見合って設定された低い預金金利のもとに集まる貯蓄量は少ない．かかる超過需要と過少供給は，結局のところ低金利資本の行政的割当を通じて解消されざるをえないが，この割当慣行において最も強く選好されたのが輸入代替産業であった．長期資本の場合には，これが輸入代替産業以外にまわる可能性は現実にはゼロであった．すなわち低利資本保有者はこの資本を輸入代替最終財産業に投下して，そこから最大限の利潤を獲得することができた．彼らは，均衡市場金利よりも低い金利の資本を獲得でき，自国の要素賦存状況に比較して資本集約的・労働節約的な技術を選択した．

　いくつかの開発途上国にみられる社会保障制度，最低賃金制度は，この傾向をさらに促した．法の社会的規制力ならびに行政的能力の薄い開発途上国においてかかる社会立法が施行された場合，これが十分な適用をみるのは大企業や政府といった「組織部門」であり，「未組織部門」がこの制度を適用される度合いははるかに小さい．輸入代替部門は都市，多くは大都市に立地する大規模経済単位であり，この部門の賃金は社会保障制度，最低賃金制度の支持を受けて他のそれより一段と高いものになる．かかる一部の保護工業部門の高賃金化傾向は，当該産業の生産方法を資本集約的・労働節約的なものにしていく傾向を助長したのである．

　保護主義的工業化は，かくして外貨，資本，労働等の社会的機会費用を反映

しない要素価格体系を生み，結果として一つには，特定工業部門の技術と生産方法を資本集約的・労働節約的なものにする偏向を発生させると同時に，二つには，労働集約的工業部門が相対的に小さく，資本集約的工業部門が相対的に大きいという，開発途上国の要素賦存状況を反映しない工業構造を帰結する．保護主義的工業化のかかる偏向のゆえに，工業化の進展はそれに見合う雇用吸収力をみせない[4]．政府が最大の政策的優先順位をおき，そこに一国の資源を集中させた工業部門の雇用吸収力が弱いというこの事実にこそ，多くの開発途上国の経済成長が社会的公正を満たすことのできなかった主要な原因がある．

　ところで，保護主義的工業化の雇用吸収力を問題にするとき，この工業化における「ペース」の問題も同時に考慮に入れねばなるまい．工業化過程が輸入代替戦略によって開始される場合，少なくとも，輸入制限によって創出された「レディ・マーケット」を満たすまでの初期的輸入代替期においては，工業化は所得の成長とは独立にかなりの速度で進みうる．しかしこの時期を過ぎると同時に，工業化は国内需要の純増に見合ってか，もしくは他製品に向けられていた国内需要を自方に「移し変える」ことによってしか前進をつづけることはできない．要するに，初期的輸入代替機会の涸渇と同時に，この工業化は通常の工業化と同じ市場開拓努力を払わねばならないという困難な局面を迎える．結果として多くの開発途上国で生じたのが工業化率の減速化であり，したがって工業化の雇用吸収力の減退であった．保護がもたらした技術と生産方法の資本集約的・労働力節約的偏向は，この工業化の速度自体がある時点以降急速に「落ちる」という事実を伴うことによって，その雇用吸収力を他の資源配分パターンに比較していっそう弱いものにしたと考えられるのである．保護のもとで一国の稀少資源をそこに集中した工業部門の雇用吸収力が弱いというこの事実は，とりわけ農村部において人口過剰度を高めつつある開発途上国の所得分配を，次のような経緯のもとで不平等化に向かわしめることになったと推論される．

　保護主義的工業化は，保護工業部門とこの部門の立地する大都市圏の魅力を

---

4)　こうした諸偏向については，Little, I., T. Scitovsky and M. Scott, *Industry and Trade in Some Developing Countries, A Comparative Study*, London, Oxford University Press, 1970, Ch. 3 に詳しい.

過度に高め，一国の資源をここに集中する．伝統部門とりわけ農業は，資源を「引出」されて，その生産性向上を阻止される．農業の生産性向上が阻止され，かつ耕境拡大の余地が限定されているという条件のうえに人口圧力が加えられて土地の細分化を招く，という図式は多くの開発途上国で広く観察される．この結果，最も低い所得水準にある，耕地保有（もしくは経営）規模において最零細の農家比率は一段と増大して，農村の所得分配は不平等化に向かう．かくしてその比重を増大させ，かつ農村内部に就業の機会を見出すことのできない絶対的貧困層は都市に「押出」される．しかし，都市工業部門とりわけその「組織部門」の雇用吸収力は，すでに指摘したように，一つには保護がその技術と生産方法を労働過剰経済の要素賦存状況を反映しない過度に資本集約的・労働節約的なものたらしめたがために，二つには工業化の速度自体が遅いために，相対的に弱い．したがって農村から押出されて都市に流入してくる農業労働力が組織部門に吸収されることは少なく，大半は低生産性，低賃金，不完全就業によって特徴づけられる都市の未組織部門とりわけ未組織サービス部門での滞留を余儀なくされる．

　未組織部門は追加的労働者の雇用に伴って追加的資本支出を要するところ少なく，その意味で投入係数弾力的な分野であるがえに，農村からの流入労働者にとって「参入障壁」の最も低い分野であり，これは押出型都市化のいわば安全弁として機能する．しかし農村労働力の流入とともに，その低生産性，低賃金，不完全就業はさらに深刻化せざるをえない．多くの開発途上国における都市の所得分配の不平等化と，かくして発生する都市絶対的貧困層を擁するスラム・不法占拠地区の急速な拡大の背後にあるのは，この事実である[5]．かかる類型にある国において深刻化している「都市の貧困」は「農村の貧困」の別の表現であり，同時に都市の所得分配の不平等化は，農村の所得分配の不平等化と実は同じ文脈の中で語られなければならないのである[6]．このような事実を

---

5)　都市のいわゆるインフォーマル・セクターについては近年，とくに ILO を中心に，活発な研究調査活動がみられる．さしあたり，Sethuraman, S, V., ed., *The Urban Informal Sector in Developing Countries: Employment, Poverty and Environment*, World Employment Programme Study, International Labour Organization, Jeneva, 1981; Mazumdar, D., "The Urban Informal Sector," *World Development*, Vol. 4, No. 8, 1976 に注目されたい．

6)　渡辺利夫「開発途上国における農村の貧困，都市の貧困」，『国際問題』日本国際問題研究所，第

帰結した多くの責は，政府がそこに最大の政策的優先順位をおいてきた工業部門の雇用吸収力が弱いというところに求められるであろう．

かかるパターンとの対照において，今日われわれが最も注目しなければならないのは，いわゆる輸出志向工業化に沿うた国のそれであろう．輸出志向工業化に成功をみた数少ない開発途上国の経験によれば，この政策はある時点までに採用されてきた保護主義的政策を一挙に「自由化」するところから始まる．一つは，貿易為替管理，保護関税の自由化であり，この自由化の結果として最終財の国内価格と輸入価格との乖離は縮小し，これに伴って国内輸入代替機会もまた消滅する．かかる輸入自由化を前提として，二つには，為替レートと銀行金利の自由化が試みられる．為替レートと金利を市場均衡水準に見合うところに調整しようというこの試みは，自国通貨の過大評価のもとで国内投入財に比較してより資本集約度の高い輸入投入財を集約的に利用する傾向を生んだ旧来の慣行と，低金利政策のもとで労働に相対して資本を選好しようとする企業家の行動様式とを是正し，要するに労働過剰経済の要素賦存状況に適した技術と生産方法の採用を促進する．こうした政策転換は，当該国の労働集約財に潜む比較優位を顕在化させるのであるが，かくして顕在化された労働集約財の比較優位は，このうえに強力な輸出促進インセンティブを与えられて，その国際競争力を強化する．輸出促進政策として現実にとられたものは，輸出活動に対する国内税の軽減，再輸出投入財に対する輸入関税の免除，低利輸出信用の供与，輸出保険制度の拡充，輸出産業に対する経営・技術指導，輸出マーケティングの開発促進，輸出工業団地の建設といった多様なものであった．

結果として，こうした類型に属する国の労働集約財輸出の成長率はめざましく，この輸出部門が工業化と経済成長の主導部門を形成する．経済成長を主導したものが労働集約財輸出であったがために，経済成長の雇用弾力性は相対的に大きい．高い雇用吸収力のゆえに輸出の大規模化は，都市内部の限界労働者を吸収していく一方，農村部からの労働・人口移動を誘発する．この過程で都市の失業・不完全就業人口ならびに農村の偽装失業人口は減少し，工業部門の実質賃金と勤労者家計所得は，それまでの停滞状態を脱して上昇局面に入る．

---

229 号，1979 年 4 月．

都市人口比率の急速な増加にもかかわらず，工業部門の雇用吸収力がこれを上まわることによって，都市勤労者の実質所得は上昇すると同時に，強力な雇用吸収力が限界労働者に及ぶことを通じて都市の賃金所得分配は改善の傾向をみせる．また農村から都市へ向かう労働・人口移動は，農村労働力と農家家計数を減少させ，農村の1人当りおよび1家計当り所得水準を増加させる傾向をもつ．しかもこの国内人口・労働移動が農家交易条件を有利化させる過程でその傾向は助長され，都市農村間所得格差はいっそう縮小する．さらに都市工業部門の雇用吸収力に敏速な反応をみせたのは最も零細な農家家計であるが，農村において最下位所得階層にあり，また農家戸数において最大のこの階層農家の比率が下がったために，農村内部の所得分配もまた平等化に向かうという重要な事実が推論されるのである．

　資源配分政策と所得分配構造におけるかかる対照をアジア諸国の中に求める場合，前者の類型の代表例をフィリピンに，後者のそれを韓国に求めることは適切と思われる．

2. フィリピンの所得分配構造
——土地細分化と絶対的貧困——

　フィリピン農村の所得分配構造の変化は，まことに特徴的である．1965年を基準年とする生計費指数でデフレートされた農家1家計当りの年間実質所得は，1956年から71年の間に年平均わずか1.7%の増加率しか示していない．観察期間における家計所得のこうした低い増加率に加えて，農村の所得分配は，家計標本調査の得られる1956年以降の4時点[7]において悪化をつづけている．全農家家計を下位所得家計から上位所得家計へ20%ずつとって，この各20%階層の農家所得獲得率をみると，最下位20%階層の所得獲得率は1955-56年7.0%，1961年5.9%，1965年5.0%，1971年4.4%へと下降をつづけ，また第

---

7)　フィリピンの家計調査は，1956-57，1961，1965，1971年の4時点で得られるが，これらはすべて，Bureau of the Census and Statistics, Department of Commerce and Industry, Republic of the Philippines, *Family Income and Expenditure*, various issues, Manila として公刊されている．本章における以下の家計所得，家計所得分配の数字はすべてこの四つの家計調査による．

第5章　工業化政策の諸類型と所得分配　　157

2下位20%階層のそれも11.1%，11.8%，9.5%，8.9%と推移して，両者を合わせた最下位40%階層の所得獲得率は，18.1%，17.7%，14.5%，13.3%へとはっきりとした下降が観察される．その一方で最上位20%階層のそれは，46.1%，46.9%，47.2%，51.0%へと例外年をもたずに上昇をつづけ，結果として農家家計のジニ係数は，0.38，0.40，0.42，0.46へと持続的な不平等化傾向を示した．1955-56年から1971年までの20%階層ごとの実質家計所得増加率をみると，所得階層が下位になればなるほど，その所得増加率が低くなるということに顕著な傾向をみることができる．実際のところ，この15年間において最下位20%階層の所得増加率はマイナス24%であり，第2下位20%階層のそれはマイナス1.1%であるが，一方最上位20%階層の所得増加率は実に45%に達する高さにある．家計所得の平均水準がほとんど増加傾向をみせず，その一方で生じた分配の不平等化傾向はかくのごとく激しいのである．

　フィリピンの絶対的貧困に関心を寄せた一研究によると，適切な栄養，蛋白質の摂取量その他を斟酌して推定されたフィリピン農村における1人当り最低生存所得は，年額650ペソである[8]．これをもとに世界銀行は，1971年において農家家計数の50%弱がこれを下まわる絶対的貧困農家に属すると推計している．また同じ推計は，この650ペソに達しない全フィリピン家計数のうち80%をこえる比率が農家家計であるとみなしている[9]．このような所得分配の明瞭な不平等化傾向と絶対的貧困層の大量存在は，フィリピンの場合には，農村における過剰人口化と，それに伴う土地の細分化というかなりはっきりした要因からこれを導き出すことができるように思われる．

　他の開発途上国と同様フィリピンにおいても出生力は都市よりも農村の方が高く，たとえば最新のセンサスの得られる1970年についてみると，農村人口の自然増加率は3.2%であり，0.5%が社会減であったがために2.7%の純増をみている．農村におけるこの急速な人口増加率は，耕境の限界を迎えてすでに久しいといわれるフィリピン農村の人口土地比率を大きく高めた．その帰結

8）　Abrera, L., "Philippine Poverty Thresholds," in Development Academy of the Philippines, *Measuring Philippines Welfare: Report of the Social Indicator Project*, Manila, 1975.

9）　World Bank Country Economic Project, *The Philippines: Priorities and Prospects for Development*, Manila, October 4-8, 1976, pp. 94-97.

は土地の細分化である．1971年の米作面積と米作農家数の推計値 [10] を，1960年の公式統計 [11] で得られる数値と比較してみると，次のような結果が得られる．すなわち，この12年間に米作農家戸数は年平均 4.0% 増加したものの，米作面積は年平均 1.7% の増加しか示しておらず．すなわちこの間1農家当りの米作面積は年平均 2.3% で減少した．フィリピン米作農家の平均耕地経営規模は1960年には 2.12 ヘクタールであったが，1971年にはこれが 1.56 ヘクタールへと激しい減少をみた．結果は，より下位にある耕地経営規模の農家比率の上昇である．1960年において耕地経営規模が2ヘクタール未満の最零細米作農家戸数の全米作農家戸数に占める比率は 40.9% であったが，1971年にはこの比率は実に 68.7% に上昇し，その一方で2ヘクタール以上の中規模・大規模農家戸数比率ははっきりと減少した．最零細農家戸数の比率が増大したにとどまらず，2ヘクタール未満農家の1戸当り耕地経営規模は1960年の 0.93 ヘクタールから 0.88 ヘクタールへと減少した．米作地以外については，2時点間の変化をうかがうことはできない [12]．

　米作地経営形態別に農家戸数と耕地面積を1960年と1971年の2時点で比較することは可能であるが，ここからも明瞭な変化の傾向をみることができる．すなわち小作農は，自作農，自小作農に比較して，その農家戸数の増加率に相対して耕作地の増加率が最も小さく，1戸当り米作小作面積は1960年の 2.14 ヘクタールから1971年の 1.57 ヘクタールへと減少をみている．さきの観察事項とこの事実を合わせ考えると，農村における急速な人口増加が耕地面積への圧力を強める過程で，とくに耕地経営規模の小さい，しかも小作農地を細分化させる方向に作用したことが推測されるのである．統計を明示することは不可能であるが，「土地なし農民」の比率もかなりの速度で拡大してきているように思われる [13]．農家家計所得の水準を決定する最大の要素が，耕地の経営規

---

10)　National Census and Statistics Office, National Economic and Development Authority, *1971 Census of Agriculture*, Manila, 1974.

11)　Bureau of the Census and Statistics, Department of Commerce and Industry, *Census of the Philippines, 1960: Agriculture*, Manila, Vol. 2, 1965.

12)　1960年農業センサスによれば，2ヘクタール以下農家の比率は，トウモロコシ農家の場合 54.6%，ココナツ農家の場合 59.6%，その他作物農家の場合 33.9% となっており，フィリピン農業の零細性は明瞭である．

模と経営形態であると考えるのであれば，上述の事実すなわち農村において低所得階層を広範に形成する最零細農家階層の比率増大ならびに小作農地面積の縮小とが，農村の所得分配を不平等化させる最大の要因として機能したとみなすことは合理的であろう．

　農村における実質家計所得水準の絶対的停滞の中で発生した所得分配の不平等化，ならびにそこから生まれた絶対的貧困層の拡大は，この貧困層を都市とりわけマニラ首都圏に「押出」する力をつくり出す．実際のところフィリピンの場合，貧困化への度合いの最も大きい地域において，純転出率が最も大きいという明瞭な相関が観察される．1961年においてフィリピン農家全体の平均家計所得水準を1とすると，これより低い農家家計所得水準の相対値にある地域は，10の行政地域区分のうち南・西部ミンダナオ，東部ビザヤ，カガヤン・バレー，ビコール，イロコス，の5地域であるが，1971年におけるその相対値をみると，この5地域のうち，東部ビザヤ，イロコス，ビコールにおいては，めだったその地位低下が認められ，とくに最低位の東部ビザヤのそれは激しい．カガヤン・バレーはその地位に変化がない．南・西部ミンダナオのみその地位を若干ではあるが上昇させている．1961年において，その平均家計所得との相対値が1より高かった地域，中部ルソン，南部タガログ，西部ビザヤ，北・東部ミンダナオは1971年においても依然1よりも高く，このうち中部ルソン，西部ビザヤは相対値を大きく上昇させている．

　このように，1961年の平均家計所得との相対値において1よりも低く，かつその相対値を1961年から1971年の間に激しく低下させた地域は，西部ビザヤ，イロコス，ビコールの三つである．しかも注目すべきは，この3地域の所得分配の不平等化への傾斜は大きく，ジニ係数であらわされるそれは，東部ビザヤの場合1961年0.44，1965年0.47，1971年0.51，イロコスの場合にはそれぞれ0.45，0.49，0.55，ビコールの場合0.42，0.46，0.58へ動いている[14]．

---

13)　たとえば梅原弘光氏の調査村の事例では，97戸中16戸がこの階層に含まれている．梅原弘光「フィリピン米作農村の構造変化—中部ルソンの一ハシェンダ・バリオの事例を中心として—」，滝川勉編『東南アジア農村社会構造の変動』アジア経済研究所，1980年．

14)　地域別所得分配に関する詳細な研究は，Mangahas, M., "Income Inequalities in the Philippines: A Decomposition Analysis," in *Income Distribution, Employment and Economic Development in Southeast and East Asia*, Vol. 1, Paper and Proceedings of the Seminar Sponsored

かくして絶対的貧困層が最も急速に累積されていったのが，これら地域である
ことが予想されるのであるが，したがって同時にこれらの地域において農村人
口の「押出」力が最も強く働いたと考えることは自然である．実際，1960-70
年における人口の地域間移動を推計した公式統計によれば，この間の人口の純
転出地域はフィリピンの 10 の行政地域区分のうち四つであり，東部ビザヤ，
イロコス，ビコールはいずれもこれに含まれる．東部ビザヤの純転出数は全国
で最大である [15]．

　ところで，農村から「押出」される人口が転出を求めて出ていく先は，都市
とりわけマニラ首都圏である [16] 人口の地域間移動動態を推計した上述の統計
によると，この 10 年間におけるフィリピン各地域間の純転入総数 148 万
9,700 人のうち 90 万 4,200 人，すなわち 60.7% がマニラ首都圏への純転入に
よって占められており，フィリピン国内人口移動の最も顕著な特徴は，他地域
からマニラ首都圏に向かう大量の人口移動によってあらわされるということが
できる．

　しかし都市に移動した人口がそこで有利な就業機会を見出し，高い所得を享
受することは容易ではない．農村からの転入労働者の多くは，不完全就業によ
って特徴づけられる未組織部門に流入して，都市の低所得者層を広範に形成す
る．すなわち農業部門から流出して都市に向かう労働者が比較的容易に参入し
ていくことができるのは，資本の賦存量を一定と考えれば，それが労働者の参
入とともに追加的な資本投入をそれほど要しない分野であり，この分野は未組
織サービス部門であると予想される．需要の高い所得弾力性のもとに拡大する

Jointly by Japan Economic Research Center and the Council for Asian Manpower Studies,
Tokyo, Manila, 1974 にみられる．また，Mangahas, M. and B. Barros, "The Distribution of
Income and Wealth: A Survey of Philippine Research," University of the Philippines, School of
Economic Discussion Paper No. 7916, October 1979 をも参照されたい．

15)　Bureau of the Census and Statistics, Department of Commerce and Industry, Republic of
the Philippines, *Population, Land Area and Density, 1948, 1960, 1970*, Special Report No. 3,
Manila, 1972. なお同時に Kim, Y., "Net Internal Migration in the Philippines, 1960-70," in Bu-
reau of the Census and Statistics, *Journal of Philippine Statistics*, Vol. 23, No. 2. を参照．

16)　1975 年の各産業部門総産出高に占めるマニラ首都圏の比率は，製造業 63%，公益事業 71%，
商業 64%，運輸 77%，通信・倉庫 69%，サービス 54% である．National Economic and Devel-
opment Authority, Republic of the Philippines, *Statistical Yearbook of the Philippines 1976*,
Manila, 1977.

近代的サービス部門の比重は，開発途上国では一般に小さい．未組織サービス部門の拡大は，近代的サービス部門の拡大とは逆に，所与の仕事総量の中に新たに供給される労働者が「わりこむ」ことによってなされるといった方が真実に近い[17]．すなわち未組織部門は，その平均労働生産性を大きく犠牲にしながら労働を吸収していくのである．未組織部門は，低い労働生産性を反映してその賃金率は低く，しかも不完全就業をその大きな特徴とする．その意味で未組織部門の存在形態に注目することは，「押出」型都市化によって拡大する都市の所得分配を考察するうえで重要である．

　フィリピンのサービス部門を組織部門，未組織部門とに分類し，各サブセクターにおいて，その雇用比率が1960年代にどのような変化をみせてきたかは，国際労働機構の調査が明らかにしている[18]．この調査によれば，サービス部門全体に占める未組織部門の雇用比率は，この10年間に60％をこえる水準で推移しており，商業において実に81％，運輸・倉庫・通信においても70％の高さにあるとされる．1961年以降の10年間における組織部門労働者の増加数は78万5,000人であるのに対し，未組織部門労働者のそれは107万8,000人であった．組織部門と未組織部門との対照はサービス部門に限った現象ではなく，もちろん程度はそれほどではないまでも，他の部門でも一様に観察される．製造業部門もその例外ではない．製造業部門において1事業所当りの従業員数5人未満のものを未組織部門とした場合，この部門労働者の全製造業労働者に占める比重は1960年代において70％を前後する高い水準にある．この製造業未組織部門においては賃金・俸給取得者の比率は組織部門に比較して圧倒的に小さく，自営もしくは不払家事使用人を主たる従業者とする伝統的な経営形態がとられていることがうかがわれる．当然のことながら製造業未組織部門においても，その生産性と賃金は組織部門に比較して低い．1971年において全製造業付加価値に占める未組織部門の比率はわずか10％であり，この部門の労

---

17) The Economic Commission for Asia and the Far East, the United Nations, *Economic Survey of Asia and the Far East 1972*, Bangkok, 1973, Ch. 4.

18) International Labour Office, *Sharing in Development: A Programme of Employment, Equity and Growth for the Philippines*, Manila, 1974, Ch. 5. 本調査による「組織部門」労働者とは，センサスにおける認可事業体（Licensed Establishments）に雇用される労働者であり，「未組織部門」労働者とは，この「組織部門」労働者を総労働者数よりマイナスしたもの，と定義される．

働生産性は極端に低い．またこの部門においては不完全就業が広範に存在しており，サービス部門における未組織部門とならんでチープ・レーバーの「プール」となっているとみられる[19]．

　都市とりわけマニラ首都圏において，その比重が大きいサービス部門ならびに製造業部門に，不完全就業によって特徴づけられる低賃金労働者がかくも広範に存在しているのであれば，当然，都市ならびにマニラ首都圏には農村地域よりも高い完全失業率が同時に観察されるはずである．都市農村別の失業率統計を得ることができるのは1965年以降であるが[20]，この傾向は明らかである．1975年における失業率は，農村のそれが2.6％であるのに対し，都市は7.8％である．また都市化率が他地域よりも大きいマニラ首都圏の失業率は，8.0％に達する．都市とりわけマニラ首都圏におけるかかる限界労働者の比率増大こそが，この地域の所得分配不平等化の最大の要因であると推論されるのである．

　家計調査の得られる1956年から1971年までの都市の年額家計所得水準を，1965年不変価格による実質家計所得としてみると，その増加率は年平均わずか1.2％である．1956–57年，1961年，1965年の3時点において，最下位20％家計所得階層の所得獲得率は，4.5％，3.8％，3.8％であり，1971年には4.6％へと上昇をみせた．また第2下位20％階層のそれも，8.0％，7.5％，8.0％，9.4％へと推移している．最上位20％の家計所得階層のそれは，39.6％，40.9％，41.7％へと上昇の後，33.4％へと減少をみている．この傾向はジニ係数にもはっきりとあらわれており，4時点で，0.49，0.52，0.53，0.45となっている．すなわち，最初の3時点では不平等化への傾向がみられたが，1971年には平等化へと向かっている．しかし1971年の現実の都市所得分配が，このジニ係数の大きな変化にあらわれるほどに平等化したか否かについては，各方面から大きな疑義が呈されている．前述のごとく最上位20％所得階層の所得比率が，1965年の41.7％から1971年の33.4％へと激減したことは，諸般の事情に鑑みてありえないという観察が一般的であり，国際労働機構をはじ

---

19)　Jurado, G. M., "Man and Work in the Informal Sector: Evidence from the Philippines Manufacturing Industry," Paper Presented to the 1981 Asian Regional Conference on Industrial Relation, Tokyo, Japan, March 17–20, 1981.

20)　Bureau of the Census and Statistics, Department of Commerce and Industry, Republic of the Philippines, *Survey of Household Bulletin*, Manila, 1976.

め 1971 年の家計調査においてはとくに上位所得階層の過小報告がひどかった
のではないかという観測がしきりである[21].

　さきに農村の所得分配を論じたところで記したごとく，そこでは 650 ペソを
いわば「生存維持水準」としたが，都市の相対的に高い生活水準を斟酌して，
これを若干修正しなければならないであろう．世界銀行は，この最低水準をマ
ニラ首都圏の場合には 870 ペソ，その他都市の場合には 700 ペソとしてい
る[22]．そしてこの最低水準を下まわる住民比率は，マニラ首都圏の場合全人
口の 32.8%，その他都市の場合 28.2% とみている．低所得都市人口の集中度
はマニラ首都圏においてより高いが，そのほとんどがスラム・不法占拠区域に
居住する．都市におけるこうしたスラム・不法占拠区域の広範な存在こそフィ
リピンの所得分配不平等化のシンボルであり，都市近代部門の雇用吸収力が弱
いことの反映であり，さらにまた農村の貧困の別の表現である．

　このようにみてくるならば，フィリピンにおける所得分配の不平等化傾向に
かかる姿を与えしめた最大の要因は，一つには農村において発生した急速な人
口増加にあるが，二つには，独立以来そこに最大の政策的優先順位をおいてき
た工業化が，高い雇用吸収力を発揮することに失敗したという事実に求められ
るであろう．フィリピンは，アジア諸国の中では最もはやい時期から本格的な
輸入代替工業化にのりだした代表的な国として知られるが，輸入代替機会の涸
渇した 1960 年代の中期以降今日に至るまでの十数年間，この国の工業化率の
変化は少ない．前節で指摘した保護主義的工業化における技術と生産方法の資
本集約的偏向は，フィリピンにおいてその典型をみることができる[23]．実際，
フィリピンにおける製造業部門の雇用増加率は，1960 年代の初期以降の 15 年

---

21)　ILO, *Sharing in Development: A Programme of Employment, Equity and Growth for the Philippines*, p. 9. なお筆者による Bureau of the Census and Statistics でのインタヴューの折に
も，かかる観測を示唆した調査官がいた．

22)　World Bank Country Economic Project, *op. cit.*

23)　この点に関する本格的な研究は，Sicat, G. P., *Economic Policy and Philippines Development*,
University of the Philippines Press, Manila, 1972. なお Power, J. H. and G. P. Sicat, *The Philippines Industrialization and Trade Policies*, Oxford University Press, London, 1971 も参照さ
れたい．さらに，Bautista, R. M., "Anatomy of Labor Absorption in Philippines Manufacturing. 1956–1966," *Economic Bulletin for Asia and the Far East*, ECAFE, Bangkok, Thailand,
September 1973 もみられたい．

間でわずか年率 1.5% にすぎない．かかる帰結をもたらした保護主義的工業化政策が大きく転換されない限り，その所得再分配政策も政治的宣伝以上の意味をもつことはないというべきであろう．

3. 韓国の所得分配構造
——輸出志向工業化の厚生的意味——

　韓国の所得分配構造の変化については，すでに第4章でも指摘した．若干の重複はあるが，この問題を考える枠組みとデータを示すことにしよう．韓国の所得分配傾向 [24] を考察するとき，まず注目されなければならないのは，都市工業部門における強力な雇用吸収力である．この強力な雇用吸収力をもたらした要因について，次の二点を指摘しておくことは重要であろう．第一点は，この国の場合，ある時点で社会的機会費用を反映する要素価格体系を用いたことによって，労働集約的な技術と生産方法が広範に採用され，以降雇用吸収力の大きい工業化パターンが促されたことである．すなわち韓国政府は，1960年

---

24)　韓国を含む特定アジア諸国の所得分配に関するパイオニア・ワークは，Ohshima, H., "Income Inequality and Economic Growth: The Postwar Experience of Asian Countries," *Malayan Economic Review*, Vol. XV, No. 2, October 1970 であり，1960年代における韓国の所得分配は他の多くのアジア諸国に比較してはっきりと平等化に向かったことが示唆されている．韓国の所得分配が平等化したことを主張する重要な文献に，Adelman, I. and S. Robinson, *Income Distribution Policy in Developing Countries, A Case Study of Korea*, Stanford University Press, Stanford, California, 1978. ならびに Adelman, I., Annex, Some Countries Experience, "South Korea," in H. B. Chenery et al., *Redistribution with Growth*, Joint Study by the World Bank's Development Research Center and the Institute of Development Studies at the University of Sussex, London, Oxford University Press, 1974; World Bank, *Economic Growth and Income Inequality in Korea*, World Bank Staff Paper No. 240, February 1976; Brown, G. T., *Korean Pricing Policies and Economic Development in the 1960s*, Baltimore and London, Johns Hopkins University Press, 1973, Chs. 6, 7; Looney, R., *Income Distribution Policies and Economic Growth in Semiindustrialized Countries, A Comparative Study of Iran, Mexico, Brazil and South Korea*, New York, Praeger, 1975 などがある．韓国人経済学者の手になる近年のすぐれた成果は Choo, Hock-chung, *Economic Growth and Income Distribution in Korea*, Korea Development Institute Working Paper 7810 である．また I. Adelman による所得分配の計測方法に対する批判が，Bai, Moo-ki, Examining Adelman's View on Relative Income Equity in Korea: with Focus on Her Studies in the World Back Report. *Social Science Journal*, Korean Social Science Research Council, Korean National Commission for UNESCO, Vol. 5, No. 1, 1978 にみられる．

を前後する時点で為替レートと銀行金利の「現実化」を中核においた市場自由化政策を実施し，それまでの輸入代替工業化を特徴づけてきた，近代部門のみを利する政策的慣行を廃止した．これに伴ってウォンの過大評価のもとで進んだ投入財の輸入偏向，低金利政策のもとで促進されてきた生産方法の資本集約化傾向は改善され，労働過剰経済の要素賦存状況に適合した輸入パターンと生産方法が選択されるようになった．

第二点は，工業化のペースが急速であったという事実である．第一点で指摘した政策選択のもとで，国際貿易における労働集約財の比較優位は顕在化され，このうえにさらに輸出促進政策が用いられたことによって，この労働集約財の国際競争力は高まりをみせる．1960年代の後半期に出現した韓国の労働集約財輸出は，韓国の工業化ならびに経済成長を牽引する主導部門であり，その後の韓国が輸出志向工業化パターンに沿うた国の代表例となったのは周知のところである．1960年代の中期以降，韓国製造業の資本労働比率が安定的な低下傾向をもったという事実，ならびに製造業部門の限界資本産出高比率が1960年代の央以降明らかに低下趨勢にあるという事実を，われわれは市場自由化政策の注目すべき成果として，すでに第1章で指摘した．

輸出工業部門のこのように高い雇用吸収力は，この部門の立地している一部工業都市に向かう大規模な人口・労働移動を誘発した．すなわち韓国の場合には，フィリピンに典型的にみられたそれと違って「引出」型の都市化を観察できる．第4章においてわれわれは，5年前居住地ベースでみた1960年以降1978年に至る4時点の人口の地域別純転入数を検討し，1960年代の後半における，ソウル市ならびに京畿道，釜山市への激しい人口集中傾向を確認した．同時に地域内人口移動も激しく，その主たる内容は地域内の郡部から市部に向かう人口数の増大，すなわち地域内都市化であった．地域によってその時期と程度に若干の差異はあるものの，1966年以降すべての地域でめだった都市化率の進行がみられた．この事実の帰結は，郡部人口の明らかな比重減少である．すべての地域で1965-70年にその傾向が顕著にあらわれ，郡部の人口減少分が都市部の人口増加分をこえて1970年以降に地域全体の人口規模を絶対的に減少させた地域も，五つを数えた．

こうした郡部人口の絶対的減少は，都市工業部門が大規模につくり出した就

業機会に農業人口が敏速な反応を示したことの反映であると考えられよう．この現代韓国の都市化における「引出」の強さを推測させる重要な要素は，急速な都市化にもかかわらず進行した都市内部の雇用条件の改善ならびに実質賃金の顕著な上昇であろう．近代部門労働者として常雇労働者を，また限界労働者として日雇労働者，臨時労働者，不払家事使用人，自営業者を代表させた場合，全労働者に占める前者の比重増大，後者の比重減少という傾向は明瞭である．都市における雇用条件の改善は，失業率，不完全就業率のはっきりとした減少傾向の中にもあらわれた．労働力標本調査にもとづいた全国レベルの失業統計を時系列的に利用できる国は，アジアにおいては韓国，台湾，フィリピンの3国のみであるが，諸般の傍証をうかがう限り，この韓国にみられるごとき明瞭な雇用条件の改善をみせた国は，少なくともアジア諸国の中では台湾をおいてない．フィリピンの高い都市失業率は，1960年代を通じてほとんど変化していない．

　製造業労働者1人当り月額実質賃金が1960年代中頃までの停滞を経て，1965年以後に顕著な上昇局面に移行したこと，またこの移行は製造業における低生産性・低賃金部門でも一様にみられたことが第4章で分析された．韓国のこの急速な実質賃金の上昇傾向は，これも少なくともアジア諸国の中にあっては特異なものであることに注目しておきたい．フィリピンの未熟練労働力の実質賃金は，1960年代初頭より低迷をつづけ，1970年代に入って下降を開始した．韓国における製造業実質賃金の推移は，当然のことながら都市の賃金・俸給家計実質所得の1965年を前後する時期以降の顕著な上昇傾向の中にあらわれる．この傾向は図5-1から観察されるが，家計消費支出の増大をさらに家計所得の伸びが上まわったことによって，家計消費余剰が1960年代初めのマイナスの時期を経て，それ以後大きく上昇してきたことがわかる．

　韓国の場合，全国家計を対象とした家計調査を得ることはできないが，都市の賃金・俸給家計のみについては，1,000前後の家計を標本とした経済企画院の『都市家計報告書』を利用できる．これによれば，ジニ係数で示される所得分配度は，このデータが利用できる1967年以降，急速に平等化して大略1970年頃に最低水準に達し，以後この水準で現在を迎えていることが知られる．歴年の集中指数（δ）の変化を実質家計所得水準と結びつけて図示したものが，

第5章　工業化政策の諸類型と所得分配　　167

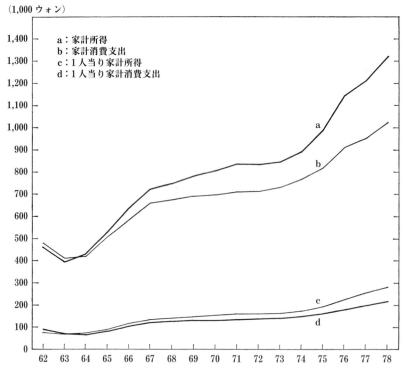

図 5-1 都市家計主要指標（3 年移動平均，1962-78 年）

a：家計所得
b：家計消費支出
c：1 人当り家計所得
d：1 人当り家計消費支出

(注) 都市家計主要指標は，時価をソウル消費者物価指数（1975 年＝100）でデフレート．ここでの家計とは賃金・俸給家計である．
(資料) Bureau of Statistics, Economic Planning Board, *Annual Report on the Family Income and Expenditure Survey*, various issues, Seoul, Korea.

図 5-2 である．家計所得の顕著な増大が，同時に分配の平等化と結びついて生じるという注目すべき事実を導くことができる．この背後にあるのは，工業部門による限界労働者の急速な吸収，その実質賃金の上昇という事実であり，かかる事実を導いた「市場自由化政策」と輸出志向工業化政策の厚生的意義を改めて評価しなければならない．

ところで韓国の場合，農家家計所得の増大傾向も明瞭であり，1967-68 年頃よりその増大率が都市を上まわって，都市農村間所得格差は縮小傾向にあることは前章でみた．実際のところ農家家計諸指標の改善ぶりは明瞭である．ちな

図5-2 都市における家計所得水準と集中指数（δ）の結合値（1967–74年）

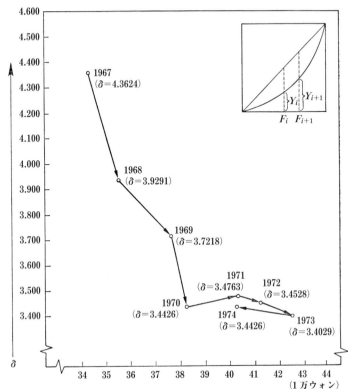

(注1) 所得水準は名目家計所得をソウル消費者物価指数（1970年＝100）でデフレート．なおここでの家計とは賃金・俸給家計である．

(注2) 集中指数（δ）は，上図のロレンツ曲線において示された記号を用いてあらわされるジニ係数 $a = 1 - \Sigma (F_{i+1} - F_i)(Y_i + Y_{i+1})$ との間に，$\delta = \dfrac{1+2a}{1-2a}$ の関係をもつ．

(資料) Bureau of Statistics, Economic Planning Board, *Annual Report on the Family Income and Expenditure Survey*, various issues, Seoul, Korea.

みに1962年以降の可処分所得額が家計消費支出額をどの程度満たしてきたかをみたものが，図5-3である．ここでは同時に，農家家計所得の大宗をなす農業所得をとり上げてこれを家計消費支出額と関連させてみた．可処分所得は家計消費支出を一貫して凌駕しており，1970年代に入ってからは兼業所得を考慮しない農業所得のみでみても家計消費支出を上まわっていることがわかる．

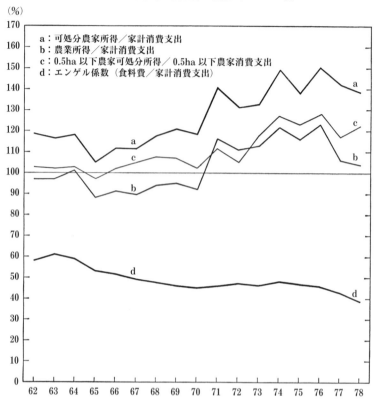

図5-3 農家家計主要指標の変化（1962-78年）

a：可処分農家所得／家計消費支出
b：農業所得／家計消費支出
c：0.5ha以下農家可処分所得／0.5ha以下農家消費支出
d：エンゲル係数（食料費／家計消費支出）

（資料） Ministry of Agriculture and Forestry. *Report on the Results of Farm Household Economy Survey and Production Cost Survey of Agriculture Products*, various issues, Seoul, Korea.

注目されるのは耕地保有規模の最も零細な0.5ヘクタール以下農家においてもなお1965年を唯一の例外として，その可処分所得は家計消費支出よりも高く，その差額である家計消費余剰は拡大方向にある，という事実である，こうした事実を反映して，家計消費支出に占める食料費で示されるエンゲル係数は，1963年の60.3%から1970年の45.9%を経て，1978年には38.3%にまで減少してきた[25]．このような農家家計諸指標の背後にあった農業近代化の因果的過程（相対要素価格の変化→要素代替→生産性の上昇），ならびに農家交易条

件の有利化についても第4章で展開した.

　農村内部の所得分配の推移を家計標本調査から観察することには，残念ながらデータの制約がある．しかし，農家階層を耕地保有規模別にとらえることにすると，家計所得のみならず，家計消費支出，家計余剰に至るまで，整備されたデータにもとづいてその時系列推移をみることが可能である．現在の韓国農家の95%以上が耕種農家であり，その所得がなによりも耕地保有規模によって左右されていると考えることは妥当であろう．韓国の平均的農家の家計所得，家計消費，家計余剰を1とした場合の各耕地保有規模別農家の家計所得，家計消費，家計余剰の相対値を時系列的にとって眺めると，次のような結果が得られる[26]．各階層の家計所得水準の相対値は安定的に推移している．0.5ヘクタール以下の最零細農家の場合，その所得比率は横ばいであるが，消費支出比率が若干低下したために，家計消費余剰はわずかながら上昇の傾向にある．0.5～1.0ヘクタール農家の場合も，傾向は大略同様である．1.5～2.0ヘクタール，2.0ヘクタール以上農家の場合にはこれと逆の傾向がみられ，家計消費余剰は大きく下降したことが観察される.

　農村の所得分配を考える場合にわれわれがさらに注目しなければならないのは，最零細農家戸数自体の減少傾向であろう．図5-4にこの事実が示されている．1960年代の央以降，その戸数において比重の大きい0.5ヘクタール以下農家数比率の減少傾向は顕著であり，その一方，0.5～1.0ヘクタール農家数比率は漸増傾向をみせている．また1.0～2.0ヘクタール農家数比率は1960年代初頭より中頃にかけて急増したが，それ以降一定に推移し，また2.0ヘクタール以上農家の比重は1960年代の初めより変化していない．1960年代の中期以降における都市工業部門の急成長がそこに大きな就業機会を創出し，都市農村間所得格差が形成されたのであるが，これに0.5ヘクタール以下の耕地規模の零細農民が大規模に反応し，その農家戸数の減少をみたと考えることができる.

---

25) こうした関心は，Chung, Young-il, "Transition in the Substance of Poverty in Korea," A Paper Presented to the CAMS-Hitotsubashi Seminar on the Concept of Poverty at the Various Stages of Economic Development in Asian Countries, Sapporo, Japan, October 11–14, 1978 にみられる.

26) 渡辺利夫『開発経済学研究―輸出と国民経済形成―』東洋経済新報社，1978年〔『本著作集』第2巻所収〕，第5章.

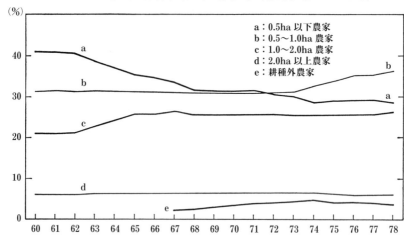

図 5-4 耕地保有規模別農家戸数比率の推移（3 年移動平均，1960-78 年）

（資料） Ministry of Agriculture and Forestry, *Report on the Results of Farm Household Economy Survey and Production Cost Survey of Agriculture Products*, various issues, Seoul, Korea.

次いで，この零細農家戸数の絶対的減少が，一つには零細農家1家計当り平均所得水準の下降を阻止し，二つにはそこでの人口土地比率を緩和し，またある場合には零細農家をより上位の耕地保有規模階層に引き上げていくことになったと推測される．そして，このことが下位所得階層比重の減少と，より上位の所得階層比重の増大をもたらし，農村全体としての所得分配を平等化させる重要な機能をもったと考えられるのである．

かくして都市内部，都市農村間のみならず農村内部の所得分配の平等化も，やはり都市工業部門に発した強力な雇用吸収力の帰結として理解されるわけであり，改めて雇用吸収力の強い現代韓国の成長パターンの厚生的意義に注目しなければならない[27]．

4. 政策的含意

工業化政策の類型ならびにそれに由来する所得分配上の帰結についての上述

---

27) 同様の評価を，Rao, D, C., "Economic Growth and Equity in the Republic of Korea," *World Development*, Vol. 6, No. 3, 1978 でみられよ．

してきたごとき対照的傾向の中から，われわれは所得分配を平等化させるための政策が用いられるのであれば，これは一国の開発過程のいかなるメカニズムを是正するものとして用意されねばならないのか，という視点を得ることができる．

高い労働人口増加率のもとで「押出」型都市化の過程にある開発途上国の場合，都市工業部門における雇用吸収力をいかに極大化するかが，その所得分配の不平等化を阻止するかなめである．フィリピンに代表される多くの開発途上国における都市工業部門の弱い雇用吸収力は，保護主義的工業化がもたらした特有の資源配分と不可分の関係にある．これと対照的に，保護主義的工業化を彩ってきた多様な輸入制限政策，低金利政策，為替レートの過大評価政策等を是正し，社会的機会費用を反映した要素価格体系を形成するための試み，すなわち市場自由化政策のもとで実現された韓国都市工業部門の強力な雇用吸収の実態は，政策的示唆に富む経験的事実であったというべきであろう．

保護主義的工業化政策は一国の資源を保護工業部門に集中し，農業はもちろんのこと未組織部門を広範に形成する伝統的農村工業，都市の中小工業部門から資源を「引出」す機能をもった．すなわち，そこでの保護政策は伝統部門にとってはマイナスの保護を意味したのであり，これが開発途上国の所得分配不平等化への大きな要因となったと考えられる．保護主義的工業化政策のもとで歪みを与えられてきた資源の流れを変化させることは，分配平等化への重要なチャネルとなるはずであるが，この点でも韓国の市場自由化政策が帰結した成果は着目されてよい．

本分析から得られたもう一つの示唆は，農村の過剰人口を農村内部で吸収しうるような雇用政策が求められねばならないという点である．農村の過剰人口化が零細農の比重を大きく高めて，農村の所得分配を不平等化し，同時にそこに絶対的貧困農家階層を累積させる．零細農の絶対的貧困化は，この階層農家を都市に向けてとめどもなく「押出」していく圧力をつくり出し，こんどは都市は農村の貧困のプールとなって，その分配を一段と不平等化させていかざるをえない．したがって，農村において雇用吸収力を最大化しうるような政策を求めることは，分配政策上大きな意味をもちうるであろう[28]．農業信用の拡充，零細農を利する灌漑施設の整備，農村中小工業の育成，それらを含む農村

第5章　工業化政策の諸類型と所得分配　173

地域総合開発等，すでに提起されているプログラムを，一国の所得分配上の観点から再検討すべき必要性は大きい．

要　約

(1)　保護主義的工業化は，社会的機会費用を反映しない要素価格体系をつくり出す．この要素価格体系は，一つには特定工業部門の生産方法を資本集約的・労働節約的なものにする傾向を発生させると同時に，二つには労働集約的部門が相対的に小さく，資本集約的部門が相対的に大きいという，開発途上国の要素賦存状況に見合わない工業構造を帰結する．かかる偏向のゆえに，保護主義的工業化の雇用吸収力は弱い．

(2)　保護主義的工業化は，保護された近代部門に一国の資源を集中し，逆に伝統部門とりわけ農業は資源を「引出」されて，その生産性向上を阻止される．農業の生産性向上が阻止され，かつ耕境拡大の余地が限定されているという条件のうえに過大な人口圧力が加えられて，土地は細分化する．この結果，耕地保有（経営）規模において最零細の農家比重は一段と増大して，農村の所得分配は不平等化に向かう．

(3)　かくして累積する農村の絶対的貧困層は，新たな就業機会と所得を求めて都市に向かう．しかし都市工業部門の雇用吸収力は弱く，流入労働者の大半は低生産性，低賃金，不完全就業によって特徴づけられる都市「未組織部門」とりわけ未組織サービス部門での滞留を余儀なくされる．そして未組織サービス部門は，この移住労働者の滞留によって，その低生産性，低賃金，不完全就業をいっそう深刻なものとせざるをえない．多くの開発途上諸国におけるスラム・不法占拠区域の急速な増大の背後にあるのは，この事実である．かくして「都市の貧困」は「農村の貧困」の別の表現であり，都市の所得分配の不平等化は，農村の所得分配の不平等化と実は同じ文脈の中にある．フィリピンはかかるパターンを典型的に示した開発途上国であった．

---

28)　Bautista, R. M., "The Development of Labour Intensive Industry in the Philippines," International Labour Office, Asian Regional Team for Employment Promotion, Bangkok, Thailand, 1980.

(4)　輸出志向工業化に成功をみたいくつかの開発途上国の経験によれば，この工業化はある時点までに採用されてきた保護主義的政策を一挙に自由化するところから始まる．保護政策の自由化によって当該国の労働集約財に潜む比較優位は顕在化され，さらに強力な輸出促進インセンティブが与えられて，その国際競争力は一段と強化される．かくして労働集約財輸出の成長率はめざましく，この輸出部門が工業化と経済成長の主導部門を形成する．経済成長を主導したものが労働集約財輸出であったがために，経済成長の雇用弾力性は相対的に高い．

(5)　高い雇用吸収力のゆえに，輸出の大規模化は都市内部の限界労働者を吸収していく一方，農村部から労働・人口移動を誘発する．この過程で都市の失業・不完全就業人口ならびに農村の偽装失業人口は減少し，工業部門の実質賃金と勤労者家計所得は，それまでの停滞状態を脱して上昇局面に入る．農村部からの移動によって都市人口比率が急速に増大したにもかかわらず，工業部門の雇用吸収力がこれを上まわることによって，都市勤労者の実質所得は上昇すると同時に，強力な雇用吸収力が限界労働者に及ぶことを通じて都市の所得分配は改善の傾向をみせる．

(6)　また農村から都市へ向かう労働・人口移動は，農村労働力と農家家計数を減少させ，農村の1人当りおよび1家計当り所得水準を増加させる傾向をもつ．しかもこの国内労働移動が農家交易条件を有利化させる過程でその傾向が助長され，都市農村間所得格差はいっそう縮小の方向に向かう．さらに都市工業部門の雇用吸収力に敏速な反応をみせたのは最零細農家家計である．農村において最下位所得階層にあり，また農家戸数において最大のこの階層農家の比重が大きく下がったがために，農村内部の所得分配もまた平等化に向かうという重要な事実が推論されるのである．かかる因果的パターンは，1960年代の中期以降の韓国において明瞭に観察された．

第5章　工業化政策の諸類型と所得分配　　175

第6章　日韓貿易関係の構造分析

序

　日韓貿易関係の基本構造を確認し，この構造が将来いかなる方向に進んでいくのかを考察しようというのが本章の目的である．日韓工業製品貿易は，日本が韓国に対し生産財において輸出特化，韓国が日本に対し繊維製品を初めとする労働集約的な最終消費財において輸出特化の状態にあり，その意味で両国は垂直的な分業関係を基本としている．ところで，韓国の生産財の輸入先として圧倒的な重要性をもつのは日本であるが，しかし韓国の消費財の主要輸出国は日本よりもむしろアメリカである．韓国の対アメリカ，対 EC 貿易収支は少なからざる黒字であるが，これに反して対日貿易収支は巨額の赤字傾向にある．日韓貿易関係は，垂直的であることに加えて，韓国の日本に対する一方的依存をその特徴としているとみられる．

　本章は，まずこうした日韓分業関係の特色を抽出し（第1節），この関係を「フルセット自給型構造」の日本と「加工貿易型構造」のもとにある韓国という，対照的な工業構造類型をもつ二国の特有な分業パターンとして捉える（第2節）．そして垂直的であると同時に一方的依存を特徴とする両国分業関係の全体像を，ある計量分析の手法によって確認する（第3節）．最後に，かかる確認のうえにたって日韓貿易関係の将来を，日本の主要貿易相手国であるアジア中進国，ASEAN 諸国，アメリカとの貿易関係パターンと比較しながら，展望してみたいと思う（第4節）．

176　Ⅰ　現代韓国経済分析

1. 日韓分業関係の基本構造

　工業製品における日韓貿易関係は，それぞれ生産財（重化学工業）部門で日本が韓国に対して，消費財（軽工業）部門で韓国が日本に対して輸出特化するという，明瞭な垂直的産業間貿易を特徴としている．1978年の日本の対韓輸出総額において機械，金属，化学の3部門に属する重化学工業品の占める比率は82.7%であるが，他方，韓国の主要な対日輸出商品は軽工業品であり，衣類など繊維製品のみで43.1%を占める．図6-1は，1978年の日本の対韓貿易収支を22の製造業分野についてみたものである．一般機械，電気機械，輸送機械，鉄鋼一次製品，化学品などにおいては日本が大きな輸出超過状態にあり，その一方で繊維製品，食料品，繊維糸などの分野では輸入超過になっている．垂直的な産業間貿易構造を如実にうかがうことができる．

　しかし貿易は産業間で行われるだけではない．同一産業内で生産される商品が国際間で相互に取引されるいわゆる産業内貿易は，今日の世界ではごく一般的な経済現象であり，1960年代を彩った先進国間水平分業の内実はまさにこれであった[1]．22部門のうち日韓の貿易額がきわめて小さい煙草，飲料，印刷・出版，石炭製品の4部門を除くと，両国間で産業内貿易すなわち水平的な国際分業が若干なりとも進んでいるのは，その他製造業，繊維製品の2部門のみである．このうち対日貿易において決定的な重要性をもつのは，いうまでもなく後者である．これに繊維糸を加えた繊維関連製品の対日輸出額は対日輸出総額の過半，56.5%に及ぶ．ところが実は，日本との水平分業度が最も高く，

---

1) この点については，Aquino, A., "Intra-Industry Trade and Inter-Industry Specialization as Current Sources of International Trade in Manufactures," *Weltwirtschaftliches Archiv*, Bd, CXIV, Heft 2, 1978 に詳しい．さらに水平分業論として．Balassa, B., "Tariff Reduction and Trade in Manufacture among the Industrial Countries," *American Economic Review*, Vol. LVI, June 1966; Grubel, E. G., "Intra-Industry Specialization and the Pattern of Trade," *Canadian Journal of Economics and Political Science*, Vol. XXXIII, August 1967; Grubel, H. G. and P. T. Lloyd, *Intra-Industry Trade, the Theory and Measurement of International Trade in Differentiated Projects*, Macmillan, 1975; Willmore, L. N., "Free Trade in Manufactures among Developing Countries, the Central American Experience," *Economic Development and Cultural Change*, July 1972. 佐々波楊子『国際分業と日本経済』東洋経済新報社，1980年.

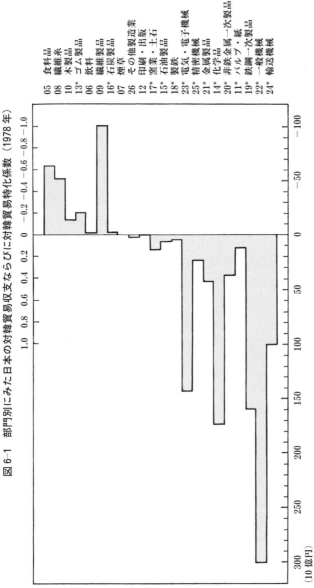

図6-1 部門別にみた日本の対韓貿易収支ならびに対韓貿易特化係数(1978年)

(注) *印は重化学工業部門。貿易特化計数は、$(E_{ij}-M_{ij})/(E_{ij}+M_{ij})$ によってあらわすこととする。E_{ij} は日本の貿易相手国 j 国に対する i 商品の輸出で あり、M_{ij} は日本の j 国からの i 商品の輸入である。ある産業カテゴリーにおける貿易関係は最も水平的であるときと理解し、係数はゼロとなる。しかしかる産業カテゴリーにおいて日本 業カテゴリー内における日本と相手国における貿易関係は最も水平的であると理解し、係数はゼロとなる。しかしかる産業カテゴリーにおいて日本 が j 国に対して輸出はするが輸入はまったくない完全輸出特化、あるいは逆に輸入はまったくないか完全輸入特化の場合、係数はそれぞれ 1、マイナス 1 である。貿易特化係数が 1 あるいはマイナス 1 からゼロに向かうほど、その産業カテゴリーにおける両国間の水平分業度はい っそう高くなるということができる。

(資料) 日本関税協会『日本貿易月表』各版。

178   I 現代韓国経済分析

対日輸出においてかくのごとき重要性をもつこの繊維関連製品においてすら，日韓貿易関係の内実を若干なりとも些細に眺めると，その産業内分業は垂直的構造のもとにあることが明らかになる．

図6-2は，CCCN（関税協会理事会品目表）4桁分類により繊維関連製品における日韓分業関係を，貿易特化係数を用いて概観したものである．韓国が日本に輸出特化しているのはCCCN55の絹および絹織物，CCCN55-05の綿および綿織物を別にすれば，CCCN60, 61, 62のいわゆるアパレル製品のみであることがわかる．他方，この図には示されていないが，合成ならびに人造繊維の糸・織物など大規模で資本集約的な投入財部門のほとんどにおいては，韓国が輸入特化状態にある[2]．しかもそれぞれの貿易特化係数はそのほとんどがプラス1，マイナス1のいずれかに近く，日韓の産業内垂直分業構造は明瞭である．合成・人造繊維糸のさらにアップストリームにあるエチレングリコール（ポリエステルの中間原料），カプロラクタム（ナイロンの中間原料），アクロニトリル（アクリルの中間原料），ならびに繊維機械において，韓国が対日完全輸入特化状態にあるのはいうまでもない．

韓国の対日輸出において繊維関連製品に次ぐ重要品目は，食料品を別にすれば電気・電子機械であるが，この部門についても生産工程のうち技術的に高位のものと低位のものとの間で，はっきりとした日韓の産業内分業が成立している[3]．電子機械は，通常，民生用電子機械，産業用電子機械，電子部品の三つに分けられている．このうちテレビ，ラジオ，音響製品，電子時計，電卓などの民生用電子機械は組立製品であり，労働集約財に比較優位をもつ韓国の対日輸出は相当に大きい．民生用電子機械における日本の対韓貿易特化係数は，1977年現在0.25の水準にある．

電子機械の場合には，組立工程だけでなく，多くの部品生産においても技術の標準化が進んでいる．のみならず電子機械の部品生産は，未熟練労働部分を多く含み，かつ輸送費の全生産費に占める比率が小さいという技術的特性をも

---

2) 繊維関連製品における日本と韓国，アジア中進国との産業内分業に関するすぐれた議論は，中条誠一「日本・アジア中進国間分業関係と日系企業進出」，『世界経済評論』1979年5月で展開されている．

3) 電子機械に関する日本とアジア中進国貿易の実態については，通商産業省「通商白書―1979年版―』108-12頁参照．

第6章　日韓貿易関係の構造分析　　179

図6-2 繊維関連製品における日本の対韓貿易特化係数（1978年）

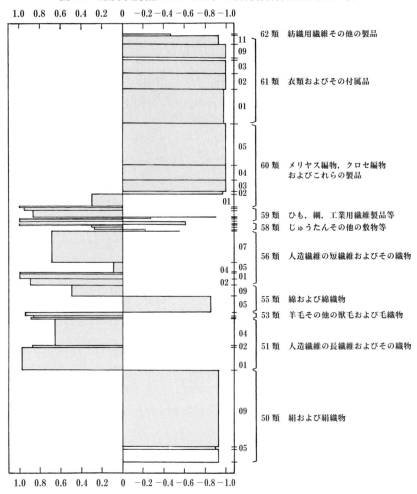

(注) 各項目は，CCCN 50〜62の日本の対韓繊維関連製品貿易（輸出＋輸入）総額に占める各項目貿易（輸出＋輸入）額によってウエイトづけられている．
(資料) 日本関税協会『日本貿易月報』各版．

つ．したがって部品生産工程のうち技術的に最も容易な工程を切り離して，直接投資を通じて低賃金国にその生産拠点を移行させるという行動様式が一般にとられている．かかる行動様式は，日韓電子部品貿易においても如実にこれをうかがうことができる．電子部品は，抵抗器，蓄電器，変成器，音響部品，機構部品，電子管，半導体素子，集積回路，その他電子部品の9項目を含むが，そのうち日本の対韓輸入超過項目は，蓄電器，集積回路という技術標準化の進んでいる二つの部品である．抵抗器，電子管，半導体素子の三つについても，日本が対韓輸出超過状態にあるとはいえ，その特化係数はそれぞれ0.23，0.11，0.06であり，日韓水平分業度は高い．しかし電子部品のうち，変成器，機構部品，音響部品等の高位技術部品においては日本の対韓輸出特化係数が，1.00，0.84，0.72と高い．加えて産業用電子機械の輸出特化係数は0.81である．

電子機械におけるこのような分業関係は，産業内分業というよりはむしろ，アメリカや日本の大企業による国際的下請体制に強固に組みこまれた企業内分業によって促されたものだといった方がよい．「プロダクトサイクル」にしたがってある国が本国親企業にかわる輸出拠点となった以上，この輸出依存度が高いのは当然であるが，同時に電子部品や原資材を中心に輸入依存度も高い．ちなみに1970年ならびに1977年の2時点における韓国電子工業の輸出依存度は49.6%，63.0%であるが，輸入依存度も61.8%，61.2%である．この7年間に輸入依存度の低下がほとんどみられないことも同時に注目されよう[4]．

さてこのようにして日韓貿易は，産業間ならびに産業内さらには企業内の，二重，三重の意味での垂直的分業構造によって特徴づけられている．しかし日韓分業関係は，垂直的ではあっても補完的な相互依存の関係にはない．再び図6-1によれば，消費財部門における韓国の若干の黒字は，生産財部門における圧倒的な赤字によって打ち消され，巨額の対日赤字がその大きな特徴となっていることがわかる．1970年の対日貿易収支の赤字は5億8,900万ドルであったが，1978年にはこれが34億1,200万ドルへと6倍に近い増大をみせた．しかも日本にとっては対韓輸出超過額は1978年の国民総生産のわずか0.31%にすぎないが，韓国にとって対日輸入超過額は同年の韓国国民総生産の6.04%

---

4) 三菱総合研究所『日韓両国を中心とした国際分業体制のあり方に関する調査研究』1979年，第Ⅱ部第3章参照のこと．

第6章　日韓貿易関係の構造分析　　181

に達しているのである．依存関係はやはり一方的だといわざるをえない．とこ
ろで日韓分業関係のかかるプロフィールは，次節でみるような両国のきわめて
対照的な工業構造の交錯が生んだ特有の貿易関係として，これを理解すること
が必要である．

2. フルセット自給型構造と加工貿易型構造

　日韓両国の工業構造の相違は，図6-3のスカイラインマップにはっきりと示
されている．日本は，食料品，木製品などの資源集約財産業において若干の輸
入依存がみられるが，それ以外のほとんどすべての部門で広範な自給体制の基
盤を整えており，この基盤のうえにたって製鉄，鉄鋼一次製品，一般機械，電
気・電子機械，輸送機械などの部門において少なからざる輸出がなされている
ことが観察される．日本の工業パターンは，「全範囲工業化」に裏づけられた
充足的構造と[5]，かかる構造に支えられた重化学工業部門での輸出依存を，そ
の顕著な特色としているということができる．
　韓国の工業パターンは明らかに日本のそれとは対照的である．各部門のスカ
イラインは日本に比較して起状が大きく，輸出と輸入の両面で門戸を外に広く
開いた外向的体質をうかがわせている．食料品やパルプ・紙などの資源集約財
産業はもちろんのこと，とくに重化学工業分野においていちじるしく大きな輸
入依存がみられる．しかしこれら重化学工業部門のいくつかでは，輸入依存度
と同時に輸出依存度も相当高い．繊維糸，繊維製品の輸出依存度はとりわけ高
く，その生産が国内需要をはるかにこえた輸出特化産業であることがわかる．
特定の部門では国内需要に倍する以上の生産が行われている一方，一般機械や
一次金属のごとき枢要な工業部門においては国内需要を満たすことはるかに遠
いという，偏りのある姿が韓国工業構造の大きな特徴であるといってよい．日
本の全範囲工業化に対して，「部分工業化」もしくは「切断された工業化」と
いう非充足的構造がここでの特色である[6]．

---

5) full range industrialization. これは小島教授による命名である．小島清「新興工業国への対応」，
　『海外投資研究所報』日本輸出入銀行，1979年11月．

6) trancated industrialization, 小島清，上掲論文．

182　I　現代韓国経済分析

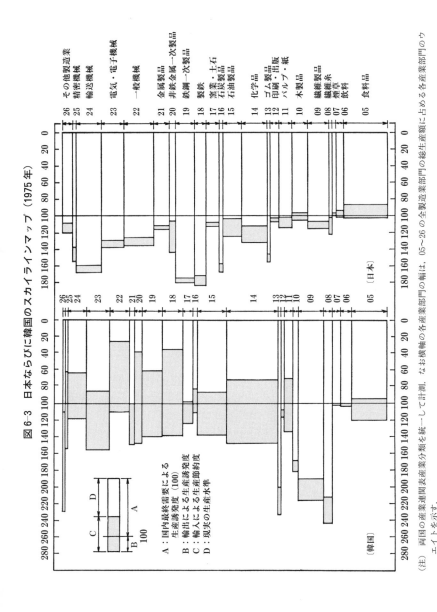

図6-3 日本ならびに韓国のスカイラインマップ (1975年)

(注) 両国の産業連関表産業分類を統一して計測。なお横軸の各産業部門の幅は、05〜26の全製造業部門の総生産額に占める各産業部門のウェイトを示す。
(資料) 行政管理庁『産業連関表1975』1980年6月：Bank of Korea, 1975 Input-Output Tables, Seoul, Korea, 1978.

第6章 日韓貿易関係の構造分析　183

韓国は，素材，中間製品，資本財等の生産財の生産基盤が不十分な状態にあり，関連産業の裾野の狭い未熟な工業化段階にありながら，なおかつ積極的な工業製品輸出をはかってきた．韓国の主要輸出商品は迂回生産過程の最末端に位置する最終消費財であり，他方生産財の輸入依存度はきわめて高い．かかる意味で韓国の非充足的工業構造の内実は，加工貿易型構造であるといってさしつかえない．韓国の用途別貿易の純輸出額をみた第1章の表1-1（37ページ）において，われわれは韓国の消費財の純輸出は大きく拡大をつづけているものの，同じく中間製品，資本財の純輸出のマイナスもまた激しく増加していることを観察した．加工貿易型構造の貿易収支への明らかな反映である．

　韓国の輸出は，かかる加工貿易型構造のしからしむるところとして強度に輸入誘発的であり，対日輸入においてこの傾向は一段とはっきりしている．他方，対日輸出はさほどの規模にはならず，対日貿易収支の赤字はますます大きい．すなわち日韓貿易の姿はたしかに垂直的ではあるが，補完的な相互依存関係にはなっていない．日韓両国経済間に，補完的相互依存関係が形成されないのはなぜであろうか．日本が韓国からの輸入に設けている輸入規制は，もちろんさしたるものではない．韓国産業銀行の調査によれば，韓国の輸出総額に占める規制対象品目輸出額の比率を輸出相手国別にみると，1978年においてアメリカ34.1％，EC27.4％であるのに対し，日本は18.9％である[7]．韓国の対日輸出が予想ほどの伸びをみせないのは，日本が韓国からの工業製品輸入に対して厳しい保護主義的規制を行っているからでは決してない．答えは，日本のフルセット自給型の工業構造にある．

　第二次大戦後今日までに形成されてきた日本の産業構造は，他の先進諸国に比較して端的にいって自給的性格の強いものであった．繊維製品や木材製品などの労働集約的な最終財，一般機械に代表される資本財，さらには鉄鋼，非鉄金属，基礎化学品のごとき素材や中間製品に至るまで，海外からの輸入に依存するところのまことに少ない，多分に自給的で自己充足的な体制がつくり上げられてきたことが，日本の工業構造の大きな特徴であると考えられる．日本のこうした構造的特徴は，再び図6-3のスカイラインマップから確認される．こ

---

7)　韓国産業銀行『調査月報』第281号，1979年4月.

のように素材，中間製品，資本財から最終財まで，いいかえれば迂回生産過程のダウンストリームからアップストリームまでをフルセット擁したがために，ほとんどの産業分野においてある財の生産拡大にあたっての単位当り誘発輸入は，それほど大きいものとはならないのである[8]．

　韓国は加工貿易型工業構造のもとで，主として日本から生産財を大量に輸入しているが，これを組立加工した最終財は，日本にではなくアメリカ，EC に向かうという大きな流れがみられる．その結果，韓国の対アメリカ，対 EC 貿易収支は黒字であるが，対日貿易収支は大きく赤字である．なるほど韓国のアメリカ，EC への大規模な輸出によって，日本がこれら地域で保持してきた既存の市場シェアのいく分なりともが韓国によって奪われており，韓国による日本へのかかる「追い上げ」はたしかに注目すべき一面の事実ではある．しかしこの同じ事実が，日本の対韓生産財輸出のいっそうの拡大をもたらしているという他面にも，目を配りたい．日本と韓国との貿易関係は，垂直的であると同時に後者の前者に対する一方的依存の関係にある．こうした状態を，一つの計量的方法によって包括的に把握することにしよう．

3. 日韓経済の依存関係

　一国内の諸産業がお互いにどんな依存関係にあるのかを知るためには，われわれは通常産業連関表を利用する．しかし一国内の産業が他の国内産業のみならず，他国の産業とどんな依存関係にあるのかを知るためには，一国と他国の産業連関表を貿易統計表によって結びつけた一種の国際産業連関表を用意する必要がある．2 国経済の依存関係の全体構造を知るための手だてとしてこの国際産業連関表分析を用いることは，この際きわめて有効である[9]．

---

8) 日本経済の自給的体質については，通商産業者『通商白書—1978 年版—』第Ⅲ部第 1 章．国民経済研究協会『1990 年の産業構造』1978 年 9 月．渡辺利夫『アジア中進国の挑戦』日本経済新聞社，1979 年，第Ⅳ章第 4 節参照．

9) 尾崎巌，石田孝造「経済の基本的構造(1)」，『三田学会雑誌』1970 年 6 月．尾崎巌「先進国間貿易と日本経済」，『経済セミナー』増刊号，1977 年 1 月．尾崎巌「発展の構造としての日本経済」，『経済評論』1977 年 5 月．石田孝造「日米経済の相互依存」，『経済学季報』立正大学，1977 年 11 月．石田孝造「雇用の日米経済相互依存分析」，『季刊労働法』別冊第 2 号，1978 年 4 月．尾崎巌，石田孝造「日米産業構造の将来」，『週刊東洋経済』1978 年 8 月 26 日．Joint Project of IDE and

表6-1　国際産業連関表の連結構造

		中間需要 A国	中間需要 B国	最終需要 A国	最終需要 B国	第三国への輸出	総　産　出
中間投入	A 国	X^{AA}	X^{AB}	F^{AA}	F^{AB}	E^{AR}	$X^A(=X^{AA}+X^{AB}+F^{AA}+F^{AB}+E^{AR})$
	B 国	X^{BA}	X^{BB}	F^{BA}	F^{BB}	E^{BR}	$X^B(=X^{BA}+X^{BB}+F^{BA}+F^{BB}+E^{BR})$

　2国すなわちA国とB国の産業連関表の連結構造を，できるだけ簡単に記すならば表6-1のようになる．ここで用いられているのは，もちろん非競争輸入型である．X^{AA}ならびにX^{BB}はそれぞれA国ならびにB国の内部における中間財の流れ，またF^{AA}ならびにF^{BB}はそれぞれの国の内部での最終財の流れを示す．他方，X^{AB}，X^{BA}，F^{AB}，F^{BA}の四つの領域はA国とB国との2国間の財の流れ（貿易）をあらわし，またE^{AR}，E^{BR}はそれぞれA国，B国の第三国への輸出である．X^{AB}，X^{BA}，F^{AB}，F^{BA}によって2国間の相互依存関係が発生する．すなわちX^{AB}はA国からB国への，X^{BA}はB国からA国への中間財の流れ（輸出）を示し，またF^{AB}，F^{BA}はそれぞれ前者はA国からB国への，後者はB国からA国への最終財の流れ（輸出）をあらわす．とくに中間財貿易を示すX^{AB}，X^{BA}が大きければ大きいほど，2国間の依存関係はいっそう密である．一般に産業内国際貿易あるいは水平的国際分業の拡大というとき，その内実はこのX^{AB}，X^{BA}という中間財の流れがF^{AB}，F^{BA}という最終財の流れに相対して大きくなる事実をさす．

　ところでX^{AA}ならびにF^{AA}が相対的に大きく，X^{BA}ならびにF^{BA}が相対的に小さい場合には，A国はB国に依存する度合いの小さい自己充足型の経済体質の国であることになる．逆にX^{BB}ならびにF^{BB}が相対的に小さく，X^{AB}ならびにF^{AB}が相対的に大きい場合，B国はA国への依存度の大きい非充足型の経済体質をもったことになる．加えてX^{AB}ならびにF^{AB}が，X^{BA}ならびにF^{BA}に比較して大きい場合，A国に対するB国の依存は一方的である．い

KEO, *International Input-Output Table, Japan-USA, 1970*, IDE Statistical Data Series No. 24; Wonnacott, R. I, *Canadian-American Dependence, Interindustry Analysis of Production and Price*, North Holland, 1961; Wonnacott, R. I. and P. Wonnacott, *Free Trade between the United States and Canada*, Harvard University Press, 1967.

うまでもなくここでA国は日本であり，B国は韓国である．われわれは，かかる国際産業連関表を操作することによって，中間財貿易を含んだ2国経済の依存関係パターンを知ることができる．ここでは日韓両国の産業連関表の得られる最新時点の1975年に焦点をあてた．また部門は全体で35であるが，この分析では食料品からその他製造業までの22部門をとり上げてある[10]．

図6-4-aは，韓国の対日誘発生産係数（B^{JK}）を図示したものであり，韓国の特定産業部門においてその最終需要が1単位増加した場合，それが日本の国内生産全体をどの程度誘発するかを示している．すなわちB^{JK}は，中間需要X^{JK}（表6-1の場合であればX^{AB}）の逆行列係数の列和である．たとえば韓国の電気・電子機械と繊維製品の最終需要が1単位増加した場合に発生する日本経済全体の誘発生産額は，それぞれ0.3715，0.2348である．もちろんこの数値には直接誘発生産額と間接誘発生産額の双方が含まれる．すなわち韓国の特定産業部門で最終需要が拡大した場合，日本からある規模の輸出がなされる．これが日本の直接的な誘発生産額である．しかしこの輸出生産の結果，国内産業連関のネットワークを通じて関連産業分野に生産は波及する．これが間接的な誘発生産額である．また22の産業部門は，日本の1人当り付加価値額の大きい部門から小さい部門へと順序づけられている．図6-4-bは，逆に日本の対韓誘発生産係数（B^{KJ}），すなわち中間需要X^{KJ}（表6-1の場合であればX^{BA}）の逆行列係数の列和である．

高付加価値部門から低付加価値部門までのすべての部門において，韓国の対日誘発生産係数は，日本の対韓誘発生産係数よりもはるかに大きい．前者のオーダーは大略十分の一であるが，後者は繊維製品を除きすべてが千分の一である．日本の対韓誘発生産係数がきわめて小さいのは，日本の各産業分野において最終需要が増大しても，その最終財のための中間財は大半を国内で供給しうるという，日本経済の自己充足的体質のしからしむるところであると理解される．一方，韓国の対日誘発生産係数は，鉄鋼一次製品，金属製品，輸送機械，

---

10) 長坂寿久，庵原宏義，増野裕保「アジア中進国の工業化と日本の産業構造」，『海外市場』1979年6月．本章の計測値は，上記論文の計測結果を，筆者の主宰する日本貿易振興会（JETRO）開発問題研究会での検討によってさらに発展させたものである．日本貿易振興会電子計算機室の協力に深く感謝する．

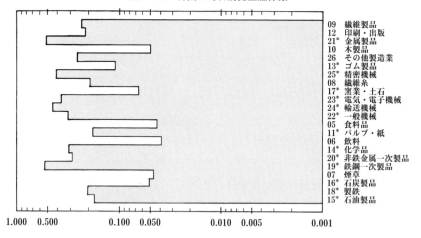

図6-4-a　韓国の対日誘発生産係数

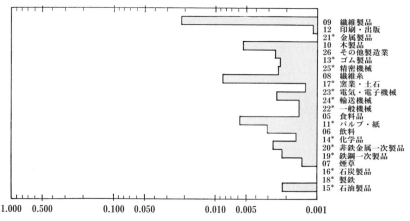

図6-4-b　日本の対韓誘発生産係数

（資料）　行政管理庁『産業連関表1975』．Bark of Korea, *1975 Input-Output Tables*, Seoul, Korea, 1978.

精密機械，化学品，非鉄金属一次製品など重化学工業部門においていちじるしく大きい．韓国におけるこれら部門の供給力は依然小さく，最終需要の拡大はただちに日本からの中間財輸入を大規模に誘発するという関係にある．ところで日本の対韓誘発生産係数は無視しうる程度であるが，それでも繊維製品，繊維糸，食料品，木製品の4部門において若干なりとも高い．韓国の対日誘発生

産係数が重化学工業分野において大きいという事実と対照をなしている.

　日本の対韓誘発生産係数が低く，他方韓国の対日誘発生産係数が高いという事実は，一国の最終需要の拡大がもたらす誘発生産効果の相手国への「漏れ」が前者において小さく，後者において大きいという事実を予想させる．韓国の特定産業部門における最終需要が1単位増大した場合に生じる，日本経済全体の誘発生産額（B^{JK}）と韓国経済全体の誘発生産額（B^{KK}）をプラスした総誘発生産額（$B^{JK}+B^{KK}$）において前者の占める比率が，図6-5-aの対日「漏れ」率である．また，日本の特定産業における最終需要が1単位増加した場合に生じる，韓国経済全体の誘発生産額（B^{KJ}）と日本経済全体の誘発生産額（B^{JJ}）をプラスした総誘発生産額（$B^{KJ}+B^{JJ}$）において前者の占める比率が，図6-5-bの対韓「漏れ」率である．韓国の対日「漏れ」率は，重化学工業部門を中心にすべての部門において高く，輸送機械，鉄鋼一次製品，金属製品，精密機械では20%をこえ，また一般機械，非鉄金属一次製品，電気・電子機械においても15%以上である．他方，日本の対韓「漏れ」率はほとんどいうに足りない．「漏れ」率は最大の繊維製品でも1%足らずである．

　この考え方を敷衍していけば，さきの対日「追い上げ」問題を考えるうえでもきわめて有効であろう[11]．すなわち韓国の対アメリカ輸出がもたらす誘発生産効果は，日本に多く「漏れ」て明らかに日本を利するが，その一方日本の対アメリカ輸出がもたらす誘発生産効果は，その大半が日本国内で吸収され，韓国を利することはほとんどないということになろう．アメリカ市場における韓国の対日「追い上げ」は，他面では韓国の対日中間財輸入を誘発して，韓国の対日依存を強化さえしていることに注目したいのである．

　韓国の一方的な対日依存を帰結した一半の理由は，日本が韓国に比べて圧倒的に大きな経済規模を有しているという事実にある．この経済規模の差という観点から，日韓経済依存のあり方を眺めてみよう．これまでは，一国の特定の産業部門で1単位の最終需要の変化が生じた場合，相手国の生産を全体としてどの程度誘発するか，という点に関心を寄せてきた．しかし国際産業連関表分

---

11)　なおアメリカ市場における韓国の対日「追い上げ」については，渡辺利夫編，日本貿易振興会開発問題研究会著『アジア工業化の新時代』日本貿易振興会出版事業部，1977年，第I章を参照のこと．

図6-5-a 韓国における誘発生産効果の対日「漏れ」率

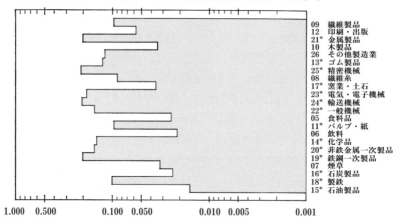

図6-5-b 日本における誘発生産効果の対韓「漏れ」率

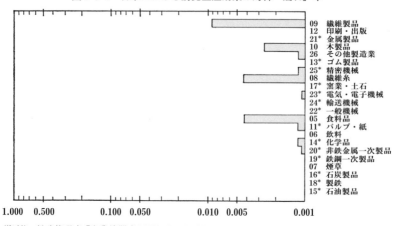

（資料） 行政管理庁『産業連関表1975』. Bank of Korea, *1975 Input-Output Tables*, Seoul, Korea, 1978.

折によれば，逆に一国の最終需要全体が増大した場合に相手国の特定産業部門の生産をどの程度誘発するか，をみることも可能である．図6-6-a，図6-6-bは，かくして相手国から誘発された当該国の各産業部門生産額を，その国の各産業部門生産額で割ったものである．この比率は，当該国が相手国の生産拡大によって受ける影響率をあらわすものだということができる．

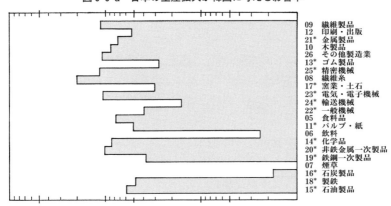

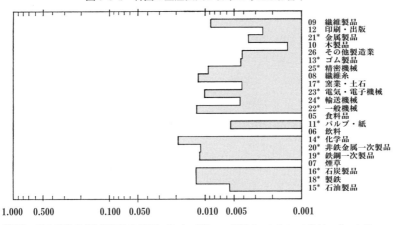

(資料) 行政管理庁『産業連関表1975』. Bank of Korea, *1975 Input-Output Tables*, Seoul, Korea, 1978.

　韓国の最終需要が全体として拡大した場合の日本の各産業部門の誘発生産額は，日本の最終需要が全体として拡大した場合の韓国の各産業の誘発生産額よりもかなり大きい．1975年において前者の合計は37億8,000万ドルであるのに対し，後者の合計は16億1,200万ドルと半分以下であった．しかしながら，日本の経済規模は韓国のそれよりははるかに大きい．したがって，日本ならび

に韓国の部門別誘発生産額を，それぞれ日本ならびに韓国の各部門総生産額で割った値は，図のごとく前者の方が後者よりも相当に小さくなってあらわれざるをえないのである．日本の生産拡大が韓国に与える影響率は，とくに繊維糸，精密機械，繊維製品，その他製造業，電気・電子機械などにおいて高い．逆に韓国の生産拡大が日本の各産業部門に及ぼす影響率は全般的に小さいが，しかしそれでも化学品，石炭製品，製鉄，繊維糸，鉄鋼一次製品，非鉄金属一次製品，電気・電子製品において，その値はやや高い．この二つの図の対照からわれわれは，日本経済の拡大が韓国経済に与える影響率がその逆よりもきわだって大きいという事実，しかもこの事実が両国の経済規模の相違によって生じているという事実を知ることができる．

4. 日韓水平分業の展開

これまでのところでわれわれは，日韓貿易パターンが垂直的であり，また韓国経済が日本経済に対して一方的依存の関係にあるという事実をみてきた．しかし日韓経済関係は，将来次第に垂直から水平の方向へ，一方的依存から相互依存の関係へ変化していくものと思われる．韓国の重化学工業化が第4次経済開発五カ年計画のもとで1970年代の後半以降に加速化しており，中間財の輸入代替と，さらにはいくつかの中間財の輸出が相当の規模で開始されつつあるからである [12]．

そしてこうした韓国の開発動向は，日本のフルセット自給型構造をつき崩す次第に大きなインパクトとなっていくはずである．日本の工業構造を自給的たらしめた要因はさまざまであるが，日本が極東アジアに位置する唯一の孤立した先進国であり，水平分業圏を拡大していくのに必要な工業国家を周辺にまったく擁していなかったという事情は，その大きな一つであった．したがって韓国を初めとして台湾，香港，シンガポールを含むアジア中進国において急速に展開しつつある工業化は，日本にとって水平分業圏を拡大すべき相手国が日本

---

12) Watanabe, T., "Heavy and Chemical Industrialization and Economic Development in the Republic of Korea," *The Developing Economies*, Institute of Developing Economies, XVI–4, December 1978.

の近在に新たに出現したことを意味している.

　われわれは，同一産業内で生産される商品が国際間で相互に取引されるいわゆる産業内分業を水平分業と呼び，これを現代の工業国間貿易の内実と考える. ところで，この国際間で相互に取引される「同一産業内で生産される商品」の主流は明らかに中間財である. 生産技術の顕著な発展，生産構造のいちじるしい複雑化のもとで，迂回生産過程は今日の世界ではかつてとは比較にならないほどの長い距離をもつようになってきている. 生産工程間の国際的分業と，したがって中間財の国際的取引はもはや避けられない. 加えて中間財生産の技術とその技術を体化した生産設備は，現在ますます巨大化の傾向にある. そのために各国は当然特定の中間財生産に特化していかざるをえない. 要するに今日では，かつての伝統的な自由貿易理論が想定した最終財貿易は，その比重をますます低下させてきているのである.

　日本の水平分業も，韓国を初めとするアジア中進国の躍進のもとで，将来いっそうの拡大をみせていくはずである [13]. 図6-7は，日本の対韓貿易特化係数を200前後の工業製品についてはかり，これを左から右へと，1に最も近いものからゼロを経てマイナス1に最も近いものにまで順次並べたものである（1978年における日本との貿易額が5億円以下のものは除いた）. 比較のために，日本の主要な貿易相手地域であるアジア中進国（韓国，台湾，香港，シンガポール），ASEAN諸国（タイ，マレーシア，インドネシア，フィリピン），アメリカの3地域との貿易特化係数をも同時に掲げてある. 日韓貿易ははっきりと垂直的関係にある. しかし対ASEAN諸国貿易関係に比較すればその水平度は大きい [14].

---

13) この問題については，Shinohara, M., "Trade and Industrial Adjustments in the Asia-Pacific Region and Japan," Paper Submitted to the Conference on the United States-Asia Economic Relations, April 16-18, 1981, Rutgers-the State University of New Jersey（mimeo）が興味深い観点を提供している. また日韓水平分業については，Park, Eul Y., "Korea's Trade in Manufacture and Korea-Japan Trade," Paper Presented to the Conference on Prospect for International Division of Labor between Korean and Japanese Industries, April 24, 1980, Korea Development Institute, Seoul, Korea（mimeo）を参照.

14) 水平分業の計測方法に関する多様な議論については，佐々波楊子「産業内分業研究の課題―国際的相互依存性メカニズムの解明に向けて―」『世界経済評論』第26巻第4号，1981年4月を参照されたい.

図 6-7　日本の貿易相手地域別貿易特化係数（1978 年）

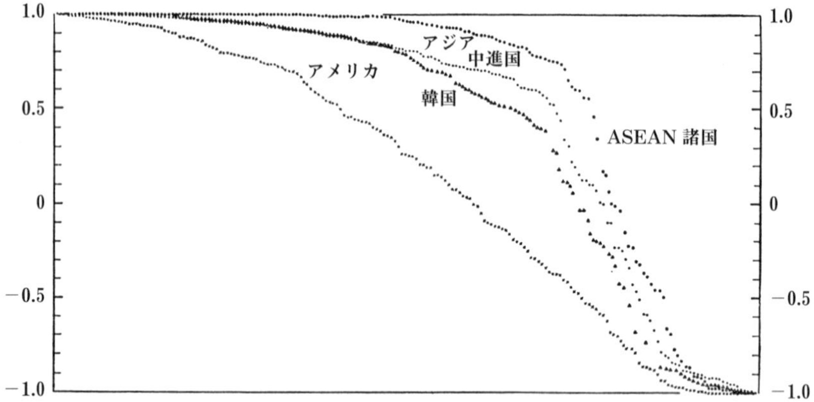

（資料）　日本関税協会『日本貿易月報』各版.

　ASEAN 諸国に対して日本は，貿易商品の半数以上においてほとんど完全輪
出特化状態にあり，貿易特化係数が 1 の天井にはりついている商品数はきわだ
って多い．また 0.5〜マイナス 0.5 の範囲内にあって比較的水平分業の進んで
いるとみられる貿易商品数は，本図によれば 20 に満たない．すなわち日本と
ASEAN 諸国との貿易関係は一段と垂直的である．アジア中進国は，ASEAN
諸国に比較して高い工業化水準にある．これを反映して日本の完全輪出特化商
品の数は ASEAN 諸国よりは少なく，また 0.5〜マイナス 0.5 に含まれる商品
数もより多くなっている．韓国は，このアジア中進国の中でも日本との水平的
な結びつきのいっそう強い国であるとみなされよう．対照的に対アメリカ貿易
の場合，その貿易特化係数は大きいものから小さいものまでバランスのとれた
配列をみせており，韓国，アジア中進国，ASEAN 諸国と比べてその水平分業
度は高い.

　日本の対韓貿易特化係数を 1965 年，1970 年，1978 年の 3 時点の変化として
描いたものが図 6-8 であり，また比較のために日本の他 3 地域に対する貿易特
化係数の 3 時点間の推移を，図 6-9，図 6-10，図 6-11 として示してみた．日
本の対韓貿易関係の基本はたしかに垂直型であるが，この 3 時点間でかなり大
きい変化が生じていることがわかる．対韓貿易の場合，日本の貿易特化係数が
0.5〜マイナス 0.5 の範囲内にある工業製品数は 1965 年には 14 であったが，

194　　I　現代韓国経済分析

図6-8 日本の対韓貿易特化係数（1965, 70, 78年）

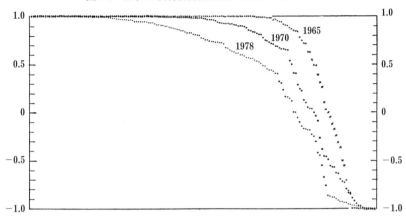

（資料） 日本関税協会『日本貿易月報』各版.

図6-9 日本の対アジア中進国貿易特化係数（1965, 70, 78年）

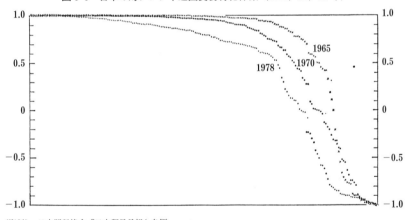

（資料） 日本関税協会『日本貿易月報』各版.

これが1970年には25, 1978年には33にまで増大している．また対アジア中進国貿易，対ASEAN貿易の場合には，この数が同期間にそれぞれ12, 23, 26ならびに5, 8, 16へと拡大している．対アメリカ貿易における特化係数にはめだった変化がほとんどなく，0.5～マイナス0.5に含まれる商品数にも若干の変化がみられるだけである．すなわち日本の対アメリカ貿易関係は，1978

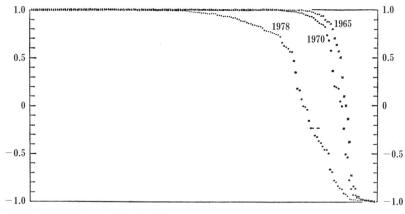

図6-10 日本の対ASEAN諸国貿易特化係数（1965, 70, 78年）

（資料）日本関税協会『日本貿易月報』各版.

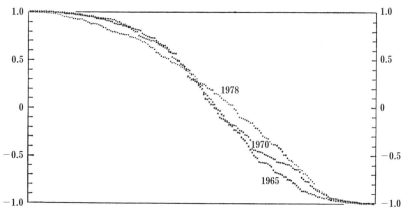

図6-11 日本の対アメリカ貿易特化係数（1965, 70, 78年）

（資料）日本関税協会『日本貿易月報』各版.

年に至ってもなお1965年と同じ程度に水平的である．

　こうした動きを産業別にみるために，指数化を試みたものが表6-2である．重化学工業部門において日本はアメリカと比較的高い水平分業関係を有する一方，韓国，アジア中進国，ASEAN諸国とのこの分野における水平分業度指数は，相対的に小さい．しかしこの十数年間の水平分業度指数の変化という点か

196　I　現代韓国経済分析

表 6-2 貿易相手国別，部門別にみた日本の水平分業度指数（1965，70，78 年）

		韓国			アジア中進国			ASEAN 諸国			アメリカ		
		1965	1970	1978	1965	1970	1978	1965	1970	1978	1965	1970	1978
05	食料品	12.9	14.0	11.9	16.7	15.9	24.9	16.6	18.0	16.3	23.6	35.9	21.3
06	飲料	—						0	0	0.3	12.6	19.0	45.1
08	繊維糸	0.4	32.3	34.3	11.5	39.6	41.9	2.1	0.6	32.8	0.7	1.3	45.7
09	繊維製品	27.4	31.2	28.9	24.1	31.6	25.8	4.8	19.0	30.7	9.6	14.4	34.6
10	木製品	19.9	36.5	17.1	18.2	27.8	21.6	4.5	21.4	21.7	23.0	6.1	22.5
*11	パルプ・紙	0	2.4	12.1	6.4	17.5	9.2	1.4	11.2	9.5	33.8	34.4	28.7
12	印刷出版	15.1	9.5	67.5	13.7	14.3	90.2	7.5	1.8	93.5	16.9	23.6	30.7
*13	ゴム製品	2.8	27.6	41.2	20.7	37.7	37.8	0.3	0.1	17.6	21.1	12.6	29.9
*14	化学品	6.9	13.8	11.2	7.9	14.9	19.1	4.9	4.5	9.4	31.4	35.6	44.6
*15	石油製品	0	89.8	52.0	10.4	36.7	19.8	27.1	31.5	8.6	6.9	3.9	2.7
*16	石炭製品	0	0	83.4	0	47.8	99.5	0	0	0	0	0	28.4
*17	窯業・土石	14.8	7.9	22.5	3.7	11.1	19.0	0	0.1	0.8	29.0	35.3	52.8
*18	鉄鋼	50.0	10.6	65.0	21.5	23.5	28.0	0	0	6.0	40.7	16.9	51.5
*19	鉄鋼一次製品	0.1	5.3	23.7	0	7.3	13.0	0	0.3	4.6	11.4	2.8	1.5
*20	非鉄金属一次製品	6.2	19.5	15.3	12.7	15.0	20.9	1.0	1.5	3.6	34.9	36.6	22.0
*21	金属製品	0.3	2.2	23.0	0.3	12.2	21.3	0.1	0.2	0.9	28.0	15.7	24.4
*22	一般機械	1.1	0.6	9.7	1.6	1.3	6.0	0.3	0.2	1.6	37.4	43.9	47.0
*23	電気・電子機械	2.8	13.2	34.9	3.8	20.4	22.4	0	0	6.4	52.4	50.6	55.9
*24	輸送機械	2.2	1.1	7.7	0.5	6.8	10.6	0	0	0.4	23.9	17.2	13.7
*25	精密機械	6.4	1.8	28.2	2.5	3.3	16.5	0	0	21.5	42.3	44.2	44.0
26	その他製造業	21.2	56.9	53.4	25.5	44.0	51.0	18.0	30.0	38.4	29.3	30.6	53.0
	製造業計	8.7	17.1	32.4	8.7	16.3	27.4	3.9	5.9	15.2	33.4	31.0	35.7

(注) ＊印は生産財部門.

水平分業度指数は，$\frac{1}{n}\sum_{i=1}^{n}\left(\frac{E_{ij}+M_{ij}-|E_{ij}-M_{ij}|}{E_{ij}+M_{ij}}\right)\times 100$ であらわされる．E_{ij} は日本の貿易相手国 j に対する i 商品の輸出，M_{ij} は j 国からの i 商品の輸入である．日本と j 国とのある産業カテゴリーにおける輸出入が等しいとき，両国のこのカテゴリーにおける水平分業度指数は 100 であり，他方日本が j 国に対して完全輸出特化あるいは完全輸入特化のときは，水平分業度指数はゼロである．

（資料）日本関税協会『日本貿易月報』各版．

らみると，多くの重化学工業分野において対アメリカ水平分業度指数の上昇は緩慢であり，いくつかは低下傾向にすらある．その一方，対韓国，対アジア中進国，対 ASEAN 諸国貿易における水平分業度指数は急速に上昇しつつあることが注目される．アジア中進国との水平分業度指数の上昇傾向は大きく，重化学工業分野においてきわだっている．こうした傾向はアジア中進国の中でも

とりわけ韓国との関係において顕著であり，それぞれ一般機械 1.1→0.6→9.7，電気・電子機械 2.8→13.2→34.9，輸送機械 2.2→1.1→7.7，石炭製品 0→0→83.4，窯業・土石 14.8→7.9→22.5，鉄鋼一次製品 0.1→5.3→23.7，金属製品 0.3→2.2→23.0 と推移している．他方，アジア中進国の場合，日本との水平分業度指数がこれまで相当高く，また対日貿易額も大きかった繊維製品，木製品などの水平分業度指数の上昇は頭打ちの状態にあり，韓国では前者 27.4→31.2→28.9，後者 19.9→36.5→17.1 となっている．日本とアジア中進国とりわけ韓国との水平分業の拡大は，今後生産財を中心に進捗していくであろうことを予想させる．

　かかる事実は，韓国を初めとするアジア中進国における急速な工業化と，産業構造高度化の明らかな帰結である．しかしこの点に加えて，さらに次の二つの事情を指摘しておく必要がある．第一に，繊維製品などの労働集約的工業製品において「限界輸出国」としての地位を脱し，はやくも世界の有力な輸出国の一つとなったアジア中進国に対する輸入国側の監視の目は現在すでに厳しい．加えて第二に，労働力の供給規模の小さいアジア中進国の高度経済成長は，実質賃金水準の大幅な上昇を招来している．アジア中進国における輸出構造の重化学工業化は，実はそうした制約要因から彼らが逃れようとする方途でもあり，それだけにこの過程は将来いっそう加速するものと思われる．

　ASEAN 諸国も，パルプ・紙 1.4→11.2→9.2，ゴム製品 0.3→0.1→17.6，鉄鋼 0→0→0.6，電気・電子機械 0→0→6.4，精密機械 0→0→21.5，繊維製品 4.8→19.0→30.7，木製品 4.5→21.4→21.7 など，日本との水平分業度指数の急上昇を経験している．この点でとくに注目されるのは，韓国やアジア中進国との水平分業度指数の上昇が頭打ちになっている繊維製品，木製品の二つにおいて ASEAN 諸国との水平分業度指数が急速に伸び，これが 1975 年現在日本の対 ASEAN 諸国水平分業度指数における最大の二つを形成していることである．アジア中進に生じつつある労働集約財輸出の減速化ならびに輸出商品構成の高度化は，労働集約財の輸出において世界市場におけるいまだ限界輸出者であり，また過剰労働力を抱えて実質賃金水準もアジア中進国に比較すれば，いまだ相当低い ASEAN 諸国の労働集約財輸出を利する可能性が大きい．日本と ASEAN 諸国貿易の水平化は，労働集約財を中心に，これもかなり急速

に進展していくものと思われる.

すでに示唆したように, 韓国との水平分業度はアジア中進国の中でも最も高い値になっており, のみならず対日貿易の水平化へのスピードも最も速い. 韓国はアジア中進4カ国の中で, 国内人口規模, 国民総生産, 貿易額において最も大きく, とくに対日貿易額はきわだって大きい. しかもその成長潜在力はアジア中進国の中でもいちばん大きいと考えられる. 対韓貿易は日本の水平分業の将来に重要な役割を果たすであろう. 重化学工業分野を中心とした日本との水平分業の拡大は, 産業構造高度化と重化学工業化をめざす韓国経済の将来にとっても, 大きな重要性をもつにちがいない.

要　約

(1)　日韓貿易は, 垂直的関係をその特徴としている. しかしこれは補完的な相互依存関係を意味しない. 韓国の生産財の対日輸入は決定的に大きいが, 消費財の対日輸出はさしたる規模に至らず, したがって韓国の対日依存は一方的であり, 対日貿易収支の赤字幅は巨大なものとなっている. かかる垂直的であると同時に一方的依存を内容とする日韓貿易関係は, 韓国の加工貿易型構造と日本のフルセット自給型構造という, 対照的な二つの工業構造の交錯が生んだ特有な貿易関係として理解される. スカイラインマップの分析結果は, 次のことを示している.

(2)　日本はほとんどの工業部門で広範な自給体制の基盤を整えており, この基盤のうえにたって製鉄, 鉄鋼一次製品, 一般機械, 電気・電子機械, 輸送機械などにおいて相当規模の輸出を行なっている. その意味で, 日本の工業パターンは, 「全範囲工業化」に裏づけられた充足的構造と, かかる構造に支えられた重化学工業部門での輸出依存をその顕著な特徴としている. これに対して韓国の工業パターンは, 特定の部門では国内需要に倍する以上の生産が行われる一方, 枢要な重化学工業部門においては国内需要を満たすことはるかに遠いという, 偏りのある姿をみせている. 日本の「全範囲工業化」に対して「部分工業化」という非充足的構造がここでの特色である. 韓国のこの非充足的工業構造の内実は, 生産財を輸入し, これを組立加工した最終財を輸出に向けると

第6章　日韓貿易関係の構造分析　　199

いう，加工貿易型構造にほかならない．韓国の輸出は，かかる加工貿易型構造のしからしむるところとして強度に輸入誘発的であり，対日輸入においてこの傾向はいっそうはっきりしている．他方，対日輸出は，日本のフルセット自給型構造にさえぎられて，さほどの規模にはならず，対日貿易の赤字はますます大きい．

　(3)　こうした両国経済の依存関係の全体構造は，特有な計量分析を通じて次のように把握された．すなわち韓国の生産拡大に伴う対日誘発生産係数は，日本の生産拡大に伴う対韓誘発生産係数よりも，全製造業部門にわたってはるかに大きく，とくに生産財部門においてその傾向は顕著である．この事実は，韓国は誘発生産効果の多くを日本に「漏らす」非自己充足的工業構造をその特徴としているのに対し，日本は誘発生産効果のほとんどを自国内で吸収しうるという自己充足的工業構造をもっていることを示唆している．そのために，たとえば韓国の対アメリカ輸出がアメリカでの日本の既存の市場シェアを奪うという「追い上げ」を生む一方，韓国の対アメリカ輸出がもたらす誘発生産効果の多くが日本に「漏れ」て後者を大きく利するという，重要な他面があることに気づかねばならない．

　(4)　しかし韓国は第4次経済開発五カ年計画のもとで急速な重化学工業化過程にあり，中間財の輸入代替，一部の中間財の輸出を開始しつつある．これを反映して日韓貿易関係は，垂直から水平へ，一方的依存から相互依存へと次第に変化していくものと思われる．日本の水平分業度は，当然のことながら対先進地域貿易において高く，対開発途上国貿易において低い．しかし水平分業化への傾斜は，対開発途上国とくに対アジア中進国貿易において大きい．対アジア中進国貿易の水平分業度指数の上昇速度は，機械，金属，化学の生産財においてめだって高く，労働集約的な軽工業品の水平分業度は頭打ちになっている．日本の水平分業圏拡大の将来を考える場合，やはり韓国を初めとするアジア中進国との生産財を中心とした水平分業の拡大が重要な焦点となっていくものと思われる．

あとがき――初出のこと――

本書は，この数年の間にさまざまな場で発表してきた独立の論文をもとに構成されている．それらは，本書に纏めるに際して大幅に書き換えられたが，初出についての覚書きをここにしたためておきたいと思う．

序章は，もちろん本書のために書かれた．第1章もまた，本書のこの位置を占めるべき論文として執筆された．しかし，中進国経済に多大の関心を寄せる多国籍企業研究会から報告を依頼され，これが後日同研究会スタッフによる連載「中進工業国と多国籍企業」の一つとして，「新興工業国家群の経済発展と後発性利益（上），（下）」（『世界経済評論』第25巻第8号，第9号，1981年7月号，8月号）という表題のもとで公表されることになった．機会を与えられた板垣與一，入江猪太郎の両教授に感謝する．

第2章は，大蔵省関税局の委嘱によって経営政策研究所内に設けられた研究会での成果である．この研究は，後に「中進国の輸出拡大と今後のわが国の貿易の方向」（『関税調査月報』大蔵省関税局国際第二課，第32巻第1号，1978年11月～1979年7月）に収められたが，筆者はこのうち韓国の項を担当した．同研究会は篠原三代平，目良浩一の両教授，それに岡川千春氏と筆者の4名で進められたが，両教授との議論はきわめて有益であり，第2章の随所にその議論の成果を盛ったつもりである．

第3章は，アジア経済研究所の英文機関誌に投稿された，"Heavy and Chemical Industialization and Economic Development in the Republic of Korea," *The Developing Economies*, XVI-4, December 1978 と題する論文の日本語訳である．レフェリーとしていくつかの重要なコメントを与えられた喜多村浩教授にお礼申し上げる．

第4章は，経済企画庁からの委嘱によって日本国際開発センターが行なった調査研究プロジェクト「昭和55年度経済発展局面別長期協力方針調査」の研究成果の一部である．筆者はここでも韓国の項を受持った．本プロジェクトを主宰したのは大川一司教授であるが，教授の厳しいコメントに感謝する．コーディネーターとして尽力された小浜裕久君，計算に助力を惜しまなかった梶原

弘和，金昌男の両君にもお礼をいいたい．

　第5章は，筆者の恩師山本登教授の慶応義塾大学退官を記念して編まれた論文集に寄せた一文「開発途上国における工業化政策の諸類型と所得分配」(『三田学会雑誌』第71巻第2号，1978年4月）がもとになっている．この論文は後に手を加えられて，谷口興二氏との共同論文"Industrial Development and Employment in East and Southeast Asia," Paper Presented to the International Symposium on Two Decades of Asian Development and Outlook for the 1980s, March 9–12, 1982, Institute of Developing Economies, Tokyo の日本語訳である．

　第6章は，"An Analysis of Structural Dependence between the Republic of Korea and Japan: Towards a More Optimal Division of Labor," Paper Presented to the Eleventh Pacific Trade and Development Conference, September 1–4, 1980, Korea Development Institute, Seoul, Korea として発表されたものの日本語訳である．この論文は後日，Hong, W. and L.B. Krause eds., *Trade and Growth of the Advanced Developing Countries in the Pacific Basin*, Korea Development Institute, 1981 に収録された．これに対応する日本語論文は「日韓経済関係の構造分析」(『季刊現代経済』日本経済新聞社，第40号，1980年9月）である．またこの論文の一部はさらに展開されて，"An Analysis of Economic Interdependence among the Asian NICs, the ASEAN Nations, and Japan," *The Developing Economies*, Vol. XVIII, No. 4, December 1980 として発表された．PAFTAD 会議での報告の機会を与えられた小島清教授，同会議で筆者の論文の討論者となったフィンドレイ（R. Findlay）教授，バウティスタ（R. Bautista）教授に深く感謝する．また *The Developing Economies* 掲載の筆者論文のレフェリーを再度つとめられた喜多村浩教授のご厚意にお礼申し上げる．なお第6章に関連する諸研究の計測は，筆者の主宰した日本貿易振興会（JETRO）開発問題研究会ならびに同電子計算機室によってなされた．関係各位に感謝する．

　なお本書の韓国語訳出版の計画が目下進行中である．この計画の実現を何よりも望んでいる．

II 韓国経済入門

──ただ空理に趨り虚栄に赴く国民は，決して真理の発達をなすものではない．故に
自分等はなるべく政治界軍事界などがただ跋扈せずに，実業界がなるべく力を張るよ
うに希望する．これは即ち物を増殖する務めである．これが完全で無ければ国の富は
成さぬ．その富を成す根源は何かといえば，仁義道徳，正しい道理の富でなければ，
その富は完全に永続することが出来ぬ．ここにおいて論語と算盤というかけ離れたも
のを一致せしめることが，今日の緊要の務めと自分は考えているのである．

渋沢栄一

まえがき

　三十数年におよぶ韓国経済発展の実績が比類のないものであったこと，この事実はこんにちでは常識に属する．しかし，顧みれば 1960 年代の初期，その後の高成長を予測させるような条件は韓国にはなにひとつ用意されていなかった．植民地支配と朝鮮戦争をつうじて，成長のための物的・人的資源を蓄積することが許されなかったのである．

　韓国の経済発展がわれわれをひきつけるのは，無一物の状態から出発した一国がいったいいかなる経緯で高所得水準を達成しうるかという，経済学のいわば原点をこの国の経験が提供してくれるからにほかならない．

　とはいえ，ゼロから出発して，なおこれだけの高成長を実現したのであるから，その分だけ鋭い社会的相克を抱え込まざるをえなかったのも，他面の事実である．開発独裁，財閥支配，対外従属などが韓国経済を語る場合のしばしば常套句であったのは，そのためである．

　しかしマイナスイメージたっぷりのそうした常套句だけで韓国経済をくるみあげ，現状と将来をひたぶるに暗く描写してきたのが日本の韓国論であった．そのような常套句であらわされる現象が，経済発展の一過程で生じる過渡的なものであるとみなす「寛容」な視角がそこではいちじるしく欠如していた．1990 年代も後半の現在，開発独裁，財閥支配，対外従属といったイメージで韓国をながめる視角はもうほとんど有効性を失っている．

　実際のところ，あの貧困の韓国が現在では一人あたり国民所得水準において一万ドルに達し，産業構造においても先進国のそれとかわらぬ状態にまできている．韓国はすでにして政府開発援助（ODA）の供与国であり，「先進国クラブ」と称される OECD（経済協力開発機構）への加盟もたぶん間もないことであろう．

　なによりも，急速な経済発展を背景に実現した政治的民主化の成果はめざましい．1987 年の民正党代表盧泰愚による八項目民主化提案，いわゆる「6・29 民主化宣言」以降，韓国の民主化は堰を切ったかのごとくであった．この宣言は，韓国の政治が軍部を背後においた権威主義体制から，国民の政治的要求を

体現する民主主義体制へと急角度に転換したことを示す象徴的なものであった．
1961年軍事クーデタ以来，韓国における組織化された政治勢力は，唯一，軍部のみであった．南北対立のもとでこの国を強固にもささえてきた軍部の権力と威信が卓越したものであったのは，当然である．軍の頂点にいたのはもちろん朴正熙であった．朴の指導力により強力な経済官僚テクノクラートが権力と権威を身につけることができた．かれらの擁したイデオロギーが，「開発主義」にほかならない．

「開発主義」のもとですすめられた急速な経済成長は，所得水準の上昇と社会階層の多様化を帰結した．そして所得水準の上昇，社会階層の多様化は，国家統治のイデオロギーとしての権威主義の有効性を希薄化させていったのである．「経済発展」と「政治発展」とのギャップを劇的なかたちで埋めたのが，6・29民主化宣言であった．この民主化宣言を契機として全土に澎湃としておこった政治的民主化運動は，朴政権の「正統的後継」である全斗煥政権を葬りさり，盧泰愚政権をへて，金泳三政権という文民政権を韓国はついに擁するにいたった．

ふりかえって，1960年代，1970年代と韓国の経済発展を導いてきた朴正熙の偉大さがあらためて銘記されねばならない．韓国における権威主義開発体制の頂点にいたのが朴であり，かれは「民族中興の祖」であった．北朝鮮との軍事的対決下の韓国を経済強国たらしめることに失敗するならば，自国の将来はないという強い危機意識が，朴を衝き動かした．そして，朴はすべてのエネルギーを工業化に集中させるという，厳格なまでに強い意思をもってことにあたったのである．朴正熙の考え方を要約すればつぎのようなものであった．

極度の貧困状態にあり，高い失業率と文盲率を払拭することができず，旧守的伝統をひきついだ韓国が，いまの時点で欧米流の民主主義制度を採用しても，混乱と腐敗をまねくだけだ．韓国に真の民主主義を実現するためには，その基礎となる経済的基盤，貧困からの脱却が不可欠である．この試図は国民大衆の同意をえてなされるのが最善であるとはいえ，親北朝鮮政治勢力を国内にかかえている現状では，国民的同意をうることは容易ではない．そうであれば，指導者の強固なリーダーシップのもとでこれを推進するよりほかない．北朝鮮という固いイデオロギー国家が「南進」への意図をあらわにしている以上，韓国

はこれに抗すべく重化学工業化を中心に、経済力のいちはやい増強にむけて国の総力を傾注すべきである。朴はこう考えていた。

この考えに明瞭にあらわれている、対外的危機意識、エリート主義、そしてなによりも強い開発志向において、朴は権威主義開発体制下の東アジアにおいても典型的な政治家のひとりであった。権威主義体制下で韓国が手にした経済開発の成功はだれの眼にもあきらかであり、1960年代の後半期以降の韓国は、工業化と輸出の顕著な実績によって、「漢江の奇跡」と称される評価をほしいままにした。現代韓国の民主化は、朴の指導した経済開発の成功のうえにはじめて花開いたのである。

本書は、私が1986年に著した『韓国　ヴェンチャー・キャピタリズム』（講談社現代新書）をベースにしたものである。当時の日本に一般的であったマイナスイメージ一色の韓国経済論に論戦を挑む覚悟で執筆したものがこの本であった。いま読み返してみて、叙述のスタイルがいささか高調子であるのはそのためである。『韓国　ヴェンチャー・キャピタリズム』はさいわいにして多くの読者をえて、8刷まで版をかさねた。本書がこのたび、「ちくま学芸文庫」の一書としてあらたな生命を保つことができるようになったことを私はほんとうにうれしく思っている。現時点での韓国経済についての一文をしたためて、これを第Ⅶ章におさめた。

編集の任にあたられ、細心の目配りで本書を作成して下さった熊沢敏之氏、石井慎吾氏のご懇篤に厚く御礼申し上げる。

平成7年小春

渡　辺　利　夫

序　私のなかの韓国

郷愁の韓国

　私の韓国（大韓民国）への関心を底のところでささえているのは，こんにちの韓国のありようにたいする，ある種の共感である．たえがたい飢えの時代から豊かな社会への道程を，わきめもふらず駆けぬけてきた「勤労の韓国」にたいする，「郷愁」をこめた思いいれが私にはある．

　私が高校にはいったのは昭和31年，大学をでたのが38年，このあたりを私の青春時代だとすれば，それはまさに日本の高度経済成長のまっただなかであった．

　昭和30年代のはじめ，日本はまだまだ貧しかった．貧しかった分だけ，人びとはほんとうによく働いた．私の生まれは甲府の商家であるが，家族全員ひたすらの勤労のあけくれであった．働けど働けど少しも楽にならなかった暮しぶりも，しかしそのころから目にみえて豊かになりはじめた．

　30年代の中ごろのことであろう．いつとはなしにラジオがテレビにかわり，洗濯機がはいった．まばゆいばかりに白い冷蔵庫がでんとかまえて，うす暗いお勝手にいかにも不釣合いであったその姿を，いまでも思いだす．

　ものばなれの現在からその時代のことをふり返ると，自分の経験でありながらうらやましいほどに，消費はたしかな手ごたえがあった．あたらしいものを掌中にするよろこびを求めて人びとは働き，勤労はうたがいもなく所得の上昇をもたらしてくれた．年ごとに豊かな社会にむかってゆくその着実な足どりに，人びとは幸福を実感していた．「高度経済成長」という表現に，まがいも

のでない，確実な臨場感を感じとっていたのである．

　人びとは規律正しく働き，国家もまた先進国としてのステイタスをえようと，経済力増強に必死の努力をかさねていた．この時代，日本の社会には迷いというものがなかった．

　私は「60年安保」を大学2年のときに経験した．戦後民主主義の危機がさけばれ，反米的，反政府的なセンチメントが朝野をおおった．しかしいまにして思えば，60年安保は，高度経済成長をへて自前の経済力をもつにいたった日本が，アメリカというとてつもなく強い「父親」にむけてみずからの存在を訴え，そうすることによって自分の「身の証し」を確認しようという，青春期の「通過儀礼」にほかならなかった．

　社会的病理のあらわれでもなければ，戦後民主主義の危機でもなんでもない．成長期日本の健康な国民感情の発露だったのである．その数年後に開かれる，第二次大戦後初の大規模な国家的事業である東京オリンピックにむけて，多くの日本人は強い国家意識を発揚させていった．

　しかし，IMF8条国移行，オリンピック開催をへて，自立国家としての国際的な「認知」をうけたそのころから，日本はあのひたぶるの勤労の時代をおえ，あれやこれやと迷いの多い国へと翻身したようにみえる．

　成熟社会といえば聞こえはいいけれども，要するに国家意識を希薄化させ，勤労におもきをおかない若者が輩出し，なぜか知らぬがそうした傾向を潔しとする奇妙なるジャーナリズムの「思潮」も加わって，われわれは高度成長期にみられたたしかな方向感覚を少しずつ失っていった．日本経済が巨大化するにともない，みずから積極的に国際的なフロンティアを拡大するという攻勢は弱まり，失点をいかに少なくするかという守勢を強めた．そのような変化を，「国際協調」という美名でとりつくろう言説もまた一般化した．

圧縮された発展

　「渡辺さんの韓国論はセンチメンタル・ジャーニーだね」と笑った友人がいる．そうかも知れない．韓国が私をひきつけるのは，高度成長下のあの勤労の日本のイメージをこんにちの韓国のうえにだぶらせて，韓国の社会と人びとが追い求めている価値と精神に深い共感を覚えるからにほかならない．

かえりみれば，朝鮮戦争をおえたころの韓国はほんとうに「無一物」であった．この戦争によって「南農北工」の朝鮮半島は分断され，植民地時代の鉱工業資産のほとんどは北朝鮮に帰属した．韓国にのこされたのは，貧しい農業地域のみであった．わずかに存在した繊維産業，軽機械産業の生産設備も，1950年から3年余，この半島を舞台にはげしくつづいた朝鮮戦争の「破壊のローラー」によって，すべてがおしつぶされた．

　両軍は，あわせて4度，朝鮮半島を南北に移動したのである．過剰な人口をかかえた農村の疲弊はすさまじいばかりであり，春麦の収穫前に食糧のすべてを喰いつくして飢餓に苦しむ「春窮農民」は数知れずであった．貧困からの脱出と経済建設の方途をしめして，国民を鼓舞すべきはずの李承晩政府は，戦争後の政治的混乱のなかで統治能力を喪失していた．

　そのおなじ韓国が，三星，現代，大宇といった名称で知られる，いくつかの国際的ビッグビジネスを擁して先進国を「追い上げ」，オリンピックの開催地にえらばれ，OECD（経済協力開発機構）加盟すらもがとりざたされるにいたった．この日を迎えることを，当時だれが予想しえたであろうか．

　1960年代初期以降の韓国経済の動きはめざましい．第二次大戦後の先進世界のなかで，短期間にもっとも急速な成長をとげた国はほかならぬ日本であるが，韓国の成長実績はこの日本の経験をも上まわった．韓国の工業成長率，投資増加率，輸出増加率などの諸指標は，ひとたびこれが上昇を開始するや，日本よりもいちだんとはやい動きをみせたのである．

　こうして工業化率（国内総生産に占める工業生産高の比率），投資率（国内総生産に占める総投資額の比率）において，韓国は朝鮮戦争後，日本よりはるかに低い水準から出発しながら，1980年を過ぎるころに，はやくも日本と同列にならんだ．長期を要して日本が実現した成果を，韓国はより短いあいだに達成したのであり，韓国経済のこうしたさまを私が別の著作で「圧縮された発展」と呼んだのも，そのゆえである（『成長のアジア　停滞のアジア』東洋経済新報社　1985年〔『本著作集』第1巻所収〕）．

「先進祖国の創造」

　この圧縮された発展をもたらしたものは，いずれゆっくり本論のなかで述べ

序　私のなかの韓国　211

るが，政府のすぐれた経済運営であり，財閥を中心とした企業のヴェンチャー的行動であり，労働者，技術者の勤労意欲であった．官僚が経済のことをかえりみずに権謀術数を弄して政争にあけくれた李朝時代，苛烈な植民地支配のもとで悲しい忍従を強いられた「日帝時代」，すべての資産を無きものにした激甚の朝鮮戦争の時代をへて，韓国民は歴史上はじめて，大量にものをつくり大量にものを消費することの，要するに豊かな社会の到来にわいたのである．

　卒直にいって現在の韓国は，ものにつき動かされている．人びとのものにたいする執着は，所得にたいする執着となってあらわれ，これが人びとを社会的上昇にはげしくも駆りたてている．韓国は，いまたしかに「経済の時代」をひた走っている．

　蓄積されつつある経済力をもって「先進祖国の創造」をめざし，先進国としての国際的認知を追い求めているのも，昭和30年代高成長期の日本とおなじである．韓国民がいまほど強い国家意識をたぎらせている時代は，かつてなかったのではないか．国家意識は，反体制派の人びとといえども，いや，反体制派の人びとほど強烈であるようにみうけられる．

　反体制派といえば，韓国では反米運動が大きなもり上りをみせている．朝鮮戦争をともに戦い，北朝鮮とのきびしい対立下にある韓国の安全をささえてきた当のアメリカに「反抗」するなどということは，少しまえまでの韓国においては考えられもしなかった．しかし経済自立化とともに，韓国がそれに圧倒的に依存してきたアメリカにあえて異をたて，そうすることによってみずからの民族的アイデンティティをきわだたせたいという社会的衝動が生まれてきたのも，当然というべきかもしれない．韓国の反米運動をそうしたものとして理解するならば，この国の青年の思いは，60年安保のころのわれわれの思いとかわらない．

　ともあれ私は，本書をつうじてこの30年におよぶ韓国経済発展のサクセスストーリーを，もちろんそのコストをふくめてであるが，ある共感をこめて描きだしてみたいのである．

「従属」から「ライバル」へ

　しかし，韓国が貧困を脱して「先進祖国の創造」に邁進しているその姿を，

ほれぼれとながめているというだけでは，ことはすまされない時代にはいってきたようにもみえる．これまでの日本にとっては，韓国経済はいかにも「弱小」であった．輸出，輸入，技術，借款，直接投資のいずれの面でも，韓国は日本に大きく依存し，逆に日本が韓国に依存するところはいちじるしく小さかった．その意味で，韓国は日本に一方的に依存してきたといっていい．韓国は日本にたいするある種の「従属」状態におかれてきたと表現しても，あながち的はずれでもなかった．

しかし，30年にわたる工業資産の蓄積過程をへて，韓国はアジア太平洋地域における有力な産業国家のひとつとしてたちあらわれ，日本とのあいだに経済的軋轢（あつれき）を引きおこしかねない懸念が生まれてきたのである．韓国をあたらしいライバルとして認識している日本の企業家も，すでに少なくない．

例を自動車にとろう．数年ほどまえであれば，私どもが日韓自動車摩擦の可能性を示唆（しさ）する文章を書いても，技術のことをなにも知らない経済学者が勝手をいっている，といった程度のうけとり方しかされなかったものだが，昨今ではそれを懸念する新聞記事にこと欠かない．1985年に，韓国現代自動車の乗用車「ポニー」の販売台数が，カナダ市場で「ホンダ」をぬいてそこでの第一の市場シェアを占めたこと，さらには同社の「ポニーエクセル」がアメリカに上陸し，1986年には10万台の輸出をみこんでいる，といった報道に接した読者も多いであろう．

ことはそれにとどまらない．韓国の高い自動車生産能力に着目したアメリカのビッグスリーのそれぞれが，韓国自動車メーカーとの提携関係をきずき，これによって日本車と対抗しようという新戦略を打ちだすにいたった．GM社が大宇自動車と協力して，1987年から年間10万台の小型乗用車をアメリカ市場に輸出するという計画を発表し，これを皮切りにフォード社が現代自動車と，クライスラー社が三星重工業との合弁生産の方針を公けにした．

さらに，これへの対抗策として，日本の自動車メーカーが韓国の自動車メーカーとの提携に積極的な態度をみせはじめた．すでに機能している2，3の協力関係に加え，マツダと起亜（キア）産業との技術提携によって，1987年から輸出用乗用車の生産に着手する計画などが公表されている．日米を中心とする自動車の国際分業体制のなかに，韓国の自動車産業が，まだ規模は小さいながらも，

序　私のなかの韓国　213

しかし着実な地歩をかためつつある.

圧倒的な技術力と輸出競争力によって，しばらく日本の独壇場であった世界のVTR市場においても，韓国の進出が顕著であり，アメリカにおいて日本企業のVTRが必死の市場防衛をせまられている．半導体の生産能力はきわだった速度で拡大をつづけている．私の机上にある新聞の切りぬきのなかからそうした例をとりだしていけば，繊維にはじまり，船舶，鉄鋼製品にいたるまで実際，材料はいくらでもある.

韓国「脅威」論

私は，こうした例をとり上げて韓国の「脅威」を吹聴し，韓国にたいするあたらしい対応を考慮すべきだなどというつもりはない．そうではなくて，あのひたすら貧しく，大国の狭間でなすすべのなかった韓国が，先進国市場でひとつの確たるプレゼンスを主張し，国際経済舞台の主役のひとりとして登場してきたことを，あるシンボリックな材料をもって伝えたまでである.

あえていいたいのであるが，われわれは韓国の急速な工業成長をまえにして，これを「追い上げ」として認識し，みずからの身をかたくするという防衛的な対応におちいるべきではけっしてない．日本あるいは日本人は，これまで長らく欧米先進を「追跡」することにのみ腐心し，みずからが他から追跡されるという経験をもってこなかった．われわれは，後発国による追跡に馴れていないのである．アジア中進国論がしばしばジャーナリズムを賑わせるのも，書き手と読み手の双方に追い上げへの懸念があってのことであろうが，しかしそれではいかにも「保身」がすぎはしまいか.

近隣の国ぐにが経済的力量を蓄積したということは，とりもなおさず，日本とこれら諸国とのあいだにより高度の補完関係をきずき，そうすることによって，いっそうダイナミックな経済効果を相互におよぼし合う可能性がますます大きく生まれてきたことを意味する.

日本の経済は，最終製品はいうにおよばず，素材，部品，中間製品，資本財のほとんどを国内で生産しうる能力をもった「フルセット自給型」の産業構造によって特徴づけられる．そのために，日本の国内生産が拡大しても，それに必要な財の多くが国内で自給され，海外からの「誘発輸入」は少ない．かまび

すしい議論を呼んできた，日本の貿易収支における構造的黒字不均衡は，そうした日本の産業構造の体質が生んだ帰結にほかならない．いかに小手先を弄したところで，この体質を変更しないいじょう，事態を切り開いていくことは不可能なのである．

水平分業と構造調整

　日本は，人口1億以上を擁する巨大な経済であり，しかも長きにわたって極東アジアに孤立した唯一の工業国家であった．水平分業を展開すべき工業国を周辺にもっていなかったのであり，それゆえにフルセット自給型構造を強化してこざるをえなかった，といっていい．

　韓国をはじめとするアジア中進国の工業的興隆は，かれらとの水平分業をつうじて日本がもはやみずからの身の丈にあわなくなったこの構造を打ちやぶる重要な契機が発生したことを示唆している．水平分業の進展が日本の産業構造に調整をせまり，その構造調整が水平分業の拡大をさらにうながすという，両者の「相互補強メカニズム」をつくりだすことが，目下の日本の最重要課題のひとつだといって，私ははばからない．円高は，このメカニズムを促進する要因として認識されるべきである．韓国にたいする対応のいかんは，こんごの日本が世界と調和しながら，なお拡大均衡をはかりうるか否かをうらなう，重要な試金石なのであろう．

　さて，前口上はこのくらいにして本論にはいりたい．いったい韓国はこんにちの経済的興隆をどこから出発させたのか，その起点をさぐることから議論をはじめることにしよう．

序　私のなかの韓国　　215

第Ⅰ章　無からの出発

1. 収奪——植民地支配の 36 年

奪われた土地

　現在の韓国と北朝鮮をふくむ朝鮮半島の全域は 1910 年に日本に併合され，以来 1945 年にいたる 36 年間，日本の植民地としての地位におかれてきた．

　併合の翌 1911 年にはやくも「朝鮮会社令」が公布され，朝鮮におけるすべての事業所は，朝鮮総督府の許可をえなければ設立できないことになった．営業の停止ならびに禁止，さらには解散の権限までもが総督府ににぎられたのである．この法令の目的は，「抑工政策」すなわち朝鮮人による工業企業の設立を阻止し，もって植民地朝鮮を日本への食糧，工業原料の供給地，および日本の工業製品輸出市場として確保しようというものであった．

　実際のところ，1911 年から 1919 年までのあいだに設立を認可された事業所は，日本人企業 180 にたいして，朝鮮人企業は 36 であった．また工業企業払い込み資本総額中，朝鮮人企業の占める比率は 1911 年の 17 パーセントから 1917 年には 12 パーセントへと減少している．

　朝鮮会社令にひきつづいて，1912 年に朝鮮総督府は「土地調査令」を公布し，課税地の拡大を求めて，それまで不明確であった土地私有権の確定をはかった．私有権の確定は日本語による申告制によってなされた．近代的な土地行政に不慣れな零細農民は，これによって土地の多くを失わざるをえなかった．また農民の伝統的な共有地や，李朝政府の公有地は，「国有地」となって総督

府の管轄下におかれた．そもそも申告制は，李朝支配層を懐柔するという目論見からでたものだといわれており，農民が失った土地の相当部分は旧「両班」階層に移転した．

土地事業をつうじて総督府の管轄下にはいった土地の多くは，日本人地主や日本人土地会社に払い下げられた．1909年における日本人の土地所有者数ならびに土地所有面積は，それぞれ692人，5万2,436町歩であったが，これが6年後の1915年には，それぞれ6,969人，20万5,538町歩に拡大した．日本人地主の中心となったのが，農業拓殖を旨とする植民地統治会社として設立された国策企業「東拓」（東洋拓殖株式会社）であった．東拓の所有する耕地は，1920年において7万3,000町歩，所属小作は15万人に達したと記録されており，当時の朝鮮半島最大の地主であった．

飢餓輸出の発生

土地調査事業によって土地私有権と地代収入の基礎がつくられ，総督府の財政基盤が確立した．一方，零細農民の土地喪失による農民層分解ははなはだしいものであった．1914年に22パーセントであった全農家戸数に占める自作農家戸数の比率は，1929年には18パーセント，1942年には17パーセントに減少，逆に小作農家戸数の比率はそれぞれ，35パーセント，46パーセント，54パーセントへと増加していった．地主ことに大地主の中心は日本人であり，植民地支配の時代をつうじてその比率は上昇した．1942年において100町歩以上の地主の数は，朝鮮人730名にたいして，日本人は822名であった．

土地を奪われて流民化した農民のうち，少なからざる人びとは山地にはいり，焼畑耕作によって糊口をしのいだ．「火田民」と呼ばれた最貧農民がそれである．都市に流入して貧民窟を形成した人びとは「土幕民」ともいわれた．1960年代にいたっても漢江沿いに広範にみられたスラムは，植民地時代における土地収奪のきびしさをシンボリックにしめす光景でもあった．

日本の朝鮮支配にたいする初の全国的規模での民族主義的抵抗，1919年の「3・1運動」をへて，日本の朝鮮支配も「武断政治」から「文化政治」へとしだいに変化していった．そして一方的な収奪ではなく，朝鮮の農工発展をつうじて植民地的収益の基盤それ自体を拡大させようという，「合理的」な方向へ

第Ⅰ章　無からの出発　　217

と動きだした．その具体的なあらわれのひとつが，1920年にはじまる「産米増産計画」である．1918年に日本でおこった「米騒動」は，総督府をして朝鮮米の増産と対日輸出の促進を不可避の課題とした．水利拡充，開墾_{かいこん}，干拓_{かんたく}などの土地改良事業，品種改良，肥料増投などの農事改良事業に相当の投資がなされ，米穀生産量はこの間大きく増加した．

　しかし生産増加をこえる対日輸出の拡大がなされ，朝鮮内の1人あたり米穀消費量は0.72石（1912〜16年平均）から0.57石（1937年）へと逆に減少するという「飢餓_{きが}輸出」が発生した．そして朝鮮人は，米のかわりに満州から輸入したとうもろこし，粟_{あわ}などの雑穀を主食とさせられる．満州や日本への出稼ぎ流出を余儀なくされたものも少なくなかった．1915年における満州，日本への流出朝鮮人の累計値_{るいけいち}は，それぞれ28万2,000人，5,000人であったが，この数はときの経過とともに拡大し，1930年には60万7,000人，41万5,000人，1940年には130万9,000人，124万1,000人となった．

　1920年代にはいると抑工政策はしだいにゆるめられ，事実1920年には朝鮮会社令は廃止された．第一次大戦期（1914〜18年）に資本蓄積をすすめた日本の企業家が，植民地朝鮮への進出を開始し，1920年代には「植民地工業化」が展開するにいたった．1920年には工場数2,087，従業員数5万5,279であったが，1929年にはこれがそれぞれ4,052，9万3,765となった．黄海道_{ファンヘド}における三菱製鉄所，釜山_{プサン}における朝鮮紡績工場，興南_{フンナム}地方における朝鮮窒素肥料工場，平壌_{ピョンヤン}郊外の小野田セメント工場などがそのおもなものであった．

愚民化政策のもたらしたもの

　1931年の満州事変，1937年の日中事変をへて，満州，中国への進出を本格化した日本は，植民地朝鮮の「兵站_{へいたん}基地化」を目論み，その進出をさらに大規模化した．1929年以後の国内不況もまた，日本企業の朝鮮進出をうながす要因となった．その工業化において中心的な役割を演じたのが，野口遵_{したがう}のひきいる新興財閥「日窒」（日本窒素株式会社）であった．

　産米増産計画がもたらした肥料需要の拡大と，鴨緑江_{アムノクガン}水系の豊富な水力資源に注目した野口は，1926年に朝鮮水力発電株式会社を創立，つづいてこの水力を利用する朝鮮窒素肥料会社を設立した．これは当時の世界でも有数の規模

を誇る巨大工場であり，朝鮮における化学肥料生産を独占した．この肥料工場の経営により蓄積した資本をもって，日窒は朝鮮北部に一大電気化学コンビナートを建設した．水素，アルミニウム，航空機燃料，合成ゴムなど，軍需関連の重化学工業分野がその中心であり，「日窒コンツェルン」の名にふさわしい多角的経営が展開された．ちなみにこのコンビナートは，朝鮮戦争における破壊を修復して，こんにち興南地方において北朝鮮最大の工業地帯を形成している．

　加えて朝鮮北部は，鉄鉱石，銅，鉛，亜鉛等の鉱産物をゆたかに擁し，軍需関連資源における開発事業は活況を呈した．さきに指摘したように，1929年における朝鮮全土の工場数は4,052，従業員数9万3,765であったが，1943年にはこれがそれぞれ1万4,856，54万9,751へと拡大した．北部を中心としたこの間の急速な工業化がうかがわれる．

　しかしこれらはいわゆる植民地工業であり，日本人による経営であった．1941年における工業企業の民族別所有状況をながめると，朝鮮人企業は企業数では41パーセントを占めながら払い込み資本額は9パーセント，生産額でみても17パーセントにすぎなかった．資本所有が日本人に独占されたにとどまらない．経営者はむろんのこと，中間管理者から技術者までもが日本人によって占められ，朝鮮人は下級の肉体労働にたずさわるのみであった．1944年の数字であるが，朝鮮人技能者は全工業部門で1,632名，全技術者のわずか2パーセントであったと記録されている．企業経営能力や技能の習得機会はかぎられざるをえなかったのである．独立後の韓国の経済建設にとって，企業家，管理職，技術者の不足は，大きな制約要因となった．

2. 朝鮮戦争——破壊のローラー

悲劇の分割占領

　植民地支配の36年をへて，1945年，朝鮮解放の日がやってくる．しかしその解放は，朝鮮民族にとっては予想もできなかった変則的なものであり，民族の悲劇は解放をもってなお終了することはなかった．

　ソ連が対日宣戦を布告した1945年8月8日のその日，ソ連軍は北朝鮮への

侵入をくわだてた．ソ連軍は同月20日に平壤と元山を制圧，26日には38度線以北，現在の北朝鮮の版図を完全におさえ，日本軍の武装解除を完了するという迅速さであった．これに呼応して米軍が9月8日に仁川に上陸，38度線以南を軍政下におくことを宣言した．朝鮮民族が36年間ひたすらまち望んでいた独立も，これがようやくにして掌中にはいったと思いきや，みずからの意思とはまったく関係のない冷酷な国際政治の力学によって，あえなくも地上にこぼれおちてしまった．米ソ両大国によって分割占領された南北朝鮮は，解放と同時に別々の方向にむけて歩をすすめざるをえなかった．

　進駐した米軍はきびしい軍政をしき，旧日本人資産すなわち「敵性財産」のいっさいを接収してこれを「帰属財産」とし，その管理をおこなった．鉱山・企業体などの事業所，土地・建物などの不動産，有価証券，金・銀・宝石などの動産からなる帰属財産の資産額は，当時の韓国総資産額の70パーセントから80パーセントに達したという．

　しかし，日本人経営者，中間管理者，技術者の帰国，日本からの原材料，中間製品，資本設備の輸入杜絶のゆえに，帰属工業資産の運営は容易ではなかった．解放後の各産業部門の生産状況を解放直前のそれと比較すると，工業部門の場合，稼働工場数は44パーセント減，従業員数は59パーセント減，鉱業部門ではそれぞれ96パーセント減，97パーセント減，輸送部門は82パーセント減，87パーセント減であった．

　米軍によって接収された鉱工業資産は，1947年以降は米軍政庁の手をつうじて，1948年8月の大韓民国政府成立以降は政府の手をつうじて，民間企業に払い下げられ，これによって工業生産は回復のきざしをみせはじめた．しかし，解放後の混乱期を切りぬけて，経済がどうにか上むきに転じようとした1950年6月25日に，朝鮮戦争がこの国をおそう．そして1953年7月にいたる3年間，朝鮮半島の全域を舞台に，南北両軍のあいだで苛烈な戦闘がくりひろげられたのである．

　その日，北朝鮮軍は38度線を全線にわたって突破し，南侵を開始した．韓国軍は突然の侵攻に守勢を維持することすらかなわず，4日後の28日未明にははやくもソウルを手ばなさざるをえなかった．南侵する北朝鮮軍に抗して韓国軍はからくも釜山をもちこたえ，8月18日にはここを臨時政府の拠点とし

た.

　同年9月11日にはあらたに米軍が介入，マッカーサーの劇的な仁川上陸作戦によってソウルが奪還され，事態は一変した．米韓軍は北侵をつづけて10月19日に平壌を手中におさめ，戦局はここでおわりを迎えるかにみえた．しかし，ここで100万に達する中国義勇軍が参戦，米韓軍は各地で壊滅的な打撃をうけて敗走した．

　翌1951年の1月4日，ふたたびソウルは陥落，釜山が再度臨時政府となった．態勢をととのえた米韓軍は1月中旬に猛反撃に転じ，3月13日，二度目のソウル奪還に成功した．米韓軍は余勢をかって3月24日，38度線を突破し，平壌を攻略しようとした．しかしその寸前，6月23日にソ連から休戦会談の提案がだされ，ここに休戦交渉が開始された．1951年秋，52年秋，53年春と戦闘はくり返されたが，最初の1年ほどの規模にはいたらなかった．休戦協定が最終的に調印されたのは，1953年7月27日のことであった．

600万兵力による破壊

　朝鮮戦争は，核兵器こそ用いられることはなかったが，それをのぞくすべての近代的な重火器が大規模に投入された物量戦争であり，その破壊は他の近代戦にみられぬおびただしさであった．この戦争に投入された総兵力は，米韓軍を中心とする国連軍が260万人から270万人，北朝鮮・中国義勇軍が300万人とされている．それほど広くはないこの半島に，600万に近い兵力が投入されたことからも，朝鮮戦争による被害の「密度」がいかに大きいものであったかを想像することができよう．

　アメリカ国防省の発表によれば，死者は韓国軍41万5,000人，米軍5万4,000人，民間人106万人以上，北朝鮮・中国義勇軍の戦死者および戦傷者134万7,000人，非戦闘員死者40万6,000人とされている．ソウル，仁川を中心とした京仁地域，江原道の三陟地域の，ふたつの主要工業地帯の生産設備のほとんどすべてが灰燼に帰し，釜山，大邱などをふくむ嶺南地域の生産設備がわずかに生きながらえただけであった．

　物的被害の規模は，当時の韓国の国内総生産の2年分に相当した．設備破壊の結果，1950年の工業生産額は，1949年にくらべて繊維産業60パーセント減,

ゴム産業83パーセント減，製紙産業40パーセント減，化学産業23パーセント減，金属産業44パーセント減，機械産業40パーセント減，電気機械産業66パーセント減であった．

生産施設破壊にともなう生産の萎縮は物価騰貴をうながし，戦争遂行のための通貨増発がこれに加わって，1950年代前半期のインフレは異常な様相を呈した．1947年を100としたソウル卸売物価指数は，1950年に350，1952年には4,750，1954年には実に9,940へと上昇した．この時期，韓国経済の循環機構は完全に破壊された．

朝鮮戦争は，人命と物的資産を破壊したというにとどまらない．なによりもこの戦争によって朝鮮半島の南北分断が決定的となったのである．さきにもふれたように，日本統治下の朝鮮における主要な地下資源と重化学工業部門のほとんどは北に立地し，南は農業と若干の軽工業をもつ「南農北工」をその特徴的な構造としていた．1948年の数字でみると，地下資源の大半，すなわち鉄鉱石，銑鉱と有煙炭の100パーセント，無煙炭の98パーセント，重石・水銀鉱の79パーセント，黒鉛の71パーセントが北に分布していた．重化学工業部門，すなわち金属工業の93パーセント，化学工業の85パーセントもまた北に立地した．南に重点的に分布していたのは，機器器具工業の69パーセント，紡織工業の77パーセント，食品工業の61パーセントにすぎなかった．最重要のエネルギー源である電力は，1945年において，その出力の86パーセントが北に属していた．

朝鮮戦争によって南は，植民地支配がのこした資産の「分け前」にあずかることもできなくなってしまった．韓国経済は，文字通り「ゼロからの出発」であった．

3. 腐敗と混乱の李承晩時代

政商の暗躍

韓国民は，なんらかの明確な国家意識をもって朝鮮戦争を戦ったわけではなかった．同族である北朝鮮の軍隊が，ある日突然に南侵して勃発した戦争なのである．さらに中国義勇軍と米軍の参戦は，この戦争を東西両陣営の典型的な

「代理戦争」としてしまった．南北はただわけもわからずに同族を相喰んだのである．この戦争によって 1,000 万人をこえる離散家族が発生した．

戦争がおわってのこされたものは，ただひたぶるの絶望と同族北朝鮮に対する怨嗟のみであった．戦後復興への意欲は，容易におこりようもなかった．李承晩を擁した政府は出口のない政治抗争にあけくれ，経済復興を運営する能力を完全に欠いていた．なによりも 3 年間の戦争によって国土は破壊されつくし，経済再建のために用いるべき資源はほとんどのこされていなかった．

頼みは，唯一アメリカの援助であった．休戦の翌 8 月に米韓相互安全保障協定がむすばれ，同時に大量の対韓援助供与が開始された．以降，1960 年にいたる援助累計額は，当時の金額で 21 億ドルという厖大なものであった．援助の中心は物資の供与であり，物資の大半を占めたのは小麦，原糖，原毛，原綿などの原資材であった．

この時点における韓国の主要工業部門への原資材供給のほとんどが援助物資によってまかなわれたのであり，ほかに原資材供給の道はなかった．援助物資は政府によって国内生産者に払い下げられた．その売上げ代金の一部は見返り資金として一般会計にくり込まれるとともに，一部は韓国産業銀行をへて企業融資にまわされた．当時の韓国は，援助に依存した「非自立経済」であった．

援助によって活況を呈したのは，製粉，精糖，繊維のいわゆる「三白産業」であった．自立経済をその基盤においてささえるはずの機械，金属，化学の重化学工業部門は，この時点ではまだ幼弱であり，これが国民経済を牽引する力をもちうるようになったのは，ずっとあとのことである．

三白産業の中枢を占めたのは，政府に近い特権的大企業であり，そのいくつかがのちの財閥として形成されていった．大企業の多くは，企業家的努力というよりは政商的手腕によって援助物資の払い下げを享受した．援助物資は公開入札をつうじて払い下げられたのではない．「実需要者制」がとられ，製粉工業協会，精糖工業協会，紡織協会，梳毛紡協会などの政治力をもつ業界団体が実需要者となって援助物資の独占的な払い下げをうけた．実際，原資材不足が決定的であった当時の韓国企業にとって，援助物資入手の成否が事業拡大のためのアルファでありオメガであった．

第 I 章　無からの出発　223

政策なき政治

　財閥系大企業を利したのは，援助物資の払い下げばかりではない．当時の公定為替レートは，実勢レートにくらべてウォンを過大に，ドルを過小に評価したものであった．実勢レートが1ドル＝55ウォン（1955年）の時代に，公定レートは1ドル＝18ウォン（同年）に定められていた．輸入者は，このレートにより国際市場価格にくらべて3分の1の価格で輸入することができた．

　政府保有の外貨にたいする超過需要が発生したのは当然である．この超過需要は，政府当局による外貨「割当」慣行を生み，政府に近いところにいる特権的大企業がその割当にあずかった．かれらは援助物資を，市場価格よりも大幅にやすい価格で引きうけて国内市場むけ生産をおこなった．また特権的大企業は，援助物資のみならず，そのほかの原料，素材，中間製品，資本設備の輸入にも，政府保有ドルの優先割当をうけることができた．

　大企業は，低金利政策によっても大きな特恵を享受した．1950年代後半における韓国の低金利政策は，この政策が一般的な開発途上国のなかでもきわだったものであった．韓国銀行の商業手形割引率を実質金利でみると，1950年代後半のいくつかの年度において，これはじつにマイナスでさえあった．

　このような手あつい保護政策のなかで進展した三白産業中心の工業化は，狭い国内市場をまたたく間にみたし，はやくも1950年代末には過剰設備投資が顕在化し，不況局面にはいった．貧しい国内市場をかえりみず，有利な保護政策により積極的に大企業を群生させたことの結果であり，設備能力に応じて援助原資材を払い下げるという，実需要者制が設備拡張競争をうながしたことの結果でもあった．

　アメリカの援助物資と政府の保護をうけた特権的大企業が繁栄する一方で，事業所数と従業員数において大きな比重を占める中小企業は，停滞をつづけた．ひとつには，アメリカの援助によって提供される原資材が特権的大企業に集中し，中小企業にむけられるところきわめて少なかったこと，ふたつには，大企業による生産が援助物資の加工を中心とし，関連中小企業の成長をうながす力をもちえなかったことが，大・中小企業間格差をいちだんと大きいものとした．

　この時期，農業政策はなきにひとしく，インフレ抑制のために採用された低米価政策は，低賃金を可能にすることによって工業部門を利する一方，農村に

疲弊をもたらした．端境期を生きのびることのできない「春窮」農民は，この時期に増大の一途をたどった．1958年の台風災害と翌年の干魃が加わって，春窮農民は全農家の5割に達したとも報道された．

腐敗，弾圧

貧困にたいして打つべき経済政策をもたない政府と，特権を享受して繁栄する一握りの大企業にたいする民衆の幻滅といらだちは，1950年代の後半期，日を追うごとに強まっていった．当時の李承晩政権の政治的腐敗は「ところかまわず」であり，わきおこる政府批判にたいしての弾圧は「あらんかぎり」であった．1960年3月15日の第4回大統領選挙時の不正は，晩年にいたった李承晩の権勢欲のすさまじさをいかんなくしめしている．

李承晩は92パーセントにのぼる信任投票をえ，1カ月後の新任式をへて「新版李王朝」の成立を目前にした．しかし，国民の「堪忍袋」の緒がここで切れたのである．4月19日にはソウルの大学生を中心に，全国で10万人以上がデモに参加，各地で警官隊との衝突をくり返した．死者183人，負傷者620人をだす流血の惨事が全国で発生，李承晩はアメリカにもみすてられてついに退陣を余儀なくされた．のちに「4・19革命」と呼ばれた事態がこれである．

4．軍部による近代化

5・16クーデター

しかし，4・19革命は現状への不満の暴発であって，建設的なビジョンに裏打ちされたものではなかった．1960年7月の総選挙で圧倒的勝利を手にして張勉内閣を発足させた野党民主党は，経済再建第一主義を標榜したものの，これもたんなるスローガンの域をでず，具体策はなにももちあわせていなかった．張勉内閣は党内人事の内紛に追われてわずか9カ月の短命でおわり，しかもこの間に3度の内閣改造をくり返す失政であった．

4・19革命としてわきでた国民の革命的エネルギーは，これがむかうべき建設への方途をどこにもみつけることはできなかった．国民はなにかを求めてなすすべがなく，むなしさのはけ口をデモにみいだしてこれをくり返すばかりで

あった．4・19 革命から翌年の 3 月までのあいだに，デモの回数は 1,840 回，参加数のべ 96 万人であったと報じられた．学生たちの出口のない怒りは，ついに南北統一の方向に活路を求め，タイミングよくだされた北朝鮮の連邦制統一案への強い関心となって噴出した．4・19 革命 1 周年記念日には，南北統一だけが韓国の生きのこる道だと主張する学生が輩出，5 月には南北学生会談を板門店（パンムンジョム）で開催するという具体的プログラムが日程にのぼった．

連日のようにつづくデモ，これに対応するすべのない政府，学生のむこうみずな北への接近，これにたいして熾烈（しれつ）な朝鮮戦争を戦ってきた軍部に強い危機意識が生まれた．1961 年 5 月 16 日，朴正煕を陣頭に 360 人の軍隊がソウルの枢要部（すうようぶ）を制圧し，「われわれは腐敗した現政権を信任しない．国民の生活苦を救い，祖国の危機を克服するために軍事革命委員会をここに組織する」と宣言，反共体制の再編と強化，自立経済の確立，不正腐敗の一掃，民政移管などを主内容とする公約を発表した．軍部クーデターの成功である．

軍事革命委員会は，ただちに全国に非常戒厳令をしいて，国会・地方議会の解散，政党・社会団体の政治活動禁止，閣僚・次官の逮捕，軍事革命委員会による国家機関の運営の挙にでた．張勉内閣は，軍事革命委員会の戒厳令を承認してただちに総辞職した．

ゆく末に強い不安と危機を感じとっていた国民の多くは，この革命に一脈の光明をみいだした．軍部クーデターにたいする無言の支持は広範であった．クーデターの指導者は，朴正煕をはじめいずれも地位の低い無名の軍人であり，日本の「2・26 事件」の兵士を彷彿（ほうふつ）させる人びとであった．革命政府がすべてにさきんじて手がけたのが，農村の高利債整理令の公布であり，米の政府買上げ価格の引上げであったことなどは，軍事革命委員会の「農本主義的性格」を物語っている．

クーデターの翌 1962 年 12 月には，大統領権限の拡大を謳（うた）う改憲案を国民投票によって可決することに成功した．ひきつづいて朴正煕は，1963 年 10 月の大統領選挙に民主共和党総裁として立候補，張勉内閣時代の大統領であり，韓国の旧政治家として名をなした尹潽善（ユンボソン）をやぶった．韓国民はここに軍人出身の大統領を選択したのである．

226　Ⅱ　韓国経済入門

官主導型資本主義の誕生

　朴政権の登場は，現代韓国の経済発展史において決定的に重要な意味をもつ．
1962年以降，韓国は首尾一貫した経済計画を用意し，この計画にそいつつ政
府の強い指導力のもとで官主導型資本主義を積極的に展開し，めざましい成長
実績を手にすることになる．明確な目標を設定し，その実現のための資源配分
を明示し，これにみあわせて資源動員をはかっていく，いかにも軍人政権らし
い組織的な経済運営の方式は，韓国の歴史に例をみないものであった．経済成
長の実績については，次章で論じる．そのまえにここでは，軍事政権が韓国の
経済発展史においてはたした役割と意味づけについて述べておくことにしよう．

　そもそも李朝以来の長期にわたる韓国の儒教的伝統のなかでは，軍人＝武人
が政治支配権をにぎるという事実自体がまことに稀有なことであった．儒教的
政治支配の根幹は「徳治主義」にあり，そこでは儒教の倫理によって民衆を教
化し，民衆の徳がかたまることによって自然の社会秩序が守られることが理想
と考えられてきた．政治支配の中枢を占めたのは，儒教の思想を徹底的に習得
して「科挙」に合格した文官であり，これにくらべて武官の政治的地位はいち
だんと低いものであった．

　李朝時代の支配階層はしばしば「両班」と呼ばれ，文班と武班のふたつが同
格であるかのごときひびきがある．しかしこれはたてまえにすぎず，李朝500
年の歴史のなかで武人が政治の実権をもつことは，ついぞなかった．あくまで
「崇文」と，したがって「重文軽武」が原則であった．壬辰倭乱（文禄・慶長
の役）において朝鮮に出兵した豊臣秀吉の水軍を撃退し，救国の英雄としてこ
んにちの韓国でももっとも畏敬されている李舜臣将軍ですら，政治的中枢をき
わめることは不可能であった．戦国時代から徳川時代にいたるまで，武人によ
る政治支配の体制を確立してきた日本との対照が，ここにある．

　文治官僚の関心は，原典である『四書五経』の習得と実践にある．その思考
様式は旧守的，観念論的であり，行動様式は事大主義的，形式主義的であった．
現状を改革すべくあらたに目標を設定し，その実現をめざして効率的にたちい
ふるまうという進取の精神とは，およそ対極的であった．実際のところ，儒教
的倫理において私欲は蔑視の対象であり，利潤の追求はさげすまれていたので
ある．

1961年の軍事クーデターは，儒教的風土のなかであつく培われてきた文治官僚制，ならびにそれをささえる思想と倫理を打ちやぶった画期的な「事件」であったというべきである．第1次経済開発五カ年計画（1962～66年）によって開始され，現在にいたる長期の計画戦略は，軍人政権の出現をもってはじめて可能になったものだといっても過言ではない．

　1961年，軍事クーデターがおこったころの韓国においては，近代化を牽引するパワーグループは軍部以外にはなにひとつ存在していなかったといっていい．1951年にウェストポイント（アメリカ陸軍士官学校）に範をとって改編された韓国陸軍士官学校は，政治学，経済学，国土開発，世界戦略，国防についての新知識をさずける，当時の韓国における近代的エリートの唯一の供給源であった．朝鮮戦争は，創設されて間もない幼弱な韓国軍を，強力な組織をもつ集権的機能集団へと変貌させていく試練の場となった．

　　　「長い間軍隊は一貫した訓練をうけており，とくに朝鮮戦争以降は合理的な教育を与えられてきた．文官の団体や組織で，明確かつ比較的公正に管理された職務を遂行しているという点で軍隊に近い水準にまで達した例は他にない．……そういった自信が1961年の軍部クーデターと，政府と政治にたいする軍部の指導権確立に作用した．強力な軍隊の存在は過去数世紀間の朝鮮の歴史のなかでは異例のことである．1961年のクーデターは，800年前に軍部が革新的役割を放棄して以来はじめての事態であった」

というのが，現代韓国の政治力学を分析した『朝鮮の政治社会』（鈴木沙雄，大塚喬重訳，サイマル出版会，1973年）の著者，グレゴリー・ヘンダーソンの評価である．

若手経済官僚の登用

　軍部は，みずからが近代化の担い手として登場したというにとどまらない．官僚機構の育成をはかり，しかもその中枢に経済官僚組織をすえたことが大きな重要性をもつ．

　軍事クーデター成功の翌1962年に，韓国は第1次経済開発五カ年計画を発

足させるのであるが，この計画の立案と実施に強力な権限をもつ官僚機構として経済企画院を創設，ここに農林部（省），商工部，交通部，財務部などの経済関係省庁を監督・指導する権限を与えた．経済企画院長官には副総理があたり，開発行政の強力な一元化が試みられたのである．経済企画院に象徴される新官僚機構の創設と改編の過程においてみおとすことができないのは，両班出身の旧守的な貴族的官僚が排除され，開発行政の実務官僚として有能な若手が，その出自にかかわらず広範に登用されたことである．アメリカ帰りのエコノミストを中心に，30歳代の清新な官僚が各経済関係官庁の中堅を形成することになった．これら官僚は，有効な経済政策を立案，実施していく能力を有し，経済近代化をみずからの使命とする意欲にあふれていた．

現在の韓国は，われわれ日本人がときおりいだく閉鎖的イメージとは異なって，じつは躍進する産業国家にふさわしく，能力をもつ人間が正当な評価をうけて上方に動員されていく，「垂直的社会移動」を特徴とした「開かれた社会」である．経済企画院は，この垂直的移動の頂点に位置し，多様な階層出身の最優秀の頭脳がここに集うことによって，現代韓国におけるもっとも有能な官僚集団として機能している．韓国のこの集団は，出身階層の固定化，支配者への追従，既得権益の固守，といった開発途上国において一般的な宮僚もしくは官僚制度のイメージとははっきりと異なっている．

韓国社会における軍部の権力は，絶対的にみればもちろんきわめて大きい．しかし官僚制度が充実し，しかもこれが自己増殖と自己強化の過程をつづけてきたために，軍部権力はしだいに「相対化」されてきた．36年にわたってつづいた日本の植民地支配のもとで，行政制度の最末端にいたるまでを日本人ににぎられていた韓国にとって，近代的な組織運営の主体として唯一の存在であった軍部が，独立後この面での空白をうめる重要な役割を演じたのは，ひとつの必然的な方向でさえあった．軍部がこうした役割をもったという事例は，開発途上国では枚挙にいとまがない．

開かれた社会へ

しかし，韓国の軍部が他の多くの開発途上国のそれとちがっていたのは，軍部自体がみずからの政治権力の拡大よりは経済近代化を最優先の課題とし，し

かもこの経済近代化をささえる重要な主体として官僚と官僚制度を積極的に保護育成したことである．そしてまた官僚制度の拡大と整備の帰結として，軍部はみずからの相対的地位を低下させるという「政治的寛容」をみせたのである．

　開かれた社会をつくりだしたのは，たしかに 1961 年の軍部クーデターであった．このクーデターを主導したのは，さきにも指摘したように貧農出身の名もない軍人であり，両班的読書人階層とは縁もゆかりもない人びとであった．李朝時代はもちろんのこと，日本の支配時代，そしてまた解放時の混乱期においてさえ，両班階層以外の人間が政治支配の中枢を占めるなどということは，想像だにできないことであった．鳥羽欽一郎氏は，日本におけるあたらしい現代韓国論の群生に大きなきっかけをつくった名著『もう一つの韓国』（東洋経済新報社，1976 年）において，つぎのような洞察を披瀝している．

　　「軍事革命が韓国社会にもたらしたのは，たんなる政治上の変革だけではなかった．それは，李朝以来の両班政治の終焉だったのではなかろうか．事実，日本の朝鮮統治策をみるかぎり，李朝以来の社会構造に手を加え，これを変革しようとした形跡はなかった．李王家を皇族に加えることによって，かつての李王朝の地位を天皇家が代理したから，その社会構造は，基本的な変化をこうむらず，36 年間温存されたと考えてもよいのである．それゆえ，日本の統治下から解放されたあとアメリカ流の議会政治を担ったのは，意識的にも旧両班階層の人びとであり，そうした雰囲気のなかで，李王朝の延長ともみられる党派的分裂や権謀術策の，みにくい政争が渦巻いたのである．それを断ち切ったのが軍事革命であったが，これと同時に，両班階層に属さぬだれでもが，政治の上層まで上昇できることを実証した．したがって，韓国にとって歴史上はじめての，一種の民主革命であったといっていいのではなかろうか．」

　36 年にわたる植民地的搾取，解放後の混乱，朝鮮戦争による破壊，戦争後の方向感覚喪失の近現代史をへて，韓国は 1960 年代の初期以降，こんどは一転して大きな経済的飛躍の時代を迎えたのである．いったい韓国は，いかにしてこれを可能にしたのであろうか．

第Ⅱ章　漢江の奇蹟

1. 輸出——経済発展の生命線

輸出志向工業化

　新政権があらたにねらったものはなにか．一言でそれをいえば「輸出志向工業化」であった．豊かに擁する低賃金労働力を利用して，労働集約的な工業製品をおもに輸出市場むけに生産し，もって工業化をすすめ，高度経済成長を達成しようという方途であった．これはつぎのような合理的な判断に裏づけられている．

　南北分断によって植民地時代に蓄積された鉱工業資産のほとんどは北に帰属し，南にのこされたのは，過剰な人口をかかえた貧しい農村地域のみであった．この韓国を開発していくためには，資本設備をはじめとする開発資材を先進国から大量に輸入しなければならない．輸入のためには輸出が必要である．国民の所得水準が低いために国内市場はせまく，この面からも輸出は不可避である．輸出可能な商品は当時の韓国の状況からするかぎり，繊維製品，合板，雑貨類などの労働集約的な軽工業品しかありえない．

　さいわいなことに，1960年代の世界経済はまさに「同時的拡大」の時代にあった．この時期，アメリカ，EC諸国，日本のいずれもが，資本主義世界200年の歴史のなかでもまれにみる強い活力をもって拡大をつづけていた．先進国の産業構造の変動ははげしく，成長産業が次つぎと生まれる一方，衰退化していく部門も少なくなかった．

第Ⅱ章　漢江の奇蹟　231

先進国における衰退産業の中心は，高賃金化傾向によって苦しめられた労働集約的産業であった．高度経済成長によって拡大する需要と，なによりもこの衰退産業の出現によって与えられた労働集約的製品の市場にむけて，大規模な輸出が可能だという確信を韓国の新政権はもったのである．国際市場環境の変化を正しくみとおし，それにみあう輸出志向工業化政策を果敢に採用しえたその能力は，たしかにすぐれたものであった．これは，つぎのような開発途上国において一般的な政策態度と対照される．

　第２次大戦後ほとんどの開発途上国は，保護主義的工業化政策を採用してきた．政府の手あつい保護のもとで，国内市場むけの国内企業の育成がはかられた．保護主義的工業化の背後には，「輸出ペシミズム」があった．工業製品の国際市場は先進諸国の独壇場であり，開発途上国が先進国諸企業との競合にかって輸出を伸ばすなどといったことは，考えられもしなかった．工業化を望むすべての開発途上国は，先進国からの輸入を制限して国内市場を国内企業のための市場として確保し，この企業（輸入代替企業）にたいしては，補助金交付，低金利融資，有利な為替レートの適用，社会的間接資本の優先的利用便宜の提供など，多様な保護を与えたのである．

強い政府の出現

　しかし，手あつい保護のもとで生産効率の改善努力は怠（おこた）られた．なによりも保護によってつくりだされたせまい国内市場機会は，たちまちのうちに枯渇（こかつ）し，いずれの開発途上国の工業化も開始後ほどなくしてきびしい停滞におちいってしまった．それにもかかわらず，ほとんどの開発途上国は容易に政策転換を試みようとはしなかった．

　ひとつには，輸出ペシミズムが牢固（ろうこ）として開発途上国をしばっていたという事情がある．しかしより重要な問題として，ふたつには，保護主義的諸政策が生んだ「既得権益」が開発途上国の政策転換能力を奪ってしまった，という事実が指摘されなければならない．

　保護がある期間持続すれば，被保護産業にとってこれは既得権（きとくけん）と化する．一度与えられて恒常化した保護を排除することは，被保護産業にとっては既得権の侵害であるとうけとられ，これに強い政治的抵抗が生まれるのはいたし方な

い．既得権の規模が大きければ大きいほど，その排除はそれだけ大きい「社会的コスト」を孕むことになる．一般に開発途上国においては，政府と企業家との機能は先進国のようには分化がすすんでいない．いわゆる「政財癒着」は，われわれの社会よりは強い．ここでの政府による保護政策は，企業家にむけられたものであると同時に，じつはみずからの私的利権の拡張のためのものでもある，という場合が多いのである．

このような形で既得権が累積した場合，状況変化に対応して政策転換を試みようとしても，その実行は容易ではない．保護は，政府にその行政的能力をこえる大きな裁量権を与えて行政的遅滞や汚職を生みだすと同時に，保護のもとで発生した既得権の累積は，結局のところ政府の「政策転換能力」をも奪ってしまうのである．

したがって，網の目のようにはりめぐらされた既得権益を切りくずして，政策転換を試みるためには，それだけの力量をそなえた「強い政府」が存在しなければならない．強い政府とは，政策転換すべき必要性が生まれた場合には，臆せず旧来の既得権益を排除していく強い意思をもち，あらたな政策を実施しうる能力をもった政府という意味である．強い権力と有能な人材，さらに整備された組織をもつ官僚機構の裏づけをもつことが，その必須の要件である．韓国の新政権は，多くの開発途上国とは異なり，そのような要件をもった強い政府をつくりだすことに成功したのである．前章でも指摘したことであるが，韓国における官僚機構の権力と能力を語らずして，この国の経済発展を展望することはできない．

保護政策の廃止

4・19革命は，李承晩政権による保護政策のもとで巨額の富を手にした特権的階層，財閥系企業，高級官僚にたいする厳重な処分を要求した．「清廉」をアイデンティティとする軍事政権は，強い権力を背景に，まずはこの要求に応じた．多様な保護政策のなかで蓄積されてきた特権的階層の財産を「不正蓄財処理」の対象とし，巨額の罰金支払いを命じることによって，不正蓄財の強制的政府還収をおこなった．還収資金は，1962年にはじまる第1次経済開発五カ年計画の財源にくみ込まれた．

第Ⅱ章 漢江の奇蹟 233

不正蓄財処理とならんで，旧政権下での保護政策は次つぎと廃止されていった．保護政策にかこまれて国内市場むけ生産を旨としてきた特権的企業は，きびしい国際市場での競争にたえる力をもっていなかった．政府の提供する保護政策の「獅子の分け前」にあずかることがかれらの最大の関心であった．生産性の向上によって生産費を削減し，これをもって競争に打ちかつという「企業家的行動」よりも，有利なレートの外国為替や低金利の銀行資本を手にいれたり，輸入ライセンスを確保するために，あれやこれやの手段を使って政治支配層に接近するという「政商的行動」の方を重視してきた．公定為替レートや金利が，実勢に比較して2倍から3倍も有利なものであるならば，これを掌中にすることが，企業家にとっては生産費の削減よりもはるかに重要な「仕事」となったのは当然である．あらたに輸出志向工業化を展開するためには，こうした保護政策を廃止することが必須の課題であった．

　保護政策の廃止は，まずは外国為替市場を自由化し，公定レートを実勢レートに近づけるという試みからはじまった．1961年に韓国の公定レートは，1ドル65ウォンから128ウォンへ，つづいて1964年には257ウォンへと大きく切り下げられた．同年の未組織市場レートは272ウォンであり，「外換率現実化政策」は，その名前にふさわしく実勢を正確に反映したレートの実現に成功した．1965年以降，公定レートはその少なからぬ変動にもかかわらず，実勢にほぼ見あって調整されてきたと評価していい．

輸出への誘導

　韓国における保護主義的工業化政策のもうひとつの重要な柱であった低金利政策も，大きな転換をみせた．1950年代，国務総理直轄の金融通貨委員会によって決定される強力な金利規制のもとで，韓国の預金金利ならびに貸出し金利は，いずれも市場金利の実勢をはるかに下まわる「非現実的」な低水準に定められてきた．低金利政策は，預金金利が低いことによって金融市場に流入する貯蓄量を制限する一方，貸出し金利が低いことによって銀行資本にたいする超過需要をつくりだした．銀行資本に接近しえない企業は，第Ⅳ章で述べる非公式の資金確保ルート，いわゆる「私債」に依存せざるをえなかった．私債金利は実勢を反映していちじるしく高く，1950年代の韓国は，低い銀行金利と

高い私債金利との明瞭な「金利二重構造」のもとにあった.

　金利規制を廃止し,公定金利を市中実勢金利に近づけていこうという韓国政府の意図は「金利現実化措置」と称され,1965年5月に実施された.これによって,たとえば商業銀行の商業手形割引率（実質）は,1964年の0.3パーセントから1965年の14.9パーセントへと大きく上昇した.金利現実化政策は,為替レート現実化政策とならんで,新政権による市場自由化政策の要であった.

　このような強力な自由化政策の施行によって,保護主義的工業化は終焉し,その一方,輸出は急速に増大していった.為替レートにおけるウォンの過大評価はすなわちドルの過小評価であり,これは先進国からの資本集約的な輸入投入財の安価な輸入を可能にした.したがって,このレートは輸入を強く誘発すると同時に,工業生産の方法をより資本集約度の高いものとする傾向を生んだ.低金利政策は,一部の特権的企業に低利の銀行資本を供与するものであり,その生産方法を資本集約的なものとする傾向を助長した.したがって,為替レートの自由化は低金利政策の廃止とあいまって,労働過剰・資本不足という当時の韓国における生産要素の「賦存状況」に適合する資源配分を可能にし,労働集約的工業製品の国際競争力を強化するのに大きく寄与したのである.

　同時に,輸出産業にたいする直接補助金の交付,輸出産業への事業所得税・法人税の軽減もしくは免除,輸出用投入財の輸入関税の払いもどしもしくは免除,輸出産業にたいする特恵的利子率の適用,等々のかたちをとった政府の輸出促進政策が活発に展開された.さきに述べた金利現実化政策のなかにあって,輸出関連産業への貸出し金利は逆に以前より低下さえした.1965年における韓国銀行ならびに一般商業銀行の輸出手形割引率は,前者が年率3.5パーセント,後者が6.5パーセントであった.同一時点での商業手形割引率がそれぞれ28.0パーセント,24.0パーセントであったのと比較すれば,いかに大きい優遇条件が輸出産業に与えられていたかが理解されよう.

すさまじい輸出競争

　当時の韓国経済成長の主要な部門を形成したのは,たしかにこの国の労働過剰・資本不足という要素賦存状況に適合した労働集約的製品の輸出部門であった.衣類,合板,雑貨などがその代表的製品であった.韓国は,資金水準は低

位にあるが，優秀な労働力を擁した労働集約的産業において，衰退化しつつある先進国の同産業を追い上げ，製造業製品の一大供給国としての地位を確保していった．

1970年代にはいるとともに，あとで指摘するように韓国は重化学工業化の時代にはいり，これを反映して輸出も労働集約的な軽工業製品から，しだいに鉄鋼，造船，石油化学，機械，電子機械などの重化学工業製品に重点を移しはじめていった．

とくにめざましい伸びをみせたのは，輸送機械，電気機械，通信機械などをふくむ機械製品であり，総輸出額に占める機械製品輸出額の比重は，1971年の8パーセントから1984年には36パーセントへと上昇した．他方，賃金の急上昇，東南アジア諸国の追い上げのために労働集約的な軽工業製品はその比率を減少させた．総輸出額に占める，衣類を中心とした雑工業製品の比率は，1971年には42パーセントであったが，1984年にはこれが28パーセントとなった．要するに，輸出構造の高度化が開始されたのである．

1970年代の韓国は，まさに輸出至上主義の時代であり，輸出はある種の「信仰」にまで高まった．全国の企業は「輸出100億ドル」達成のスローガンを掲げた．月1回，輸出関連企業の最高幹部を招集して「輸出拡大会議」が開かれ，毎回朴大統領みずからがこれに出席して各企業の輸出実績をチェックし，あらたな輸出目標を提示するといったこともなされた．また1970年代後半には，輸出拡大をめざして「総合貿易商社」制度が新設された．

政府指定を受けた商社は，輸出用原資材の大きな輸入枠を与えられ，さらには低利の輸出金融や税制上の優遇条件をも享受することができた．そのために，財閥系企業は総合貿易商社の指定をうけるべく競いあった．指定基準の中心は輸出実績であり，輸出拡大競争はすさまじいばかりであった．鉄筋，肥料，カラーテレビなど，14品目のダンピング輸出が強行されたのも，このころのことである．1975年に三星物産が総合貿易商社の第1号に指定され，その後十数社の貿易商社のデッドヒートが展開した．上位10商社輸出額の韓国輸出総額に占める比重は，1976年の19パーセントから1980年には41パーセント，1984年には57パーセントへと増加した．

年間輸出 100 億ドルの達成

　韓国が年間輸出 100 億ドルを達成した 1977 年 12 月 22 日には，ソウル奨忠^{ザンチュン}体育館で大祝賀会が開かれ，現代造船，三星物産などの輸出貢献企業の顕影がおこなわれた．その祝賀会で朴大統領はつぎのように述べた．

　「われわれはついに輸出 100 億ドルを実現した．韓国の輸出は第 1 次経済開発五カ年計画の初年にはわずか 5,500 万ドルであったが，15 年後のこんにち，100 億ドルの目標を計画より 4 年もはやく達成することができた．経済大国の西ドイツですら輸出を 10 億ドルから 100 億ドルに拡大するのに 11 年かかり，日本もまた 16 年を要した．それを韓国は 7 年でなしとげたのである．われわれは分断された国土のなかで好戦主義者と対峙しつつ，しかも世界的不況に直面しながら，このような成果をあげることができた．100 億ドル輸出は，民族の無限の力と潜在性を誇示しえたという点において，絶大な意義をもつものである．」

　輸出はたんに量的に拡大しただけではない．国民経済全体に占める輸出の比重が増大し，輸出の拡大が高い経済成長率を牽引したという点がより重要である．国内総生産に占める輸出の比率は輸出依存度と呼ばれる．1965 年に 10 パーセントにみたなかったその比率が，1972 年には 20 パーセントをうわまわり，1984 年には 40 パーセントをこえるという変化をみせた．ちなみに，1984 年における日本の輸出依存度は 12 パーセントである．韓国の高度経済成長は，輸出の急成長によって実現されたのである．

2. 外資依存経済

輸入を誘発する輸出

　韓国の輸出はたしかにめざましい速度で拡大してきた．しかし輸入需要はいちだんと強く，韓国の貿易収支は 1962 年以来一貫して赤字であった．韓国は拡大する輸入需要に「脅迫」されつつ，輸出を拡大してきたのだといってもいいほどである．

　韓国の輸入が急拡大をつづけてきたのは，高度経済成長のもとで輸入需要が高水準に維持されたからにほかならない．しかし，韓国の工業化が典型的な

第 II 章　漢江の奇蹟　　237

表 II-1　主要製造業部門の輸入依存度（1980 年）

（単位：%）

化学肥料	4.4	家庭用電子機器	10.0
石油製品	12.2	電子応用機器	65.0
石炭製品	3.0	電子部品	32.3
セメント	0.1	通信機器	35.6
製鉄	24.2	船舶	45.4
製鋼	20.7	鉄道車両	19.6
鋼管鋼材	11.3	自動車	13.7
鋳鉄製品	3.6	その他輸送機械	32.6
鉄鋼圧延	12.6	精密工学機器	50.5
原動機	46.1	時計	29.7
農業機械	17.8	家庭用電気機器	6.5
産業機械	69.1	産業用電気機械	50.5
一般機械部品	47.0		

「加工貿易型」のもとですすめられ，そのために工業化の進展が輸入の拡大を強く「誘発」する構造を有してきたという事情も，考察されなければならない．

　韓国は，素材，中間製品，機械設備などの生産基盤の弱い未熟な工業発展段階にありながら，しかし急速な輸出拡大をはかってきた．輸出の中心的商品は，労働集約的な組立・加工製品であった．先進国から輸入した素材，中間製品を，おなじく先進国から輸入した機械設備を用いて組立・加工し，こうしてできあがった最終製品を輸出するという構造を基本としてきた．いずれ述べるような急速な重化学工業化にもかかわらず，部品などの中間製品，重機械などの資本財の生産基盤はなお弱く，これらを輸入に依存しながら輸出拡大をはかるという，加工貿易型の発展経路はいぜんとして韓国経済の大きな特徴をかたちづくっている．

　表 II-1 は，1980 年における韓国工業部門の輸入依存度である．一国の総供給は国内生産と輸入とからなり，したがって輸入依存度とは，総供給額に占める輸入額の比率であらわされる．一般機械部品，電子部品などの中間製品，産業機械，産業用電気機械，原動機などの枢要な資本財の輸入依存度が相当に高いことがわかる．電子応用機器や船舶など，こんにちの韓国の輸出主力商品の輸入依存度がきわめて高いという事実は，韓国の加工貿易型構造の内実を端的に物語っている．

このような構造のもとで，輸出の拡大は同時に輸入の拡大を誘発せざるをえず，そのゆえに貿易収支の改善は容易ではなかった．ちなみに，あとでもでてくる産業連関表分析の手法を用いると，1単位の輸出がどの程度の輸入を誘発するかという，「輸入誘発係数」を計測することができる．韓国のこの係数は，1970年0.26，1973年0.35，1975年0.36，1980年0.38と推移している．1980年において，韓国の輸出が1単位増加すれば，それと同時に0.38単位の輸入が増加するという構造である．しかも1970年代をつうじて，この係数は少なからず上昇してきた．韓国の誘発輸入需要をみたしてきた最重要の国は，あとで述べるようにじつは日本である．

われわれの目は，とかく韓国のはげしい輸出と日本への「追い上げ」にむけられがちである．しかし実際には，こうした韓国の加工貿易型構造のもとで，韓国と日本は「競合関係」よりもむしろ「補完関係」を拡大しているとみなければならない．韓国の加工貿易型構造については第V章でさらに考察することにしよう．

拡張主義的経済

ところで貿易収支の赤字にたいして韓国政府が採用してきたのは，輸入削減による経済の縮小均衡ではなく，外国資本の積極果敢な導入であった．そうした意味での「拡張主義的」経済運営なくして，韓国の高度経済成長はありえなかった．貿易収支の赤字解消をはかるべく輸入削減をおこなうならば，資本設備はもちろん素材，中間製品の十分な供給はなされず，生産基盤がそこなわれて，輸出の伸びは低迷せざるをえなかったはずだからである．外国資本の中心は，借款であった．

外国借款をつうじて提供されたものは多様であるが，その中心は資本設備であった．第2次経済開発五カ年計画期を例にとると，外国資本の形態別内容は，資本財79パーセント，原資材5パーセント，消費財16パーセントであった．そして第2次計画期間中の固定設備投資額8,406億ウォン中，外資の寄与は4,824億ウォンにおよび，韓国国内投資の57パーセントが外資によってまかなわれたのである．外国借款なくして，この時期の韓国の工業化は考えられなかった．

図II-1 総投資に占める外国資本

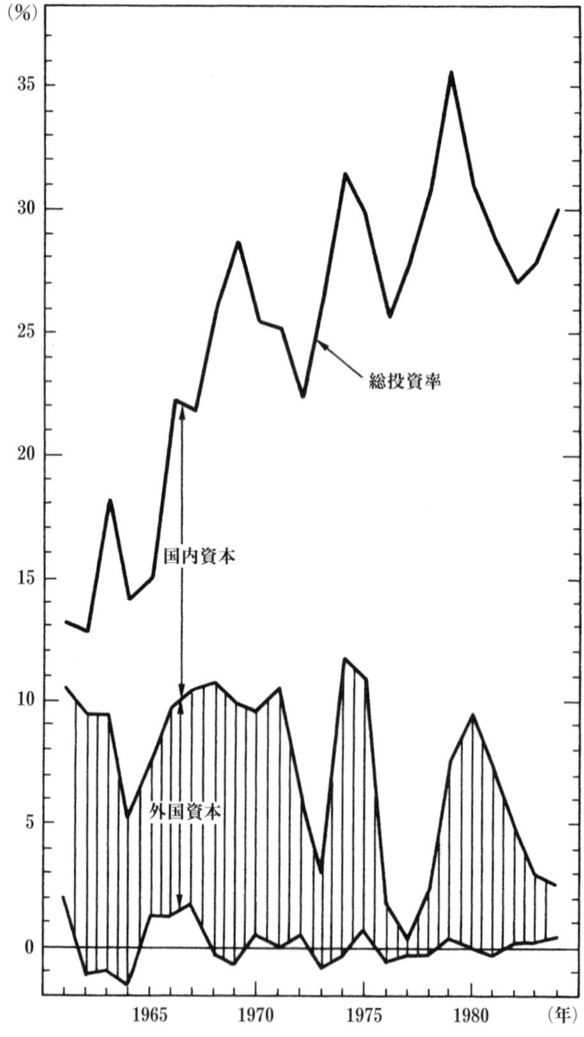

(%)

総投資率

国内資本

外国資本

1965　　1970　　1975　　1980　（年）

　韓国の国内投資にはたした外国資本の寄与をながめたものが，図II-1である．あらためてその寄与率のきわだった高さがうかがわれよう．外国資本は，政府ベースの公共借款，民間ベースの商業借款，外国人直接投資の3つに分けられる．1960年代中ごろまでの韓国は典型的な開発途上国とみなされ，据置

240　II　韓国経済入門

き期間と返済期間が長く，金利もまた低い，要するに譲許的条件の公共借款の対象国であった．アメリカ援助がその中枢を占めた．

1960 年代の後半期にいたると，韓国の経済力がしだいに世界の注目をあびるようになり，商業借款が急増する．日本とアメリカの借款が中心であり，西ドイツ，イギリスがこれに加わる．建設，合成繊維，化学肥料，セメント，金属，精油などの，政府が重点産業として指定した部門にたいする商業借款の役割には，きわめて大きいものがあった．石油ブームにのって大規模な建設輸出が試みられた 1978 年には，建設業を中心に 1 年間に 19 億 1,300 万ドルもの商業借款が韓国に供与され，これは外資導入総額の 67 パーセントを占めた．

1970 年代にはいると，外国人直接投資がこれに加わる．1969 年には，台湾の高雄輸出加工区に範をとって「馬山輸出自由地域」が創設され，翌年から日本企業をはじめとする本格的な外資導入がなされた．1972 年に開始された第 2 次経済開発五カ年計画期には，馬山以外にも相似た性格をもったいくつかの工業団地が建設され，外国企業のいっそう大規模な導入がはかられた．

戒厳令のなかの日韓条約

韓国の外資導入の歴史において決定的に重要な役割を演じたのが，1965 年 12 月にむすばれた日韓基本条約である．ケネディ政権は，民政移管が完了する 1963 年まで韓国の軍事政権には外資の提供をいっさいおこなわず，そのために 1962 年にはじまる第 1 次経済開発五カ年計画は，最初から深刻な資金不足に悩まされた．

経常収支の逆調に苦慮するアメリカは，対韓経済協力の「肩がわり」を日本に求め，こうした状況のなかで韓国は日本の協力うけいれの方向を選択した．そしてこの条約の締結によって，無償 3 億ドル，有償 2 億ドル，民間借款 3 億ドルの供与が決定され，これが「呼び水」となって 1965 年以降，外資導入の加速度的な拡大がはじまった．この条約の締結によって日韓の国交が解放後はじめて正常化され，以降，日韓経済の密接な関係が形成されていくことになった．

とはいえ，日韓条約によせる韓国人の心情は複雑であり，条約締結の賛否をめぐって国論は分裂状態におちいった．しかし朴政権は，過去の「しがらみ」

にこだわりつづけて低迷を余儀なくされるよりも，あえて旧植民地本国日本からの資本導入にふみきり，これをつうじて自立経済の達成をはかるほうが，よりすぐれた対日外交政策の選択であることを本能的に認識していたようにみえる．

1964年の3・1記念日の式典演説で朴大統領は，「韓日両国は巨視的立場にたち，大胆な決断をもって正常な国交を開くべき秋にきた」と言明した．日本の植民地支配にたいする抵抗を長く記念すべく設定されているまさにこの記念日に，そうした発言をあえておこなったことは画期的であり，大統領のなみなみならぬ決意をうかがわせた．これに呼応するかのごとくに，野党，学生の強固な「対日屈辱外交反対」のキャンペーンが開始され，同年の6月3日の戒厳令発布にいたるまで，韓国は李承晩政権打倒の4・19革命の時期を再現する，熱い政治の季節にはいっていったのである．

5月25日には国会議事堂から青瓦台（大統領官邸）にいたる通りのすべてがデモ隊でうずまった．反対運動のデモは翌26日には釜山，大田，光州にもひろがり，おりから日韓交渉のために日本を訪れていた金鍾泌の即時召還を要求した．これにおされて，朴大統領は金氏の召還命令をださざるをえなかった．

6月3日には，1万5,000人からなる最大規模のデモが国会議事堂めがけて開始され，市内の非常線はデモ隊によって次つぎに打ちやぶられていった．ここにいたって政府は非常戒厳令を公布せざるをえず，ソウル周辺のふたつの野戦師団とふたつの予備師団兵力を市内に進駐させた．あくる1965年の2月に日韓基本条約の仮調印，4月に漁業協定ならびに請求権協定の仮調印，6月にそれらの正式調印，そして12月18日，ついにソウルで椎名悦三郎外務大臣と李東之外務部長官とのあいだで条約批准書交換をおえ，ここに正式に国交が回復することになった．

あふれる外資

日韓国交正常化にともなう日本の資本導入をきっかけに，1960年代の後半期はやくも韓国は「外国借款ブーム」にわいた．大量借款の導入は，「不実企業」問題を発生させるほどであった．

不実企業とは，借款の元利金や銀行借入金の返済がとどこおり，銀行の管理

下にはいった企業のことをいい，財閥系企業もこのなかに多くふくまれていた．自己資金が少なく，さらには企業経営の経験が不足していても，政府保証のもとで外国借款を導入することができさえすれば，一朝にして近代的企業経営者になれるチャンスが与えられたのである．借款需要はこの時期，過熱状態にあった．不実企業の存在は，一面，生成して間もない韓国企業の経営基盤の脆弱性をしめすものであると同時に，外国借款がその吸収能力を上まわるほどに，ふんだんに与えられたことをも示唆している．

図Ⅱ-1にしめされるような外国資本への高い依存度は，過去の先進国の経験に例をみないものであった．しかし，注目すべきは，その依存度がその後あきらかに減少傾向にむかったことである．このことは，所得水準の高まりとともに，国内に投資資源が蓄積されてきたという事実を意味する．この点については，第Ⅳ章でふたたび述べよう．

大規模に導入されたのは外国資本ばかりではない．外国技術の導入も相当であった．外国技術の導入件数，導入技術への代価支払い額の推移をみると，当初は紡績，紡織が中心であったものの，1960年代の後半期に，はやくもこの部門の導入はほとんどみられなくなる．造船，石油化学も1970年代の中ごろ以降，その導入額は相対的に減少していった．

これと対照的に，重化学工業部門，たとえば精油，化学の技術導入は，いぜん高水準を維持するとともに，とくに金属，電子，機械の高い増加率が注目された．技術導入分野がしだいに高度化してきたことが明瞭にうかがわれる．1980年から1984年までの技術導入件数1,417のうち，機械，電子は，それぞれ353，269であり，両者で全体の40パーセントをうわまわった．

韓国の技術導入を考えるうえでみおとしえないもうひとつの点は，この国の技術体系が，長い植民地支配のもとで日本のそれに類似したものにつくりかえられ，「技術のコミュニケーション構造」が，他の先進国と開発途上国との関係よりも密度の濃いものとして形成されてきた，という事情であろう．したがって1960年代，1970年代をつうじて日本の技術は，いずれの開発途上国よりも，まずは韓国に容易に導入されたのである．実際のところ，日本語の技術文献を自由に読みこなせる技術者の数において，台湾と並んで韓国はいずれの外国より圧倒的に多い．1962年から1983年までの，韓国の技術導入件数累計

2,293 件のうち, 1,486 件すなわち 65 パーセントが日本からのものであった.

　韓国は外国技術をふんだんに導入し, これを自国内に定着させるという面で抜群の能力をみせた. 序章でも述べた乗用車や VTR の国際市場への華やかな進出は, そうした韓国の能力の高さを存分にしめしている. しかし卒直にいって, それらの大半は先進国とくに日本の技術の「模倣」の域をでていない. 韓国が真に自立国家として登場するためには, 技術の自立化をめざさねばならないが, その面での成果は投資資源の自立化努力にくらべてまだ劣っているといわざるをえない. そうした課題へのとりくみについては, これも第Ⅳ章でふたたび論じることにしよう.

3. 重化学工業化へのテイクオフ

加工貿易型経済からの離脱

　韓国における輸出の主力製品は, 繊維製品, 家庭用電気・電子製品, 造船, 合板類, 雑貨類など, 労働集約的な製品であった. これらは原料, 素材から中間製品をつくり, これを組立・加工してできあがる迂回生産過程の最末端（ダウンストリーム）に位置する最終製品である. 韓国が, このダウンストリームにある最終製品の生産から工業化を開始したのは, 素材, 中間製品, 資本財等の, アップストリームにある投入財生産の自生的発展の基盤が不十分であり, 関連産業の裾野をもたない未熟な段階から工業化を出発させざるをえなかったからである.

　生産が迂回生産過程のアップストリームにむかうほど, 最適生産規模は大きくなり, 生産方法もより資本集約的となる. したがって国内市場がせまく, 資本不足・労働過剰という「初期条件」のもとにあった韓国が, 労働集約的な最終製品の生産から工業化を開始したことは自然であった. この最終製品生産のための投入財の輸入依存度は, きわめて大きい. 最終製品輸出・投入財輸入という加工貿易型構造がその帰結であった. このことは, さきにも述べた.

　しかし, 加工貿易型構造はいわば「従属型」構造であり, 重要な基礎的投入財については, これを国内で生産できる体制を確立しえないいじょう, 真に「自立的」な経済とはなりえない. 一国経済が加工貿易に依存しつづけるかぎ

244　Ⅱ　韓国経済入門

り，成長の波及力が国内部門におよぶ度合いは小さく，その多くは海外に「漏出」してしまう．したがって，繁栄する輸出部門が他の国内部門の成長を誘発する力をもちえず，「二重経済化」する危険性もまた大きいのである．

こうした構造のもとでは，輸出の増大は投入財の輸入を強く誘発し，貿易収支の好転を期待することもできない．加えて一国経済が極度に海外に窓を開くために，海外の市場条件の変動に応じて経済全体が揺れ動くという，対外的に脆弱な体質となりがちである．それゆえ，自立的国民経済を形成するためには，素材，中間製品，資本財の生産基盤をつくりあげていく努力がなされなければならない．このための努力が，重化学工業化である．そして1970年代の初頭以降に展開されてきた韓国の重化学工業化の速度は，刮目すべきものであった．

先進国の4倍のスピード

重化学工業化の指標として，重化学工業部門の付加価値にたいする軽工業部門の付加価値の比率，いわゆるホフマン比率を用い，特定国についてこれをはかったものが，図Ⅱ-2である．欧米諸国に比較して日本が，さらに日本に比較して韓国，台湾がいちだんとはやい重化学工業化への傾斜をみせていることがわかる．

ホフマン比率が5.0～3.5の範囲であらわされる工業化第1段階から，3.5～1.5の第2段階への移行に，主要先進国は20年から30年を要したとされるが，韓国はより短い期間にこの移行をなしとげている．すなわち，韓国のこの比率が4.0から2.0に下がったのは，1960年代はじめの数年においてである．また韓国は，1970年ごろから比率1.5～0.5の工業化第3段階にはいった．すなわち，第2段階から第3段階への移行を，韓国はやはり数年を要しただけで実現している．先発国の経験に比較して，ここでも3倍から4倍の速度がみられたことになる．

1973年の年頭演説において朴大統領は，「韓国経済はいまや重化学工業化の時代にはいった．政府はこんご，重化学工業部門の育成に最大の努力を傾注する」といういわゆる重化学工業化宣言をおこない，同時に鉄鋼，非鉄金属，石油，機械，造船，電子工業を6大戦略産業として指定した．1972年にはじまる第3次経済開発五カ年計画は，しばしば重化学工業化計画と呼ばれている．

第Ⅱ章　漢江の奇蹟　245

図II-2　ホフマン比率の国際比較

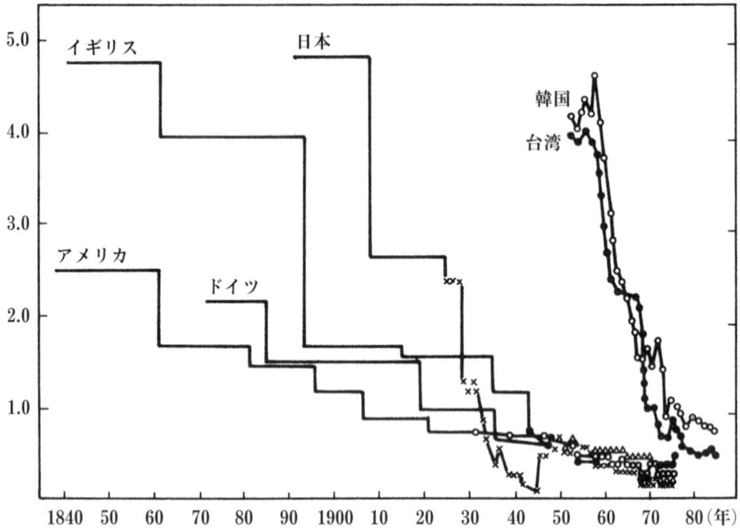

戦略的重化学工業部門は政府の育成対象となり，税制上，金融上の手あつい支援のもとで，生産拡大の基盤をつくりあげることができた．外国借款が優先的に重化学工業部門に注入されたのはいうまでもない．

　韓国の重化学工業化を特徴づけるのは，重点産業ごとに重化学工業基地を造成して地域的集団化をはかり，「集積の利益」をえようという試みである．浦項製鉄基地，昌原機械工業基地，蔚山石油化学工業基地，温山非鉄金属工業基地，浦項鉄鋼関連工業墓地，玉浦造船工業基地などがそれである．これらの工業基地は政府によって造成され，道路，港湾，水道，電力などの「下部構造」を整備したうえで企業誘致がはかられた．基地内に立地する企業は，税制・金融上の特別措置を享受できるとともに，機械設備など資本財の輸入には，関税・物品税免除の特典も与えられた．

　この時期の韓国の重化学工業化を象徴したのは，1973年7月に粗鋼換算103万トンの規模でその第1期工事が完成した浦項総合製鉄所である．韓国の粗鋼生産全体に占める浦項製鉄所のシェアは，1973年に39パーセントを記録し，1976年の58パーセントをへて，1984年には66パーセントに達した．この製鉄所の規模は，1976年5月の第2期工事，1978年2月の第3期工事の完成に

246　　II　韓国経済入門

よって，それぞれ237万トン，458万トンになり，さらに第4次経済開発五カ年計画期の最終年1981年の2月に835万トン，1984年には910万トンの水準にいたった．現在，4つの高炉，転炉をもつ製鋼工場のほか，連続鋳造工場，熱延工場，冷延工場など，一連の工場を周辺に擁する整備された一貫総合製鉄所として操業をつづけている．

国家的ヴェンチャーとしての浦項

　浦項総合製鉄所は，世界でも最大級かつ最新鋭の一貫総合製鉄所のひとつであり，粗鋼生産ベースにおいて，新日鉄，日本鋼管，BSC（イギリス），USスティールなどにつぐ能力をもつ．1984年における韓国の粗鋼生産能力は1,382万トンであるが，第2浦項製鉄所（光陽製鉄所）の建設が1985年7月から開始され，1988年の第1期工事の完成によって，270万トンの能力がこれに加わった．

　鉄鋼業について，先発国と後発国の発展速度を比較した図Ⅱ-3によると，1880年を前後する時点で，粗鋼生産100万トンからスタートしたイギリス，ドイツが1,500万トンを達成するのに要した期間は，それぞれ70年，54年であった．フランスは60年を要した．もっとも急速な粗鋼生産の拡大をみせたアメリカ，日本ですら，それぞれ24年，34年という期間が必要であった．これにたいして韓国は，わずか10年を少しこえる短期間に，この巨大規模を実現したのである．

　工業化の速度は，特定工業部門をとり上げた場合には，この部門の輸入期→国産化期（輸入代替期）→輸出期とつづく産業発展段階の移行速度として，これをとらえることが可能である．繊維，電気・電子，造船，石油化学，鉄鋼などの諸産業にみられる，輸入依存度の減少速度と輸出依存度の上昇速度は，先進国日本の歴史的経験よりはやいという特徴をもっている．

　ふたたび鉄鋼業を例にとると，1973年の浦項総合製鉄所の第1期工事の完工によって，韓国鉄鋼業の輸入代替が大きくすすんだのはいうまでもないが，同時に，粗鋼ベースでみた輸出依存度は，1970年代の中ごろにはやくも30パーセントをこえ，1980年代にはいって以降，継続的に50パーセントを上まわっている．輸入依存度の減少と輸出依存度の上昇とがほとんど同時的であり，

図II-3 鉄鋼生産能力の拡大速度

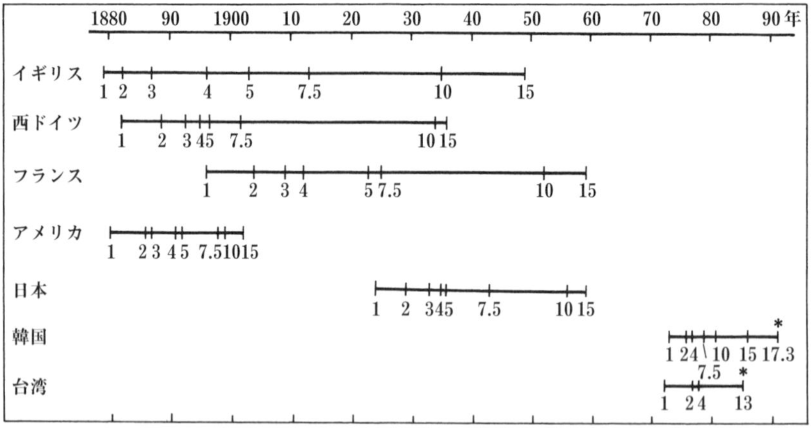

	1880	90	1900	10	20	30	40	50	60	70	80	90年

イギリス　1 2 3　4　5　7.5　10　15

西ドイツ　1　2 3 45 7.5　10 15

フランス　1　2　3 4　5 7.5　10　15

アメリカ　1　2 3 4 5 7.51015

日本　1　2 345　7.5　10 15

韓国　1 24 10 15 17.3 ＊

台湾　7.5 ＊　1 24 13

（注）　図中の1, 2, 3, …, 15はそれぞれ100万, 200万, …1,500万トンを示す. ＊は計画値.

産業発展段階の「圧縮」は明瞭である.

　浦項総合製鉄所は, 政府の重化学工業化計画のもとで, 国家の財政的資金と外国資本を集中的にここに投下して建設されたものであり, その技術は在来のものとは関係なく, 外国の最先端技術を導入して形成された巨大生産主体である. しかも注目すべきは, この製鉄所は少なくとも当初は, 合理的な費用便益計算のうえに計画されたプロジェクトというよりは, むしろ危険を賭して試みられた, 国家的な「冒険事業_{ヴェンチャービジネス}」であったという事実である.

　実際のところ, 韓国の一貫製鉄所計画は, 当初世界銀行によってその経済性を否定された. さらに, これが第2次経済開発五カ年計画の中核的事業のひとつとして再計画され, アメリカの機械メーカー・コパーズ社を中心とするアメリカ, イギリス, フランス, イタリア, 西ドイツ5カ国の鉄鋼企業8社からなる韓国鉄鋼借款団（KISA）と建設契約を結んで, 年産60万トンの製鉄所建設が開始された. しかし, その実行可能性になお強い懸念がもたれて, 結局2年後にはKISAの解散, 建設中止のやむなきにいたっている.

　一貫製鉄所が韓国の経済力からいかに乖離_{かいり}したリスクの大きいものであったか, 少なくとも先進国からそうみられた事業であったかを端的にしめすものであろう. この政府事業をより大規模のプロジェクトとして建設することを可能

にしたのは，旧八幡製鉄，旧富士製鉄，日本鋼管3社の技術協力と，日韓条約にもとづいて支払われた対日請求権資金であった．

重化学工業化への求心力

　1977年にはじまる第4次経済開発五カ年計画期において，重化学工業化はいちだんと加速した．この時期，財閥系企業の重化学工業部門への進出はラッシュであり，現代重工業，現代造船，三星重工業，大宇重工業，大韓重機，双竜重機などが急速な投資拡大を試みた．第4次計画期間中に予定されていた，重化学工業支援のための政府計画資金が前半の3年間で使いはたされてしまうほどであった．軽工業部門と重化学工業部門にたいする政策金融の配分は，1974〜75年には1対1.5であったが，1977〜78年にはこれが1対4.5となった．

　ここで，韓国の重化学工業化を推しすすめた，おそらくのところ最重要の要因として，この国をとりかこむ国際環境の問題に言及しないわけにはいかない．

　解放後の韓国の国際環境が，つねに強い軍事的・政治的緊張にみちたものであったことはいうまでもない．北朝鮮との対立は，国民のあいだに強国への志向性と，強国をささえる重化学工業化への「求心力」として作用した．

　1970年代にはいって加速した，アメリカの朝鮮半島における軍事的コミットメントの希薄化，在韓米軍の段階的縮小は，韓国軍民のあいだに経済・軍事両面における自立化の緊急性を意識させ，重化学工業化への強い国民的支持を醸成した．1977年1月のカーター政権登場と同時に発表された在韓米地上軍の撤退計画は，朝鮮戦争後の韓国に与えられたおそらく最大の政治的脅威であり，重化学工業化計画がこの時期に急速にすすめられたのも，けっして偶然ではない．

　生産労働人口のうち，軍務に従事する人口は常時40万人から50万人，加えて軍事費が国家予算の40パーセントを占め，こうした負担が，この国の経済発展にとって「過重」であったことは当然である．しかし，韓国の重化学工業化を推進した重要な要因のひとつが，この過重をささえる国民的情熱にあったというのは，他面の争いがたい事実である．「富国強兵」が明治期日本の工業化イデオロギーであったのと同様，「滅共統一」は現代韓国の重化学工業化の

第II章　漢江の奇蹟　249

重要な理念として機能したのである.

4. セマウル運動と農業近代化

「春窮」から豊かな農村へ

きびしい飢えを忍ばなければ，春麦までの端境期を生きのびることのできない「春窮」は，1960年代はじめまでの韓国農村の貧しさをあらわす，象徴的な言葉であった．絶糧化した農民は，金貸しから借りた「高利債」や，富農から借り入れた年利50パーセントをこえる「長利穀」で端境期を喰いつなぎ，それもかなわぬときには「草根木皮」をあさらざるをえなかった．「春嶺越え難き」飢えのなかで，農民は勤労の意欲を失い，農閑期には酒と賭博にうさをはらすのみであった．1960年代の前半期，農家の8割方が借金生活をしていた.

このひたすら貧しかった農村が，1970年代のなかごろに，はやくも都市勤労者家計とほとんどかわらぬ所得水準にまでいたり，エンゲル係数は日本の農家とほぼ同水準に達したのである．韓国の米の土地生産性はこんにち世界の最高水準にある．農村をおおってきた「5,000年来の貧困」をわずか20年をへずして完全に排除しえたというこの事実は，現代韓国の達成した最大の開発実績だといってもいいであろう.

1961年の軍事クーデターによって新政権を樹立した兵士たちは，その指導者朴正熙がそうであったように，多くは貧しい農村の出身者であった．解放後にいたっても，一部の特権的財閥が蓄財をすすめる一方，貧困にうちひしがれた農村がまったくその姿をかえないことに，かれらはいずれも強いいらだちをもちつづけてきた．1961年の軍事クーデターの背後要因に，農村の貧困があったことはまちがいない．新政権は，ある種の「農本主義」をアイデンティティとして保ちつづけてきたのである．その具体的なあらわれが，1970年代にはいって全国規模で展開し，大きな成果をあげることになった，「セマウル運動」と呼ばれる農村近代化計画であった.

極貧のなかで勤労の精神を失っていた農民に意欲をわきおこさせ，疲弊しきった農村を近代化し，農民の所得水準を向上させるのに，この運動は大きな成

250　II　韓国経済入門

果をあげた．この成果は，農業・農村近代化のあらたな方途を求める開発途上
国の関心を集め，過去10年間に海外から77カ国，1,418の視察団，1万2,300
人がここを訪れたと報じられている．

　セマウル運動は，3つの大きな目標をもった．第1の目標は，農民の宿命的
諦観を排除し，勤勉，自助，協同の精神を培かうことであった．そのために河
川堤防の改修と拡張，共同洗濯場，沐浴場，共同井戸の建設，下水溝，屋根，
塀の改補修などの環境改善事業を，政府の資金的助力をえながら村民共同でお
こなうことにより，勤勉，自助，協同の精神を実践をつうじて体得させていく
という方式がとられた．この第一の目標達成は，1970年から1973年までの
「基礎生成段階」になされ，この段階をおえた農村は「基礎村」と名づけられ
た．

競争原理と自助努力

　セマウル運動の目標の第2は，環境改善である．いま述べた村内の小規模事
業に加えて，農漁村の電化，集落構造の改善，給水施設の設置などの政府支援
事業，河川整備，砂防事業，造林事業などの国土整備計画がこれにふくまれた．
とくに，漢江，洛東江，栄山江など大河川の改修工事の完工が注目される．こ
の第2目標は，1974年から1976年までの「自助発展段階」に達成され，この
段階にいたった農村が「自助村」としての指名をうけた．

　目標の第3は，農民の所得増大であり，これをめざして稲と麦の増産がはか
られた．水利施設整備，地下水開発事業，農機器改良事業，品種改良事業が大
規模に試みられるとともに，所得増大のために農家の副業が奨励され，収益性
の高い換金作物が開発され，農民の共同作業や肥料，農業機械の共同利用が積
極的に推進された．この第三目標は，1977年から1981年にいたる「自立完成
段階」によって実現され，この最終目標を達成した農村は「自立村」と命名さ
れた．

　1981年目標ははやくも1977年に達成され，全国3万4,800カ村のうち98
パーセントが自立村となった．この間，政府の投入資金は2兆7,531億ウォン，
新設農道4万4,000キロメートル，拡張幅4万平方キロメートル，新設用水路
4,440キロメートルなどにおよんだ．なによりも図Ⅱ-4にみられるように，農

家家計の年間所得は1981年目標にたいして6年もはやい1974年に，都市勤労者家計に追いつくという成果をみせた．1960年代には，10パーセントをこえることのなかった農家家計貯蓄率も，1970年代にはいって急上昇して恒常的に20パーセントを上まわるようになった．

　セマウル運動の全体をつうじて特筆されるのは，マウル（村）の「格付け」とマウル相互の競争原理が一貫して用いられたことである．すなわち，資材の提供，運営資金の供給，生産物の販路斡旋（あっせん）などの政府支援にたいし，農民自身が，資金と労働力の提供，協同作業，生産性向上，新製品開発などの「自助努力」をどの程度払ったかについての多面的な評価がなされ，この評価にもとづいてマウルの格付けがなされた．こうして格付けされたすぐれたマウルにはふたたび資材供給，運営資金支援，販路斡旋などが他にくらべてより手あつくなされ，各マウルの自助努力の発揚を強く刺激するという競争原理が採用された．

　韓国農村近代化と農村所得の上昇にあずかって力のあったのが，セマウル運動であったことはまぎれもない．しかし，韓国の農業近代化をうながしていったつぎのようなメカニズムについても論じておかなくてはならない．むしろセマウル運動は，そうした農業近代化の経済学的メカニズムを積極的に「支援」して，その近代化を加速させた要因として理解さるべきものであろう．

高生産性農業へ

　そもそも過剰な人口を擁する開発途上諸国においては，工業化が農業開発に並行して進展しないいじょう，後者のスムーズな展開はむずかしい．ひとつには，農業近代化を実現するためには，肥料，農薬，農業機械などの「近代的農業投入財」が工業部門によって供給されねばならないからである．またふたつには，農業近代化を誘発するより大きなインパクトは，農村余剰労働力の消滅をつうじて与えられるのであるが，この余剰労働力の消滅は工業化がつくりだす労働需要によらずしては不可能である．

　このことをもう少し敷衍（ふえん）するとつぎのようになる．農業部門は工業部門の労働需要に応じてその余剰労働力を継続的に引きだされ，ついにはこれが失われて，その時点以降，農業賃金は上昇を開始する．他方，農業部門は，工業部門の拡大によってみずからが利用する近代的農業投入財を豊富かつ安価に購入し

252　Ⅱ　韓国経済入門

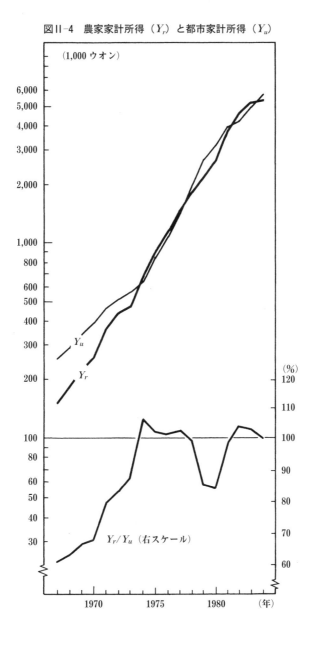

図II-4 農家家計所得（Y_r）と都市家計所得（Y_u）

うるようになる．賃金は上昇する一方，農業投入財の価格は相対的に低下するのである．労働力を集約的に用いた低生産性農業から，農業投入財を集約的に利用する高生産性農業へと転換していく条件がここに与えられる．このようにして工業部門の拡大は，農業部門の余剰労働力の吸収ならびに農業部門への投入財供給をつうじて，この部門の生産性上昇をもたらす．韓国の農業発展は，このメカニズムを短期間に，しかも齟齬（そご）なく展開させた開発途上国の典型というべきである．

　韓国の工業化の雇用吸収力はいちじるしく強く，そのために農業人口の流出が開始され，1960年代の後半期以降，農村人口，農家戸数の減少傾向は顕著なものとなった．かくして生まれた農村労働市場の逼迫化（ひっぱくか）に応じて，農民の平均労働時間の延長，不完全就業率の減少，農家女子労働力率の上昇がみられるとともに，農業労働力の実質賃金は急速な上昇をはじめた．

　韓国の工業部門の雇用吸収力が強力であったのは，この国の輸出志向工業化に由来する．さきに述べたように，1960年代の中ごろに韓国政府は，それまでの保護主義的工業化を支持してきた諸政策を一挙にくつがえす「市場自由化政策」を果敢に試みた．保護政策の自由化は，労働過剰，資金不足というこの国における生産要素の賦存状態に適合する生産方法の採用と貿易パターンをうながした．

　こうして労働集約的工業製品にひそんでいた国際競争力は高まりをみせ，そのうえに輸出促進政策が用いられたことにより，国際市場への進出が開始された．保護政策のもとでせまい国内市場にとじこめられていた韓国企業の活力は，いっせいに海外市場にむけられ，労働集約的工業製品において韓国は，いちはやく国際市場での有力な輸出国としての地位を手にするにいたった．韓国工業化の雇用吸収力の大きさは，このような経緯で実現された輸出志向工業化と大きな関係がある．労働力の産業連関表分析を用いて，製造業品輸出が直接，間接に発生させた雇用数を計測すると次のような結果がえられる．すなわち，製造業品輸出が直接的に吸収した雇用数，ならびに補助・関連産業において間接的に発生させた雇用数の，製造業雇用総数に占める比率は，1975年と1980年の両年において，じつに72パーセント，68パーセントに達したのである．

254　Ⅱ　韓国経済入門

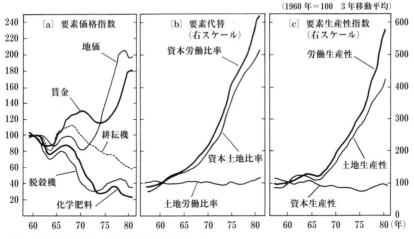

図Ⅱ-5 韓国農業発展の諸指標

(注) 価格は精米100リットル当たり価格でデフレート.

緑色革命(グリーンリボリューション)

　工業部門のこうした雇用吸収力によって農村労働市場が逼迫し,賃金は上昇を開始した.加えて,後背地開発の余地をもたない韓国の経済発展が,地価高騰をまねくことになったのも当然である.その一方,工業化の進展は,肥料,農薬,農業機械などの近代的投入財の,大量かつ相対的に安価な供給を可能にした(図Ⅱ-5-a).化学肥料の相対価格の下落は顕著であり,政府が農民の肥料投入をうながすべく与えた肥料購入のための金融の効果も加わって,韓国の化学肥料消費量は,1965年から1980年までのあいだに,39万トンから80万トンへと年平均約6パーセントの増加をみせた,1970年には肥料自給が達成され,以降,輸出余力をもつにいたっている.

　1960年以降の韓国においては,地価と賃金が上昇する一方,化学肥料と農業機械の価格が低下したのである.この結果,高価となった土地を有効につかうために,安価となった肥料を集約的に投入して単位面積あたり収量(土地生産性)を引き上げることができた.さらに,高価となった労働力を節約するために,安価となった農業機械をより多く利用して,単位労働力あたりの収量(労働生産性)を引き上げることにも成功した.この経緯が図Ⅱ-5-b,図Ⅱ-5-c

第Ⅱ章　漢江の奇蹟　255

にはっきりとしめされている．こうした生産性の上昇こそが，さきに述べた農家厚生水準上昇の原因にほかならない．

　農業生産性の向上は，たんに肥料と農業機械を集約的に用いることによってもたらされたばかりではない．米の高収量種子の導入に，大きな努力が払われたことをも指摘しておく必要がある，韓国の場合，解放後も植民地時代に開発された「豊玉」「八達」「八紘」などの米品種がひきつづいて用いられてきた．しかし米の土地生産性の年平均増加率は，1950年代の3.1パーセントから1960年代のマイナス0.6パーセントへと減少した．あたらしい「多肥・多収性」改良品種の開発が重要な課題とされたのである．

　韓国において，新品種の開発研究が国家的事業として開始されたのは，1965年のことである．農村振興庁が設立され，本格的な研究普及活動がこの時期にはじまった．フィリピンの「国際稲作研究所」（IRRI）に依頼して開発された台湾米，日本米，IR系3種の交配雑種IR667を「統一」と命名し，これを全国1万カ所におよぶ試験農場で播種したのが1969年であった．

　1972年以降，この統一米の一般農家への普及運動が開始され，その結果達成された食糧不足の緩和，輸入節約の両面でみせた成果は絶大であった．統一米に加えて，「維新」「密陽」「水原」「魯豊」と，次つぎに新品種の開発と普及がはかられ，その土地生産性は急速な上昇をみせた．国連食糧農業機構（FAO）の統計によれば，1982年のヘクタールあたりトンでしめされる米の土地生産性において，韓国は6,146であり，日本の5,688をぬいて，世界の最高水準に達した．

第Ⅲ章　財閥——奇蹟の主役

1. ヴェンチャー・キャピタリズム

人夫から身をおこす

　韓国財界における立志伝中の人物，鄭周永氏のことを耳にした読者は少なくあるまい．韓国重化学工業化の牽引車・現代財閥の総帥であり，のちに全国経済人連合会会長の要職をつとめた巨魁である．強靱な精神力とはげしいばかりに旺盛な事業意欲をもって，こんにちをきずいた鄭氏の企業家としての半生は，そのまま現代韓国経済史の縮図でもある．

　鄭氏は 1915 年江原道の貧農に生まれ育ち，国民学校（小学校）以外の学歴はない．16 歳で家出，最初にありついた仕事は鉄道工事人夫であり，土石を積んだリヤカーを日がな押すだけの下積みの力仕事であった．そのご，精米店員をへてみずからも米屋を開業したものの，日中事変による米穀統制令をうけてこれをたたまざるをえなかった．つめに火をともしてためた資金をもとに土建業を開き，1950 年 1 月には自動車修理工場を買いとり，ふたつをあわせて零細な現代建設の経営にのりだした．

　鄭氏の事業活動の最初の大きな転機は，現代建設開業の直後 1950 年 6 月にはじまった朝鮮戦争であり，この戦争は幼弱な現代建設を中堅企業へと発展させるきっかけをつくった．朝鮮戦争にさいして臨時首都となった釜山は国連軍の後方基地であり，関連施設工事の機会が豊富にあった．現代建設はその工事のいくつかを請負うという好機にめぐまれた．建設用重機の修理，製作能力の

ある建設業者は当時まだ少なく，その能力をもつ現代建設の力量はここで存分に発揮された．朝鮮戦争後の復興需要もまた大きく，現代建設の順調な事業拡大をたすけた．水原飛行場復旧工事，洛東江架設工事などがそれである．

現代建設が群小企業を一頭地をぬく業績をしめし，有力企業のひとつとしての地歩をかためたのは，1957年の漢江人道橋復旧工事である．この工事によって蓄積した資金と技術力をもって現代建設は韓国建設業界を席捲していった．そして1967年，韓国史上最大規模の工事と当時いわれた昭陽江多目的ダムの受注，請負によって，鄭氏はついに業界第1位の地位を不動のものとした．

こうした大規模な社会関連施設の発注者はすべて政府であり，これをみずからの手に落札しうるか否かが建設企業の命運を決する．漢江人道橋工事と昭陽江ダム工事のふたつの政府プロジェクトの落札なくして，こんにちの現代建設の興隆を語ることはできない．しかし，こういった官民協力はときとして不透明に映じ，しばしば国民の強い猜疑を生んだ．韓国のように政治変動のはげしい社会においては，この猜疑心が政治的に「利用」されて，企業の存立をあやうくすることがよくある．事実「5・16クーデター」後に，鄭氏はそうした経験に苦しめられてもいる．鄭氏が海外建設の請負に積極的な態度をみせはじめたのは，これによって国内的非難をぬぐい去りたいと考えたことによる．1960年代の後半期以後，現代建設は事業拡大のフロンティアを次第に海外に求めていった．

海外進出をめざす現代建設にとっての最大の好機は，1976年サウジアラビア・ジュベール産業港建設工事の受注によって到来した．あふれるオイルダラーを掌中にしたサウジアラビアが計画した野心的計画がこれであり，岸壁，防波堤，接岸施設，埠頭，タンカーターミナルをふくむ今世紀最大の建設工事といわれたものであった．そしてこの受注は，世界の建設業界における，ヨーロッパのビッグファイブの独壇場であった中東建設市場の一角に，韓国企業がはじめて堂々とわってはいり，現代建設の名を世界の「ヒョンデー」として知らしめた画期であった．

ここでも遺憾なく発揮されたのは，鄭氏の先見性と果敢にして迅速な判断力であった．武器はいわゆるダンピング応札であり，そのダンピング幅も「これで現代も中東で倒産か」と噂されるほどいちじるしいものであった．しかし結

果的には，現代建設は，ジュベール産業港建設によって韓国建設技術の優秀さ
を世界にしめしただけでなく，少なからざる収益をあげることにも成功した．
サウジアラビアが提示した44カ月の工期を36カ月で契約し，しかも実際には
これを32カ月で完成するというはなれ技をやってのけた．工期短縮によって，
建設コストを大幅に削減できたのである．

船とは「エンジンに鉄をかぶせたもの」

　現代建設の拡大とならんで，鄭氏はさまざまな重化学工業分野に事業フロン
ティアを開拓していった．氏が現代自動車を設立したのは，昭陽江多目的ダム
を受注したのとおなじ1967年であり，蔚山に100万トン級の世界最大の単一
造船所の建設にのりだしたのが1970年であった．現代自動車は，フォード社
との提携によって設立され，当初はフォード社から部品を輸入し，自社では乗
用車の組立生産をおこなうというものであった．

　しかしはやくも1973年，韓国型乗用車のための総合自動車工場の設立を決
定した．国内市場が7,000台程度の規模であるのにたいして，8万台の生産を
計画，国産化可能部品がタイヤ，ガラス，バッテリーくらいしかなかったこの
時代に，エンジン，アクセル，車体をも生産し，国内市場のみならず，輸出を
めざすというのである．周囲は鄭氏のこの計画をまったくの無謀とみていたと
いう．しかし結局のところ，外国の技術，資金導入に頼りながらも，1975年
12月に国産モデルの小型乗用車「ポニー」の生産開始に成功した．このポニ
ーが1983年にカナダに上陸，その後またたくまに日本車の輸出台数をぬきさ
って，カナダ輸入車のトップに躍りでたというニュースについては，序でものべた．1985年3月には蔚山工場を増設，その規模を年産15万台から一挙に45
万台に拡大，1986年から新モデル「ポニーエクセル」の対米輸出を開始した．
ジュベール産業港建設とならんで，韓国企業の華ばなしい海外進出を象徴する
ヴェンチャーであった．

　造船所建設は，鄭氏のこれまでの事業経験とは無縁のものであり，韓国船へ
の海外受注の可能性にも懸念がもたれていた．しかし鄭氏の強い意思は，大規
模造船所建設にたいする企業内の逡巡を吹きとばした．「船というのはなかに
エンジンがあって，横っちょには鉄をかぶせるだけなのだから，『現代』がな

んどもやってきた発電所建設工事と似たようなものじゃないか」というのが鄭氏の考え方であったという．蔚山造船所は，世界の造船史上最短の27カ月で完工，しかも片方でドック開削をつづけながら，さきにつくったもう片方のドックで26万トン級の大型タンカーを建造するという，造船業界の常識からすれば破天荒ともいわれる方法を用いたのである．

　このようにして現代財閥は，建設，自動車，造船を中心に事業拡大をはかりながら，同時にエンジン，発電機，製鉄，鋼管，エンジニアリング，車輌などへも意欲的な進出をかさねて，三星，大宇とならんで現在，韓国最大の財閥のひとつを形成するにいたっている．

　現代財閥の発展史を概観してとくに注目されるのは，鄭氏の企業家的な先見性と行動力である．こうした個人的資質は，創業時代の小規模経営の時代においてはいうにおよばず，世界的企業のひとつに数えられるほどの大規模企業になっても，なお存分に生かされている．事業拡大の転機をつくりだし，野心的計画のゆえにしばしば発生した存亡の危機を克服しえたのは，鄭氏自身の卓越した個人的力量のゆえであった．このことは鄭氏にかぎらない．こんにち財閥として君臨する代表的民族企業の総帥のほとんどすべてに共通しているのは，好機をとらえる慧眼と，その好機を事業拡大にむすびつけていく積極果敢な行動力にほかならない．三星の総帥李秉喆氏しかり，大宇の総帥金宇中氏しかりである．金宇中氏の事例は劇的である．

サラリーマンから総帥へ

　大宇財閥の中核事業である大宇実業が創立されたのは，1967年のことである．金氏は，20年前は嘱望されていたとはいえ，とある繊維輸出会社の一介のサラリーマンにすぎなかった．金氏がここを辞し，繊維製品の製造，輸出のために零細な大宇実業をおこしたのは，弱冠31歳のときであった．創業の翌年，対マレーシア対決政策にともなって，インドネシアのシンガポール経由輸入が杜絶するという事件がおこった．この事件のなりゆきをいちはやく洞察した金氏は，インドネシアへトリコット製品の大量販売の挙にでて，事業拡大のきっかけをつくることに成功した．その資金を基礎に，西ドイツより最新の繊維機械を大量購入し，つぎのねらいを広大なアメリカ市場に定めた．きびしさ

をますアメリカの繊維輸入制限の動向に注目していた金氏は，遠からずアメリカで輸入割当（クォータ）制の発動があることを確信し，しかも輸入割当額がそれにさきだつ年の輸出実績をベースにして決められることを予見，無理を承知で大量の対米輸出戦略を展開した．

　予見はみごとに的中して，クォータ制実施後の大宇実業の割当額は，日本，台湾，香港のあまたの繊維企業のそれをこえて世界第1位となった．こんにち大宇財閥は，造船，プラント建設，重機械，自動車，電子，総合商社など，ほとんどすべての産業分野の業体を擁する典型的な多角経営財閥としてたちあらわれている．この多角経営は既存企業の買収をつうじて実現されたのであるが，そのためのもっとも重要な資金的基礎は，対米輸出クォータ戦略によって獲得されたものであった．

　韓国における財閥形成史を華やかに彩るのは，こうした創業者総帥の傑出した個人的資質である．ひいでた企業家が，豊かなビジネスチャンスを次つぎと手中におさめながら，事業拡大を展開してきたのである．巨大組織を擁しながらも，その運営のありようが，総帥個人の意思によって大きく左右されているという一事をもってしても，韓国がなお「ヴェンチャー・キャピタリズム」の時代にあり，勃興期資本主義のただなかにあることが理解されよう．

特恵財閥の興隆

　強い儒教的文化を継承してきた朝鮮において，企業家的伝統は薄く，加えて植民地支配のもとで朝鮮人企業家の育成はきびしく阻害されてきた．そのために，解放後の韓国における企業組織と企業家的人材の不足はおおうべくもなかった．その一方，朝鮮戦争後の復興と，1960年代初頭にはじまる高度経済成長戦略は，容易に手にすることのできるビジネスチャンスを豊富に提供したのである．強い事業意欲と企業家的資質をもつ数少ない個人にとって，これはみずからの努力によって刈りとるべき広大な沃野であった．よるべき企業組織は事前には存在していない．個人的資質のみが事業拡大の武器なのであり，企業組織はこの個人的資質を最大限発揚させるための手段として，事後的に形成されていったものであった．

　事業拡大の機会を与えたのは，当初は日本人の帰属財産の払い下げであり，

ついで朝鮮戦争後の復興需要であった．しかし最大の機会は，政府の成長志向的な開発戦略によって提供された．企業家的人材が払底している状況のもとで，しかも急速な経済開発を求めるいじょう，政府もまた好むと好まざるとにかかわらず，有能な少数の企業家に依存し，かれらに開発資源を集中することによって，経済近代化を推しすすめざるをえなかったのである．財閥をきずくことに成功した企業家のほとんどは，政府の提供する好機に効率的に対応して事業を拡大してきた人びとだ，といっても過言ではない．

　最初の好機は，朝鮮戦争後のアメリカの大量援助物資供与によって到来した．第Ⅰ章でも指摘したように，当時のアメリカの援助は，小麦，原糖，原綿，原毛などの原資材供給を中心におこなわれたが，これを加工する製粉，精糖，紡績のいわゆる「三白産業」は，政府の恩典をも享受して空前の活況を呈した．援助物資は，「実需要者制」原則により企業の既存設備能力に応じて払い下げられ，しかもそれを市場為替レートよりもはるかに有利なレートで購入することが可能であった．援助物資の国内販売分は見返り資金として国家財政にくみ込まれ，これが企業家への低利融資財源の一部ともなった．

　事業資金不足が最大のネックであった当時の企業家にとって，低利融資の可能性が開かれるか否かが，設備能力拡大の成否を決する要因であった．設備能力の拡大は，実需要者制原則をつうじて，より大量の物資払い下げを可能にするという累積的効果を生んだ．援助物資の払い下げ，有利な為替レート，低利融資の三つを同時に手中にすることのできたいくつかの企業は，まさに一朝にして大企業へと転身していったのである．

　容易に想像されるように，こうした有利な恩典に浴しえたのは，政治権力との太いパイプをもち，有力な経済官僚に接近可能な一部の「政商的」企業家であった．この時代において企業家の政治的手腕は，事業拡大の最大の要素であった．この時期に生成した財閥が，「特恵財閥」と呼ばれたゆえんもそこにある．韓国財閥の盛衰はきわめてはげしいが，現在の財閥のうち特恵財閥に淵源をもつ代表的なものとしては三星と双竜のふたつがある．

財閥戦争

　1962年に開始され，その後，数次にわたってつづく経済開発五カ年計画は，

財閥企業にいっそう大きなビジネスチャンスを与えた. 世界経済が同時的に拡大した 1960 年代に, 韓国は輸出志向工業化戦略を採用し, この戦略遂行のために海外から大規模な資金導入を計画した. 外国資金を導入してこれを輸出産業の育成にむけるという政策がとられ, 輸出志向型の大企業の借款獲得競争が本格化した.

輸出企業にたいしては, 税制面, 金融面での優遇条件が与えられると同時に, 外国借入資金が銀行をつうじてかれらに潤沢に供与された. そして, 繊維, 雑貨, 電子工業を中心に新興企業のラッシュがつづき, いくつかは財閥へと地位上昇していった. これらがいわゆる「借款財閥」である. さきに述べた大宇財閥の拡大は, 韓国の輸出志向工業化の尖兵となった繊維産業, 電子産業などにたいする政策金融や外国借款の導入をぬきにしては語れない. 家電 3 社といわれた三星, 楽喜, 大韓電線などの有力財閥もまた, 政府の輸出支援をうけてこの時代に大きく成長した.

韓国経済は, 1970 年代にはいると重化学工業化への傾斜を強めた. それにさきだって政府は, 1967 年には造船育成法, 1969 年には電子工業振興法, 1970 年には鉄鋼工業育成法, 石油化学工業育成法とあいついで産業振興法を制定し, 重化学工業化の体制づくりをすすめた. この時代を象徴したのは, 前章で述べた浦項総合製鉄所の第 1 期工事の完成と, 現代財閥が命運をかけて手がけた, 蔚山造船所ならびに蔚山石油化学コンビナートの建設であった.

こうした重化学工業プロジェクト建設のために, 外国借款は巨額におよんだ. 1972 年にはじまる第 3 次経済開発五カ年計画期における外国借入資金の導入額は, 前計画期の 2 倍, 外国人投資受入額は 7 倍をゆうに上まわった. 政府の優先する重化学工業計画への大企業の参入はすさまじいばかりであり, 韓国のジャーナリズムはこれを「財閥戦争」と呼んだ.

財閥傘下企業は, 政府の提示する計画のうちから自社に適切と思われるものを選定し, 政府の計画にみあう事業計画案を作成, 政府との協議の結果, 認可のおりたプロジェクトについては, 政府によって資金的裏づけがなされ, 工場建設と増設をおこなうという手順がとられた. 各企業は, それまでほとんど手がけたことのない産業分野であっても, それへの参入が有利とみるや, 政府支援を後楯にただちに計画を実行にうつすという機敏な行動をとり, 多角的なフ

ルセット主義経営にのりだしていった．そして，こうしたフルセット型の財閥企業間競争は，一面では重化学工業化をいちじるしい速度で展開させると同時に，他面では重複投資と過剰投資の弊害を生み，これが第Ⅳ章で指摘する1979年の政府による強権的な産業再編成をまねく遠因ともなった．

　財閥は，経営規模の急拡大をつづけて，こんにち韓国経済において占める比重を圧倒的なものとするにいたった．経済企画院の公正取引白書によれば，1981年において鉱工業部門売上げ額に占める上位5大財閥売上げ額の比率は22パーセント，上位10大財閥でみると同比率は28パーセントにのぼるとされており，高い経済力集中度がうかがわれる．

　韓国の財閥は，すでに代表的な多国籍企業のそれに比肩する巨大な経営規模をもつにいたった．『フォーチュン』誌が毎年発表する，世界の製造業売上げ高上位企業調査が，このことをあきらかにしている．表Ⅲ-1は，アメリカ企業をのぞく売上げ高上位70社のリストであるが，このなかに三星（23位），現代（25位），楽喜（43位），大宇（49位），鮮京（67位），と五つの代表的財閥が顔をだしている．三星，現代はアメリカ企業をふくむ世界のすべての企業ランキングでみても，それぞれ42位，44位の地位を誇っている．韓国の財閥がいかに巨大なビッグビジネスとして形成されてきたかが，あらためて理解されよう．

2. 韓国型経営の核心

同族による経営支配

　韓国の財閥形成史は，才能豊かな少数の企業家が，独立，戦争，経済計画によってつくりだされた広大なビジネスフロンティアをあくなく開拓していったヴェンチャー・ストーリーである．とはいえ，財閥は現在，もはや草創期のような小規模企業ではない．豊かな個人的才能といっても，これが発揮される場は，すでに国際的水準をいくビッグビジネスなのである．いったい韓国の財閥は，いかなる経営形態をもって事業を展開してきたのか．この問に答えることは，韓国の経営風土の特異性をあきらかにすることであり，韓国経済の強さと同時に，弱さをみいだすことでもある．韓国経済の将来をうらなううえでも，

これは不可欠の究明課題だといえよう.

　韓国の財閥は，こんにちなお，卓越した資質をもつ総帥個人の強力な意思につらぬかれて運営されている，というのがその答えである．財閥にふくまれる業体が多様化し，財閥の内部機構が複雑化するにつれて，当然ながら総帥ひとりが財閥経営のすべてを直接総括するというわけにはいかなくなる．したがって総帥にもっとも近く，総帥の意思がおのずと反映される企業家との協働は不可避である．韓国の財閥の場合，この協働企業家は総帥の家族成員・姻戚に求められ，したがって，ここでは同族的経営が一般的であるという事実が特記されねばならない.

　韓国の財閥は生成して間もなく，その多くがいまだ創業者の時代にあり，それゆえに同族的経営形態が一般的であるという，企業発展段階における「若さ」を指摘することはもちろん可能である．しかし，より重要な要因として，韓国が儒教国家に特有な家族主義もしくは血縁主義の伝統を色濃くもち，企業経営のなかにもこの伝統がぬぐいがたく生きながらえているという事実をみおとしてはならない．韓国においては，父から子に伝わる血縁の継承原理はきわめて強いのである.

　いずれの財閥においても，同族による閉鎖的経営支配はゆるぎなく成立している．現代財閥の場合，主要産業のすべてに家族・姻戚が動員されており，長男は現代総合商事，次男は現代自動車サービス，三男は金剛開発，四男は韓国舗装のそれぞれ社長，四人の弟もまたそれぞれ現代自動車，現代セメント，金剛スレート，現代造船の社長，妹の夫が現代重工業の社長といった具合いである．三星，双竜，楽喜などの巨大財閥のいずれをとりあげてみても，事情はおなじである.

　こうした同族支配を安定的に継続させるために，創業者は二世や姻戚のうち有望なものを，はやくから欧米諸国，日本，とくにアメリカに留学させ，近代的経営手法の習得にあたらせてきた．韓国における財閥の歴史は浅いとはいえ，いまや創業者の時代はおわろうとしている．しかし同族支配の構造は強固であり，総帥の地位を引きつぐのは，同族わけても長男である.

表III-1 アメリカをのぞく世界の

1	ロイヤル・ダッチ・シェル	蘭・英	石　油
2	ブリティッシュ・ペトロリアム	英　国	石　油
3	IRI	イタリア	金　属
4	トヨタ自動車	日　本	自動車
5	ENI	イタリア	石　油
6	ユニリーバ	英・蘭	食　品
7	松下電器産業	日　本	電　機
8	日立製作所	日　本	電　機
9	ベメックス	メキシコ	石　油
10	エルフ・アキテーヌ	フランス	石　油
11	フランス石油	フランス	石　油
12	日産自動車	日　本	自動車
13	フィリップス	オランダ	電　機
14	シーメンス	西　独	電　機
15	フォルクスワーゲン	西　独	自動車
16	ダイムラー・ベンツ	西　独	自動車
17	ネッスル	スイス	食　品
18	ペトロブラス	ブラジル	石　油
19	バイエル	西　独	化　学
20	BASF	西　独	化　学
21	ヘキスト	西　独	化　学
22	フィアット	イタリア	自動車
23	**三星**	韓　国	電　機
24	三菱重工業	日本	造船重機
25	**現代**	韓　国	輸送機械
26	カナダGM	カナダ	自動車
27	ICI	英　国	化　学
28	クウェート石油公社	クウェート	石　油
29	フェスト・アルピーネ	オーストリア	鉄　鋼
30	ルノー公団	フランス	自動車
31	東芝	日　本	電　機
32	日本石油	日　本	石　油
33	新日本製鉄	日　本	鉄　鋼
34	ベネズエラ石油公社	ベネズエラ	石　油
35	プルタミナ	インドネシア	石　油

日本の財閥との差

　日本もまた儒教文化の伝統をもち，血縁的な結合原理は薄いとはいえない．しかし日本においては，家産の観念が血縁の観念を優先し，家産を継承していくために血縁を排除することすらしばしばなされてきた．血縁者以外から養子

266　　II　韓国経済入門

製造業売上高上位企業（1985 年）

36	BAT インダストリーズ	英 国	たばこ
37	ティッセン	西 独	鉄 鋼
38	プジョー	フランス	自動車
39	ジョージ・ウェストン・ホールディングス	英 国	食 品
40	カナディアン・パシフィック	カナダ	鉱 業
41	本田技研工業	日 本	自動車
42	ボルボ	スウェーデン	自動車
43	**楽喜**	韓 国	石 油
44	ペトロフィナ	ベルギー	石 油
45	カナダ・フォード	カナダ	自動車
46	出光興産	日 本	石 油
47	日本電気	日 本	電 機
48	CGE	フランス	電 機
49	**大宇**	韓 国	造船重機
50	エッソ・ペトロリアム	英 国	石 油
51	インディアン・オイル	インド	石 油
52	三菱電機	日 本	電 機
53	ルールコーレ	西 独	鉱 業
54	サンゴバン	フランス	建 材
55	チバ・ガイギー	スイス	化 学
56	モンテジソン	イタリア	化 学
57	DSM	オランダ	化 学
58	ロベルト・ボッシュ	西 独	自動車部品
59	リオ・ティント・ジンク	英 国	鉱 業
60	昭和シェル石油	日 本	石 油
61	トムソン・ブラント	フランス	電 機
62	マツダ	日 本	自動車
63	ターキッシュ・ペトロリアム・グループ	トルコ	石 油
64	GEC	英 国	電 機
65	フェーバ	西 独	石 油
66	エッソ	西 独	石 油
67	**鮮京**	韓 国	石 油
68	富士通	日 本	事務機
69	インペリアル・オイル	カナダ	石 油
70	日本鋼管	日 本	鉄 鋼

をうけいれて家業を継承するといったことは，江戸時代の商家では一般的であった．この伝統は，明治以降の企業発展史のなかにも反映され，血縁的同族が財閥経営に直接関与することは日本では少なかった．三井，住友の直系家族が財閥経営に携わったことは，その創業期をのぞけばほとんどなかった．

血縁者が経営から身をひき，専門的経営者に経営実権を委譲しながら，企業
の近代化がはかられてきたのである．日本の財閥企業が株式を公開し，所有を
分散化することにそれほどこだわりをみせなかったことも，こうした「企業文
化」の伝統に由来するとみていいであろう．家に求心力があり，家産，家業の
継承を重んじる日本にくらべて，韓国は血縁継承の観念においてより強く，そ
のために同族的経営支配は大組織を擁する現在にいたっても，さしてかわるこ
とはない．

　こうした同族支配をささえるのが，総帥一族による株式支配である．韓国の
財閥においては，株式所有者が同時に経営の唯一にして最高の意思決定者なの
である．経営と所有の分離ではなく，強い一元化が韓国財閥運営の大きな特徴
となっている．

　現代財閥に属する主要企業 24 社のうち，鄭周永氏一族の単独の持株が 40 パー
セントをこえる企業が現代建設をふくめて 4 社，20 パーセントをこえる企
業が 7 社である．現代建設は，この財閥の中核的親会社であり，鄭氏の個人的
企業としての性格が濃い．したがってこの会社による傘下企業の持株比率が高
いことは，鄭氏一族による他企業の株式支配の強さを間接的にうかがわせる．
鄭氏一族ならびに現代建設の株式所有を合計したものが 50 パーセントをこえ
る企業は，24 社中，16 社におよんでいる．三星財閥の場合も事情はおおよそ
おなじであり，李秉喆一族が家族ならびに財閥内同族企業をつうじて強い支配
力を有している株式は，上場企業のみをとりあげた場合大略 40 パーセント，
非上場企業をふくめると 60 パーセントに近い．大韓航空を擁する韓進財閥の
場合はさらに徹底しており，上場企業株式の 36 パーセント，そのうち約 7 割
が総帥趙 重勲の家族・姻戚名義の株式である．

　これらの数字は，多かれ少なかれ公表されたデータを用いてあきらかにされ
たものであるが，表面には浮かんでこない多様な手続きをつうじて，強力な株
式支配がはかられているという形跡はいくつもある．名義上総帥一族にはふく
まれないが，しかし総帥の強い影響下にある人物，多くは有力部下の株式所有
名義にしておき，しかしこの株式の実際の運用は総帥の意のままにおこなうと
いう事例は，しばしばみられる．

　現代財閥の主要企業 24 社のうち株式公開にふみきったのは 4 社のみである．

268　II　韓国経済入門

最近これに加えて，現代建設自身の企業公開もなされた．しかし公開後の株式は，総帥の持株会社的な機能をもつ文化財団「峨山福祉財団」に集中され，ここが財閥傘下企業の株式所有を支配することは容易である．三星は他に比較してはやくから企業公開をおこなっている「開明的」財閥のひとつとして知られるが，しかしおそらくはそれゆえにこそ文化財団の持株機能はいっそう強力であり，総帥一族による持株支配の実際の力量はさして変化していない．

こうした総帥一族による強い株式支配は，いうまでもなくその強い経営支配と表裏一体の関係にある．強力な経営権を行使するための基盤づくりが，株式支配にほかならない．

総帥一族による株式支配の強さは，資本市場の促進を求める政府のたび重なる要請にもかかわらず，いずれの財閥も株式公開に容易に応じようとしないという事実のなかにもあらわれている．政府は1972年，企業の「所有と経営の分離」をめざし，公開市場における資本調達と企業の社会化をうながすべく「企業公開促進法」を制定した．この法律によって，株式を上場した法人にたいし法人税軽減，特別償却の認定，公開法人への優先的銀行融資，配当所得税の減免などの優遇条件を与え，つづいて1974年，1975年と企業促進政策を拡充した．それにもかかわらず，この公開要請に応じた企業は350社程度であり，同族による閉鎖的支配の構造は容易にくずれようとしないのである．

いっさいを決する総帥

朝鮮日報経済部著『韓国財閥25時』（鶴真輔訳，同友館，1985年）に次の挿話がある．

「早朝5時30分．鄭周永氏は毎日，この時刻に必ず目をさます．……6時になると寝室におかれた2台の電話がかわるがわる鳴りはじめる．現代グループの海外支社と海外出張中の重役達が送ってくる急ぎの報告だ．かれは海外支社と出張に出る重役達に，重要なあるいは急なことは早朝6時から6時30分の間に家に電話するよういいつけている．かれが早朝から海外活動を陣頭指揮するのは，天性の勤勉さのためでもあるが，なにごとによらず即決処理するかれの経営スタイルのためでもある．現代建設の草創

期から，かれはたいていの決定は，現場で即時に処理するのを旨としてきたという．素早く能率的な仕事の処理として，現場での即決ぐらい効果的なものはない．鄭会長との早朝電話により，現代の海外支社は，まるでソウル市内で仕事をしているかのように業務をすばやく処理できるのだ．このような早朝電話は，日曜になるといっそう頻繁になるという．日曜にはソウル本社の当直者までが，一晩中，全世界の海外支社から入ってくるテレックスの内容をかれに報告し，決裁をまつ．」

　財閥運営にかかわる重要な事項は，総帥によってまさに「専一的」に決定されるのであり，トップダウンの意思決定はあくまで強い．もっとも，傘下に多数の企業を擁する巨大化し複雑化した財閥運営のすべてを，総帥個人の意思でおこなうことには当然限界がある．そのために財閥における意思決定のチャネルは近年，より「制度化」されるようになった．これが社長会議，会長秘書室，グループ企画室，総合企画調整室などの多様な名称で呼ばれて，こんにち各財閥において一般的となった中枢組織にほかならない．事業計画，傘下企業間調整に広範な権限をもつ枢要の機関である．とはいえ，こうした組織の出現は，権限の下部委譲の傾向をしめすものではない．そうではなくて，むしろ巨大化し，複雑化した財閥機構に適合した，総帥によるトップダウン意思決定の制度化なのである．

　これらの組織は，「最後のよりどころ」である総帥の権力と威信にささえられて，はじめてその機能を発揮するのであり，外見ほどの権限はない．現代財閥の社長会議は，傘下企業の社長が週二度定期的に集まってひらかれ，各社長の報告ならびにそれに対する鄭会長と各社長との間の質疑応答によってすすめられる．企業運営の最重要事項についての鄭氏による最終的判断がこの場でくだされ，社長はその指示にしたがう．三星財閥の会長秘書室は財閥傘下の各企業から独立し，200人をこえるすぐれた人材を擁して，財閥運営に必要なあらゆる情報を収集し，整理統合する機能をもつ．この情報を総帥が吟味し，社長会議での最終的判断の素材とするのである．

　社長会議や会長秘書室は，ちょっとみには専門的経営者組織のごとくであるが，実質はあくまで総帥の補佐機構である．とくに財閥経営の根幹にかかわる

新事業計画，企業新設，外国企業との提携，傘下企業の幹部人事など最重要の意思決定は，そのほとんどが総帥自身によってなされる．財閥傘下企業の社長の権限は，日本では信じられないくらいに小さい．かれらは総帥意思の仲介者であり，忠実な執行者にすぎない．企業内の合意が尊重され，下部の意思が積みかさねられていって，これが最終的に最高幹部によって承認されるという，日本企業のいわゆるボトムアップ意思決定とはいちじるしく対照的である．

個人への忠誠心

こうして，韓国の財閥においては総帥一族の株式支配を背景に，総帥による強力なトップダウンの一元的経営支配がつらぬかれており，財閥内の閉鎖的な同族支配体制は強固である．しかし同時に，傘下企業もまた財閥内にとどまることによって，少なからざるメリットを享受している．個別の傘下企業は，それぞれをとり上げれば，いずれも経営基盤は脆弱であり，金融的資産と技術的蓄積において薄い．したがって政府支援や外国借入資金，さらには外国企業との合弁を要請せざるをえないのであるが，そのための信用はそれぞれの企業が財閥の一員であるという事実自体によって与えられている．この意味で，傘下企業の事業拡大は，財閥をはなれてはありえない．

財閥間の競争は，こんにちの韓国において熾烈である．財閥傘下企業がこの競争に打ちかって生きのびていくための武器は，迅速な資金調達と技術導入にほかならず，それを可能ならしめるのは自分の属する財閥全体としての信用である．財閥をはなれることはみずからの命をおとすことにもつながりかねない．こうして財閥間の競争は，傘下企業の財閥への帰属傾向を強めるよう作用しているとみられる．傘下企業の要請からしても，総帥一族の経営支配下にとどまることを選択せざるをえない．

韓国の財閥において，右に述べてきたような典型的なトップダウンの意思決定がつらぬかれるのは，同族経営と株式所有をつうじて財閥傘下企業の経営支配力が総帥に集中しているからである．総帥の傑出した企業家的資質と威信がこれにあずかって力をもっている．しかし同時に，下部が忠誠心をもち，総帥もしくは総帥一族の意思に従順に応じているという事実もまた無視されてはならない．

第Ⅲ章　財閥　271

韓国は，強い儒教的伝統のなかで長期にわたって父系的な血縁社会を温存さ
せてきたのであり，父子の関係を軸に血縁をタテに継承していくことがこの社
会の最大の関心事であった．こうした血縁的なタテ社会の構造は，企業文化の
なかにも色濃く反映され，それが財閥の同族経営方式として現実化されたこと
についてはすでに述べた．血縁的関係でむすばれているのは，経営実権のトッ
プをにぎる総帥一族のみにかぎられない．「濃度」は次第に薄くなるとはいえ，
トップとミドルもしくはそれ以下においても維持されている．

　もっとも，財閥規模の拡大は幅広い人材需要を生み，したがって従業員確保
の範囲はたんに血縁的関係だけでなく，地縁や「同じ釜の飯を食った」学校・
軍隊時代の同窓，友人にまで拡大されるのはさけられない．しかし韓国の場合
には，地縁，同窓，友人もまた，しばしばある種の「擬似血縁集団」であり，
これが閉鎖的なタテの個人的関係として形成されていく傾向をもっている．こ
こでは人びとが忠誠心をいだくのは企業組織それ自体ではなく，より強く個人
にたいしてである．

　組織にたいする忠誠心と帰属心とが強く，年功序列と終身雇用というふたつ
の慣行によってささえられてきた日本企業の集団主義と，韓国のそれとの間に
はずいぶんと大きな距離がある．集団にたいする忠誠心が個人にたいする忠誠
心にまさっている場合には，集団内の結合がおもんじられ，集団の合意をへな
いままに，上部の意思が個人的なタテ関係をつうじて下部におろされてくるこ
とには強い抵抗がある．しかし個人にたいする忠誠心が集団にたいするそれを
上まわっている社会においては，トップダウンの「風通し」はよく，上部の意
思は齟齬なく迅速に下部に伝達されるのである．

3.　いま財閥になにが求められているか

財閥の傘のもとで

　このような財閥経営のありようは，現在にいたる韓国の急速な経済発展過程
に，じつは大変「適合的」であった．1960年代初頭にはじまる韓国の輸出志
向工業化は，一言でこれを要約すれば，「量的規模」の拡大過程であった．標
準化技術を体化した部品，中間製品，資本設備を先進国から輸入し，豊富に存

在する低賃金労働力を用いて工業製品を生産し、これを活況の海外市場にむけて大量に販売するという、すでに第Ⅱ章で述べた方式がそれである。輸出製品は、繊維製品、雑貨類、電気製品、石油化学製品、鉄鋼製品、造船、建設プラントなどであり、品質やデザインなどの非価格競争力よりも、価格競争力を武器とする大量生産ベースの商品が中心であった。

　しかも、輸出をめざしての事業拡大に成功しうるか否かの鍵は、政策金融や外国借款を手にしうるか否かであった。海外市場ならびに政府が提供するビジネスチャンスを果敢に刈りとっていくことが、企業家にとっての最大の関心事であり、拡張主義的運営が韓国企業の経営戦略の中心であった。きめの細かい企業運営はここでは二の次であった。

　これまでの韓国は、「経済の時代」であって「経営の時代」ではなかった。社会間接資本への入札、政府が計画する重化学工業プロジェクトへの参入、中東への建設輸出、繊維輸出市場の獲得などを契機に経営規模を拡大してきた、さきに例示した現代財閥や大宇財閥の企業行動は、量的規模を急速に拡大してきた韓国の経済発展過程に、たしかにふさわしいものであった。迅速にして機敏なトップダウンの意思決定なくして、こうしたビジネスチャンスを掌中にしつつ、事業拡大をはかることは不可能であったにちがいない。下部から企業内合意を積みあげていく、堅実ではあるが悠長（ゆうちょう）なボトムアップの意思決定は、量的拡大の時代にはそぐわない。

　もちろん総帥ひとりに集中する一元的意思決定はときにはあやういものであり、それゆえに華やかに登場したものの、間もなく海面下に沈んでいった財閥の数も少なくはない。1984年に売上げ高第9位を誇った国際（クッチェ）財閥ですら、深刻な経営危機におちこんで解体を余儀なくされたほどである。しかしそのこと自体、韓国が安定的な企業成長の時代ではなく、勃興期資本主義の「疾風怒（しっぷうど）濤（とう）」のただなかにあったことを物語っている。

　財閥企業のヴェンチャー的行動をささえたのは、トップダウンの意思決定ばかりではない。財閥は、さまざまな産業分野にまたがる多様な業体を擁した多角的な「コングロマリット」によって特徴づけられる。財閥傘下の企業があらたな業種に参入して、大規模プロジェクトを建設する場合、そのための経営資源すなわち経営者、資金、熟練労働者、技術は財閥内の他企業からこれを調達

第Ⅲ章　財閥　　273

することが容易であった．あるいはさきに指摘したように，個別企業が政府の
金融支援をうけ，外国借款を導入し，さらには合弁事業をおこす場合，そのた
めの信用の基礎を提供したのは，この企業が財閥傘下にあるという事実そのも
のであった．新規事業に進出できる経営基盤をもった企業が財閥系企業以外に
はありえなかったのは，この理由による．韓国企業が果敢なヴェンチャー的行
動様式をとりえたのも，財閥の存在のゆえなのである．

トップダウン経営の限界

　しかし，このような財閥の経営体質が，こんごの韓国の経済発展過程におい
てもなお，これまでそうであったように適合的であるかどうかは，疑問である．
価格競争力のみを武器とした大量生産ベースの商品輸出は，韓国の輸出規模が
これほどまでに巨大化した現在，先進国側での輸入規制をうけざるをえなくな
っている．他方，標準化技術と低賃金労働力における優位性は，ASEAN 諸
国・中国に移転し，韓国は保護主義的先進国市場と，ASEAN 諸国・中国の追
い上げという二面から「挟撃」されるにいたった．韓国は高度技術を導入し，
さらにはみずから開発した自主技術をもって，より付加価値の高い，より高品
質の財の輸出を求めなければならない時代にはいった．とくに自動車，電子機
械，一般機械がその中心にすえられねばならない．

　機械産業は，広範な裾野をもった産業システムを要する．いちじるしく多様
な部品，中間製品が複雑な連関関係をもってむすびあわされるこの産業におい
ては，先進国から資本設備や標準化技術を導入すればことたりるというわけに
はいかない．生産技術と同時に，品質や工程を細心に管理するための技術や，
ソフトの技術，技能が大きな重要性をもつのである．韓国の生産技術や組立技
術は，すでに先進国のそれと肩をならべ，しばしばそれを凌駕しているが，そ
の一方，ソフトウェアを要する品質・工程管理技術や，システム設計技術は十
分ではない．もちろんこうしたソフト技術，先端技術の開発の緊急性について
は，だれよりも韓国の政府，産業界自身が強く認識しているところであり，こ
の面でのとりくみは真剣である．

　とはいえ，品質・工程管理技術は企業経営のシステムの全体にかかわるもの
であり，外国からの技術移転によって解決されるほど，ことは簡単ではない．

274　Ⅱ　韓国経済入門

そこには，企業における生産現場での長い技術的蓄積が不可欠なのである．技術者，職長，工員をふくむ企業内集団の合意をえつつ，品質・工程管理技術を企業内におけるひとつの体系としてまとめあげていかなければならない．品質・工程管理技術が，企業経営のシステム全体にかかわるといったのは，その意味である．財閥における強力なトップダウンの意思決定につらぬかれた企業経営のあり方は，こうしたあたらしい要請にどうやらあまり適合的ではない．なぜだろうか．

経済の時代から経営の時代へ

　強いトップダウンの意思決定のもとでは，財閥傘下企業の社長ですら総帥意思のたんなる仲介者であり，忠実な執行者にすぎない．ここでは企業の中堅たるべき中間管理者に，企業運営のための権限がわずかしか与えられておらず，みずからの裁量で企画，実施し，その試行錯誤の過程で企業運営の方式を不断に改良していくといったことはなされにくい．すぐれた中間管理職が育成される場がないのである．

　韓国の場合には，トップダウンの意思決定が強いだけにとどまらず，決定された意思は，組織よりも個人的なタテ関係をつうじて下部に伝達される．タテ型の人間関係を基礎とした意思決定の方式は，逆にいえばヨコの人間関係を希薄なものとせざるをえない．水平的にひろがる人間関係をきずくことが困難であれば，それぞれの部局間や生産工程間の連携は不十分となり，組織としての有機的なまとまりを欠くことになる．実際，他の管理部局や生産工程のことに「口をはさむ」権限や責任は，トップ以外のだれにもないのである．異なる生産ラインには，相互に関連性の薄い管理者，職長，熟練工が配置され，かれら相互のあいだに集団的意思が形成されないいじょう，品質・工程管理上の諸問題が発生するのはさけられない．問題が発生しても，これを齟齬なく解決していく方途はみいだしがたい．

　タテの結びつきが強いといっても，あくまで個人的関係においてそれが強いということであって，組織内の上下関係が効率的に運営されているという保証にはならない．生産現場の発案，創意，工夫が上部にながれ，工場内でこれが共有され蓄積されていくことは，トップダウン経営においてはとかくないがし

ろにされる．このところ韓国でも，そうした企業運営上の問題点に関心がむけられるようになり，品質・工程管理の改善をめざして，TQC 運動が積極的に展開されているが，いぜん困難は大きい．

　ことをもうひとつ厄介にしているのは，現在の韓国における中間管理者，労働者の企業内定着率がかなり低いという事情である．企業内定着率が低ければ，当然のことながら下部への権限と責任の委譲はなされがたい．加えて，習得された技術，技能が転職をつうじて他企業へ流出していくことが懸念されるために，企業内訓練もなされにくく，技術，技能の企業内蓄積にも熱がはいらない．品質・工程管理は，企業内を縦横に連結するすぐれてシステマティックな技術であり，従業員の強い集団的結合を要するがゆえに，企業内定着率が低い場合には，その十分な展開を期待することはできないのである．

　韓国における従業員定着率の低さは，じつはタテ型の人間関係と大いに関連がある．韓国の企業において，タテ型の人間関係が強いといっても，特定の個人をとりあげれば，それぞれが有する人間関係は単一ではない．父子系列の直接的血縁はもちろんのこと，姻戚をつうじての間接的血縁の関係があり，さらに地縁，学校・軍隊時代の同窓・友人系列をつうじての関係がこれに加わって，それぞれが複雑におりなす重層的なタテ型の人間関係を有している．したがって組織にたいする忠誠心よりも個人にたいする忠誠心が優先する韓国の企業においては，より濃密な，そしてみずからをよりあつく遇してくれる別のタテ型の人間関係を求めて，人びとは機会さえあれば容易に他の企業に転出していく．さらに，人材不足のなかで急速に成長してきた韓国企業は，有能な人材を自企業内部で養成する余裕をもたず，これをつねに外部から「引きぬく」という行動様式を生んできた．そして定着率が低いことが，権限と責任の下部委譲を困難にさせると同時に，そのことがまたトップダウンの意思決定を強化するという悪循環がみられる．

　「量的拡大の時代」から「質的深化の時代」への転換は，「経済の時代」から「経営の時代」への変化を要請している．権限の下部委譲をつうじて専門的経営者を育成し，企業内の集団的結合を強化しつつ，よりシステマティックできめの細かい管理体系をつくりだしていくことは，現下の韓国の財閥系企業に課せられた緊急の経営課題だといわねばならない．

第Ⅳ章　苦悩する韓国経済

1. 1980年経済危機

過熱する韓国経済

　1980年は，韓国経済のこし方をふり返り，ゆく末をみとおすのに重要な教訓的示唆を与えてくれた年であった．この年，韓国の経済成長率はマイナス5.2パーセントという大きなおちこみをみせた．第1次経済開発五カ年計画を発足させて以来，はじめての凋落であった．

　1970年代の後半期，韓国経済は異常な「過熱」状態にあった．1977年には念願の輸出100億ドルが達成された．オイルマネーにわく中東諸国への建設輸出が大規模化し，中東進出をめざす各財閥グループの建設業界への新規参入があいついだ．中東建設受注額は，1975年の8億ドルから，1977年の36億ドル，1978年の80億ドルといちじるしい伸びをみせ，中東で働く韓国人労働者は13万人をこえた．輸出と中東送金の拡大を主因として，1977年の国内通貨供給量は前年にくらべて一挙に41パーセントの増加をみせた．高い増加率は1978年になってもつづき，同年の通貨供給量は前年比さらに35パーセント増であった．

　「インフレ的成長路線」をよしとしてきた韓国政府は，こうして生まれた「過剰流動性」をさして異常なものとはみなさず，金融引締め手段を発動することもなかった．1977年は，野心的な重化学工業化を謳う第4次経済開発五カ年計画の初年でもあった．物価上昇をおそれるというよりは，財閥系企業の

旺盛な投資意欲に期待して，重化学工業化計画をこの時期に集中的に達成してしまおうとする強気が，政府をおおっていた．1977年，1978年の2年間は，各財閥による造船，発電機器，石油化学など重化学工業分野への進出ラッシュ期であった．既存設備の拡張投資とともに，新規投資が莫大な量におよび，「投資が投資を呼ぶ」民間設備投資ブームが発生した．

輸出と中東送金が生んだ過剰流動性は，この時期，不動産投機にもむけられた．街のそこここに不動産屋「福徳房」があらわれ，主婦投機家「福夫人」の出現が社会現象化した．大きな土地買主は財閥傘下企業であり，1980年の保有土地申告指令によれば，この年の1,198企業の一事業所あたり土地面積は，100万坪をこえるまでに拡大した．全国の土地価格上昇率は，1977年33パーセント，1978年49パーセントとなった．

投機は書画，骨董にまでおよび，異常な熱気が韓国をおおった．また，所得水準の上昇と過剰流動性の出現は，貧しさのなかで長いあいだ消費のよろこびを知ることのなかった国民に，活発な消費需要をわきおこした．インフレがまた人びとの「換物志向」をうながした．テレビ，扇風機，冷蔵庫などの家電製品にたいする消費需要は根強く，それらの品不足が物価をさらに上昇させた．

第2次石油ショックの到来

1970年代にはいって強ぶくみで推移してきた賃金は，1977年，1978年にいたって急上昇を開始した．大企業の事業拡大が巨大な労働需要を生み，深刻な求人難をもたらしたことの結果である．大企業による人材スカウト合戦が展開され，管理職，中堅社員のみならず，入社したての大卒社員までもが，他企業からの「引きぬき」の対象となった．

1976〜78年の労働生産性の年平均増加率が9.5パーセントである一方，賃金のそれは18.5パーセントであった．賃金上昇が物価をおし上げ，これがまた賃金上昇の原因となるという，両者の相乗的関係が一般化した．おりあしくも1979年1月には第2次石油危機が韓国をおそった．

これにさきだつ重化学工業化をつうじて，韓国の石油需要はいちじるしく大きなものとなっていた．消費水準の向上，不動産投機にともなう建築ブームもまた，石油需要を増大させた要因であった．石油価格上昇という海外要因が加

わることによって，インフレは高進した．消費者物価上昇率は 1978 年 14.4 パーセント，1979 年 18.3 パーセント，卸売物価上昇率もそれぞれ 11.7 パーセント，18.8 パーセントとなった．インフレと賃金上昇は，韓国経済の生命線である輸出をも鈍化させ，輸出 100 億ドル達成の翌 1978 年，こんどは「輸出非常体制」がしかれるといった具合いであった．

　ここにいたって政府は 1979 年 4 月，金融引締めならびに重化学工業化計画の縮小調整を主内容とする，「経済安定総合施策」の発動を余儀なくされた．インフレ的成長を主導してきた，経済企画院長官をふくむ多くの経済官僚が更迭された．1978 年幕の総選挙で，与党の得票数が野党のそれを下まわったことも，引締め政策をうながす要因となった．経済安定総合施策をつうじて，韓国経済は一転してきびしい停滞状況におちいっていった．

　潤沢な政策的金融支援をうけて設備の拡張と新規投資をつづけてきた重化学工業部門のいくつかは，金融引締めによって資金確保の道を失い，重い元利金負担に身動きができなくなった．中東貿易で産をなし，わずか 3 年ほどのあいだに重化学工業分野への進出をくり返して巨大財閥にのしあがった栗山グループの倒産は，その象徴であった．レーヨン大手の源進グループ，紡績の日新グループなども銀行の管理下にはいった．倒産にはいたらないまでも，操業短縮状態におちいった企業は数知れずであった．高い失業率が発生したのはいうまでもない．

　この傾向に拍車をかけたのが，経済安定総合施策のもうひとつの柱である，重化学工業化計画の縮小調整であった．政府は，財閥系企業への手あつい保護政策が，経営基盤の脆弱な大企業を群生させてきたことを反省し，企業体質の強化をうながすべく，企業統廃合の大ナタをふるった．乗用車部門では，現代自動車がセハン自動車を吸収，バス・トラック生産は起亜産業 1 社に特化させることにした．過剰投資のいちじるしい発電設備製造もまた大宇 1 社に統合，その他ディーゼルエンジン，重電機器，通信機器などについて，関連諸企業の整理統合が強力に試みられた．

ソウルの春と光州事件
　これにさきだつ 1979 年 10 月 26 日夜，朴大統領暗殺という悲劇がおこった．

第IV章　苦悩する韓国経済　　279

18年5カ月の長きにわたって政権の最高位に位置し,「漢江の奇蹟」を運営してきた最高指導者の, しかも暗殺という形での衝撃的な死である. このような事件は, きびしい南北対立状況下にある韓国においては, ただちに政治的不安定につながり, これが経済的混乱を招来しかねない.

政治的混乱の発生を予期したアメリカは, 暗殺の報に接するや間髪をいれずに,「韓国の情勢を利用しようとするいかなる外部勢力の試みにたいしても, わが政府は米韓相互防衛条約にもとづく義務にしたがって対処する」との警告を北朝鮮に発した. 同月30日には, 第7艦隊旗艦「ブルーリッジ」を釜山に入港させ, 1月2日にはおなじく第7艦隊の空母「キティホーク」ならびに誘導ミサイル巡洋艦2隻を釜山に, さらにはフリゲート艦など3隻を鎮海, 仁川に寄港させるという挙にでた. こうした軍事動向のもとで新投資はひかえられ, 海外からの直接投資と長期借款は急減した.

大統領暗殺当時の国務総理崔圭夏が憲法によって大統領代行となり, 12月21日には正式に大統領職についた. 突発的な事件にもかかわらず政権交替はスムーズになされ, 混乱はさけられたかのごとくであった. しかしその直後,「ソウルの春」と呼ばれる政治の季節がやってきた. 朴体制下の厳格で重苦しい統制がとかれ, 野党政治家の復権もなされて, 韓国民はゆくえは定まらぬものの, いつにない解放的な気分を味わった.

新学期の3月になると反体制色をおびた学生運動が活発化し, 5月15日の街頭デモはいっきにふくれあがった. 政治不安のさなか北朝鮮からの侵入事件がおこり, 国連軍司令部スポークスマンは,「15日未明, 北朝鮮兵が韓国側のガードポスト前方20メートルまで侵入したものの, 照明地雷をふみ, これが爆発したために自動火器を乱射しつつ北方に逃走した. これは, 北朝鮮が最近の学園騒擾に乗じて南侵の可能性を試すべくおこなった行動である」と発表した.

ついに政府は5月18日午前零時を期し, 大統領暗殺後の非常戒厳令を全国規模に拡大かつ強化し, ソウルの春のなかで新大統領候補を噂されていた金大中, 金鍾泌の2人を逮捕, 金泳三を自宅に軟禁した. 戒厳令公布の翌18日, 全羅南道の光州においてはげしい反政府デモが勃発, 兵器庫を襲撃して銃器を奪取した学生, 市民が軍, 警察と衝突を引きおこすまでに事態は深刻化し

280　Ⅱ　韓国経済入門

た．同月 27 日に政府は戒厳軍を出動させて武力制圧の挙にで，この結果，政府発表によれば死者 191 人，重軽傷者 852 人，検挙者 2,522 人という，現代韓国史に悲しい一ページをのこす事件となった．光州事件によってソウルの春は終焉した．

内閣と戒厳軍司令部との連携強化のために，あらたに「国家非常対策委員会」が設置され，委員長に全斗煥が就任した．氏は朴大統領暗殺後，この事件の合同捜査本部長をつとめ，粛軍クーデターにより暗殺事件責任者として鄭昇和参謀本部長を処分，中央情報部（KCIA）部長代理をも兼務して，軍ナンバーワンの地位にあった．そして 8 月，大統領職は崔圭夏から全斗煥にゆずられた．

マイナス成長の衝撃

金融引締め，企業統廃合によって低迷を余儀なくされた韓国は，1 年間にわたってつづいた政治的混乱のために，打つべき手をもたず，傷口を大きくしてしまった．1980 年における投資増加率はマイナス 14.8 パーセント，鉱工業生産増加率はマイナス 1.1 パーセント，社会資本増加率マイナス 3.4 パーセントであった．さらに不幸なことに，1980 年には冷害がこの国を見舞い，前年にくらべて米は 36.2 パーセントの減収，農水産業の成長率はマイナス 22.0 パーセントという最悪の事態となった．そして経済成長率は，ついにマイナス 5.2 パーセントという，かつてない低迷状態におちいったのである．

1980 年を前後する韓国の経済的危機には，たしかに第 2 次石油ショック，朴大統領暗殺，冷害といった，対外的ならびに突発的な要因が少なからず作用した．しかしその経済危機の本質は，インフレをおそれず追求してきた拡張主義的な経済運営が，ここでついにあつい壁につきあたったという事実のなかにある．加えてこの時期，長期にわたってつづいた外資依存も限界に近づいた．対外債務の累積額が巨額に達し，元利返済負担が韓国経済を苦しめたのみならず，政治的不安と経済的苦境の韓国にたいして，新規外国借款を供与することに，多くの先進諸国は警戒的となりはじめたのである．

韓国の国民総生産（GNP）にたいする対外債務残高の比率は，1970 年代の後半をつうじて急上昇し，1981 年にはついに 50 パーセントをこえ，また経常

第IV章　苦悩する韓国経済　　281

収入（輸出プラス貿易外収入）にたいする元利返済額（短資をふくむ）は 20 パーセントの大台にのってしまった．1981 年に韓国が新規に借りいれた外資にたいする同年の元利返済額の比率は，じつに 62 パーセントに達した．導入外資の半分以上を返済にまわさなければならないという，深刻な「自転車操業」状況が発生した．

「外債危機論」が韓国のジャーナリズムをおおい，外資依存体質からの脱却が政府の強い要求となった．貿易収支の赤字，あるいは投資資金の不足を外国資本の導入によって補塡（ほてん）していこうという韓国のもうひとつの拡張主義的経済運営も，ここでついに限界にぶつかった．拡張主義の弊（へい）を十分に斟酌（しんしゃく）し，旧来のそれにかわるあらたな運営原理に立脚しつつ，この事態をいかにのりこえるか．これが，韓国経済「第 2 の跳躍（ちょうやく）」を可能ならしめるための大きな課題となったのである．

2. インフレとのたたかい

金融的膨張主義

最大の課題は，インフレ的成長路線の変更にほかならない．韓国は，もっとも重要な貯蓄源である個人家計貯蓄において，まことに貧しい状態におかれてきた．このことは，韓国が低い一人あたり所得水準から出発したこと，ならびに個人貯蓄を吸収する金融機構の自生的発展が不十分であったという事情を反映している．個人家計貯蓄とおなじく法人企業貯蓄もまた貧弱であった．そのために企業は，金融機関借入，証券，外資，私債など，外部資金への依存度を大きくせざるをえなかった．さらに，外部資金のうちでも証券発行などの直接金融は少なく，他方，金融機関借入すなわち間接金融への依存がきわだって高いという特徴をもった．

金融市場が未発達であるにもかかわらず，企業の金融機関借入比率が高いのは，韓国の金融機関が政府の強い支配下におかれ，これをつうじて財閥系企業に対して政策的金融支援がなされてきたことに由来する．

第 II 章で述べたように「5・16 クーデター」後，革命政権は「不正蓄財処理」を推進し，旧政権下で蓄積された資産の強制的政府還収を試みたのである

が，その一環として，市中銀行の大株主所有株の還収をも同時におこなった．
その時以来，韓国の金融機関は，国有もしくは政府の強力な指導下におかれた．
そして，時期によって一様ではないが，おおむね市場実勢よりも低利の優遇条
件での貸付けがなされてきた．低利貸付けが企業の投資収益の増加をもたらし，
このために投資需要が拡大し，各種金融機関がこの拡大重要にさらに応じると
いう拡張的対応関係が展開してきたのである．

　預金をつうじての金融貯蓄の乏しい各種金融機関にたいして，政府は中央銀
行信用貸出しを積極的に試みてきたのであるが，ここに韓国のインフレ的成長
の原因がある．1970 年代の後半にいたり，投資規模が大きく，かつ懐妊期間
の長い重化学工業投資の時代にはいり，これがインフレを促進するメカニズム
を強化することにもなった．

　このような金融的膨張主義なくして，韓国の高度経済成長はありえなかっ
た．問題は，このインフレが「制御可能な範囲」におさめられてきたか否かで
ある．大略するところ，1970 年代の中ごろまでは，第 1 次石油危機時にどこ
の国でもみられた「狂乱物価」の時期を別にすれば，韓国のインフレは「成長
コスト」とでもいうべき幅のなかにあったとみていい．インフレが企業の返済
負担を軽減して事業拡大をうながし，またその帰結としての就業機会の拡大や
賃金上昇のメリットが，国民をも潤してきたからである．要するに，インフレ
が国民経済のなかに「ビルトイン」されて，韓国経済の拡大循環メカニズムは，
比較的齟齬なく展開してきたと評価されよう．

安定成長の時代へ

　しかし，積極的な重化学工業投資を謳う第 4 次経済開発五カ年計画の施行以
来，懐妊期間の長い大規模投資が集中して，インフレ率を大きく高めた．輸出
と中東送金の増大に由来する過剰流動性の出現，ならびに第二次石油危機にと
もなう輸入価格高騰がこれにかさなって，インフレが制御可能な範囲をはなれ
たことはさきに述べた．この時期の高インフレは，為替レートの引き下げによ
っても対抗不能なほどに輸出競争力を弱化させた．そしてこの事実は，韓国政
府をしてそれまでのインフレ的成長政策に猛省をうながす初の契機となったの
である．

第Ⅳ章　苦悩する韓国経済　　283

答をさきにいえば，インフレ制圧の面でみせた韓国政府の政策手段の施行は徹底的であり，「強い政府」のありようをいかんなくみせつけた．1976年，1977年，1978年と連続して40パーセントに近かった通貨供給の年平均増加率は，1979年以降25パーセント前後におさえられ，1983年には17パーセント，1984年には0.5パーセントとなった．こうした試みも，1979年，1980年の異常な物価騰貴を抑制する十分な力とはなりえなかったものの，1981年にいたってその効果を発揮しはじめた．1982年，1983年，1984年の卸売物価上昇率は，4.7パーセント，0.2パーセント，0.7パーセントとなり，ソウル消費者物価指数もそれぞれ7.4パーセント，3.5パーセント，2.2パーセントへときわだった低下傾向をたどった．

さらに1970年代の末年には，金融自由化政策，すなわち銀行民営化措置や各種金融機関にたいする政府指導力の縮小措置もとられ，中央銀行信用によるインフレ的貸付けをうしろ楯（だて）とした政策的金融支援を減少させる，という方向が選択された．銀行民営化は，1981年に韓一銀行，1982年になってソウル信託銀行，第一（チェイル）銀行，朝興（ジョーフン）銀行，韓国産業銀行の株式を民間に売却することによってなされた．同時に，緊縮財政措置もとられた．1982年に15兆9,000億ウォンであった財政赤字は，1983年には4,000億ウォン，1984年には3,000億ウォンとなった．

しかし金融財政政策の変更がなされれば，問題のすべてが解決するほどことは簡単ではない．肝腎（かんじん）なのは，経済の実戦部隊である企業が，安定成長基調にみあうよう「インフレ依存体質」をどの程度払拭（ふっしょく）しうるかである．潤沢な政策金融と外国借款を享受しつつ強気の事業拡大をつづけ，インフレによる元利返済負担の軽減の恩恵にもあずかるという安易な企業経営は，もはや許されない．第Ⅲ章でも述べたように，生産性向上と生産費の低減をめざした経営合理化を最大の目標としつつ，あらたな時代に適合した企業体質をつくりだしていかなければならないのである．

3. 累積する対外債務

カントリー・リスク？

　もうひとつの課題は，外資依存体質からの脱却である．韓国の工業化は輸出志向工業化によって特徴づけられるが，しかし輸出を上まわる輸入が恒常化し，卒直のところ輸入をまかなうために輸出を拡大しなければならないという「切迫感」が，この国の20年を支配してきたといってもいい．実際，為替レートはおなじくこの20年間持続的な切下げの歴史であった．高度成長を追求する政府は，貿易収支赤字に輸入減少をもって対応するという，縮小均衡を志向することはまったくなく，逆に外国からの借入れのいっそうの拡大という，対外的な膨張主義をもってこれにのぞんできた．

　しかも第1次石油危機によって生まれ，先進国の銀行にあずけられた膨大なオイルマネーが，低成長の先進国に貸付けさきをみいだせず，高成長の韓国をはじめとする中進国にリサイクルの場を求めたことが，後者の対外借入を助長することにもなった．

　韓国の対外債務残高は，1975年の85億ドルから，1980年の274億ドル，1984年の431億ドルをへて，1985年11月末には，436億ドルに達し，ブラジル，メキシコ，アルゼンチンについで，世界第4位の巨大な借入国となった．この韓国の対外債務残高がいかに大きいものであったかを，国民総生産（GNP）比でみたものが，図Ⅳ-1である．

　この比率は，1960年代の後半期から1970年代の中ごろまでのあいだに，急速に上昇してきたことがわかる．1970年代の後半期の増加率もけっして低くはないが，GNPの成長率がいちだんと高かったために，債務残高のGNP比はそれほど上昇していない．はげしい上昇がみられたのは第2次石油危機後のことであり，とくに1979年，1980年，1981年の外債導入額は1年間にそれぞれ56億ドル，69億ドル，51億ドルであった．しかも1980年以後のGNPの増加率は低く，その結果，対外債務残高のGNP比は加速的な上昇傾向をしめし，1981年にはついに50パーセントをこえた．

　しかも第2次石油危機以降，韓国が導入しえた外債の中心は短資であった．

第Ⅳ章　苦悩する韓国経済　285

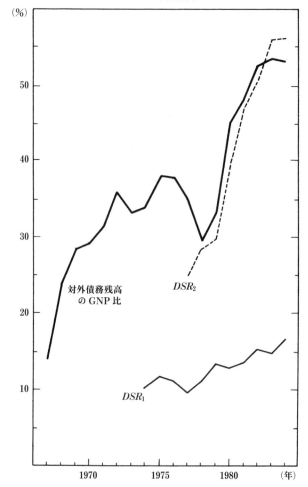

図IV-1 対外債務負担

(注) DSR_1＝中長期債務元利返済額/経常受取額
　　 DSR_2＝(中長期債務元利返済額＋短期債務元金)/経常受取額

中南米やポーランドの債務危機の表面化により，国際金融市場は中進国への融資に警戒的となり，危険な対外借入状態にあると考えられた韓国への貸出しはさしひかえられるようになった．そのために長期借款の導入は困難となり，導入可能な外国資本は短資に限定されるようになった．加えてこの時期は，国際

的高金利の時代であり，それを反映して，韓国の外資借入れ条件は，相当にきびしいものとならざるをえなかった．返済負担の重荷はますます大きく，1981年には，返済負担額の新規借入れ額にたいする比率が60パーセントをこえるという，深刻な事態を招来することになったのである．

外資依存からの脱却

とはいえ，韓国の対外債務状態が，ブラジル，メキシコなどとおなじような意味で「危険水域」にあるかのような議論は，誤りであった．韓国は過去に対外債務返済を中断したことはないし，返済延期を要請したことも一度もない．なによりも韓国政府自身が，これまでの対外債務状態の異常性を強く認識し，外債依存体質を払拭しようと必死の努力をかさねたからにほかならない．そしてその努力は，たしかに実をむすんだのである．

政府は，対外債務状況が危険水域にきたことを認知するや，ただちに京釜新幹線，釜山地下鉄2号線，蔚山港開発，石炭火力発電所，原発五号基以下の建設延期，あるいは計画期間中の事業計画縮小，さらには各種プロジェクトにおける借款導入時の事前審査の厳格化など，本格的な対外債務縮小措置を講じた．そしてはやくも1982年7月には，IMFのスタンドバイクレジット導入時の条件（コンディショナリティ）をみたすことに成功した．第5次経済開発五カ年計画修正見込みでは，1981〜83年に14パーセントであった債務残高の年平均増加率を，1984〜88年には3.9パーセントにまでおとすことが計画された．インフレはほとんど収束し，経常収支も1987年からは黒字局面にはいった．債務危機をつうじて，韓国の対外債務管理能力はむしろ強化され，国際的な「クレディビリティ」は逆に高まったというのが真実に近い．

しかし，韓国が外債の重圧から解放されていく長期的な方途を，あらたに求めなければならない局面にいたったことはうたがいない．そのひとつとして，直接投資のより積極的な導入が考慮された．直接投資とは，一国の民間企業が国境をこえて他国に進出し，そこで企業活動を営む行為にほかならない．借款と異なって元本利子の返済はここでは必要とされない．韓国は，これまでこの直接投資に依存することは少なかった．この点で，韓国はアジアの他の開発途上国とはまことに対照的であった．

第Ⅳ章　苦悩する韓国経済　　287

韓国政府は，先進国企業の直接投資の受入れにたいしては，技術導入を別にすると一貫して慎重な態度をもってのぞみ，ある種の「外資黒船論」的対応をくずすことはなかった．これは，工業化の主力部門はあくまで民族企業にあり，外資系企業はこれを補完する地位におかれるべきだとする，韓国政府の経済運営原則のあらわれにほかならない．実際，韓国における工業化の主体は財閥を中心とした民族企業であり，多国籍企業の影はここでは薄い．

　しかしすでに韓国は，自立経済を達成しうる段階にいたったのであり，多国籍企業の進出を警戒しなければならない理由は少ない．借款にかえて直接投資をより大規模に導入することが望まれたのである．以来，韓国政府はこの方向を選択し，1984年には直接投資導入規制の緩和措置を採用した．また，韓国政府は資本市場開放に意欲をみせ，1985年10月現在，純資産500億ウォン以上の上場14企業にたいしては，海外証券発行の許可を与えるというあたらしい政策をも試みた．

「私債」と「契」

　しかし，外資依存から脱却していく真の方途が，国内貯蓄を促進し，投資資源の自立化をはかっていくという試図にあることはうたがいない．インフレの沈静化にともなって韓国の国内貯蓄率が上昇し，投資を国内貯蓄でまかなおうとする傾向が韓国内で強まったことはまぎれもない．それにもかかわらず，国内貯蓄の増強努力はつづけられなければならない．たとえば，おなじアジア中進国の一員台湾の国内貯蓄率が1984年において30.5パーセント，また日本が31.6パーセントであるのにたいし，韓国はなお26.5パーセントである．とくに国内貯蓄の中心を占めるべきはずの家計貯蓄率には大きなへだたりがあり，台湾が13.8パーセントであるのにたいし，韓国は6.6パーセントにすぎない．家計貯蓄率上昇の可否が，韓国の国内貯蓄率上昇の鍵であるといってよい．

　韓国政府はこれまで投資拡大には意欲的な促進政策を用いる一方，貯蓄増進のための政策を打ちだすことはまれであった．家計貯蓄優遇税制の拡大や金利の弾力的運用，金融機関による新種金融商品の開発などがおおいに望まれる．なによりも，国民の貯蓄意識が高められる必要がある．韓国民は，どちらかといえば「外華」，「浪費的」な傾向が強く，貯蓄におもきをおく「勤倹」精神に

は薄いようにみえる．そうした傾向を改めることが肝要の課題である．

　家計貯蓄を動員し，これを金融市場に吸収していこうという場合，韓国の「非制度的」金融として広範な広がりをもっている，「私債」のあり方が問われなければならない．私債とは，個人や企業の余裕金が銀行などの「制度的」金融機関にむけられずに，手形の買付けや企業への直接貸付けにまわされて，高利の実勢金利をえようとする金融のことをいう．私債金利は月利4〜6パーセントにおよぶが，政策金融の恩典をうけることのできない企業は，これに依存せざるをえない．私債に頼るのは，中小零細企業ばかりではない．かれらはもちろんであるが，財閥傘下の上場企業でさえも不足資金を私債に依存するという例は，韓国ではきわめて一般的である．

私債というアングラマネー

　1982年5月に発生したいわゆる張玲子手形詐欺事件は，私債が現在の韓国において，いかに大きな存在であるかをあらためてみせつけた事件であった．かつて中央情報部長であり，国会議員でもあった李哲熙とその妻張玲子は，財力と大統領の姻戚筋にあたるという「出自」を利用して私債の「銭主」となり，資金の窮迫した著名な上場企業をふくむいくつかに私債を貸付けた．その担保として貸付け額の4倍をこえる巨額手形をうけとり，しかもこれを決済の満期前に手形市場にまわしてしまうという挙にでた．

　貸付け企業のうち2社の手形が不渡りとなって倒産，この企業に融資していた有力銀行，韓国商業銀行と朝興銀行に大きな被害が発生した．手形市場と私債市場は大混乱におちいり，私債の貸し手はいっせいに市場から資金をひっこめ，金融市場は極度の逼迫状態におちいった．このために韓国銀行は，市中銀行，地方銀行，中小企業銀行などをつうじて，1,000億ウォンの緊急融資をおこなわざるをえなかった．この事件は，私債に依存せずしては資金不足を補うことのできない大企業が，当時の韓国においていかに多く存在していたかを白日のもとにさらすと同時に，制度的金融機関がいかに非力な存在であるかをもうかがわせた，象徴的なできごとであった．

　加えて，韓国の庶民のあいだには，日本の「無尽」や「頼母子講」に相当する，「契」と呼ばれる相互扶助的金融のならわしが古くからある．血縁，地縁，

学縁などでむすびついている人びとが，多くの場合20人くらいの単位で毎月集まって一定のお金をだしあい，相互にこれを融通しあう．集まったお金を必要に応じて順番にうけとり，最初にうけとった人もその後毎月一定額を支払っていって，一巡して借金の返済を完了するという方式がとられる．庶民がちょっと値のはるものを買ったり，資産運用をはかったりするための相互扶助的手段であり，きびしい金融事情のなかでの自衛的手段であり，共同体的親睦の組織でもある．

この契で集められた資金は，しばしば金融ブローカーの手により私債市場にまわされて高利運用される．私債と契は，韓国の制度的金融市場の裏側を動く巨大なアングラマネーにほかならない．1981年に国民銀行が試みた調査によれば，韓国民の家計貯蓄の64パーセントが私債や契などの私金融市場にむけられ，逆にいえば，銀行などの制度的金融市場に流れるのは，36パーセントにすぎないというのである．民営化された銀行が金利を実勢に応じて弾力的に運用し，かつまた強い信頼性をうるより，この非制度的金融市場を流通する資金を制度的金融市場に吸収していく方途はない．

4. 技術立国への道

東南アジアの追い上げ

つづく課題は，技術開発投資（R&D投資）の拡充である．韓国はこれまで先進国から技術をふんだんに導入しながら工業化をすすめてきた．第1次経済開発五カ年計画における外国技術の導入件数はわずか33件であったが，第2次計画期，第3次計画期，第4次計画期には，それぞれ285件，434件，1,221件とふくれあがった．

技術的蓄積が浅いままに出発した韓国の輸出志向工業化が，その技術を先進国に依存せざるをえなかったのはいたし方ない．長らく韓国の輸出志向工業化をになってきた中心的商品は，合繊を中心とした繊維製品，電気・電子部品ならびに製品などであったが，そのための技術のほとんどは先進国企業の技術もしくは技術体系の一分肢であった．しかし，これらの初期的導入技術は完全に韓国に定着した．

のみならず一部の企業はオフショア生産の段階にまですすんでいる．また鉄鋼や石油化学など，最新の技術が設備に体化されているために，移植が比較的容易な産業においても，韓国は積極的な技術導入につとめてきた．そしてこの2部門は，韓国の輸出主力産業となった．

さらにまた，技術蓄積の相違による「製品差別化」が困難であり，したがって価格競争力が有効性をもつような産業，たとえば造船などにおいても技術導入は有力であった．造船において韓国は，現在の世界における最有力の輸出国となっている．合繊，電子部品ならびに製品，鉄鋼，石油化学，造船など韓国の輸出志向工業化を主導した産業は，いずれも先進国の「標準化技術」を導入しつつ，しかもこれを有効に吸収・定着していくプロセスをたどり，こうして生まれた強い輸出競争力によって，高度工業成長を牽引してきた．

しかし現在，合成繊維，電子部品・製品などの労働集約的な製品については，東南アジア諸国の輸出競争力の強化とそれにともなう韓国への追い上げは明瞭であり，また鉄鋼，石油化学，造船などにおいても，他の中進国との競合はいよいよはげしい．いいかえれば，これまでの韓国の輸出志向工業化をになってきた標準化技術においては，韓国が追跡可能な国際的技術ギャップはしだいに消滅しつつあり，他方，標準化技術利用の優位性は，より後発の国ぐにや，他の中進国に移転を開始した．韓国が享受してきた技術上の「後発性利益」は，しだいに薄いものとなってきたのである．したがって韓国はその分だけ導入技術分野を高度化していかなければならない．そうした分野として設定されているのが，乗用車，大型産業機械，半導体，コンピューター，産業用電子機械，プラントなどである．

とはいえ，これら諸産業は，先進国における戦略産業であり，したがって先進国の技術的優位性がくずれて，技術標準化段階にいたるまでは，先進国もその技術輸出をさしひかえるにちがいない．1983年来の日韓経済交渉の主要テーマは，最先端技術の移転問題にあるが，日本がこの移転に消極的であるという事実にたいして，韓国の政財界は強い対日不信といらだちをあらわにしている．このことは，韓国の要請技術が相当に高度化していることを示唆すると同時に，一方では先端技術の移転には先進国側が熱意をみせにくいという事情を，端的にしめしている．

拡充する技術開発投資

　先端技術の導入と定着には，少なからざる技術開発投資が必要となる．韓国は，これまで海外からの導入技術に大きく依存し，先進国企業の標準化技術の「仕様」にしたがうある種の「受託生産」にその活路をみいだしてきたために，政府ならびに民間企業の技術開発投資はそれほど多くはなかった．

　しかし政府は，1980年代にはいって技術開発投資の拡大が「先進祖国創造」の不可欠の条件であることを強く認識し，大きな努力をここに傾注しはじめた．韓国の技術開発投資額のGNP比は1983年現在1.1パーセントであるが，同年の西ドイツ2.7パーセント，アメリカ2.5パーセント，日本2.1パーセントにくらべればかなり低い．しかし，韓国の同比率は1975年0.5パーセント，1980年0.6パーセントであったことをかえりみれば，その比率は顕著に上昇してきたことがわかる．

　さらにまた，この間のGNP増加率の高さを勘案(かんあん)すれば，技術開発投資拡大への意欲がなみなみならぬものであったことがうかがわれる．ちなみに，1985年に発表された「第6次経済開発五カ年計画の作成指針」では，4つの重点課題のなかに，「産業構造改編と技術立国の実現」が謳われており，技術開発投資のGNP比を，計画最終年1990年代のはじめには，2.5パーセントに引き上げ，この時点で現在の先進国水準を実現することがめざされている．日本の場合，同比率が1.2パーセントから2.5パーセントに上昇するのに20年以上を要したのであるが，これを韓国はわずか数年のうちに達成しようというのである．

　こうした技術開発投資促進のために，韓国政府は多様な政策の施行にのりだした．ひとつには，1984年に外資導入法の大幅改正をおこない，外国企業の直接投資とならんで，外国技術を容易に導入しうる手だてを用意した．ふたつには，半導体・コンピューター技術，ファインケミカル技術，機械工業高度化技術，資源・エネルギー利用技術，システム産業技術，バイオ技術，素材工業技術，繊維・高分子工業技術，建設・公害・プラントエンジニアリング技術の9分野を特定研究開発分野に指定し，政府の資金的支援のもとに産学官協同開発体制を1982年より発足させた．

　3つには，税制・金融面での支援体制が整備され，韓国産業銀行の技術開発

資金，中小企業銀行の技術開発・品質向上支援資金などに加えて，技術開発投資についての税額控除，技術開発準備金の損金算入などの措置も導入されている．韓国が先進国の戦略産業の技術を導入し，さらには自主技術開発段階にはいっていくためには，技術開発投資の長期的コストにたえる志向性をより強くもたねばならないのであるが，それへのとりくみが本格化したようにみえる．

5. 「韓国株式会社」からの脱却

圧倒的な官主導

　韓国の工業化は，財閥によって牽引されてきた．その結果，財閥系大企業への経済力集中にはいちじるしいものがある．韓国経済における財閥の地位を卓越したものにしたのは，政府による政策的金融支援である．韓国の主要な金融機関は 1982 年までは政府直営，もしくは政府の強力な管理下にあり，有利な資金確保の道は政策的金融以外にはなかった．

　企業の成長活力が強く，資金不足を恒常化させた 1960 年代，1970 年代の韓国においては，政府の金融支援にあずかることができるか否かが，企業の存亡を左右する鍵であった．政府の金融支援がえられなければ，年利 50〜60 パーセントにもおよぶ私債への依存はさけられず，金融コストは一挙に上昇せざるをえない．きびしい資金不足の韓国経済において，企業経営の資金チャネルをにぎっていたのは政府であり，それゆえ企業は，政府の指示に従順に応じるよりほかなかった．外国借款もまた政府をつうじて供給された．海外資金を調達しうるのは政府のみであり，調達された資金をどう配分するかは政府の裁量であった．こうして韓国は，圧倒的な官主導のもとで経済開発をすすめていくことになったのである．

　官主導の経済においては，不足する資金を戦略的産業にいかに配分するかが中心的関心であり，金利メカニズムを用いて効率的資源配分をはかるといったことは二の次であった．企業もまた経済効率を高めるよりは，政策的金融支援をうけて事業規模を拡大することのほうに重きをおきがちであった．高成長下の資金不足時代において，しかもインフレ率の高い経済においては，政府からの有利な金融支援を確保すること，それ自体がなによりも大きな「利得」であ

り，生産費の削減という地道な努力がかさねられることは少なかったのである.

　標準化技術を体化した生産設備と中間製品を輸入し，低廉（ていれん）な労働力を用い，少品種の製品を大量生産ベースでつくり，これを先進国に販売しながら輸出志向工業化をはかる，というのがこれまでの韓国の工業化の方途であった．低賃金労働力利用の有利性と「規模の経済効果」（大規模生産の有利性）が輸出競争力をささえてきたのである．そこでは，政府による金融支援と外国借款に依拠しつつ経営規模の拡大を求めることが，そのまま国際競争力の強化につながった．

　しかし韓国は前章でも指摘したように，すでにこうした局面を過ぎ，より高度の技術商品によって，国際市場を切り拓（ひら）いていかなければならない時代にはいった．高度技術商品は，「多品種少量生産」を特徴とする．これらの商品は，同時に先進国の比較優位産業であり，国際市場における競合はまことにきびしい．細心の品質・工程管理をつうじて商品の生産コストを低め，さらにはソフトウェアを蓄積しつつ，非価格競争力をも強化しなくてはならない．

　経営規模の「量的拡大」ではなく，経営内容の「質的深化」を求めなければならないのである．なによりも政策的金融と外国借款の供給にたいしては，こんにち政府自身がきわめて慎重であり，企業はこれまでのように，それらの潤沢な恩恵を享受して経営規模を拡大していくことは不可能となったのである．

自由化と国際競争力

　関連性の薄い多様な業体を擁した「コングロマリット」的経営は，当然のことながら是正されなければならない．財閥による多様な業体への「野放図」な進出は，政府の金融支援と，外国借款のふんだんな供給をうけてなされたものであり，それぞれの業体の経営基盤はおのずと脆弱であった．固定資本への投下額は少なく，非業務用不動産に投機をかさねてきた財閥系企業すら少なくなかった．1980年の金融引締めによって経営不振におちいった企業の多くは，こうした脆弱な「タコ足」企業であった．

　企業の体質改善をうながすべく，政府は1980年7月，「企業体質強化策」を打ちだし，非業務用不動産の処分と，財閥内部における関連性の薄い企業の整理を強力に推進した．この企業体質強化策は，さきの企業統廃合措置とならん

294　Ⅱ　韓国経済入門

で，政府が企業保護をつうじて経営規模の拡大を求める政策から，企業自体の体質強化を促進する，あらたな政策に転じたことを明瞭にしめしている.

　企業体質の強化をつうじて，民主導の経済を確立していこうという政府の意図をより鮮明にあらわしているのが輸入自由化計画である．1980年代にはいって，韓国の輸入自由化率の上昇速度はめざましく，1985年にすでにその比率は90パーセントをこえた．輸入自由化は1980年代後半に加速化され，カラーテレビ，石油化学製品，小型コンピューター，2,000cc以下の乗用車，VTR,ポリエステル繊維の自由化が完了した．自由化によって企業を国際市場にさらし，もって企業の経営努力を引きだしつつ，企業体質強化をうながそうという試みであった.

　民主導の経済運営によって，韓国の企業と経済の体質を強化していこうという場合，ひとつの大きな隘路は中小企業にある．韓国経済の中枢を占めてきたのは財閥系大企業であり，中小企業は長いあいだきびしい低迷をつづけてきた.工業化の自生的発展の歴史をもたなかったこの国において，中小企業が不十分にしか形成されてこなかったのはいたし方ない．しかし，財閥系大企業に金融的支援が集中してきた韓国において，資金不足の中小企業が設備を更新，新設することは実際には難しかった．その意味では，韓国における大企業と中小企業との格差は，政策によってつくりだされたという側面を否定できない.

　このために韓国の大企業は，日本のそれのように，生産効率の高い専門的中小企業から部品，中間製品などを買いいれるというメリットを享受できない.部品，中間製品を中小の下請け関連企業からではなく，先進国とくに日本から購入し，低賃金労働力を用いてこれを組立・加工し，その製品を先進国に輸出するという，「加工貿易型」発展をたどらざるをえなかったのである.

中小企業の強化

　1970年代の中ごろより，韓国の輸出構造が重化学工業化するとともに，輸出用生産のための部品，中間製品の輸入はより強く誘発され，たとえば電気・電子製品の輸出が1970年代の後半期に大きく増大する一方，電気・電子部品の国産化率は同期間に逆に低下するという事態すら発生したのである．同様のことは造船や乗用車についても観察された．このような構造のもとでは，第Ⅱ

章でも述べたように，輸出は拡大するものの，同時にこれが輸入の増大を招いて，成長の波及力は国内産業にはおよばず，貿易収支の好転を期待することはできない．

この事実にもとづいて韓国政府は，部品工業とくに中小部品工業の育成に力を入れはじめた．政策の中心は，中小企業の「専門化」と「系列化」のふたつである．中小企業専門業種を指定し，この業種については大企業の参入を阻止するという試みが「専門化」である．専門業種にはさらに長期資金の提供，技術指導，従業員訓練のための資金供給といった恩典が用意された．「中小企業事業調整法」がそのための法律である．

大企業の下請け中小企業の促進政策が「系列化」である．系列化商品を指定して，この商品の下請け生産をうながし，親企業によるこの分野への参入を制限するといったことがなされた．これを促進すべく制定されたのが，「中小企業系列化促進法」である．1982年には，「中小企業育成振興10カ年計画」が公表され，全産業に占める中小企業付加価値の比率を引き上げていくことが計画された．加工貿易型構造を脱却し，自立的工業基盤を確立するための方途が，この中小企業近代化計画に託されたのである．

第Ⅴ章　日韓経済関係をどうみるか

1. フルセット自給型と加工貿易型

日本からの風圧

　日本は韓国の隣に立地する巨大な産業国家である．韓国は，好むと好まざるとにかかわらず日本からの強い「風圧」をうけつつ，経済を運営していかざるをえない．いったい，日韓両国経済は，どのような関係でむすびついているのであろうか．

　韓国は輸出志向工業化政策のもとで，輸出を大きく伸長させてきた．しかし輸入需要はいちだんと強く，そのために韓国の貿易収支が1960年代の初頭以来，一貫して赤字をつづけてきたことはすでに述べた．このことは，韓国の対日貿易収支のなかに，より鮮明にあらわれている．実際のところ，韓国の貿易収支赤字に占める対日貿易収支赤字の比率は，韓国の貿易相手国のなかで継続的に最大である．

　韓国の対欧米貿易収支は1970年代にはいってしだいに赤字幅を縮小し，近年にいたり黒字を生むまでになった．むしろ対韓貿易収支赤字になやむ欧米諸国が，韓国にたいして輸出自主規制を要求したり，韓国製品の輸入規制を発動さえしている．しかし対日貿易だけは，韓国にとっていぜんとして大きな輸入超過がつづいており，その超過幅はいよいよ拡大の傾向にある．この貿易収支不均衡のなかに，日韓経済の「関係構造」が端的に反映されている．

　一国の貿易構造は，その国の産業構造の対外的なあらわれである．したがっ

第Ⅴ章　日韓経済関係をどうみるか　297

て二国間の貿易関係とは，二国の相互に異なる産業構造の交錯のありようをし
めしたものにほかならない．われわれは，日韓貿易収支不均衡とは，対照的に
異質な産業構造をもつ日本と韓国が，貿易関係をとりむすぶことによって生ま
れた，不可避の帰結であるとみなす立場にたつ．

　国交回復以来の 20 年にわたって，日韓定期閣僚会議をはじめとする両国外
交交渉の最重要のテーマは，つねに対日貿易収支の不均衡問題におかれてきた．
韓国側は累積的に拡大する貿易不均衡に「対日不信」をつのらせ，1983 年の
40 億ドル対韓借款供与の決定すら，巨大な対日不均衡からすれば「安いもの
だ」，といった議論すら少なくなかった．

　しかし，この不均衡は「論難」さるべき事実ではない．韓国が貿易収支改善
を求めて，たとえば対日輸入規制といった挙に強くでようとするならば，みず
からの経済成長率それ自体を低下させるという，より大きなコストを支払わざ
るをえないのである．なぜならば，韓国は自国の産業構造における「欠落」部
分を日本からの輸入によってみたし，そうすることによって，スムーズな経済
成長を可能にしてきたからである．貿易収支不均衡の問題は，それ自体をいく
ら議論してみても答はでない．考察さるべきは，あくまで両国産業構造の異質
性なのである．以下，日韓貿易収支不均衡問題を両国の産業構造との関連から
論じ，そのうえにたって両国の経済関係がどのような方向にすすむかをみとお
してみたい．

スカイライン・マップ分析

　一国の産業構造のプロフィールを簡単にあらわす方法のひとつに，スカイラ
イン・マップ分析がある．この方法を用いて，日韓両国の産業構造の特徴をま
ずあきらかにしてみよう．

　一国の各産業部門の総生産量（X）は，

(1)国内最終需要（消費プラス投資）をみたすための生産量（X_{C+I}）

(2)輸出需要をみたすための生産量（X_E）

(3)輸入をしたためにその国が実際には生産しなくてすんだ生産量（X_M）

の 3 つからなり，その関係は，

$$X = X_{C+I} + X_E - X_M$$

であらわされる．X_E と X_M とが等しければ，その国の総生産量は，過不足なく国内最終需要をまかなったことになり，すなわち自給率は 100 パーセントである．X_E が X_M をこえれば，自給率は 100 パーセント以上であり，逆であれば自給率は 100 パーセント以下である．右の恒等式の両辺を X_{C+I} で除してこれをパーセントであらわした自給率は，

$$(X/X_{C+I}) \cdot 100 = 100 + (X_E/X_{C+I}) \cdot 100 - (X_M/X_{C+I}) \cdot 100$$

である．

　この式を用いて作図すると，一国の産業構造の姿が一目でわかるプロフィールをえることができる．作図は，各産業部門において自給率 100 パーセントラインを設定し，そこから上方に輸出依存度〔$(X_E/X_{C+I}) \cdot 100$〕をはかり，その先端からこんどは下方に輸入依存度〔$(X_M/X_{C+I}) \cdot 100$〕をはかる．そうすると両国工業部門のスカイラインは，図 V-1 のように描かれる．

　白ヌキ部分が 100 パーセントをこえている場合には，この産業の輸出依存度が輸入依存度を上まわって，自給率 100 パーセント以上の生産量をもっていることを意味する．アミ部分が 100 パーセントラインから下のほうにまできている場合には，この産業の輸入依存度が輸出依存度をこえたことになり，自給率は 100 パーセント以下である．図 V-1 の横軸は，各産業部門の生産額の規模で加重してある．またこの図は，産業連関表を用いて計測されており，それぞれの部門の生産量は，その部門の直接生産量だけでなく，その部門の生産が関連産業において間接的に誘発した生産量をもふくんでいる．

　ふたつの図を対照すると，韓国と日本は，はっきりと異質な工業構造を有していることがよくわかる．日本のスカイラインの凹凸は，韓国のそれにくらべておだやかである．5 加工食品，10 木材関連製品，15 石油製品，17 非金属鉱産品，などにおいては高い輸入依存度がみられるが，これをのぞくと自給率が 100 パーセントを下まわっている部門でも，輸入依存度はそれほど高くはない．ほとんどすべての工業部門にわたって広範な自給基盤が整備されており，「フルセット自給型」が日本の工業構造の大きな特徴となっているとみていい．そ

第 V 章　日韓経済関係をどうみるか　　299

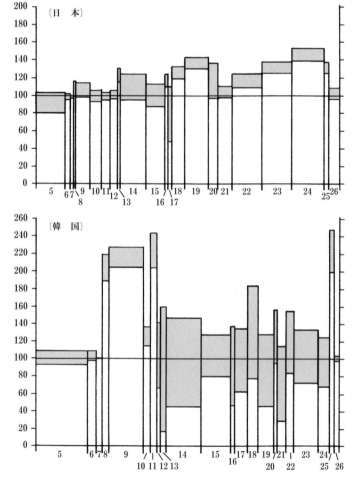

図Ⅴ-1 日本,韓国のスカイライン・マップ(1980年)

(注) 5:加工食品,6:飲料,7:煙草,8:繊維糸,9:繊維・皮革製品,10:木材関連製品,11:パルプ・紙,12:印刷・出版,13:ゴム製品,14:化学製品,15:石油製品,16:石炭製品,17:非金属鉱産品,18:鉄鋼,19:鉄鋼一次製品,20:非鉄金属製品,21:金属製品,22:一般機械,23:電気機械,24:輸送機械,25:精密機械,26:雑工業製品.

してこの自給基盤の上に，18 鉄鋼，19 鉄鋼一次製品，22 一般機械，23 電気機械，24 輸送機械，などにおいてかなり高い輸出依存度が観察される．

高い輸出入依存度

これと対照的に，韓国のスカイラインの凹凸は，日本のそれにくらべてはげしい．繊維関連産業を中心とした軽工業部門は，国内需要を大きくこえる生産量をもった輸出特化産業である．しかしその一方，14 化学製品，15 石油製品，17 非金属鉱産品，18 鉄鋼，19 鉄鋼一次製品，21 金属製品，22 一般機械，23 電気機械，24 輸送機械，などの枢要な重化学工業部門の自給率は，いずれも100 パーセントをかなり下まわっている．

しかし同時に，これら諸部門では，輸出も相当の規模でなされていることが知られる．すなわち韓国の重化学工業部門は，高い輸出依存度を，なおいちだんと高い輸入依存度が上まわり，結果として自給率が 100 パーセントを下まわるという構造的特徴をもっている．この特徴は，韓国のこれら諸部門が海外から素材，中間財，資本財を大規模に輸入し，これを用いて生産した最終財を再輸出するという「加工貿易型構造」のもとにあり，そのために輸出の誘発輸入がきわだって大きいことを示唆している．つまりこの図は，韓国が素材，中間財，資本財など投入財の生産基盤が弱く，関連産業の裾野のせまい未熟な工業化段階にありながら，しかし積極的な工業製品輸出を試みようとしてきた，その姿をあざやかにしめしているとみていい．

韓国の貿易構造をみると，非耐久消費財はもちろんのこと，耐久消費財もまた 1970 年代の中ごろに輸出超過に転じ，以降圧倒的な黒字を計上してきたが，他方，資本財は，重化学工業化の進展にもかかわらず，時間の経過とともにますます大きい輸入超過をつづけてきたことがわかる．韓国の資本財の輸入先として卓越した地位にあるのは，日本である．日本は韓国の隣に位置する資本財の巨大な供給国であり，日本の資本財の供給に依存せずして，韓国が加工貿易型の発展経路をたどることは，実際には不可能であった．

第Ⅴ章　日韓経済関係をどうみるか　301

2. 資本財供給基地としての日本

日本への依存

　韓国の諸産業の生産が，日本にどの程度依存しながらなされているのかをみてみよう．このことをあきらかにする有力な方法のひとつに，国際産業連関表分析がある．

　ある一国において，国内最終需要（消費プラス投資）むけ生産，たとえば自動車生産が1単位増加したとしよう．そうすると，この生産のために必要な自動車部品の生産が国内の各産業において誘発される．しかし生産誘発はこれにとどまらない．拡大した自動車部品の生産は，その産業と連関関係をもつさらに別の，たとえば自動車部品の素材である鉄鋼産業の生産を間接的に誘発する．こうして一国の国内最終需要むけ生産の1単位増加は，関連産業の中間財や素材の生産を誘発して，最終的には国内生産の全体は1単位以上の増加を結果することになる．

　ところでこの生産誘発は，自給率の大きさによって国ごとに異なる．同額の国内最終需要むけ生産の増加が生じた場合でも，自給率の高い国では直接・間接の生産誘発の多くが国内で発生し，最終需要むけ生産を上まわる国内生産拡大を期待することができる．しかし自給率の低い国の場合には，輸入に依存するところ大きく，国内の生産誘発は小さい．輸入をつうじて生産誘発が他国に漏れていかざるをえないからである．

　図V-2は，1975年の国際産業連関表を用いて計算されたものであるが，韓国の国内最終需要むけ生産が，1単位増加したときに，その生産誘発が，それぞれの産業部門において自国内にどの程度のこり，外国にどれほど漏れていくかを，パーセントでしめしてある．日本への生産誘発の漏れがきわだって大きく，ほとんどの部門においてアメリカへの漏れを上まわっていることがわかる．

　日本への漏れの大きい部門は，10機械37パーセント，9金属製品36パーセント，11輸送機械32パーセント，5化学22パーセントなどである．韓国が資本財や中間財の高い対日依存をつうじて，加工貿易型発展をたどってきたことは，まぎれもない．これと対照的に，日本の国内最終需要むけ生産が増大して

302　Ⅱ　韓国経済入門

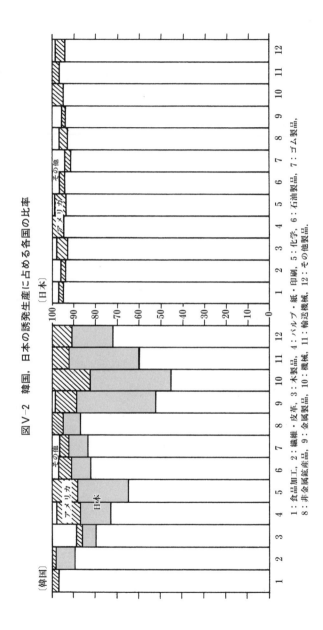

図V-2 韓国、日本の誘発生産に占める各国の比率

1：食品加工、2：繊維・皮革、3：木製品、4：パルプ・紙・印刷、5：化学、6：石油製品、7：ゴム製品、8：非金属鉱産品、9：金属製品、10：機械、11：輸送機械、12：その他製品。

第V章　日韓経済関係をどうみるか　303

も，外国への漏れはいちじるしく小さい．さきに述べた日本のフルセット自給型構造の帰結である．日本が韓国に依存するところ少なく，逆に韓国の日本にたいする資本財，中間財面でも依存度はいちじるしく高いのである．

資本財，中間財における韓国の強い対日依存は，それら諸財の国際競争力において，日本がきわだっていることの反映である．しかしこれに加え，韓国にとって日本は地理的にもっとも近い先進国であり，そのゆえに輸送費はやすい．部品補充の容易さ，商品引渡しの迅速性，さらには日韓両国における商習慣の近似性，言語上の障害の少なさといったことも，韓国が他の先進国ではなく，日本への依存を深めてきた要因である．

韓国の貿易収支は，欧米諸国にたいしては大きな輸出超過をもちながら，日本にたいしてはますます大きな輸入超過状態におちいるという結果になっている．このことは，韓国が加工貿易型構造のもとで，資本財，中間財を主として日本から輸入し，これを用いて生産された消費財を，日本にではなく，欧米諸国にむけて輸出するという貿易地域構造を有してきたことを示唆する．

ふえない対日輸出

欧米諸国にたいしては大きく可能な輸出が，日本にたいしてはあまり増加しないのはなぜだろうか．韓国の対日輸出がさしたる規模にならないのは，日本の保護主義的な対韓輸入規制がきびしいからだ，という説がしばしばなされている．しかしこの説は卒直にいって誤解である．大韓貿易振興公社の調査によれば，韓国からの輸入額に占める輸入規制対象品目輸入額の比率は，おのおのの先進国において，オーストラリア55パーセント，カナダ・フランス49パーセント，アメリカ・西ドイツ45パーセント，イタリア29パーセント，イギリス25パーセントであるのにたいし，日本はわずか16パーセントである．

もうひとつ興味深い例をあげておこう．韓国貿易協会が駐日韓国貿易商社を対象に試みた対日輸出阻害要因調査の結果はこうである．調査対象商社のうち，「輸出商社の品質・信用・アフターサービス不足」をあげたものがもっとも多く全体の33パーセント，「主要な対日輸出国との競合」を理由にあげたものが2番目で26パーセントである．他方，「非関税障壁などの輸入規制」ならびに「流通機構の複雑性」をあげた商社は，おのおの7パーセントにすぎない．

輸出の尖兵である商社自身が，対日輸出の制約要因を，日本の保護主義的な対韓輸入規制にあるとはみなしていないのである．韓国からの輸入を日本が差別的に制限しているというのは，多分に「ためにする」議論だといわねばならない．

　日本の保護主義的輸入規制が，他の先進国よりはきびしいといった説に与(くみ)することはできない．このことをもう少し一般的な状況から説明しておこう．

　繊維産業は，日本の諸産業のなかで固定資本投資額の比率が近年急速に下がった分野であり，その意味で日本の衰退産業のひとつであるといってもいい．にもかかわらず，日本の繊維製品の関税率は先進国中もっとも低い．また日本は，多国間繊維協定（MFA）にもとづく輸入規制をしていない唯一の先進国でもある．開発途上国最大の輸出産業において，日本の市場がそのようなものであることは，もっと強調されてよい．日本の残存輸入制限も1980年代に大きく減少した．鉱工業品の場合，1970年の残存輸入制限品目数25は，1980年代に入って5となって，他の先進国に遜色(そんしょく)はない．平均関税率，あるいは関税収入額を総輸入額で除した関税負担率でみてもまた，日本は先進国のなかで最低である．

日本経済の自給的体質

　日本の市場は，少なくとも工業製品についていうかぎり，けっして閉鎖的ではなく，むしろ欧米諸国に比較してより開放的なのであり，それにもかかわらず韓国の対日輸出の拡大が難しいのはなぜか，というのが正確な問いなのである．そしてこの答は，日本の工業構造の特異性のなかに求められねばならない．

　その特異性とは，さきに指摘した「フルセット自給型」の工業構造にほかならない．序でも述べたが，繊維製品や木材製品等の労働集約的な最終財はいうにおよばず，電気機械や輸送機械のような技術集約的な最終財，一般機械に代表される資本財，さらには鉄鋼，非鉄金属，基礎化学品のごとき素材や中間製品にいたるまで，海外からの輸入に依存するところの少ない，ほぼ自給的な体制がつくり上げられてきたことが，日本の工業構造の大きな特徴である．最終財にはじまり，素材，中間製品，資本財にいたる諸部門を国内にフルセット擁したがために，いずれの産業部門でも，ある財の生産拡大にあたっての誘発輸

第Ⅴ章　日韓経済関係をどうみるか　　305

入は，それほど大きいものとはならないのである．韓国にとどまらず，こんにちの日本のさまざまな国との貿易収支における「構造的黒字不均衡」の原因は，まさにここに求められねばならない．

第2次世界大戦によって生産設備のほとんどを壊滅させてしまい，かつまた膨大な労働人口をかかえた往時の日本が，経済活動のよりどころを，まずは労働集約的で資本節約的な最終財産業に求めたのは自然であった．加えて日本の経済成長は，第2次大戦後長きにわたって「国際収支の天井」にさえぎられ，この国際収支の不均衡という制約をとくことは重要な国民経済的課題であった．鉄鋼，化学，金属といった素材産業の進展は，この課題にこたえようとしたものであり，その基盤のうえに，現代日本の経済成長の基幹産業たる機械工業分野が花ひらいた．

しかも日本は，素材から最終財にいたる諸部門をフルセットとしてかかえうるだけの，人口1億の単一にして巨大な国内市場を有してきたのである．さらに日本は極東に存在する唯一の孤立した工業国家であり，相互に水平分業を展開しうるような工業国家を周辺にもっておらず，またECのような水平分業を促進する地域協力組織に属するという恩恵にも浴しえなかった．こうした諸条件のもとで，日本はその自給的体質をますます強化してきた．

もちろん，日本経済の自給的体質が，戦後に採用されてきた一連の保護主義的政策によって促進されてきたことも，これを率直に認めなければならない．しかしさきにも指摘したように，この保護主義的政策は，現在では大きくとりはずされている．貿易制度上の観点からいうかぎり，現在の日本が開放体制のもとにあることは，うたがいえない．それにもかかわらず，世界各国の対日輸出が伸びない本当の原因は，日本経済のいま述べてきた自給的体質にある．韓国の対日輸出が容易に拡大しないのも，日本の保護主義的な対韓輸入規制のゆえでなく，日本に特有なこの工業構造の帰結なのである．

韓国の対日貿易収支不均衡の原因を，改めてつぎのように要約しておこう．すなわち，韓国は典型的な加工貿易型の非充足的な工業構造のもとにあり，資本財，中間財の低価格供給国たる隣国日本への輸入依存を大きくせざるをえない一方，韓国の輸出相手国として日本が重要な位置を占めることはなかった．なぜならば，日本は全工業分野にわたる広範な自給体制をもち，食糧や一部の

工業原材料を別にすると，外国からの供給にまたねばならない工業製品は相対的に少ないからである．

3. 相互依存体制の生成

貿易不均衡の改善

　韓国は典型的な加工貿易型構造を有し，資本財，中間財の対日依存度は高い．しかしその資本財，中間財を用いて生産された最終財は日本にではなく，欧米諸国にむけられてきた．このようにみてくると，韓国の加工貿易型工業構造のなかに，資本財，中間財の対日輸入が「ビルトイン」されており，これをつうじて韓国の輸出志向工業化メカニズムの拡大がはかられてきたと評価することができよう．すなわち韓国は，対米，対 EC の輸出拡大によってえられた外貨を，日本からの資本財，中間財輸入にあてる．その輸入をつうじて投資が拡大し，これが生産性の上昇に寄与し，その結果，まずは国産化（輸入代替），ひきつづいて輸出拡大をもたらすという因果的な「拡大循環メカニズム」を展開させてきたのである．

　すなわち，韓国は，(1)当初は資本財，中間財を大規模に輸入して投資を拡充し，その過程で低位技術かつ労働集約的な非耐久消費財の輸入代替期をいちはやく終了するとともに，その輸出期をむかえ，(2)次の段階で，この輸入代替から輸出へとむかうおなじ過程が，耐久消費財においても展開しはじめ，(3)さらに資本財，中間財の供給力もしだいに強化されて，その輸出拡大を開始したのである．

　そして注目したいのは，この傾向が，対世界貿易にくらべればその水準自体はかなり低いものの，しかし対日貿易においても着実にあらわれはじめたという事実である．日韓両国は依然として大きな不均衡をかかえているが，時系列的にみると，この不均衡が相当の速度で改善の方向にむかっているという他面を無視してはならない．韓国は，資本財，中間財の対日依存を深めながら，しかしその過程で工業化の拡大循環メカニズムをスムーズに展開させ，そうして対世界貿易，つづいて対日貿易におけるインバランスを着実に改善してきたのである．

そしてこのことは，韓国の一方的な対日依存状態がしだいに是正され，両国が相互依存的な関係へと変化しはじめたことを示唆する．両国経済の相互依存関係の姿を端的にあらわす方法として，すでに述べた国際産業連関表分析がある．

国際産業連関表分析

　この分析方法を用いると，韓国の特定産業部門において国内最終需要（消費プラス投資）むけ生産が１単位増加した場合，それが韓国の国内生産の全体をどの程度誘発するか（B^{KK}），また輸入をつうじて日本の国内生産の全体をどの程度誘発するか（B^{JK}）の数値をえることができる．そうすると，$B^{JK}/(B^{KK}+B^{JK})$ は，韓国の特定産業部門において国内最終需要むけ生産が１単位増加したときに，日韓両国で誘発される生産総額のうち，どの程度が日本に漏れるか，いわば誘発生産の「対日漏れ率」をしめすことになる．同じ概念を裏返しすることによって，日本の「対韓漏れ率」を計測することができる．

　誘発生産の対日漏れ率と対韓漏れ率とを対照させたものが表V–1である．1970，1980両年のいずれにおいても，韓国の対日漏れ率は全部門において日本の対韓漏れ率より高い．さきに述べたように，日本はほとんどの産業分野にわたって広範な自給基盤をそなえ，かつこの基盤のうえに強い輸出力をもった経済であり，他方，韓国は資本財，中間財の供給力が不十分な加工貿易型の経済であった．日本の特定部門の生産拡大に必要な資本財や中間財の多くは国内で供給され，したがって輸入をつうじて誘発生産が韓国に漏れていく度合いは小さい．逆に，韓国の特定部門の生産拡大に必要な資本財や中間財が国内で供給されることは少なく，輸入をつうじて誘発生産は日本に多く漏れていかざるをえないのである．

　しかし1970年代において，この関係には少なからざる変化があったことに注目したい．すなわち表V–1にみられるように，この10年間に日本の対韓漏れ率はほとんどの部門において上昇しており，韓国の諸産業部門が中間財の対日供給能力を急速に高めてきたことをうかがわせる．他方，韓国の対日漏れ率は若干なりとも減少しており，このことは韓国の中間財の輸入代替がすすんだことを示唆しよう．

308　II　韓国経済入門

表Ⅴ-1　韓国，日本の誘発生産効果の漏れ率

(単位：%)

		韓国の対日漏れ率		日本の対韓漏れ率	
		1970	1980	1970	1980
1	農 林 ・ 水 産	1.80	2.32	0.05	0.18
2	石　　　　炭	3.08	3.55	0.05	0.26
3	金 属 鉱 物	3.83	4.24	0.03	0.20
4	非 金 属 鉱 物	2.17	5.47	0.03	0.23
5	加 工 食 品	2.46	2.16	0.04	0.34
6	飲　　　　料	1.98	2.20	0.04	0.29
7	煙　　　　草	3.12	2.38	0.01	0.11
8	繊 維 糸	1.46	7.89	0.01	0.84
9	繊維・皮革製品	16.23	8.31	0.32	1.01
10	木 材 関 連 製 品	4.06	3.15	0.09	0.19
11	パ ル プ ・ 紙	0.85	7.45	0.04	0.22
12	印 刷 ・ 出 版	5.14	4.85	0.03	0.14
13	ゴ ム 製 品	1.72	7.87	0.08	0.39
14	化 学 製 品	1.57	11.28	0.07	0.29
15	石 油 製 品	3.60	1.51	0.03	0.08
16	石 炭 製 品	2.22	2.46	0.21	0.18
17	非 金 属 鉱 産 品	3.87	3.61	0.12	0.12
18	鉄　　　　鋼	12.55	12.19	0.14	0.50
19	鉄 鋼 一 次 製 品	23.89	13.53	0.08	0.35
20	非 鉄 金 属 製 品	8.94	8.43	0.23	0.23
21	金 属 製 品	18.88	14.82	0.07	0.28
22	一 般 機 械	13.57	12.48	0.04	0.24
23	電 気 機 械	14.01	13.76	0.07	0.30
24	輸 送 機 械	19.68	14.92	0.04	0.21
25	精 密 機 械	21.75	17.98	0.06	0.33
26	雑 工 業 品	16.80	8.09	0.17	0.37
	合　　　計	8.05	7.57	0.08	0.29

4.　日韓水平分業

産業間貿易から産業内貿易へ

　相互依存にむかう日韓経済関係の内実は，両国間における水平分業の進展に
ほかならない．

　伝統的な貿易理論の考え方によれば，国際貿易とは，ある国の特定産業の生

第Ⅴ章　日韓経済関係をどうみるか　　309

産物を，他国の別の特定産業の生産物と交換するという，「産業間貿易」を意味した．イギリスがラシャ生産に特化し，ポルトガルがぶどう酒生産に特化して，それらを相互に輸出入しあうというのが，リカードの貿易論で用いられたおなじみの事例である．ここでは，国際貿易とはラシャ（繊維産業）とぶどう酒（食品加工業）という，異なる産業間の通商であると考えられた．この産業間貿易のもとで，各国はしばしば「垂直的」分業関係におかれることになった．

開発途上国が一次産品の輸出に特化し，工業製品はこれを全面的に先進国からの輸入に依存するという植民地制度下の垂直的分業関係は，その最たるものである．一国が軽工業品の輸出に特化し，他国が重化学工業品の輸出に特化するというのも，工業部門内部における垂直的分業関係の亜種であるということができよう．そしてこうした垂直的分業は，支配と従属の関係をそのうちにふくむことが多かった．

こんにち，このような産業間貿易にかわって，「産業内貿易」がしだいに一般化しつつある．ある国が繊維の糸，織物の生産に特化し，別のある国がこれを輸入して衣類を生産し輸出するとすれば，繊維産業という同一産業内での貿易がここに発生する．自動車産業のように，無数の部品からなりたっている産業では，ある国がある部品の生産に特化し，別のある国が別のある部品の生産に特化して，それらを相互に輸出入しあうかたちで，自動車産業内部での分業が生まれる．

われわれはこうした産業内分業を水平分業と呼んで，産業間の垂直分業と区別したいのである．同一産業内で生産される商品が，国際間で相互に取引きされる水平分業は，近年，広範にみられる現象であり，1960年代を彩った先進国間貿易の拡大は，これによってうながされたといっていい．ECによる域内関税の撤廃やケネディラウンドにおける関税一括引下げは，先進諸国相互の水平分業を促進した制度的要因であった．

ある二国間で，特定産業のカテゴリー内部での相互貿易が活発化して，その輸出と輸入がまったく等しくなったとき，これを水平貿易がもっともすすんだ状態だと考えることにしよう．ふたたび自動車産業を例にとる．

h 国が j 国にたいして，自動車部品や完成車を輸出すると同時に輸入して，相互の輸出入が等しくなるという場合が考えられる．この場合，自動車という

表Ｖ-2　日本の相手国別水平分業度指数

	韓国		アジア中進国		ASEAN-4		アメリカ	
	1970	1983	1970	1983	1970	1983	1970	1983
食　料　品	14.0	14.4	15.9	14.1	18.0	11.8	35.9	14.3
飲　　　料	—	3.1	—	—	0	0.6	19.0	28.5
繊　維　糸	32.3	38.0	39.6	43.8	0.6	19.7	1.3	31.5
繊　維　製　品	31.2	20.7	31.6	23.1	19.0	25.4	14.4	39.0
木　　製　　品	36.5	15.5	27.8	10.8	21.4	29.0	6.1	22.0
パ ル プ・紙	2.4	15.2	17.5	11.3	11.2	11.8	34.4	31.1
印　刷・出　版	9.5	60.9	14.3	40.8	1.8	52.2	23.6	19.5
ゴ　ム　製　品	27.6	49.3	37.7	50.1	0.1	21.1	12.6	25.4
化　　学　　品	13.8	27.7	14.9	22.3	4.5	20.1	35.6	45.5
石　油　製　品	89.8	31.0	36.7	25.0	31.5	8.6	3.9	5.6
石　炭　製　品	0	15.0	47.8	30.1	0	1.0	0	18.0
窯　業・土　石	7.9	35.2	11.1	18.5	0.1	5.0	35.3	42.1
鉄　　　　鋼	10.6	41.1	23.5	35.7	0	7.8	16.9	61.1
鉄 鋼 一 次 製 品	5.3	18.7	7.3	16.2	0.3	5.2	2.8	1.5
非鉄金属一次製品	19.5	32.2	15.0	21.8	1.5	4.8	36.6	28.4
金　属　製　品	2.2	38.6	12.0	30.0	0.2	1.1	15.7	31.1
一　般　機　械	0.6	14.4	1.3	11.2	0.2	2.8	43.9	41.5
電　気・電子機械	13.2	38.3	20.4	25.6	0	18.5	50.6	51.3
輸　送　機　械	1.1	22.7	6.8	19.5	0	4.5	17.2	11.2
精　密　機　械	1.8	34.4	3.3	22.4	0	35.2	44.2	51.5
そ の 他 製 造 業	56.9	65.5	44.0	52.7	30.0	41.1	30.2	61.4
製　造　業　計	17.1	31.2	16.3	29.8	5.9	19.5	31.0	33.2

(注)　日本の水平分業度指数は，$\dfrac{1}{n}\displaystyle\sum_{i=1}^{n}\left(1-\dfrac{|E_{ij}-M_{ij}|}{E_{ij}+M_{ij}}\right)\cdot 100$ であらわされる．

E_{ij} は日本の j 国に対する i 商品の輸出，M_{ij} は輸入．

産業カテゴリー内部での相互貿易，すなわち水平分業度はもっとも高いということになる．ところが h 国が自動車産業に強い輸出力をもち，j 国が自動車生産能力をもたないといった場合，h 国は j 国に自動車を一方的に輸出し，j 国からの自動車輸入はゼロである．この場合には，h 国は j 国にたいして完全輸出特化状態にある．そのまったく逆の完全輸入特化状態を想定することもできる．この完全輸出特化と完全輸入特化のとき，水平分業度はもっとも低い．そうすると，日本と j 国との分業関係の水平化とは，表Ｖ-2 の注のような簡単な式であらわされた水平分業度指数が，ゼロから 100 の方向へ動いていく現象であると理解されよう．

第Ｖ章　日韓経済関係をどうみるか　311

「必要悪」としての貿易赤字

1970 年から 83 年のあいだに日本の対韓水平分業度指数は，全製造業部門の平均で 17.1 パーセント→31.2 パーセントへと大きく上昇した．同期間における日本の対米のそれが，31.0 パーセント→33.2 パーセントであったのに比較すると，対韓水平分業度指数がいかに急速に変化してきたかが理解されよう．

EC の例であきらかなごとく，水平分業の中心的産業は機械部門にほかならない．先進工業国とは，すなわち自国内に機械産業基盤を確立し，その輸出力をもつにいたった経済をさすといってもいい．しかしほとんどの先進国は，同時に輸入総額に占める機械の比重においてももっとも大きいという共通した性格をもっている．機械産業は，生産される財の範囲においてきわめて広く，このすべてを自国内で生産することはできない，もしくは得策ではない．無数の部品からなりたつ自動車の生産を，完全に一国内だけでおこなったのでは，コストは大きく上昇せざるをえない．各国が相互に得意な部品生産に特化し，その部品を貿易をつうじて交換しあったほうが，はるかに低いコストでの生産が可能となる．

機械産業は，多かれ少なかれこうした特徴をもつ．そのために，先進国といえども，この機械産業においては自国内で生産を「自己完結」することはない．むしろ，発展すればするほど，機械輸入額の総輸入額に占める比率は上昇していくというのが一般則である．そうした性格をもつがゆえに，機械部門は貿易相手国とのあいだに同一産業カテゴリー内部の輸出入すなわち水平分業を，多角的に展開しうる中心的な産業にほかならない．

韓国の輸出拡大過程のなかでとくに注目されるのは，機械輸出比率の高まりである．そして，表 V-2 からうかがわれるように，機械部門における対韓水平分業度指数の変化は，一般機械，電気・電子機械，輸送機械，精密機械のいずれでもきわだっている．同部門における対米水平分業度指数が，さして変化していないという事実と，これも対照的である．韓国のみならず，他のアジア中進国との機械産業における水平分業度指数の上昇もめざましく，日本の水平分業の相手先として，アジア中進国が大きなプレゼンスをもちはじめたことに注目したい．ASEAN 諸国との水平分業度指数も，達成された水準は低いものの，その動きはけっして無視できない．

312　II　韓国経済入門

水平分業の進展とともに，一国の工業化が他国のそれを誘発し，逆に他国の工業化が一国の工業化を誘発するという工業化の相互的な波及効果は，いちだんと大きくなっていくにちがいない．伝統的な貿易理論によれば，貿易利益において産業内貿易（水平貿易）のほうが産業間貿易（垂直貿易）よりも大きいとする論拠はない．しかし水平貿易は，貿易をおこなう国相互に工業化の波及力を与えあうという動態的効果を内在させており，われわれが水平貿易に着目する理由もここにある．

　産業間の垂直的な貿易関係が一般的な時代にあっては，交易される商品の中心は最終財であり，その生産は一国の内部で自己完結する．したがって，その商品の貿易が他国の国内生産を誘発する度合いは小さい．しかし産業内の水平貿易は，あきらかに中間財貿易をそのうちにふくみ，むしろその中心は中間財貿易にある．こうして，一国の生産拡大は中間財貿易をへて他国の生産拡大を誘発し，そのような経路をつうじて各国間の生産波及をより緊密に生じさせるのである．日韓両国は，機械産業を中心とした水平分業の展開をつうじて，工業化の波を相互におよぼしあうダイナミックな関係をきずきつつある．

　対日貿易収支赤字の原因が，日本の韓国にたいする「不誠実な」対応の所産であるといった議論がしばしば聞かれるが，これは愚論である．韓国のように，開発資材を大規模に導入して経済開発をすすめている後発国にとって，貿易収支の赤字は，もしこれを「悪」というなら，「必要悪」にほかならない．すでに述べてきたように，韓国は輸入とくに日本からの資本財，中間財の輸入をつうじて輸出工業基盤を確立し，こんどは先進国と水平分業を実現しうるまでに，その力量を蓄積してきたのである．日韓貿易収支の不均衡にのみこだわる議論は，いかにもうしろむきである．日韓水平分業圏の拡大が，アジア太平洋経済の発展にもたらす重要な機能に，われわれの目をむけていかなければならない．

第Ⅴ章　日韓経済関係をどうみるか　　313

第Ⅵ章　東・東南アジア経済圏のダイナミズム

1. 太平洋西縁からのメッセージ

新しい成長地域

　韓国の経済発展はなるほどめざましい．しかし顕著な経済発展を経験してきたのは，韓国にかぎらない．台湾，香港，シンガポールなど他のアジア中進国，ASEAN 諸国の経済発展の実績もまた，無視されてはならない．この 20 年におよぶアジア中進国，ASEAN 諸国の経済成長率は，先進国グループや他の開発途上諸地域のそれにくらべていちだんと高く，東・東南アジアは「成長地域」と呼ぶにふさわしい活力によって特徴づけられるのである．

　韓国の経済発展は，この国に固有の要因から解釈さるべき現象であると同時に，現代の東・東南アジアを特徴づけている，地域的なダイナミズムのなかに位置づけて吟味されねばならない現象でもある．ここでは，東・東南アジア経済発展のありようとその文明論的示唆をみいだし，そうすることによって，韓国経済発展のもつ意味をより広い文脈のなかで考えてみたいのである．加えて，日本がこの地域と，こんごどのようなかかわり方をもつべきかについても述べてみよう．

　現代産業技術文明の重心は，いまたしかに大西洋諸国から太平洋諸国へ，さらには太平洋の西縁諸国へとむかって移動しつつある．1960 年代は，世界経済が同時的拡大をつづけた未曽有の成長期であり，先進諸国の平均成長率は，相当の高さに及んだが，アジア中進国はこれをも凌駕する成長率を実現した．

314　Ⅱ　韓国経済入門

ASEAN 諸国の成長率も高く，先進国の平均水準を上まわる実績をのこした.

1970 年代にはいって，2 度の石油危機に見舞われ，ほとんどの国がきびしい景気後退を経験したこの時期にあっても，東・東南アジア諸国の成長率は衰えをみせることはなかった. 1970 年代をつうじて，先進国の平均成長率が低下する一方，アジア中進国のそれは，1960 年代とさしてかわらぬ 10 パーセントに肉薄する成長率を維持し，ASEAN 諸国にいたってはむしろ 1960 年代よりも高い成長率を達成した.

東・東南アジア諸国の経済成長を牽引したのは，工業部門，わけても製造業部門であった. 国内総生産に占める工業部門生産高の比率（工業化率）はいずれの国でも増加をみせ，この比率は 1980 年代中ごろにすべてのアジア中進国が先進国水準に達し，ASEAN 諸国もまたそれに近づいた.

このような高い工業成長率のもとで，東・東南アジア諸国に工業生産能力が蓄積されるとともに，工業製品の輸出能力もしだいに強化され，先進世界との国際競争力格差が縮小した. アジア中進国が達成した工業製品輸出増加率の高さは，過去の先進世界の経験に例をみない. アジア中進国は，強い国際競争力をもって先進国市場の 懐 深く浸入し，その市場を占有していた先進国への追撃を開始した. いわゆる「追い上げ」問題としてジャーナリズムを賑わせた事実が，これである.

東・東南アジア諸国によるこのような輸出拡大は，当然のことながらかれらの輸入能力をも大きく拡大した. この輸入拡大をつうじて，これら諸国は貿易相手国とのあいだに，補完的関係を強めてきたという他面にも注目しなければならない. 東・東南アジア諸国は，輸出をつうじて，世界経済と競合関係をつくりだす一方，輸入をつうじて補完関係をも強化し，要するに世界経済におけるプレゼンスを確たるものにしつつある.

かえりみれば，この地域諸国は過去長きにわたって域外列強確執の場であり，みずからが世界の政治経済動向を変化させる力をもつことはついぞなかった. ほとんどの国ぐには列強の植民地として，「帝国の辺境」に位置づけられてきた. そうした歴史的状況におかれてきた一群の国ぐにが，独立後ほどなくして世界の有力な成長地域を形成するにいたったという事実は，たしかに画期というべきであろう. しかし，東・東南アジア諸国の発展が画期的であるのは，か

第Ⅵ章　東・東南アジア経済圏のダイナミズム　315

れらの成長力が高かったという事実それ自体にあるのではない．真に画期的なのは，東・東南アジア諸国の発展が，以下に述べるふたつの文明論的なメッセージをわれわれに伝えているからにほかならない．

2.「南北問題」世界観の崩壊

後発性利益

日本とロシアという最後進が，欧米先進を追跡してこれをとらえることに成功して以来，先進と後進との確執のドラマは長らくこの世界から消えてしまったかのようであった．意識されていると否とにかかわらず，「南北問題」という用語法それ自体が，北のインダストリアリズムは南に波及することはなく，先進と後進との地位交替現象はすでに終焉したという前提にたっている．南北問題とは，南と北の「連続性」を否定することによってなりたつ二分法概念にほかならない．しかし，現代における東・東南アジア諸国経済発展の実績は，このインダストリアリズムの世紀的な波及過程がこんにちなお衰えをみせることなく持続し，ついに開発途上世界の岸にまでおよんだことをしめす歴史的画期である．

先進世界の歴史的経験によれば，発展とは国際的な波及過程をつうじて，先発国から後発国へとひろがっていく現象にほかならない．大陸西欧諸国やアメリカの工業化は，先発国イギリスのインダストリアリズムの波及をうけて開始され，さらに日本とロシアの工業化は，欧米の工業化のインパクトによって胎動した．しかも，ひとたび開始された後発国による先発国への追跡は，いっそう急であった．

アジア中進国の工業化は，日本をもその重要な一部としてふくむ先進世界のインダストリアリズムによってその開始を触発され，しかも開始された工業化の速度は，日本のそれよりはやいのである．アジア中進国の急速な工業化は，インダストリアリズムの波及という発展史観にたつことによって，はじめてこれを正当に評価することができる．

インダストリアリズムの波及過程は，後発国が享受できる「後発性利益」によってうながされる．アジア中進国の経済発展がはげしい速度をもちえたのは，

これら諸国が日本にかわってあらたに資本主義社会の最後進となったことにより，豊富に存在する後発性利益を存分にうけながら成長しえたからにほかならない．

　後発国は，先発国が長い技術開発の歴史のなかでつくり上げてきた工業技術を，発展の始発時点で「既存のもの」として利用できるという有利性をもつ．また資本輸入をつうじて資本蓄積期間を短縮しうるという利益にもめぐまれている．さらに現在の後発国は技術や資本を個別に導入しうるにとどまらず，この技術や資本を有効に組織化する企業経営の主体や能力それ自体をも導入することができる．先進国民間企業による直接投資の導入がそれである．アジア中進国はいずれも海外に大きく門戸を開いた「オープンエコノミー」である．貿易依存度が大きいというにとどまらず，先進諸国からの技術，資本，外国民間企業の導入にもきわめて熱心であり，後発性利益を最大限利用しうるような体質を形成してきた．この体質をつくり上げる努力をぬきにして，アジア中進国の急速な発展を語ることはむずかしい．

　すなわち現代における中進国は，資本主義的先進世界の最後尾に位置して，先進世界に発するインダストリアリズムを有効に「内部化」しえた一群の国ぐにをさすのである．インダストリアリズムを内部化するには，その国にそれなりの「社会的能力」がそなわっていなければならないのは当然であろう．熟練労働力，企業経営能力，行政的能力の三つがとくに重要性をもつ（この点については，さらに筆者の『アジア中進国の挑戦』日本経済新聞社，1979 年を参照されたい）．

　しかし，アジア中進国と他のアジア諸国とのあいだに，社会的能力において画然たる差異があるかのごとき主張は，ゆきすぎである．ASEAN 諸国の近年における工業成長の実績は，その能力がこれら諸国にも少なからず存在していることを示唆する．後発国はまさに後発国であるがゆえに，先発国が創成し蓄積した資本や技術を導入しながら発展していく有利な機会にめぐまれている．加えて，外国民間資本の大規模導入の可能性が開かれたことによって，現代開発途上世界に与えられている後発性利益は，いよいよ大きいのである．東・東南アジア諸国は，南北問題が「虚構」の世界観であることを，事実をもって証明しようとしている．

第Ⅵ章　東・東南アジア経済圏のダイナミズム　　317

3. コンフューシャニズムの倫理と資本主義の精神

社会組織編成原理としての儒教

　東・東南アジア諸国の発展とは，すなわち儒教文化圏諸国の発展にほかならない．アジア中進国は，韓国を別にすればいずれも華人国であり，ASEAN 各国における華人の経済的力量は卓越している．韓国は，儒教の文化的伝統においては華人国よりいちだんと正統的である．儒教文化圏の国ぐにが現代世界における有力な「成長地域」をかたちづくっているのは，なぜだろうか．

　他の宗教と異なる儒教のいちじるしい特徴は，これが確固たる社会組織の編成原理を有しているというところに求められる．この編成原理の基礎にあるのは，家族である．祖先，父母への敬愛とそれにもとづく血縁的上下の秩序をささえる徳目が，「孝」にほかならない．そしてこの社会においては，家族内の秩序が，「ミクロ」的単位をこえ，

　国家という「マクロ」的単位にまであふれでて形成される自然の社会秩序が，理想として認識されてきた．国家は君主の家であり，ミクロの家の「擬制」である．君主にたいする忠誠とこれにもとづく社会的上下の秩序をささえる徳目が，すなわち「忠」である．こうして儒教社会は，家族にはじまり国家にいたる「忠孝一致」の原理によってつらぬかれる．忠と孝という二大徳目の解釈やふたつの徳目における重点のおきどころは，儒教を受容した個別国家の基層文化と政治的要請のあり方によって一様ではない．しばしば語られるように日本は忠におもきをおき，韓国は孝の徳目においてより強い．しかしそれも程度の問題である．すべての儒教社会において，君主を頂点におく拡大した家がすなわち国家として認識され，その認識を体現した強い社会的秩序，すなわち「一君万民」の集権的統一国家が「理念型」とされてきた．

　そして儒教社会においては，家族から国家にいたる上下秩序を守るべく，文武百官を擁した官僚組織が広範に発達してきた．儒教の特質は「徳治主義」にあり，徳によって民衆を教化し，民衆の徳が高まることによって国家の統治体制が完成すると考えられた．儒教的教養を徹底的に習得した文官が「科挙」によって選定され，かれらが官僚組織の中枢に位置した．

318　　Ⅱ　韓国経済入門

儒教社会の編成原理は，しばしば硬直的な上下の人間的・階層的関係を帰結し，さらに政治的には過度の権威主義的体制におちいる弊をともなった．そのために儒教社会においては，人間の自由な社会的動員を要する近代資本主義は，容易に自生しないとみなされてきた．

　しかし，植民地支配は近代資本主義制度を儒教社会に暴力的にもちこみ，植民地からの政治的独立はかれらに経済近代化を不可避の課題とした．資本主義的システムにそう経済近代化は，経済活動への個人の自発的にして自由な参加を要請し，個人もまたその参加をつうじてみずからの所得水準を上昇させるという，かつてない経験を一般化させた．こうして儒教社会においても「成就の欲求」はおおいに触発され，大規模な社会的動員の過程が開始されたのである．

　ピューリタニズムの倫理は，現世を合理的に「支配」しようとしたのにたいし，儒教的倫理は現世に合理的に「適応」することをよしとし，それゆえに儒教社会においては近代資本主義の発生が阻止された，というのがマックス・ウェーバーの洞察であった．しかし，適応すべき儒教社会の「現世」は，かつての伝統社会ではない．植民地化によって近代資本主義の洗礼をうけ，政治的独立にともなって資本主義的近代化を国是とするにいたった社会なのである．

「古き皮袋にあたらしき酒」

　こうしてひとたび経済近代化過程がはじまるや，儒教社会の編成原理は，こんどはその経済近代化を効率的かつ安定的に運営するためのすぐれた原理としてたちあらわれたとみなされる．儒教社会には組織的秩序を尊ぶ伝統が根強い．たしかに儒教社会における秩序は，上下の身分階層を固守する権威主義的なそれであった．しかしこんにちの儒教社会が追求している価値は権威主義ではなく，経済近代化にほかならない．追求すべき価値をいわば「いれかえる」ことによって，儒教社会に固有な秩序それ自体は守られているのである．

　組織運営の基礎は集団的秩序にあり，しかもこれが上下の人間関係によってつらぬかれている場合には，組織運営は効率的にちがいない．しかも，儒教社会の秩序原理の基礎は家族主義である．韓国における「財閥」の成功は，家族・同族的経営の効率性をしめした好個の事例である．家族的温情が企業の全体的効率性を高めるのに貢献しうることは，終身雇用制と年功序列制のふたつ

第Ⅵ章　東・東南アジア経済圏のダイナミズム　　319

によってささえられた「日本的経営」の成功によって証明されてもきた．また企業という擬似家族集団においては，企業家と労働者との関係は対抗的であるよりは調和的であり，労働者は家族共同体への奉仕を旨とする勤労観をもつ．

儒教社会の編成原理は，企業内組織におけると同時に，企業と政府との関係においても効率的である．このことは，儒教社会における官僚の地位の高さに関連する．儒教社会において官僚は国民の社会的上昇の頂点に位置し，つねに政治支配の中枢を占めてきた．そのためにここでは官僚の権力は強く，その威信は強い．儒教の倫理と思想を習得して頂点をきわめた文治官僚の思考様式は，なるほど観念的であり，旧守的である．現状改革への志向性は薄い．

しかし，経済近代化を国是とする現在の儒教社会において，官僚はもっとも急進的な経済プランナーへと翻身し，しかもその威信はかつてとおなじくいちじるしく高いのである．そのために，経済近代化をめざして官僚がかかげるプログラムに企業は忠実にしたがい，官僚もまた産業育成のための金融的・物的・技術的支援を手あつくおこなう．しばしば「官僚資本主義」の名で呼ばれる韓国，台湾，シンガポールの政府主導の資本主義体制がその事例である．かつて「日本株式会社」といわれ，こんにち「韓国株式会社」と称される企業と政府との効率的な一体関係は，儒教社会に固有のものであろう．

儒教国家における徳治主義と文治官僚制は，教育重視の思想をつくりだすことにもなった．儒教的秩序にもとづく政治支配の体制を維持し，これを強固なものとすべく，儒教社会においては官僚と民衆にたいする教育は他のいずれの社会よりも強く鼓舞されてきた．儒教の思想と倫理をもって人びとをきびしく教化するその保守的な教育は，一面，経済近代化をおしとどめる弊をともなった．しかしひとたび経済近代化が開始されるならば，教育重視の伝統が培ってきた識字能力，論理的思考様式，高度の知識を求める国民の志向性は，経済近代化のためのすぐれた人材を供給する基盤を提供したのである．

科挙は，出自を問わない官僚登用のシステムであった．もちろん伝統的社会においては，実際に科挙に合格しえたのは，そのための十全な準備をなしうる富裕階層の子弟にかぎられていた．しかし科挙は，社会的上昇のチャネルが教育にあることを，シンボリックに示した制度的伝統にほかならない．教育をつうじて社会的上昇をはかろうという青年の熱い思いが，こんにちの儒教社会に

漲っていることをかえりみるならば，科挙の伝統は現代にもなお生きながらえているといわねばならない．「古き皮袋にあたらしき酒」を注ぐことによって，儒教社会の活力が再生したのだというべきであろう．

東・東南アジア諸国の急速な経済発展は，儒教的倫理が経済近代化の過程にすぐれて「適合的」であることを雄弁にも物語っている．「コンフューシャニズムの倫理と資本主義の精神」は，東・東南アジア諸国の発展がわれわれにつきつけている，あたらしくも刺激的な知的課題である．

4. 東・東南アジア経済圏の未来

従属をつうじての自立

さて，本章の後半の課題は，東・東南アジア諸国の発展にともなって，この地域市場にどのようなあたらしい市場秩序が形成されつつあるのかをさぐり，あわせてこの秩序形成にたいする日本の関与のありようを問うことである．

東・東南アジア諸国は，その経済的規模においていずれもが小国である．加えてそれぞれの工業発展段階はいまだ低く，資本財・中間財の生産基盤において弱い．したがって東・東南アジア諸国は，この地域内に立地する巨大な資本財・中間財供給国である日本に強度に依存せざるをえない．かれらは，EC の小国のようなそれらの財を補完的に供給しあう「水平型市場結合」ではなく，それぞれが単線的に日本とむすびつく「垂直型市場結合」を選択せざるをえなかったのである．このことは同時に，日本が東・東南アジア諸国の資本財・中間財需要に応じられるだけの，巨大にして効率的な重化学工業基盤を有してきたことをも意味している．日本は，アジア諸国にたいする資本財ならびに中間財の「供給基地」として機能してきた，ということができる．

東・東南アジア諸国のそうした圧倒的な対日依存をもって，これをそれら諸国の「対日従属構造」のあらわれだとする論者は少なくない．こうした議論も，それ自体としてはあながち的はずれとも思われない．しかし，東・東南アジア諸国と日本とをむすぶ垂直型市場関係が効率的に維持されたがゆえに，じつはかれらと先進工業国との関係は，つぎの段階でしだいに水平的な関係に変化しはじめたという事実をみおとしてはならない．東・東南アジア諸国は，強度の

第Ⅵ章　東・東南アジア経済圏のダイナミズム　　321

「対日従属構造」を経由することによって，はじめて対先進国，ひいては対日相互依存関係を生みだすにたる工業生産・輸出能力を確保しえたのであり，そうしたある種の「弁証法」にわれわれは思いをいたす必要がある．強いていえば，「従属をつうじての自立」が，これら諸国の発展パターンを特徴づける中心的用語法なのであろう．

すなわち，東・東南アジア諸国は，日本からの資本財の大規模輸入をつうじて生産体系を近代化し，輸入中間財を効率的に組立・加工して，労働集約財はもちろんのこと，一部の資本・技術集約財においても輸出競争力をもつことになった．そしてこの過程で日本とこれら諸国との水平分業が緒についたのである．

日本と東・東南アジア諸国との水平分業の中心的産業は，機械産業におかれることになろう．両者間の産業内分業の姿が，予見しうる将来において EC 域内諸国間やアメリカ・カナダ間のそれに類似したものになるであろうというのは，おそらくは過剰期待にちがいない．しかし，日本と東・東南アジア諸国との水平分業化へのスピードがきわだってはやいことに気づかねばならない．表 V-2 の計測によれば，機械産業における日本のアジア中進国との産業内分業化への速度は，この十数年間最大であった．水準はいまだ低いものの，日本と ASEAN 諸国とのあいだの電気・電子機械，精密機械を中心とした産業内分業化への動きも，無視できない．

アジア中進国の輸出拡大過程において，注目されるのは，この機械類の国際競争力が短期間に急速に強化されてきたという事実である．図 VI-1 は，1966 年から 1981 年までの欧米諸国，日本，アジア中進国，ASEAN 諸国の機械製品（電気・電子機械，輸送機械，精密機械，一般機械）の国際競争力を計測し，それぞれを発展段階別に左から右にならべてみたものである．アジア中進国が日本との国際競争力をいちじるしい速度で縮小してきたことがうかがわれる．アジア中進国は，日本とのあいだに産業内分業を展開しうる力をたしかにもちはじめたというべきである．同図からは，ASEAN 諸国がアジア中進国との競争力を縮めつつあることも観察される．

322　　Ⅱ　韓国経済入門

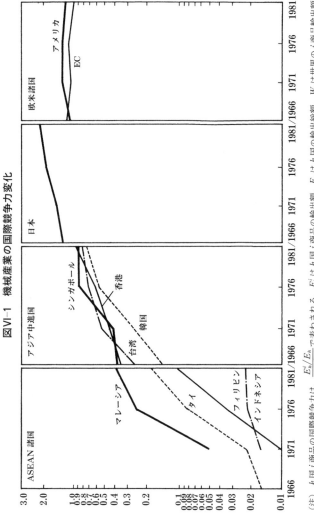

図VI-1 機械産業の国際競争力変化

(注) h 国 i 商品の国際競争力は，$E_h^i/E_h \cdot W_i/W$ で表わされる。E_h^i は h 国 i 商品の輸出額，E_h は h 国の輸出総額，W_i は世界の i 商品輸出額，W は世界の輸出総額である。この指数が1.00を越えた場合には h 国 i 商品の国際競争力は世界の平均を上まわり，1.00を下まわったときには，平均より低い。

第VI章 東・東南アジア経済圏のダイナミズム 323

西暦 2000 年のアジアと韓国

　加えて主張したいもう一点がある．東・東南アジア地域では，アジア中進国が日本を追い，そのアジア中進国をより後発の ASEAN 諸国が追う「重層的追跡過程」が展開しているという事実である．東・東南アジアが成長地域と呼ばれるゆえんは，じつはこの地域が動態的で重層的な追跡過程をそのうちにふくむ，特有な経済空間として形成されてきたというところにある．さきの図VI-1 は，機械産業における日本，アジア中進国，ASEAN 諸国の三者のあいだに重層的追跡過程が発生していることをみごとに映しだしたものであった．

　図VI-2 は，韓国とタイを事例として，輸出商品を一人あたり付加価値の低いものから高いものへ，左から右にむかって並べ，それぞれの国際競争力指数の 1970 年代における変化をみたものである．韓国は，低付加価値商品の国際競争力を低める一方，高付加価値商品のそれを相当の速度で高度化させてきた．アジア中進国による先進国への追跡過程が，しだいに高度の資本・技術集約財において展開されつつあることをうかがわせる．これと対照的にタイは，韓国が国際競争力を失いつつある低付加価値商品において競争力を顕著に上昇させており，この事実は ASEAN 諸国によるアジア中進国への追跡を示唆しよう．

　こうした重層的追跡過程のもとで，東・東南アジアの各国はそのいずれもがいつもだれかからあとを追われ，それぞれが生産性の向上，工業構造と輸出構造の高度化をつねに「強要」されてきたのである．これら諸国の経済的活力は，かれらをとりまくきびしい市場環境への「応戦」の所産だといってもいい．

　重層的追跡過程は，その過程の全体が将来にわたってさらに高度化していく可能性が強い．韓国，台湾はすでに 1970 年代に重化学工業化の時代にはいり，いまや電子，乗用車を中心としたハイテク産業における競争力強化の時代にふみこんだ．ASEAN 諸国の輸出主力部門も，これまでの繊維製品に，さらに電気・電子機械，精密機械などのより高度な資本・技術集約財が加わって，多様化をみせはじめた．こうして，より後発のアジア諸国の国際市場参入をうながす力がつくりだされるのである．中国がその市場参入の最有力の国であることは，大方の意見の一致するところであろう．

　すでに気づかれているように，私は東・東南アジア諸国の急速な発展は，日本を中核にすえつつ，それとアジア中進国，ASEAN 諸国との連携のメカニズ

324　Ⅱ　韓国経済入門

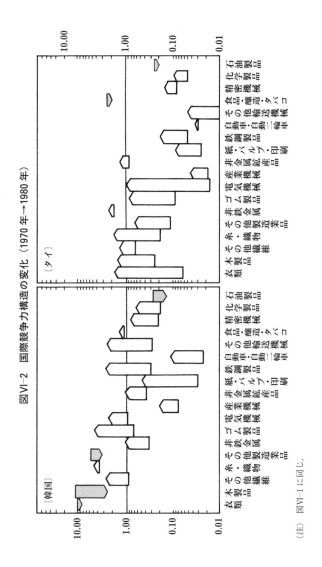

図Ⅵ-2 国際競争力構造の変化（1970年→1980年）

(注) 図Ⅵ-1に同じ。

第Ⅵ章 東・東南アジア経済圏のダイナミズム

ムが，最適に近いかたちで維持されてきたがゆえであるとみている．したがって将来もなお，このメカニズムが大略過去とおなじように推移していくことを望むのであり，目下のシステムに変更を加えるべき政策を安易に提唱すべきではない，と考える．アジア中進国，ASEAN 諸国の対日貿易不均衡は，一面たしかに深刻な問題である．しかしこれは，さきにも述べたようにこの地域諸国の成長にとっての「心要悪」なのであり，これがなければその成長は少なからず減殺されたであろうという他面をも，おたがい卒直に認めあわなければならない．しかも，かれらの強い対日依存は，まさにその過程をつうじて相互依存へむかう強い力を生みだしてきたのである．

　韓国は，日本よりいちだんと強い成長力をもって西暦 2000 年をむかえるであろう．その時点において韓国は，アジア太平洋における有数の産業国家として日本のまえにたちあらわれるものと思われる．この韓国と日本が，相互の政治経済関係をいかに調和的に運営していくかは，アジア太平洋の将来を左右する最重要の課題のひとつにちがいない．

第Ⅶ章　その後の韓国経済

1.「三低」景気と内需主導型成長

『麦飯と韓国経済』

　私は宇山博君（大阪国際大学）とともに，かつて韓国経済企画院予算室長を務め，1980年を前後する韓国経済の苦窮に直接対峙した政策立案者，文熹甲氏の『麦飯と韓国経済――改革への証言』を翻訳出版したことがある．

　文熹甲氏は，耐え難い経済的混乱に終止符をうち，のちに大規模に展開されることになる輸出志向工業化と重化学工業化のための基盤形成をめざして開始された第1次経済開発五カ年計画の発足（1962年）を韓国の「第1の経済革命」と称し，その革命遂行の過程で経済に巣喰うことになった「宿痾」であるインフレを剔抉し，安定的成長のための基盤づくりに全力を傾注した1980年代の初期を韓国の「第2の経済革命」期と呼んだ．この第2の経済革命期に，愛国的テクノクラートとしての血をたぎらせてことにあたった政策立案者としての手記が，文熹甲氏のその著作であった．

　全斗煥政権は，朴正熙政権の「正の遺産」とともに重い「負の遺産」を引きついで第5共和国を発足させたのであるが，負の遺産の最たるものが韓国のインフレ体質にほかならない．インフレ体質の除去を最大の経済政策課題として登場した全政権において，その実務的責任をになう経済企画院予算室長の職責を与えられたのが，文熹甲氏であった．インフレ的な体質と心理を構造化させてきた韓国経済からこの積年の弊を排除するのには，いうまでもなく各種経済

主体にきびしい犠牲を強いざるをえない．既得権益の排除は，かならずや激しい政治的抵抗を誘発する．一方で国民に犠牲を強い，他方で抵抗を甘受しながら，すでに国会審議を終えた1982年度予算を全面再検討し，1983年度予算を「黒字予算」とすることに成功した，最高責任者としての著者の苦闘の日常が，『麦飯と韓国経済』にはあますところなくえがきだされていた．

「三低」とその反転

このインフレを制圧し，成長基盤をととのえたところで，1980年代後半期をむかえる．この時期の韓国経済は，低石油価格，国際的低金利，低ウォンレートの「三低」にもうながされて，2度目の「漢江の奇蹟」を彷彿させるほどの強い活力を顕示した．

「三低」のうち低ウォンレートはとくに重要であった．これをもたらしたのは，1985年9月のプラザ合意によって生じた円高であった．ウォンは長らくドルにリンクしており，円高は同時にウォン安であった．円高を契機に韓国の対日輸出にははげしいものがあった．円高下における韓国の輸出のなかでめだつのは，対日輸出とならんで対米輸出の拡大である．円高により日本が対米輸出競争力を弱化させる一方，韓国の対米輸出競争力がいちだんと強まったのである．日本の対米輸出シェアの減少と韓国の対米輸出シェアの拡大はまことに対照的であり，アメリカの貿易赤字対象国として韓国は大きなプレゼンスをみせることになった．

円高すなわちウォン安が，対米輸出競争力強化の短期的要因である．しかし韓国の対米輸出拡大の中核がハイテク製品であったことは，レート要因と同時に技術力強化が韓国の対米輸出拡大にあずかって力をもった長期的要因であることをうかがわせた．繊維製品をはじめとする伝統的輸出品にかわって，コンピューター，通信機器などハイテク製品のシェア拡大速度にはめざましいものがあった．コンピューターならびに同製品，VTR，電話通信装置，無線通信装置，半導体素子，集積回路のいずれをとりあげてみても，アメリカの対韓貿易収支は1986年以降その赤字幅を拡大した．

そしてアメリカは，ハイテク製品を中心とする対韓貿易収支赤字の拡大に業を煮やし，「日本バッシング」につづいて「韓国バッシング」を開始した．ア

メリカは，1989年1月より韓国などのNIESを一般特恵制の適用対象国から除外するという挙にでた．これを機にアメリカは，包括通商法を武器に韓国の電器通信分野などにたいして関税・輸入数量の両面で市場開放要求を強化し，農産物やサービス市場の開放にも強い態度を継続した．なによりも，長らくドルにリンクしてきたウォンの対ドルレートを切り上げるにいたった．円，マルクの対ドル調整は1985年初にはじまり，1985年9月のプラザ合意により劇的な切り上げが試みられた．ひきつづき1987年2月のルーブル合意にもとづき，ウォンをはじめとするNIES通貨にたいする通貨調整が開始された．この時期のウォンレートは表Ⅶ-1にうかがわれる．

　韓国は，通貨調整とときを同じくして，賃金の急速な上昇というもうひとつの厄介な問題と直面せざるをえなかった．韓国は1980年代に入って対米輸出を中心に輸出主導型の成長をつづけ，とりわけ1986年以降の対米輸出のいつにないもりあがりにより，経済成長率は加速的な様相をみせた．1986年，1987年，1988年の3年間連続して12.9パーセント，13.0パーセント，12.4パーセントという，高成長をもって知られるこの国においても，これまでに経験したことのない超高成長実績をみせた．

　この超高成長が，労働力のさして大きくない韓国において発生したのであれば，賃金の急上昇は不可避である．韓国が「労働過剰経済」から「労働不足経済」に転じ，労働供給の制約局面にはいったのはすでに1970年代前半のことであった．そのうえに生じたこの高成長は韓国の労働力不足を決定的にした．加えてこの時期，韓国は経済発展が権威主義的政治体制を激しく「溶解」させる政治的民主化運動のまっただなかにあり，これを背景に全国的規模でおこった労使紛争が賃金上昇をいっそう高率のものとする要因となった．実際のところ，韓国における製造業の実質賃金上昇率は，1980年代の後半にスパート的上昇をみせたのであるが，このことも表Ⅶ-1に示されている．失業率も同時期にはっきりと下降し，完全雇用状態にいたった．

　通貨調整と賃金上昇は，円高によって高まっていた韓国の対米輸出競争力をそぐことになり，これにアメリカからの厳しい「バッシング」が加わって，韓国は大規模な対米輸出を通じて「輸出志向型工業化」を追求するという伝統的な成長パターンの変更を余儀なくされた．実際，後の表Ⅶ-2にみられるよう

第Ⅶ章　その後の韓国経済　　329

表VII-1　賃金・失業率・為替レート

	賃　金* （ウォン）	賃金の対前年 増加率（%）	失業率 （%）	対ドル ウォン・レート
1983	226,790	12.2	4.1	795.5
1984	245,261	8.1	3.8	827.4
1985	269,652	9.9	4.0	890.2
1986	294,485	9.2	3.8	864.1
1987	328,696	11.6	3.1	792.3
1988	393,056	19.6	2.5	684.1
1989	491,632	25.1	2.6	679.6
1990	590,760	20.2	2.4	716.4
1991	690,310	16.9	2.3	760.8
1992	798,548	15.7	2.4	788.4
1993	885,398	10.9	2.8	808.1
1994	1,022,496	15.5	2.4	788.7

（注）　*　製造業常雇用労働者．
（資料）　韓国銀行．

に，1989年以降，輸出の対前年増加率は一挙に反転下落した．韓国は円高の「受益者」として対日・対米輸出を拡大し，この輸出に牽引されて経済的高揚をみせてきたのであるが，しかしその成功の帰結として生まれた通貨調整と賃金上昇，さらにはアメリカの保護主義的対応に直面して，きびしい構造調整をせまられたのである．1989年の経済成長率は，それにさきだつ3年間の2桁成長から6.8パーセントへと減少した．

　たしかに1980年代後半期の賃金とウォンの上昇は，あまりに急速であった．賃金と通貨価値が，韓国経済の調整能力をうわまわる「早熟的」な上昇をみせたことが，1989年の「失速」現象の原因であるとみることは正しい．しかし，賃金と通貨価値の上昇は，韓国の経済力がこれほどまでに高まった以上，いずれは試みられねばならない課題であったことはうたがいようがない．問題は韓国がこのあたらしい「与件」にどうみずからを調整するかにあった．

韓国経済の調整能力

　韓国経済の調整能力は1986年以降の3年間に及ぶウォン，原油，金利の「三低」景気のもとで相当に強化された，というのが私の判断である．

　第1に，韓国は1986年にはじめて経常収支の黒字局面をむかえ，それまで

330　　II　韓国経済入門

の対外債務の重圧から解放されたことが注目される．累積債務の返済にくるしむ時期には，輸出こそが国家と企業にとって至上命題であった．素材・部品・一般機械部門の育成の必要性がうたわれながらも，資源をここにまわす余裕は少なく，非耐久・耐久消費財など最終財の輸出能力をもつ財閥に資源を集中せざるをえなかったのはそのためである．素材・部品・一般機械の輸入依存度は恒常的に高く，最終財部門と投入財部門とのあいだに有機的な産業連関は容易に形成されなかった．投入財供給の重要な一翼をになう中小企業は貧弱であり，財閥企業との資金力・技術力格差は歴然としていた．

　しかし，経常収支難からの脱却と外債負担の縮小により，この事情は様変わりし，素材・部品・一般機械部門への資源分配に大きなゆとりがうまれた．自動車を例にとれば，資本財では自動車用工作機械の内製化が相当の速度ですすみ，素材・部品ではエンプラ，ウレタン材料，プラスチック部品，自動車用鋼板などの工場新設があいついだ．このほか電子部品，同検査機器，ファインセラミックスなどの設備増強が，三低景気をつうじてはじめて可能になった．

　自動車百万台，VTR1千万台突破に象徴される三低景気のもとで実現した量産体制が，素材・部品・一般機械部門の新増設への需要をつくりだし，この需要増大に呼応して設備増強のための資金も豊富に供給された．この資金供給を可能にしたのが，「金融自律化」をめざした金融改革であったこともつけ加えておこう．

　こうして韓国の産業連関は，三低景気以前に比べて格段に密度の濃いものとなった．中小企業の実力もしだいにあがり，金型などの枢要部門で競争力が目にみえて強化されたことも，三低景気以前にはないことであった．三低景気時代にはじまったこうした経済の体質強化の傾向は，こんにちもなお持続している．多品種少量生産の高付加価値製品により優位性を確保し，高賃金と高為替レートに耐える調整力を韓国は身につけたのである．

　加えて，経常収支の黒字化とは，国民経済計算のマクロバランスでいえば，国内貯蓄が国内投資をうわまわる貯蓄超過局面の到来である．国内貯蓄不足局面にあっては，所得階層間，地域間，その他多様な格差がうまれても，そうした「成長のひずみ」を是正するためにあてられる資源にはおのずと厳しい制約があった．しかし，貯蓄超過局面への移行にともなってその制約は解かれ，成

長の成果を再分配する余力がうまれた．こうして生じた低所得者層の底上げと
中所得者層の一層の拡充が，市場の成熟をさらに促進したのである．

　三低景気は，政治的民主化運動をともなうことにより，「公平の促進と均衡
ある発展」にむけて資源を配分する政策選択を後退不能のものとした．1988
年の第6次経済開発五カ年計画修正計画は，税制改革による所得均衡化，「金
融実名制」による金融資産所得への課税強化，住宅政策の拡充，地域間の均衡
発展のためのインフラ部門の拡充などの具体的措置を明確にした．宅地所有面
積の上限などを定めた「土地公概念関連四法」が1990年に入って国会で可決
された．また，地域格差解消の切り札である西海岸開発126事業のうち26事
業が，1990年から着手された．

内需主導型成長

　韓国においてこんにちあらたに生まれつつあるとくに注目すべき動向は，内
需主導型成長パターンへの転換である．韓国の一人あたり所得水準の上昇速度
は世界に例をみないほどに急速なものであり，最近年に達成されたその水準は
高い．所得水準をドルベースで示すと，1983年の2,002ドル，1987年の3,218
ドル，1990年の5,880ドルを経て，1994年の8,483ドルにいたった．1994年
現在，4,453万人の人口を擁する韓国において，一人あたり所得水準がこれほ
どまでの高まりをみせたのであれば，国内市場は内需主導型成長をささえるに
十分の規模をもったと評価してもいいであろう．韓国はいま高度大衆消費時代
にあって，乗用車，カラーテレビ，VTRなどの普及率において日本を急追し
ている．

　たしかに民間消費支出の増加率は現在いちじるしく高い．民間消費支出の対
前年増加率は，表Ⅶ-2にみるごとく1980年代の後半期において急速な高まり
をみせた．投資もこの民間消費支出の拡大に促されて活況を呈した．総固定資
本形成の増加率は1986年以降2桁を持続した．この内需（消費プラス投資）
のもりあがりは輸入の増加を誘発せずにはおかない．内需拡大に通貨切り上げ，
さらにはアメリカの市場開放要求に応じて試みられた関税率引き下げや輸入自
由化の効果も加わって，輸入は大きな増加をみせた．他方，通貨切り上げと賃
金上昇は韓国の輸出競争力をうばって輸出の減速を余儀なくさせ，こうして外

332　Ⅱ　韓国経済入門

表Ⅶ-2　支出別国民所得の増加率

(単位：%)

	実質GNP	最終消費支出	民間最終消費支出	政府最終消費支出	総資本形成	総固定資本形成	在庫増加	輸出	輸入
1982	7.2	5.6	6.5	1.0	7.8	10.4	△0.6	4.5	3.0
1983	12.6	8.2	9.1	3.4	13.5	17.8	△1.0	19.2	12.0
1984	9.3	6.6	7.6	1.5	15.0	10.9	1.2	7.9	7.4
1985	7.0	6.3	6.4	5.6	3.8	4.7	△0.2	4.5	△0.6
1986	12.9	8.2	7.8	10.8	10.9	12.0	△0.2	26.1	17.8
1987	13.0	8.1	8.3	6.9	17.7	16.5	0.5	21.6	19.4
1988	12.4	9.7	9.8	9.4	15.2	13.4	0.7	12.5	12.8
1989	6.8	10.7	10.9	9.7	20.9	16.9	1.5	△3.8	16.3
1990	9.3	10.1	10.3	8.9	18.3	24.0	△1.3	4.2	14.4
1991	8.4	9.2	9.2	9.2	16.0	11.9	1.8	9.8	17.4
1992	5.1	6.8	6.6	7.6	△2.1	△0.8	△0.5	11.0	5.1
1993	5.8	5.3	5.7	3.0	2.5	5.2	△1.0	11.3	6.7
1994	8.4	7.0	7.4	4.4	15.8	11.7	1.3	16.2	21.8

(資料)　韓国銀行.

表Ⅶ-3　支出別国民所得の経済成長寄与率

(単位：%)

	1988	1989	1990	1991	1992	1993	1994
実質GNP	12.4	6.8	9.3	8.4	5.1	5.8	8.4
最終消費支出	6.4	6.9	6.8	6.2	4.3	3.4	4.5
民間	5.5	6.0	5.9	5.3	3.6	3.1	4.0
政府	0.9	0.9	0.9	0.9	0.8	0.3	0.4
総資本形成	4.7	6.6	6.6	6.3	△0.8	0.9	5.5
総固定資本	4.0	5.1	7.9	4.5	△0.3	1.9	4.2
在庫	0.7	1.5	△1.3	1.8	△0.5	△1.0	1.3
純輸出	0.5	△7.9	△4.3	△4.3	1.7	1.3	△1.8
輸出	5.4	△1.6	1.6	3.6	3.4	3.6	5.5
輸入	△4.9	△6.2	△0.6	△7.6	1.7	2.2	7.3
国内需要	11.1	13.6	13.4	12.5	3.5	4.3	10.0
校内最終需要	10.4	12.0	14.7	10.7	4.0	5.3	8.7

(注)　国内需要＝最終消費支出＋総資本形成.　国内最終需要＝国内需要－在庫増加.
(資料)　韓国銀行.

需（輸出マイナス輸入）は減少していった.

　表Ⅶ-3を参照されたい. 韓国の内需の成長寄与率は依然堅調である一方，外需の寄与率は 1989 年以来の 3 年間連続してマイナスであった. しかし前者

が後者を少なからず上まわって，経済成長率は1989年の低迷から脱し，1990年9.3パーセント，1991年8.4パーセントにまで復するという，内需主導型の成長パターンが定着した．1992年，1993年と外需の成長寄与率がプラスとなり，内需の成長寄与率にはわずかながらのかげりがみられたものの，1994年にはふたたび明瞭な内需主導型の経済成長に復している．やはり内需主導型の成長パターンは韓国に定着したといっていい．1994年の成長率は8.4パーセントである．

　長期にわたるはげしい輸出志向型工業化によってこんにちをきずいた韓国において，さらにまたいちじるしい貧困下にあって国内市場が狭隘であったあの韓国において，ついに内需が成長を主導するあたらしい類型をつくりだしたという事実は画期的である．

2. 「北方外交」の勝利

韓ソ・韓中国交樹立

　1990年を前後する時点で，韓国は政治外交的にも画期をむかえた．韓国政治外交の主要課題は，長らく狭い朝鮮半島における北朝鮮との対決に限定されてきた．しかし，経済力の拡充とともに，この半島におさまりきれない韓国の民族的エネルギーはついに「北方」の社会主義圏にまであふれだし，そこをみずからの新しい外交的フロンティアとして設定するという，めざましい動態をうみだすにいたった．増強された経済力を擁して社会主義圏に影響力を行使し，もって朝鮮半島にはたらく国際政治力学を流動化させ，そうすることによりみずからの優位のもとで南北平和統一を企図するという，いちだんとスケールの大きい戦略があらわになったのである．

　狭小な半島に押し込まれ，縮こまっていた韓国の政治外交力が，その経済力にふさわしい発揚の場をあらたに求めだしたのであり，この動きがすなわち「北方外交」にほかならない．北方外交とは，韓国の政治外交力が増強された経済力にみあって「拡大調整」されていく政治過程だということができよう．

　1990年6月，韓ソ首脳会談という，しばらくまえであれば想像だにできなかった外交的画期が実現し，双極的なパワーポリティクスの冷戦構造が朝鮮半

島においても確実に変化しはじめたことをわれわれに知らしめた．その3カ月後の9月に韓ソ国交樹立がなった．中韓国交が樹立されたのは，その2年後の1992年の8月であった．

ソ連は朝ソ友好同盟条約をつうじて北朝鮮と軍事同盟関係にあった．ソ連の多大な軍事援助とエネルギー供給なくして，北朝鮮がみずからを「南朝鮮解放」のための「革命基地」とみたてた「神聖」な国是を維持することは，とうてい不可能であったにちがいない．そもそもソ連は，対日宣戦布告の1945年8月8日のその日に朝鮮半島北部に侵入し，同月末までにこんにちの北朝鮮の版図を完全に掌中におさめて，これを自国の強い影響下におき，南北分断の悲劇の「原型」をつくりだした「張本人」にほかならない．近くはサハリン上空でソ連戦闘機が大韓航空機を撃墜し，韓国内で反ソ的機運が一挙に高まったのが1983年9月のことであった．韓国にとっては，中国もまた長らく敵対国であった．朝鮮戦争において韓国を苦境におとしいれたのが，中国人民義勇軍の参戦であったことはすでに第Ⅰ章でみた．韓国がこのソ連，中国と国交を樹立したのである．いったい，韓国になにがおこったというのであろうか．

北朝鮮との政治的・軍事的対決が韓国にとっての最重要の課題であるという構図それ自体は，いまなお不変である．しかし，韓国は強大な産業国家へと変貌し，半島から横溢するゆたかなエネルギーを擁するにいたった．せまい朝鮮半島のなかで北朝鮮と直接的に対峙するといういささか固い対応図式に代えて，これをより柔軟で，それゆえより実効的なものに変化させうるだけの「ゆとり」がうまれてきたのである．

対決図式の変容

朴政権下の軍事独裁型の権威主義的政治体制は，北朝鮮優位で展開してきた南北対決の極限状況下で形成された，ほとんど不可避の帰結であった．日本の植民地支配36年の過程でつくりあげられた「南農北工」構造のもと，植民地支配の遺産にもあずかりえなかった韓国が，よりめぐまれた条件にあった北朝鮮とのつよい軍事的緊張下で建国をすすめるためには，国民諸階層を南北対決にむけてかりたてていく，一元的な求心力が不可欠であった．その求心力を体現したものが，「反共的民族主義」を国是とする朴政権下の権威主義的体制で

あった.

　しかし, この権威主義的体制下で経済はめざましい速度で増強され, 世界経済に占める韓国のプレゼンスはいよいよ大きいものとなった. 朴政権末期から全政権下において, 韓国は軍事的にも北朝鮮のそれをうわまわる実力を手中にした. 高まる経済力と, 在韓米軍が撤収してもなお独力で北と対決しうるという軍事的自信とが, 現在の韓国において強まりつつある反米ナショナリズム, さらにはかつてに比べて信じ難いほどに寛容な北朝鮮に対する韓国民のセンチメントの背後要因である.

　すなわち, 経済力と軍事力の蓄積は, 韓国民に北朝鮮に対する心理的なゆとりを与えたのである. それにともなって南北軍事対決の極限状況下で形づくられた, 権威主義的政治体制のレゾンデートル (存在意義) は急速に失せていくことになった. 1987年の「6・29民主化宣言」を契機として, 韓国の全土に澎湃としておこった政治的民主化運動は, 朴政権の正統的継承である全政権をあっけなくも葬りさってしまった.

　ところで, 韓国の権威主義的政治体制が南北軍事対決の産物であるならば, その体制の崩壊は, 北朝鮮ならびにその背後にひろがる社会主義圏との対決の図式をも変容せずにはおかない. 6・29民主化宣言から1年をへずして, 1988年7月7日に表明された「民族自尊と統一政策のための特別宣言」は, その端的な証明であった.

　このいわゆる「7・7宣言」は, 「6・29宣言」とたしかに一対のものであった. ここでは, それまでの権威主義的政治体制からでてくるはずもない, まことに注目すべき見解が表明されたのである. 7・7宣言において, 北朝鮮は対決すべき敵ではなく, ともに繁栄をきずくべき「民族共同体の同伴者」であるという精神がうたわれた. そしてこの精神を受けて, 「韓国は朝鮮半島に平和を定着させる条件を醸成するために, 日米などわが友邦が北朝鮮との関係を改善するうえでの協力をおこなう用意がある. また韓国は, 中ソをはじめとする社会主義国との関係改善を追求する」と宣言した.

　前段は, 日米などが北朝鮮と独自に積極的な外交を展開することを許容し, これを推奨するという意思表示であり, 西側諸国の対北朝鮮政策に「行動の自由」を与えることによって, 北朝鮮の変化をうながそうという寛容なアプロー

チの出現を意味した．後段が，韓国の北方政策の初の公的表明であった．韓国は，改革・開放下の中ソとの友好関係をきずくことをつうじて北方から北朝鮮に圧力を加え，もって北朝鮮の変質をねらおうというプラグマティズムに覚醒したのである．

韓国のジャーナリズムによれば，サンフランシスコでの韓ソ首脳会談のお膳立てを極秘裡にすすめた青瓦台（大統領官邸）の行動は，半島を南北に走る山脈の名をとって「太白山作戦」と呼ばれたという．この作戦の発動にあたり，盧泰愚大統領は「金日成主席が首脳会談に応じないのであれば，われわれはモスクワをへて平壌にゆく道をひらくよりほかない」と語ったと伝えられる．韓国がモスクワの対平壌外交のありようをみずからに有利な方向に御しうるという，韓国の強い自信を投影するエピソードであろう．

経済再建の「モデル」

韓国が社会主義国に行使しうる影響力の源泉は，まぎれもなくその経済力にある．旧来のイデオロギーを公然と放擲し，みずからの改革・開放に役だつカネ・モノ・テクノロジーをもつ国であれば，「節」を屈してでもこれと手を結ぼうと考える現在の社会主義国にとって，北方外交を標榜する韓国はまことに魅力的な国にちがいない．日本の植民地支配から脱し，無一物から出発して短期間に NIES たりえた韓国の発展経験を，自国の経済再建の「モデル」とみたてる社会主義国も少なくない．

ソ連，中国のみならず東欧諸国，ならびにモンゴルが韓国と国交を樹立したのは，韓国の経済力に期待してのことであろう．ソ連の対韓接近をうながしているのも，まぎれもなく韓国の経済力の魅力であった．韓ソ貿易の魅力はもちろん，すでに援助国へと翻身している韓国の借款に対する期待も大きい．シベリア・極東地域の開発はロシアの経済力再興の「正念場」であるが，西側諸国参入の見通しは明るくない．ソ連は，韓国に国交正常化をもって応じ，その対価として韓国資本をシベリア・極東地域にまねきいれ，韓国をこの地域開発の主導国とするとともに，さらにはこれを呼び水として日本などの民間資本を導入したいと考えているようにみえる．

中国がわれわれの予想をうわまわる速さで韓国との国交樹立に踏みきった真

第Ⅶ章　その後の韓国経済　337

意は，何であろうか．改革・開放の全面的加速期をむかえている目下の中国に
とってのきわめて重要な課題は，みずからの改革・開放に資する対外関係の創
出である．改革・開放に資するモノ・カネ・テクノロジーを擁しているのが韓
国であって，北朝鮮ではないことは明らかである．しかし経済的考慮は，中韓
国交樹立の一部にしかすぎまい．絶望的な経済停滞をつづけ，核疑惑の解消や
南北統一交渉への活路をみいだしあぐねている北朝鮮が，内部崩壊の危殆に瀕
したり，さらには孤立と低迷のいらだちが北朝鮮の対南武力侵略への衝動を誘
発することを，中国はおそれているのにちがいない．

　「北の疲弊」が極度の段階にまできていることを熟知している中国は，いま
を好機とみたてて中韓国交樹立をはかり，「2つの朝鮮」を北朝鮮にいや応な
しに認めさせ，そうして北朝鮮のむかうべき道が「南朝鮮解放」にあるのでは
なく，国内経済のたてなおしであり，南北平和統一交渉への積極的対応である
ことを，力をもって知らしめたのである．

　おそらくはある種の「ショック療法」であろうが，その効果は北朝鮮北部咸
鏡北道の「自由経済貿易地帯」構想実現への取り組み，米朝交渉へのまえむき
の姿勢となって現実化した．主体思想という特異なイデオロギーによって固め
られた「神聖国家」だとはいえ，北朝鮮も国家であるいじょう，「座して死を
まつ」ことはできないのである．

　イデオロギーの呪縛から脱した中国のパワーゲーム外交には，たしかにみる
べきものがある．それにもかかわらず，私には中国をしてかくも迅速に対韓国
交樹立を決意させた，韓国外交のしたたかなたちふるまいの方に目がむかわざ
るをえないのである．

3. 未来の日韓関係

真のパートナーシップを求めて

　日本と韓国との関係の将来について，最後に一言述べてこの章を閉じること
にしたい．

　率直にいって，日韓の相互はこれまでとかく両者が顔を向き合わせて，両者
の問題をはげしくたたきあうといったことが少なくなかった．しかし，これで

338　Ⅱ　韓国経済入門

は日韓の間にほんとうにいい関係はうまれにくい，といわざるをえない．日韓がたがいに顔をみあわせるのではなく，日韓がその顔を日韓の外にある第3の対象にむけ，その第3の対象のなかで相互に協力しあう．そうすることによって日韓間に真のパートナーシップと信頼がつくりだされるのではないかと私は考える．ここで，私は日韓に相互信頼醸成をつくりだすための方法として日韓連携型援助を提言してみたい．以下は，1994年2月17，18日に神戸で開かれた「日韓の技術進歩と経済発展——東アジアにおけるその役割」における私の基調講演の一節である．ここに再録させていただきたい．

　「韓国の東アジアにおけるあたらしいフロンティアは，おそらく中国の山東省や東北三省，さらにはロシア沿海地方やベトナムになっていくことが予想されます．これらの地域は日本にとっても未踏のフロンティアです．日韓企業がこれらの地域で共同開発事業にのりだすことは，大いなる意義をもつ試図であります．

　しかし，日本にせよ韓国にせよ，企業は企業の論理にしたがって動く存在であり，そのゆくべき道を語るのを私はあまり好みません．問題とすべきは，国家の意思を体現した経済行動，とりわけ政府開発援助における日韓協力のあり方でありましょう．

　申すまでもなく，韓国は援助の受取国としての地位を〈卒業〉しております．そして1987年に〈経済開発協力基金（EDCF）〉を設立し，後発国に対するインフラ建設などに必要な資金協力を推進するための体制づくりをすでにおえております．韓国が活動的で効率的な援助供与者としてたちあらわれることは，東アジアにおける後発国の開発にとりましてきわめて望ましいことだといわねばなりません．なぜならば，韓国はこの30年余の開発努力をつうじて，低位の発展段階から中位の発展段階をへて高位の発展段階の国となったのであり，後発国の発展段階移行に直接に有効な技術，組織，制度を豊富に擁していると考えられるからであります．

　とはいえ，韓国は援助世界への〈新参入者〉であり，後発国への協力経験においていまだ薄い．それゆえ開発途上国援助のノウハウの蓄積において不十分であり，援助のための制度・組織におきましても未熟であります．また，韓国においては経済援助に供しうる資金も潤沢とはいえません．ここに韓国による

後発国への協力を推進すべく，日本が韓国に助力の手をさしのべ，日韓が連携して後発国の開発にあたるという，私のいう〈日韓連携型援助〉の方式が提起される理由があります．

日韓連携型援助

　加えまして，韓国もまた長くあつい開発途上国援助の経験をもつ日本との連携をつうじて，そのいわば〈後発性利益〉を享受しながら，みずからを効率的な供与者として鍛えていくなによりの条件が与えられるのであります．要するに，経済協力におきましても，日韓がそれぞれの比較優位を発揮し，その比較優位にもとづいて両者のあいだに協働的補完の関係をきずくことが必要だというのが，私の考え方であります．それでは，日韓連携型援助は具体的にどのような内容をもったものとして設定されるべきでありましょうか．

　これまでの日本の経済援助の中心分野は，道路，鉄道，橋梁，ダム，発電所，灌漑設備などのハードインフラ部門でありました．しかし，現代の韓国はこうした分野においてはいちじるしい速度で力量をたくわえております．実際，建設部門などでの国際入札では日本企業が韓国企業に敗れるといった事例も少なくありません．ハードインフラ部門の建設技術は，日本より韓国の方がより労働集約的であり，コストも安く，そのために強い競争力を発揮しうるというのが，そうした事例の背後要因でありましょう．いいかえますと，後発国にとりましては，韓国の建設技術の方が日本のそれに比べて〈適正〉であるという場合が多いのです．

　そうした場合，ハードインフラの建設を韓国が担当し，日本が資金面での補完的支援をおこなったりすることが考えられます．さらには，韓国による建設プロジェクトの稼動にともなってうまれるローカルコスト分については，これを日本が融資するといったことも一案でありましょう．またハードインフラ・プロジェクトの建設過程そのものにおいても，韓国が建設技術を担当し，日本がコンサルティング・サービスやアドバイザリー・サービスをうけもつといった分業的協力も可能でありましょう．連携型援助を効率的に展開するためには，さらにさかのぼって援助プロジェクトの発掘調査やフィージビリティ・スタディの段階での協働作業も大切なことと思われます．

将来に展開される連携型援助のための人材を日韓両国で緊密に交流しあい，連携型援助の案件発掘のための共同研究・共同調査体制を整備し，その研究・調査にもとづいて連携型援助のパイロット・プロジェクトを共同で運営するといった試みもなされるべきだと，私は考えております.」

旧版あとがき

　韓国経済についての私の評価は，少々あまいとうけとられることがある．韓国経済発展の「成功的経験」を語ること多く，そのわりには「暗」の部分への言及が少ない，ということのようである．韓国にたいする私の思いいれが強すぎるといわれれば，返す言葉はない．また，私はアジア諸国の経済発展につねづね強い関心をいだいており，どうしてもそれとの比較において韓国をみるという「癖」をぬぐいがたい．そのために，韓国の達成した経済的成果がおのずときわだってみえてしまう，ということもあるのかも知れない．自省の気持がないわけではない．

　それにしても，私の韓国論が「明るすぎる」というのは，率直にいってたいそうな誤解である．嵩にかかってそういうわけではないが，このところたかまりをみせてきた欧米諸国の韓国経済研究の大半は，私の見解にかなり近い．日本の韓国論がよっぽど特殊なものだという自戒を，われわれは忘れるべきではないと思う．特殊であって悪いというつもりもないけれども，日本における韓国論には，韓国問題を日本の国内問題であるかのごとく論じる妙な傾きがあって，韓国内の「矛盾」をことさらにあばきたてる，といった類のものが多すぎるのである．

　そもそも矛盾をふくまない発展などありうるはずがない．ひょっとして，矛盾とは発展の別名かも知れないのである．なぜ韓国の発展過程のなかに矛盾だけを求めようとするのか，その心理のなかにひそんでいるであろうある種の「きわどさ」にわれわれ自身が気づいて，はっとわが身を正すより他に方法はないようにも思える．

　執筆に際しては，多くのひいでた先学，同学の文献を参照させていただいたが，本書の性格上それらをいちいち明記することはさけた．御寛容いただきたい．ただ一点，さいわいにも私の韓国経済論をもう少し詳しく知りたいという読者がいらっしゃるとすれば，『現代韓国経済分析』（勁草書房，1983 年）〔本巻Ⅰ〕を参照願いたいと思う．

　広い読者層を集めるこのような出版物に，ものを書く機会を与えてくれた講

談社の渡部佳延氏の御厚意に深く感謝している.

1986 年　処暑

渡　辺　利　夫

解説　歴史の評価に耐ええた学者

重 村 智 計

　人は誰しも，人生の原点ともいうべき体験を胸の内に秘めている．そして，その体験が外国への見方を決定づけることが少なくない．渡辺利夫教授の人生の原点は，「アジアに生きる人間との触れあい」であった．そして，アジアの社会と人間の「痛み」がわかる開発経済学が，彼の学問の柱になった．アジアの人間の土の香りと血の温かさ，そして貧困克服への痛みの共有が彼を学問研究に駆り立てた．

　渡辺利夫教授は，すごい学者である．戦後の日本を代表する学者として，歴史的な評価を受けるであろう，と私は考えている．いつも穏和な表情を絶やさない．一見穏やかな人柄である．新聞や雑誌に掲載される写真には，常に笑顔が絶えない．普段の会話の中でも，笑顔が消えない．しかし，人間としての芯は固い．信念の人である．笑顔の表情からはうかがえない，節を曲げない志を心に秘めている．この信念と正直で無骨な人間味が，学者としての良心を堅持させ，学問の権威と意味を掲げ続けた．世間の流行に便乗しないという意味では，戦後の日本の学者の中で，極めて特筆すべき存在であったと思う．

　この本は，戦後の朝鮮半島研究の中で，歴史に残る数少ない業績の一つである．韓国経済について書かれた多くの研究書の中で，唯一歴史の審判に耐え生き残った本である．そして，韓国経済と社会変化についての，日本での数少ない教科書の一つといっても過言ではないであろう．また，外国としてアジアの国を見る場合のトータルな理解の仕方を教えている．

　渡辺教授と，この本の歴史的意味について説明する前に，私の個人的でささいな体験について述べさせてもらいたい．

　私は，ソウル・オリンピックの翌年の 1989 年から 94 年まで，ワシントン特派員を務めた．丸 5 年ぶりに，日本に帰ってみると，新聞社内での韓国に対する態度が考えられないほどに一変していた．

　かつて，新聞社では韓国という言葉には，警戒とさげすみに似た感情が込め

344　Ⅱ　韓国経済入門

られていた．長い間，日本のジャーナリストや学者の間には朝鮮民主主義人民共和国（北朝鮮）は発展しているが，韓国は遅れているうえ恐ろしい国であるとの偏見が，支配していた．こうした認識と理解を，意図的に煽った出版社ジャーナリズムが存在したのも事実である．

　これは，日本人の朝鮮半島蔑視感情を，韓国にだけ向けさせる運動が，成功したためでもあった．しかも，こうした運動や政治的動きは，日本人の持つ朝鮮・韓国蔑視感情の解消を促進するよりは，むしろ深めたと私は考えている．

　ともかく，5年に及ぶワシントン特派員生活の後に日本に帰ってみると，新聞社の多くの人が韓国を賞賛し，韓国の経済人や新聞社幹部への紹介を頼んできたのだった．かつては，「韓国人は嫌いだ」と公言していた新聞記者が，手のひらを返したように韓国とのつてを頼んできたのだった．こうした事態を目の当たりにするにつけ，私はかつてソウルの朝鮮日報社で体験した忘れられない記憶を思い出していた．

　私は，朴大統領が暗殺された直後の1979年12月から1985年までソウル特派員をしていた．当時，支局の事務所は朝鮮日報社の5階にあった．このため，よく編集局や論説委員室に降りていき，韓国の先輩記者たちと論議したり，教えてもらったりした．私が，韓国語で取材できる二人目の日本人特派員であったことも，親切にして頂いた理由の一つであった．

　そんなある日，論説委員室で「なぜ，日本のマスコミと世論は，こんなに激しく韓国人と韓国を非難するのか」との問題が論議になった．私が，日本のマスコミの状況について説明していると，方又栄社長が話に加わった．

　方社長は，皆の論議を聞いた後で「韓国が金持ちになれば，全ては解決しますよ」と言い切ったのだった．私は，この余りにドライで現実的な感覚に驚きを覚えた．そしてまた，日本人の性格の一面を，ズバリと言い当てた冷静な分析に，返す言葉がなかった．

　実は当時，朝鮮日報の好意で支局事務所の使用料は無料であった．ところが，私の新聞社の方は朝鮮日報の特派員に事務所を提供していなかった．何回か，外信部長に会社と交渉してくれるよう頼んだが，らちがあかなかった．新聞社内で，反対する意見が必ず出たからだ．

　当時の日本の新聞社の中には，韓国の特派員は当時の韓国中央情報部

解説　歴史の評価に耐ええた学者　　345

（KCIA）と関係している，と主張する人が少なからずいた．私が，「そんなことはない．もし，そうだったとしたら，韓国の新聞社内ですでに問題になっている」と説明しても，なかなか理解してもらえない雰囲気があった．

　新聞社の会議で，朝鮮日報特派員への事務室提供問題を持ち出すとかならずこうした反対意見が出るため，私は親しかった総務局長にお願いして，ようやく裏取引で朝鮮日報社の支局事務所を新聞社の中に置いてもらった．それでも，編集局と同じ階では問題があるとして，違う階にさせられたのだった．こうした，いやな時代を身をもって体験しているだけに，5年ぶりに帰国した日本での韓国への態度の様変わりは信じられないほどであった．

　久しぶりの日本で目のあたりにした現実は，恥ずかしいほどに方社長のかつての言葉が現実のものになっていた．私が，日本と韓国を留守にしている間に，韓国経済はさらに成長し，朝鮮日報も飛躍的な発展をとげていた．

　例えば，93年の朝鮮日報の純利益は日本円で20億円にも達する膨大なものであった．日本の新聞社でこれほどの利益をあげることのできる企業はない．

　しかも，朝鮮日報の部数の伸びも驚異的であった．私が特派員をしていた当時は，まだ部数も100万部前後で，東亜日報の方が部数では多かった．それが，10年の間に200万部を超え300万部に達する勢いを示しているのである．また，広告を断るのに困るほどに，紙面の評価が高まったのだった．これもまた，韓国経済のサクセス・ストーリーの一つである．

　こうした韓国経済と，韓国の新聞社の発展を目のあたりにして，日本の新聞社の関係者も韓国が大切な相手であることにようやく気がついたのだった．

　かつては，朝鮮日報の社長が日本にこられた場合には，世話になっているのだからきちんと対応してください，と頼んでもなかなか応じてくれなかったのに，朝鮮日報の幹部が来ると今や下にも置かない扱いをしようとするのだった．昔を知る者としては，こうした変化は嬉しいことではあるが，いささか恥ずかしく朝鮮日報の友人には説明できない現象でもあった．

　日本での韓国と韓国人に対する対応への急激な変化を目のあたりにした私は，一冊の本を探してみたくなった．岩波新書の『韓国の経済』（隅谷三喜男著）である．

　かつて，私が韓国問題の取材を本格的に始めた1970年代後半に，ベストセ

ラーになった本である．近くの書店の新書のコーナーを探してみたが，見あたらなかった．神田・神保町の岩波書店に出かけて探してみたが，みつからない．聞くと，もう絶版になったという．かつてのベストセラーを絶版にせざるをえないほどに，時代の変化は激しかったと改めて実感したのであった．

　日本での韓国問題についての論争と，韓国経済評価に関する対立の歴史を知らない方は，この『韓国の経済』と渡辺利夫教授の『韓国経済入門（旧題＝韓国──ヴェンチャー・キャピタリズム）』との間に，どんな関係があるのか理解に苦しまれるかもしれない．実は，この2冊の本は，1970年代以降の日本で韓国経済について書かれた代表的な書物なのである．しかも，その見解と評価は180度かけ離れたものであった．そして，渡辺教授の方が歴史の評価に生き残ったことになる．

　私は，隅谷先生に直接お会いしたことはない．しかし，そのお名前は高校時代から何度となく聞かされてきた．私は，高校時代に故矢内原忠雄元東大総長の無教会キリスト教の教えに接し，大学時代には矢内原先生の弟子である高橋三郎先生に教えを受けた．そして，無教会の先生方を通じ韓国への目を開かされた．この意味では，私は隅谷先生と同じ信仰と思想の流れの片隅に位置していた．

　それだけに，『韓国の経済』の内容と視点に私は失望した．1年間の高麗大学への留学で経験した韓国と，韓国の友人が語ってくれた人間としての温かさと困難克服への韓国人の熱気を，この本は伝えていなかった．韓国人への愛情が，この本の行間からは感じられなかった．むしろ，南北の政治対立に隅谷先生の正義感と良心的であろうとする立場が利用された，と感じたのだった．

　私は，韓国経済への取り組みを理由に，隅谷先生の業績を否定しようとするつもりはない．専門の学問分野での業績と，良心的な姿勢は誰もが評価する通りである．しかし，同じキリスト者としてまた一時代を闘った一人の新聞記者としての立場から，隅谷先生の朝鮮問題への取り組み方を批判する権利があると考えているのである．

　一方，渡辺教授の著作と論文は，一見すると韓国びいきで，韓国に偏りすぎていると思われるかもしれない．ところが，むしろ非政治的で客観的であった．その底に流れるのは，韓国人はもとよりアジアの人間への愛情と温かさに満ち

解説　歴史の評価に耐ええた学者　347

た視点であった．そして，韓国人が抱える「痛み」を同じように感じとっていたのである．何よりも，アジアの諸国を外国として理解する視点と方法論は，正しかった．

この「痛み」の共有が，『韓国の経済』には欠けていた．『韓国の経済』は，韓国の一部民衆や疎外された人々の痛みを，強調している．しかし，韓国経済の痛みは，民衆だけが感じていたものではないのである．経済成長を図ろうとした指導者もまた痛みに悩む人間であった．当時の朴正熙大統領をはじめとする経済政策立案者もまた，韓国経済発展のための痛みを抱えた同じ人間であるとの視点が欠けていた．

朴大統領暗殺から15年以上が過ぎた韓国で，朴大統領に対する評価が高まっている理由を，『韓国の経済』は説明できないのである．一言で言うなら，『韓国の経済』は，意図したかしなかったかにかかわらず，当時の日本社会に広がっていた「韓国否定」「朴政権打倒」の運動論の流れに乗った韓国経済論であった．冷静な人間愛を基礎にした，学問的成果としての研究業績ではなかったというしかないだろう．

なぜ，長々と隅谷先生の『韓国の経済』について言及するのかというと，1970年代から80年代中頃までの一時代，私も渡辺教授も『韓国の経済』の犠牲者であり，目に見えない差別と弾圧の対象であったからである．韓国経済を評価する渡辺教授の研究と立場は，学会では少数者であり非難の対象であった．韓国経済を評価し韓国に行ったというだけで，「KCIA（韓国中央情報部）の手先」といういわれのない非難が投げつけられた．異常な時代であった．

当時は，隅谷先生が『韓国の経済』で書かれた「従属経済論」と，「韓国経済破綻論」が主流であった．「従属経済論」とは，韓国が経済成長を目指せば目指すほど，日本の工業製品に頼らざるを得ず，経済は日本などの先進国への「従属状態」から脱け出せない，というものであった．韓国経済の成長を指摘し，朝鮮民主主義人民共和国（北朝鮮）経済の問題を報じただけで，新聞社に抗議の電話が絶えなかった．ひどい時には，一日中組織的な抗議の電話が鳴った．彼らが教科書にしたのは，『韓国の経済』であった．それにもかかわらず，韓国経済は渡辺教授の予測の通り成長し発展した．

韓国は日本経済への従属状態から脱し切れず，破局に向かうという「従属経

済論」は破れたのである．韓国経済の成長は，アジアの開発途上国の手本といわれるようにまでなった．この成長の可能性を，日本で早くから指摘し「従属を通じての自立」論を，学問的に展開したのは，渡辺教授一人であった．

新聞社への抗議でさえ，これほど激しかった時代に，学者としての韓国経済評価の立場を維持し続けるのは，並大抵のことではなかったはずである．研究者として，大学への就職を考えれば，時流に乗るのが早道であった．この流れに抗しきれず，迎合する研究者も多かった．渡辺教授は，流れに抗する姿勢を崩さず，学問の権威を守り続けた．

渡辺教授は，なぜこれほどまでに，韓国人への愛情を持ち続け得たのか．著書の『成長のアジア　停滞のアジア』（『本著作集』第1巻所収）で吉野作造賞を受賞した直後に，次のように語っている．

「大学院博士課程に在学中の1970年，自費で韓国，台湾から東南アジア諸国，ビルマ，インドまでをさすらい歩いた．むせかえるような人間のにおいに満ち，どうにも茫洋ととらえどころのないアジアが，そこにあった．この世界を勉強したいと思った．

農村調査に訪れたバングラデシュで出会ったのは，戦前の貧しい日本の農村も牧歌的としか感じさせぬ，すさまじい貧困だった．燃えるような国家建設への意欲に目を輝かす韓国の若手エリート達との政策論議は，いつも真剣勝負である．開発経済学者が直面するのは，既成の論理やモデルには収まりきらぬ，切れば血の出る現実だ．

この一見，混沌としか見えぬアジアに潜む隠れたダイナミックスを発見し，それを誰にも読めるシナリオにまとめる．中国とインド以外を一つのまとまりと見る目が日本人には欠けていた．だからいつも試されるのは，自分の目と洞察．しんどくもあり，実に刺激的，魅力的な仕事でもある」（毎日新聞，1985年9月1日付）

「いつも試されるのは，自分の目と洞察」という言葉こそ，韓国と韓国経済を研究する際に欠かせない視点である．自分の足でこまめに資料を集め，アジアの人々との友情の輪を広げてきた経験から生まれた言葉である．ここには，政治的な対立や運動論に影響されない，「自分の見方」と「自分の判断」がある．

日本での朝鮮問題への取り組みは，長い間南北の対立が朝鮮半島の現場以上に，増幅された．南北のどちらかの当事者の資料に，そのまま頼ってきた．それは，韓国・朝鮮語を駆使して取材する能力に欠け，自分の足で資料を集め現地を調査する熱意に欠けていたからである．『韓国の経済』も同じ過ちを犯したと私には思えるのである．この事実を，私は中央公論（1978年10月号）で，詳しく指摘したことがある．

　韓国の普通の人々が外国人に強く求めたのは，厳しく冷たい韓国経済の分析や国内の対立の一方の集団を支持することではなかった．どうしたら韓国やアジアは貧困から抜け出せるかの「処方箋」であった．この「処方箋」を，渡辺教授は常に追い求めた．ここに，アジアの人々は自分たちへの愛情を感じているのである．それはまた，日本人が高いところに立って，「こうすべきだ」「ああすべきだ」と，あたかも「先生」のように偉そうに教えを垂れるということではない．むしろそうした姿勢は，「帝国主義的」として嫌われるのである．

　貧困克服に真剣に取り組み，その国の指導者・官僚はもとより学者，労働者から学びながら共に考えていくことが重要になる．そのためには，その国の歴史，文化，政治への十分な理解が不可欠である．この本が，韓国の歴史と文化にも触れながら，韓国経済史を説明している理由がここにある．

　朝鮮問題に取り組む日本の研究者に必要だったのは，南北朝鮮の当事者が提供した意図的な資料や見方でなく，日本人の目からみた主体的な研究方法と成果であった．ところが，日本語に翻訳された韓国についての統計や資料には，限界があった．北朝鮮を支持する団体や，韓国の反体制を支持する勢力が提供する意図的な資料が，日本語に訳されたのであった．こうした資料に頼る以上，政治対立と運動論から独立した学問的研究は不可能であり，日本人としての独自のスタンスは取れなかった．これが，隅谷先生の限界であった．韓国経済には否定的な判断を示しながら，北朝鮮経済への判断は避けたのだった．

　渡辺教授は，日本人としての見方を堅持し，南北の政治対立やその一方を否定する運動にも影響されることなく，独自の見方を提示し続けた．朝鮮問題で最も重要なのは，南北のどちらか一方の主張に傾かない日本人としての独自の学問的な立場である．しかも，アジアの人々に教えを垂れるようなことは決してしてはならない．どのような政策を選ぶのかは，その国の人々が決め得る権

利であるからだ．この本は，韓国経済についてばかりでなく，隣の国の人々と
お互いに尊敬しながらつきあう方向も示し得た，貴重な学問成果である．

（毎日新聞社論説委員）

本書は 1986 年 10 月 20 日，講談社より刊行された．

著者略歴

昭和 14（1939）年、山梨県甲府市生まれ。慶應義塾大学経済学部卒業。同大学院経済学研究科修了。経済学博士。筑波大学教授、東京工業大学教授を経て拓殖大学に奉職。拓殖大学元総長、元学長。専門は開発経済学・現代アジア経済論。(公財) オイスカ会長。日本李登輝友の会会長。平成 23（2011）年、第 27 回正論大賞受賞。
著書に『成長のアジア 停滞のアジア』（講談社学術文庫、吉野作造賞）、『開発経済学』（日本評論社、大平正芳記念賞）、『西太平洋の時代』（文藝春秋、アジア・太平洋賞大賞）、『神経症の時代 わが内なる森田正馬』（文春学藝ライブラリー、開高健賞正賞）、『アジアを救った近代日本史講義─戦前のグローバリズムと拓殖大学』（PHP 新書）、『放哉と山頭火』（ちくま文庫）、『新脱亜論』（文春新書）、『士魂─福澤諭吉の真実』（海竜社）、『死生観の時代』（海竜社）、『台湾を築いた明治の日本人』（単行本：産経新聞出版／文庫本：潮書房光人新社）、『後藤新平の台湾』（中公選書）など。

渡辺利夫精選著作集第 3 巻
韓国経済研究
2025 年 1 月 20 日　第 1 版第 1 刷発行

著　者　渡　辺　利　夫
発行者　井　村　寿　人

発行所　株式会社　勁　草　書　房
112-0005　東京都文京区水道 2-1-1　振替 00150-2-175253
（編集）電話 03-3815-5277／FAX 03-3814-6968
（営業）電話 03-3814-6861／FAX 03-3814-6854
理想社・牧製本

©WATANABE Toshio 2025

ISBN978-4-326-54615-2　　Printed in Japan

 ＜出版者著作権管理機構　委託出版物＞
本書の無断複製は著作権法上での例外を除き禁じられています。複製される場合は、そのつど事前に、出版者著作権管理機構（電話 03-5244-5088、FAX 03-5244-5089、e-mail: info@jcopy.or.jp）の許諾を得てください。

＊落丁本・乱丁本はお取替いたします。
　ご感想・お問い合わせは小社ホームページから
　お願いいたします。

https://www.keisoshobo.co.jp

渡辺利夫精選著作集
全 7 巻

第 1 巻　私のなかのアジア　　　ISBN978-4-326-54613-8
　Ⅰ　成長のアジア　停滞のアジア
　Ⅱ　私のなかのアジア

第 2 巻　開発経済学研究　　　ISBN978-4-326-54614-5
　Ⅰ　開発経済学入門［第 3 版］
　Ⅱ　開発経済学研究―輸出と国民経済形成

第 3 巻　韓国経済研究　　　ISBN978-4-326-54615-2
　Ⅰ　現代韓国経済分析―開発経済学と現代アジア
　Ⅱ　韓国経済入門

第 4 巻　中国経済研究　　　ISBN978-4-326-54616-9
　Ⅰ　中国経済は成功するか
　Ⅱ　社会主義市場経済の中国
　Ⅲ　毛沢東、鄧小平そして江沢民
　Ⅳ　海の中国

第 5 巻　アジアのダイナミズム　　　ISBN978-4-326-54617-6
　Ⅰ　西太平洋の時代―アジア新産業国家の政治経済学
　Ⅱ　アジア新潮流―西太平洋のダイナミズムと社会主義
　Ⅲ　アジア経済の構図を読む―華人ネットワークの時代

第 6 巻　福澤諭吉と後藤新平　　　ISBN978-4-326-54618-3
　Ⅰ　決定版・脱亜論―今こそ明治維新のリアリズムに学べ
　Ⅱ　後藤新平の台湾―人類もまた生物の一つなり

第 7 巻　さまよえる魂　　　ISBN978-4-326-54619-0
　Ⅰ　神経症の時代―わが内なる森田正馬
　Ⅱ　放哉と山頭火―死を生きる